THOMAS KARLAUF

PORTRÄT EINES
ATTENTÄTERS

Pantheon

Sollte diese Publikation Links auf Webseiten Dritter enthalten,
so übernehmen wir für deren Inhalte keine Haftung, da wir uns
diese nicht zu eigen machen, sondern lediglich auf deren Stand
zum Zeitpunkt der Erstveröffentlichung verweisen.

Penguin Random House Verlagsgruppe FSC® N001967

1. Auflage
Copyright © 2019 by Karl Blessing Verlag, München,
in der Penguin Random House Verlagsgruppe GmbH,
Neumarkter Straße 28, 81673 München
Umschlaggestaltung: Bauer + Möhring, Berlin
Umschlagabbildung: Unterschrift Claus von Stauffenbergs
aus einem Brief an General Friedrich Paulus,
12. Juni 1942 © Privatbesitz/Reproduktion
Gedenkstätte Deutscher Widerstand
Porträt Stauffenberg S. 6:
© Stefan George Archiv in der WLB, Stuttgart
Satz: Leingärtner, Nabburg
Druck und Einband: CPI books GmbH, Leck
Printed in Germany
ISBN 978-3-570-55453-1

www.pantheon-verlag.de

Denn wo ein Land ersterben soll, da wählt
Der Geist noch Einen sich zuletzt
Hölderlin, Der Tod des Empedokles

Claus Schenk Graf von Stauffenberg
(15. November 1907 – 21. Juli 1944)
als Leutnant des Reiterregiments 17
(Aufnahme vor Mai 1933)

Inhalt

Prolog

Totenwache

Am 2. Dezember 1933 reichte Claus Graf Stauffenberg, Oberleutnant im Reiterregiment 17 in Bamberg, bei seinem Dienstvorgesetzten, dem Chef der 5. Eskadron Rittmeister Walzer, dreitägigen Sonderurlaub ein. Am Morgen hatte ihn sein Bruder Berthold angerufen: Der Zustand des Meisters habe sich dramatisch verschlechtert, Claus müsse sich beeilen, wenn er ihn noch lebend sehen wolle. Der Meister – das war der Dichter Stefan George, dem die Brüder Stauffenberg in grenzenloser Bewunderung anhingen, seit sie ihm 1923 vorgestellt worden waren. Der 65-Jährige, in dem sie den größten lebenden Deutschen und den Künder eines neuen Zeitalters verehrten, lag in seinem Refugium oberhalb des Lago Maggiore im Sterben.

Claus nahm den Nachtzug nach München (Bamberg ab 3.12 Uhr), stieg dort am Morgen um nach Zürich, wo er Berthold traf, der aus Den Haag kam; gemeinsam erreichten sie am Sonntagabend gegen neun Uhr Locarno. Frank Mehnert, der Georges Leben im Tessin organisierte, hatte die beiden im »Buenos Aires« an der Uferpromenade auf halbem Weg zwischen Locarno und Minusio einquartiert. Vier Jahre jünger als Berthold von Stauffenberg und durch diesen als Gymnasiast in den Kreis um den Dichter eingeführt, war Mehnert dem Meister als ständiger Begleiter und Sekretär in den letzten Jahren unentbehrlich geworden.

George lag seit Anfang der Woche in der von frommen Schwestern geleiteten Klinik Sant' Agnese, nur ein paar Gehminuten entfernt von seinem letzten Domizil. Claus von Stauffenberg betrat das Sterbezimmer gegen 22.30 Uhr. Dort saßen außer Berthold und Mehnert der von George bestimmte Haupterbe Robert Boehringer, den Stauffenberg hier, im Dunkel des Sterbezimmers, zum ersten Mal sah, der Berliner

Leibarzt Walter Kempner sowie Bertholds Zwillingsbruder Alexander
und der junge Karl Josef Partsch, genannt Cajo. Kurz darauf kamen
drei Freunde hinzu, denen sich die Stauffenbergs besonders verbunden
fühlten – Albrecht von Blumenthal, genannt Albo, Walter Anton, genannt der Löwe, und Ludwig Thormaehlen, der Bildhauer. Alle hätten
auf Schemeln entlang der Wand gegenüber dem Fenster gesessen, wird
Alexander von Stauffenberg zehn Jahre später dichten, und dann habe
der Meister jedem Einzelnen von ihnen tief in die Augen geblickt, »als
gälte es auf ewig sie zu bannen«.[1] Aber der Meister erkannte niemanden.
Als sein Atem um 1.15 Uhr stillstand, waren zehn Freunde im Raum versammelt. Mehnert drückte dem Toten die Augen zu.

Keiner sprach ein Wort. Gegen zwei Uhr gingen alle außer Kempner über die Brücke hinüber ins Molino, das ehemalige Mühlen-
haus, in dem George auf der Flucht vor der feuchten Kälte des Nor-
dens die letzten beiden Winter verbracht hatte. In dem Atelierraum,
in dem sie immer empfangen worden waren – »drin unverkennbar
sein vertrauter duft«[2] –, hing jeder eigenen Erinnerungen nach. Dann
fragte einer, was der Meister zuletzt eigentlich gelesen habe. Mehnert
konnte berichten, dass er ihm am vorletzten Samstag nach dem Tee
aus Jean Paul und abends, als der Meister bereits zu Bett gegangen war,
ein Stündchen aus *Tausendundeiner Nacht* vorgelesen habe. Bis zur
48. Nacht seien sie gekommen, von dieser habe man noch eineinhalb
Seiten geschafft. »Siehe, da kam ihm ein wunderbar schöner Reigen
entgegen: mehr als zwanzig Mädchen, Mondsicheln gleich. Und als er
sie ansah, war er vor Freuden fast von Sinnen, und er vergaß sein
Heer.« An dieser Stelle habe der Meister unterbrochen, für heute sei es
genug. Er zündete sich noch eine Zigarette an und ließ seine Gedanken zu den Mondsicheln schweifen. Es war immer das Gleiche: Über
den Weibern vernachlässigen sie den Krieg.[3]

Am Sonntag sei es ihm dann bereits sehr schlecht gegangen. Am
Tag darauf habe er nach dem Essen nur noch kurz in einer der spani-
schen Illustrierten geblättert, die ihm seine Hilfe, Frau Schlayer, gelegentlich mitbrachte, und sich am Nachmittag in Perthes' grünen
Taschenatlas vertieft. Das tat er in den letzten Jahren gern: auf Land-

karten die Fahrten nachzeichnen, durch die das Aussehen unserer
Erde verändert worden war, den Zug Alexanders zum Indus oder
Humboldts Reise den Orinoko hinauf – Eroberungen, die sich schon
der Phantasie des Knaben in all ihren Herrlichkeiten erschlossen hatten. An einem der letzten Abende hätten sie über die Abdankung
Karls V. gesprochen, der sich von einem auf den anderen Tag in ein
Landhaus in Kastilien zurückzog. Das sei für ihn wahre Herrschaft,
sagte der Meister, seine Zelte abzubrechen, sobald die Zeit gekommen
sei, und niemanden Rechenschaft ablegen zu müssen. Er könne das gut
nachvollziehen, er habe das auch immer so gehalten.

Die Schwestern von Sant' Agnese brauchten etwa zwei Stunden,
die Leiche zu waschen und die sonstigen Vorkehrungen zu treffen.
Zur vereinbarten Zeit gingen Berthold und Mehnert zurück in die
Klinik und übernahmen die Wache. Robert Boehringer nutzte die
frühen Morgenstunden für einen kurzen Schlaf und kam gegen acht
Uhr nach. Um neun Uhr begannen zwei Bildhauer aus dem Tessin
mit dem Abnehmen der Totenmaske; Thormaehlen achtete darauf,
dass der Gips auch die großen, weit hörenden Ohren des Meisters einschloss, die Hände wurden ebenfalls abgegossen. Die Arbeiten zogen
sich mehrere Stunden hin, Berthold und Boehringer führten abwech-
selnd die Aufsicht.

Als Claus von Stauffenberg am Mittag in der Klinik eintraf, fragte
sein Bruder ihn, ob er die Totenwache organisieren könne. Das war
keine leichte Aufgabe angesichts der zahlreichen Rivalitäten, die den
Freundeskreis seit eh und je belasteten und nach den politischen Umwälzungen der jüngsten Zeit dramatische Formen angenommen hatten.
Jeder musste bei der Einteilung berücksichtigt werden, keiner durfte
sich zurückgesetzt fühlen. Stauffenberg beschaffte sich Stift und Papier und erstellte eine erste Liste mit den Namen derer, die bereits in
Minusio eingetroffen waren und die noch erwartet wurden.

Eine zentrale Frage lautete, ob Frauen an der Wache beteiligt werden
durften. Es ging vor allem um Clotilde Schlayer, die Freundin des
Arztes, die sich in den letzten Jahren große Verdienste um den Meister

erworben und nicht nur das Winterquartier in Minusio, sondern auch andere Unterkünfte besorgt und alles stets zu seiner Zufriedenheit vorbereitet hatte. Am Anfang war Frau Schlayer so gut wie unsichtbar gewesen, selbst in ihrem eigenen Haus in Berlin-Dahlem. Wenn George dort einzog, wich sie, um nicht zu stören, ins Souterrain aus. Im Molino war ihr zuletzt aber immer häufiger gestattet worden, am Essen teilzunehmen, und manchmal hatte ihr George sogar ein Glas von seinem Wein gereicht oder ihr eine seiner selbst gedrehten Zigaretten angeboten. Mehnert beklagte sich wiederholt, dass die ehernen Ideale des Kreises verraten würden, wenn man der Frau Zutritt zum Innersten gewähre, aber der Meister wiegelte ab: Die Verdienste der »Zuckernen«, wie er sie nannte, seien kolossal.

Claus wäre wohl nicht so weit gegangen wie sein Bruder Alexander, der später, in einem Gedicht zum zehnten Todestag des Meisters, von den »stummen elf«[4] am Sterbebett sprach, Clotilde Schlayer also als Vollmitglied zählte. Andererseits gab es für ihn keinen Grund, Frau Schlayer, die Unentbehrliche, die während der letzten Tage gemeinsam mit Kempner Stunde um Stunde am Bett des Meisters ausgeharrt hatte, von der Wache auszuschließen. Allerdings musste Stauffenberg auf die Empfindlichkeiten Mehnerts Rücksicht nehmen, der in geradezu krankhafter Rivalität zu Clotilde Schlayer stand. Deshalb teilte er sie und Walter Kempner für die fünfte Wache Dienstagmorgen 4.30 Uhr ein, sodass Mehnert weder an sie übergeben noch von ihr übernehmen musste. Dass Schlayer und Kempner die Ablösung dann verschliefen, sodass Blumenthal und Anton eine Stunde länger Wache stehen und Alexander und Claus eine Stunde früher raus mussten, bestätigte Mehnert in seinen Vorurteilen gegen Frauen.

Während Stauffenberg noch über die Anordnung der Totenwachen nachdachte und dabei seine Listen ständig umarbeiten musste, weil ihm stets neue Namen zugerufen wurden, eskalierte der Streit in der wichtigsten Frage überhaupt, wo denn der Meister seine letzte Ruhe finden sollte. Auf der einen Seite stand der Haupterbe Robert Boehringer; die andere Seite wurde angeführt von den beiden Nacherben Berthold von Stauffenberg und Frank Mehnert. Mit seiner Auffassung, ein Mensch müsse an dem Ort beerdigt werden, an dem er sterbe, stand Boehringer zunächst ziemlich allein. Am frühen Morgen konnte er sich dann mit seinem Vorschlag durchsetzen, die Meinung der Schwester Georges in Bingen einzuholen. Damit gewann er Zeit und überlistete so die Mehrheit der Freunde, deren Mantra lautete: Ein deutscher Dichter gehört in deutsche Erde!

Wären die politischen Verhältnisse in Deutschland andere gewesen, hätte sich Boehringer diesem Argument wahrscheinlich nicht widersetzt. Aber 1933 gab es unter Georges Freunden viele, die sich für das neue Regime begeisterten und anfingen, Poesie in Wirklichkeit umsetzen zu wollen. Boehringer warnte, dass eine Überführung des Leichnams nach Deutschland unweigerlich das Propagandaministerium auf den Plan rufen werde. Goebbels ließe sich die Gelegenheit sicher nicht entgehen, den Toten, den er zuletzt heftig umworben hatte, mit allem Pomp ins nationalsozialistische Walhalla zu geleiten. Womöglich würde der Sarg von Basel nach Bingen den Rhein hinunter gefahren und zum letzten Geleit am Ufer SA aufmarschieren. Man dürfe in dieser Frage das Heft nicht aus der Hand geben, staatliche Regie sei weder im Sinne des Toten noch im Interesse des Kreises.

Politische Konflikte hatte es im Freundeskreis immer gegeben. Boehringer selbst war als junger Mann im Sommer 1911 bei einer Landpartie nach Rheinsberg mit einem Ruder auf zwei Kontrahenten losgegangen, deren salbungsvolle Reden vom hohen Dienst im Tempel Georges er unerträglich bigott fand. Nach dem Krieg rissen Auseinandersetzungen über das politische System der Weimarer Republik und die Frage nach der Zukunft Deutschlands tiefe Gräben. Als im Januar 1933 die Nationalsozialisten an die Macht kamen, hofften die jüdischen Freunde vergebens auf eine klare Stellungnahme Georges. Besonders für Jüngere sei es sehr schwer, meinte einer seiner engsten Weggefährten, der Jude Ernst Morwitz, »die Texte Georges zu lesen und *nicht* zu glauben, was in Deutschland jetzt geschehe, sei das, was George gewollt habe«.[5] Der Dichter selbst stand der Entwicklung durchaus aufgeschlossen gegenüber. »Es sei doch immerhin das erste Mal«, hörte ihn Edith Landmann im März 1933 sagen – auch sie eine Jüdin –, »dass Auffassungen, die er vertreten habe, ihm von außen wiederklängen.«[6] Der Riss, der sich in Minusio zwischen den Jüngeren um Frank Mehnert und die Brüder Stauffenberg auf der einen, Robert Boehringer auf der anderen Seite abzeichnete, hatte ursächlich mit der Machtübernahme Hitlers zu tun, reichte aber tiefer. Seinen Anfang hatte der »weltanschauliche Generationenkonflikt«[7] zehn Jahre zuvor genommen, als George, eingeschränkt durch lange Krankheit und stets auf Suche nach einer Bleibe, seinen Lebensrhythmus zu ändern begann. Er trennte sich damals von zahlreichen Freunden, von denen seiner Meinung nach nicht mehr viel zu erwarten war und die ihm teilweise lästig wurden. Die neuen, die damals in sein Leben traten, waren allesamt sehr jung und wollten von Vorrechten Älterer wenig wissen. Weil Jugend bei George als ein Wert an sich galt, wurde es für ältere Freunde jetzt schwer, vor den jungen Radikalen zu bestehen. Der begabteste unter ihnen, Max Kommerell, den George im Sommer 1921 an sich zog, spielte seine Sonderstellung als Sekretär, Quartiermeister, Geliebter in einer Person viele Jahre lang rücksichtslos aus.[8]

Berthold und Claus von Stauffenberg waren im Mai 1923 durch Albrecht von Blumenthal zum Meister gebracht worden – Berthold 18, Claus 15 Jahre alt. Blumenthal, Altphilologe in Jena, Mitte dreißig, fühlte sich zum älteren der beiden Brüder hingezogen, der seine Liebe freilich nicht so erwiderte, wie es sich Blumenthal gewünscht hätte, weil George selbst Gefallen an ihm fand. Es gehörte zu den ungeschriebenen Gesetzen des Kreises, dass jeder Jüngere durch einen Älteren geführt wurde, der ihn mit den Gepflogenheiten und Regeln der Gemeinschaft vertraut machte und für ihn bürgte. Üblicherweise oblag diese Aufgabe demjenigen, der den Neuen entdeckt und von George die Zustimmung zu seiner Erziehung erwirkt hatte. Weil Blumenthal an Berthold hing, schied er als Gewährsmann für Claus ebenso aus wie Berthold selbst, denn nur ein Älterer, der nach kreisinternem Sprachgebrauch vom »pädagogischen Eros« beseelt war, konnte einen Jüngeren über die Schwelle tragen, ein leiblicher Bruder kam dafür nicht in Betracht. Claus' Wahl fiel auf Max Kommerell. George fand, dass die beiden füreinander bestimmt waren, und gab der Liaison seinen Segen. Kommerell war wie die Stauffenbergs auf der Schwäbischen Alb groß geworden, dies schuf eine zusätzliche Vertrautheit. Wenn sie zusammen im Gras lagen und der Ältere dem Jüngeren aus Jean Pauls *Titan* vorlas oder ihm Hölderlin-Gedichte erklärte, drehte sich das Gespräch immer auch um die Bedeutung der Heimat, nicht zuletzt um die Staufer, denen im George-Kreis in diesen Jahren wachsende Bedeutung beigemessen wurde. Durch Kommerell, der 1924 mit einer Arbeit über Jean Pauls Verhältnis zu Rousseau promoviert wurde und anschließend sein Wanderleben an der Seite Georges aufnahm, war Claus fast so nah am Meister wie sein Bruder Berthold.

Kommerell war von seiner neuen Aufgabe, einen Jüngeren heranzuziehen, nicht weniger begeistert als von seinen literarischen Entdeckungen. Legt man seinen 1926/27 entstandenen Gedichtzyklus »Verse für C.« neben das ein Jahr später erschienene Buch *Der Dichter als Führer in der deutschen Klassik*, in dem die Freundschaft zum eigentlichen Schwungrad der deutschen Dichtung von Klopstock bis Hölderlin erklärt wurde, zeigt sich, wie durchlässig die Grenze zwischen Dichtung und Wirklichkeit im George-Kreis war und wie stark die Lektüre das Erleben bestimmte. Vielleicht war es aber auch umgekehrt und Kommerell von der Freundschaft mit Claus von Stauffenberg so berauscht, dass er seine Erregung sogleich auf das ihm von George gestellte Thema übertrug, die Literatur der deutschen Klassik männerbündisch umzudeuten. Sein Gedichtzyklus auf Claus von Stauffenberg hebt emphatisch an:

Sieh nach dir begehrt das land
Komm ersehnter mich zu retten
Wo die liebe sich in ketten
Sich in qual die liebe wand.

Die an den Namen Stauffenberg sich anknüpfenden Assoziationsketten hin zu den Staufern (»Tut in dir sich same kund / Den wir längst zur sage zählten?«) wurden von Kommerell ebenso ausbuchstabiert wie die »süsse« Leiblichkeit des »Kriegsgotts über wiegend schlanker hüfte«. Am Ende stilisierte sich der Dichter, »umschwungen vom fittich der heldenbegier«, in den Gedichten an Claus zum Herold eines mächtigen Kriegers, mit dem er in die letzte Schlacht ziehen wollte – Götterdämmerung einbegriffen:

> Lenke schlachtwärts unsern lauf
> Dass zu deinem sieg ich stürme
> Mit dir uns zum feste türme
> Grossen todes scheiterhauf.[9]

Im Herbst 1929 braute sich Unheil zusammen. Kommerell war nicht mehr bereit, seine Lebensführung den Bedürfnissen Georges unterzuordnen, und entzog sich allen Verpflichtungen. Er sei nicht länger in der Lage, Wand an Wand mit George zu schlafen. Während es für einen Jüngling Anfang zwanzig ein unerhörtes Abenteuer sei, durch Umgang mit einem Großen über sich selbst hinaus zu wachsen, schrieb er rückblickend, sei die damit verbundene Preisgabe jeglichen Persönlichkeitsrechts für einen jungen Mann von 28 Jahren nur noch eine Zumutung. George drohte und lockte und scheute auch vor Erpressung nicht zurück: Wenn Kommerell an seiner Freundschaft mit Stauffenberg gelegen sei, müsse er sich zuvor mit ihm, George, aussprechen, andernfalls habe er den Verkehr mit Claus einzustellen. Trotz mehrerer Vermittlungsversuche blieb Kommerell bei seinem Nein: Er wolle sein Tun und Lassen von nun an selbst verantworten.

Wann Stauffenberg von dem sich anbahnenden Konflikt erfuhr und wer ihn einweihte, ist nicht überliefert. Man darf aber davon ausgehen, dass er den Kontakt mit Kommerell auf der Stelle abbrach, ohne dass es dazu einer Anordnung bedurfte. Wer den Meister verließ, verließ das Ganze. Es gibt keinen Hinweis, dass Stauffenberg jemals wieder auf Kommerell zu sprechen kam, seine Person verfiel der *Damnatio memoriae*.[10] So entsprach es den Überzeugungen Georges, der jeden Bruch zum Verrat und Verrat zu einem genetischen Defekt erklärte. Für alle, die ihm einmal den Schwur geleistet hatten, galt als oberstes Gebot die Treue – Treue nicht als Gehorsam verstanden, sondern als Pflicht, an den Idealen, für die man sich entschieden hatte, für immer festzuhalten.

Neuer Favorit Georges wurde Frank Mehnert, der im Frühjahr 1931 Kommerells Stelle als ständiger Begleiter übernahm. Zugleich fühlte Mehnert sich weiterhin eng seinem älteren Freund Berthold von Stauffenberg verbunden, den er durch fast tägliche Berichte über das Leben an der Seite des Meisters auf dem Laufenden hielt. Niemand stand George in dessen letzten Lebensjahren näher als diese beiden. Nach Georges Tod wurde Claus, der schon mit dem 14-jährigen Frank Hölderlins *Hyperion* gelesen hatte, von Mehnert und Berthold in alle Fragen rund um das George'sche Erbe einbezogen. Folgerichtig bestimmte Berthold von Stauffenberg im April 1943, nach dem Soldatentod Mehnerts, seinen Bruder zum letzten Erben Georges.

»Die gesetze des geistigen und des politischen sind gewiss sehr verschieden – wo sie sich treffen und wo geist herabsteigt zum allgemeingut das ist ein äusserst verwickelter vorgang.« So hatte George Anfang Mai 1933 der neuen Regierung mitteilen lassen, die sich gern auch offiziell mit seinem Namen geschmückt hätte. Im Übrigen habe er seinen Teil zum gegenwärtigen Umbruch in Deutschland beigetragen – »die ahnherrschaft der neuen nationalen bewegung leugne ich durchaus nicht ab und schiebe auch meine geistige mitwirkung nicht beiseite«.[11] Ernst Morwitz, der langjährige Vertraute Georges, der am Kammergericht in Berlin tätig war und die Rolle des Boten übernahm, sorgte dafür, dass der Brief vom Kultusministerium nicht veröffentlicht wurde. Auch wenn daraus nur schwer ein freudiges Bekenntnis zum neuen Staat abgeleitet werden konnte, so wären doch viele, zumal jüdische Freunde mit Recht entsetzt gewesen. Auf die Brutalität des Regimes angesprochen, meinte George damals, im Politischen gingen die Dinge halt anders, Henkersknechte seien nun einmal keine besonders angenehmen Leute.

Die Gegenposition zu dem, was George »Ahnherrschaft« nannte, vertrat niemand überzeugender als Ernst Kantorowicz, Professor für Mittlere und Neuere Geschichte an der Universität Frankfurt. Er nahm die unheilvollen Drohungen Hitlers gegen die Juden ernst und drängte George wiederholt, sich zu seinen jüdischen Freunden zu bekennen. Anfang November 1933 hielt er unter dem Titel »Das geheime Deutschland« eine Vorlesung, in der er seine Vorstellung von deutscher Geschichte vom neuen offiziellen Deutschlandbild abgrenzte. Unter vielfacher Berufung auf die George'sche Dichtung führte er aus, dass das geheime Deutschland schon immer in einem unüberwindlichen Gegensatz zur politischen Wirklichkeit gestanden habe, ja dass dieser Gegensatz gleichsam das Wesen des geheimen Deutschland ausmache. Dieses sei immer ein »Seelenreich« gewesen, weder an Zeit noch Raum gebunden, schon gar nicht an eine bestimmte Partei oder eine bestimmte Rasse. Viele der mittelalterlichen Kaiser und Könige, die man heute als wahre Deutsche verehre, hätten zu ihrer Zeit als fremd und undeutsch gegolten. Mit der sibyllinischen Formel, die er 1927 ans Ende seiner Biographie des Stauferkaisers Friedrich II. gestellt hatte, endete auch die flammende Rede: Das geheime Deutschland – es lebt und lebt nicht!

Hatte Kantorowicz das Recht, den Dichter öffentlich als Zeugen gegen die neuen Machthaber in Deutschland aufzurufen und damit den gesamten Freundeskreis politisch auf Oppositionskurs zu zwingen, ihn gleichsam in Haftung zu nehmen? Ende November bat er George in einem Brief nach Minusio, seinen Vortrag in Georges Hausverlag veröffentlichen zu dürfen. Der Brief hat den Adressaten nicht mehr erreicht. Die Entscheidung lag jetzt bei den Erben. Kantorowicz hatte ihnen den Staufer-Mythos erschlossen, indem er aus der Sage vom schlafenden Kaiser, der eines Tages erwachen und die Deutschen in eine strahlende Zukunft führen würde, eine Prophezeiung für den Kreis ableitete. Ausgerechnet ihm sollte jetzt die Teilhabe an der nationalen Erhebung verwehrt bleiben – nur weil er Jude war. Das war möglicherweise ungerecht, gleichwohl konnten sich die Erben zu einem Plazet nicht durchringen.

Durch Kantorowiczs Universitätsrede erhielt die Formel vom geheimen Deutschland, die immer im schönen Ungefähren geblieben war, plötzlich eine ungeheure Aktualität. In den Augen Mehnerts und der Stauffenbergs ging es nicht an, dass die jüdischen Freunde, die, von Kantorowicz abgesehen, allesamt zur älteren Generation zählten, das geheime Deutschland für sich reklamierten und die nichtjüdischen ausschließlich nach deren Einstellung zur Rassenfrage beurteilten. In einer Denkschrift, die im Sommer 1933 im Freundeskreis zirkulierte, räumte Edith Landmann, langjährige Gesprächspartnerin und Gastgeberin Georges, zwar ein, dass die Juden kein Recht hätten, »von den Deutschen zu verlangen, dass sie ihre Stellung zu allem, was jetzt in Deutschland geschieht, von dem abhängig machen, was an den deutschen Juden geschieht«. Abstand zu den neuen Machthabern sei aber das Mindeste, was man erwarte. In letzter Konsequenz, so ihr utopischer Aufruf, müssten alle, die zum geheimen Deutschland hielten, nach Übersee auswandern und dort eine Kolonie aus dem Geist Georges stiften.[12]

Als George in der Nacht des 4. Dezember starb, warf die große Politik ein weiteres Mal ihre Schatten über den Freundeskreis. Am Morgen war nicht nur auf Vorschlag Boehringers die Schwester in Bingen eingeschaltet worden. Berthold von Stauffenberg und Frank Mehnert hatten darauf gedrängt, dass auch das Büro des Reichspräsidenten telegrafisch vom Ableben Georges unterrichtet wurde. Indem man das Staatsoberhaupt in Kenntnis setzte, umging man den eigentlich zuständigen Kultusminister und vor allem den Propagandaminister. Vielleicht erhoffte man sich vom Büro Hindenburg insgeheim einen Hinweis, wie denn nun weiter zu verfahren sei. Aber nichts dergleichen geschah, außer dass der Bürgermeister von Minusio am nächsten Tag einen Anruf des deutschen Konsuls in Lugano erhielt, wann denn die Beerdigung stattfinde.

Am Nachmittag zeichnete sich ab, dass George hier, auf dem Friedhof der kleinen Tessiner Gemeinde, seine letzte Ruhe finden würde.

Obwohl Berthold von Stauffenberg und Mehnert das Gefühl hatten, von Boehringer über den Tisch gezogen worden zu sein, gaben sie sich zufrieden. Bewies nicht die Anfrage aus Lugano, wie recht er gehabt hatte, vor der Einbeziehung von Reichsbehörden zu warnen? Boehringer räumte auch dieses Problem aus dem Weg, indem er dem Konsul eine falsche Uhrzeit nennen ließ, anschließend Ernst von Weizsäcker anrief, den deutschen Gesandten in Bern, mit dem er befreundet war, und ihm freimütig erklärte, man wolle bei der Beerdigung niemanden dabeihaben. Die Kühnheit, mit der Boehringer zu Werke ging, nötigte sogar den Stauffenbergs Respekt ab.

Am Montagabend gegen 20 Uhr wurde der Tote, von den Freunden geleitet, von Sant' Agnese in die Friedhofskapelle überführt, eine halbe Stunde später begannen die Totenwachen. Claus von Stauffenberg hatte Berthold und Mehnert für die erste Wache eingeteilt, zwei Stunden später übernahmen Cajo und Claus selbst, es folgten Thormaehlen und Boehringer, dann Blumenthal mit Anton und so weiter. Am Dienstagmittag wurde der Leichnam in einen Eichensarg umgebettet. Am Abend öffneten die Freunde den Sarg noch einmal, zogen dem Meister seine geliebte weiße Kaschmirweste und die schwarzen Lackschuhe an und legten ihm seine Decke über. Als weitere Grabbeilagen erhielt er den goldenen Armreif, den eine Verehrerin für ihn geschmiedet hatte, sowie zwei Lorbeerzweige rechts und links der Stirn. Wie ein Pharao habe er ausgesehen, erinnerte sich einer der Anwesenden später, als gegen 21.45 Uhr die Zinkeinlage des Sarges geschlossen und unter Aufsicht von Berthold und Boehringer verlötet wurde.

Stauffenberg musste seine Listen immer wieder um Namen erweitern und die Wachen entsprechend neu einteilen. Am Dienstag trafen Ernst Morwitz und Ernst Kantorowicz ein. Obwohl nur engste Freunde benachrichtigt worden waren, tauchten allerhand Personen auf, von denen niemand recht wusste, wie sie eigentlich den Weg nach Minusio gefunden hatten. Woldemar Graf Uxkull zum Beispiel, ein entfernter Tübinger Vetter der Stauffenbergs, dem diese schon seit Längerem aus dem Weg gingen, oder die resolute Schwägerin von

Frau Schlayer, die George während der letzten beiden Sommer in Wasserburg am Bodensee beherbergt hatte. Edith Landmann, die aus Basel anreiste, brachte sogar ihren Sohn mit.

Es war noch dunkel, als sich am Mittwochmorgen die Trauernden nach und nach in der Friedhofskapelle einfanden. Berthold von Stauffenberg und Mehnert, die um sieben Uhr die letzte Totenwache angetreten hatten, standen rechts und links am Kopfende des Sarges. Der schlichte große Lorbeerkranz, den Blumenthal in der oberhalb von Locarno gelegenen Gärtnerei in Auftrag gegeben hatte und der jetzt am Fuß des Sarges lehnte, war nach römischem Vorbild fest und dick, die Blätter nach innen gedreht; er trug keine Schleife, jede Aufschrift wäre den Freunden als unangemessen erschienen. Um 8.15 Uhr wurde die Tür der Kapelle geschlossen, vier Freunde lasen die ersten zwölf Gedichte des »Maximin«-Zyklus aus dem *Siebenten Ring*. Dann wurde der Sarg hinausgetragen. Sargträger waren die drei Brüder Stauffenberg auf der einen, Robert Boehringer, Ludwig Thormaehlen und Roberts jüngerer Bruder Erich auf der anderen Seite. Mehnert und der Jüngste, Cajo Partsch, schritten mit dem Lorbeer voran.

Von Erich Boehringer, mit dem Claus von Stauffenberg jetzt den Gleichschritt suchte, wurde im Freundeskreis erzählt, dass er als junger Artillerieoffizier beim Zusammenbruch der Front 1918 sich ein Pferd verschafft und nach Bingen geritten sei, um den Meister zu fragen, was man jetzt tun müsse, jetzt, wo sich der Krieg als eine große Lüge herausgestellt habe. Als Antwort habe der Meister für ihn das Gedicht »Einem jungen Führer im Ersten Weltkrieg« geschrieben, in dem er den Freunden den Sinn des Krieges deutete. Nicht für irgendwelche falschen Ideale seien sie hinausgezogen, sondern einzig für sich selbst: Jeder, der sich auf seinem Platz bewährt habe, habe dies auch für ihn getan.

Bei der großen Lesung, zu der George zehn Jahre später, im Herbst 1928, alle Freunde nach Berlin rief, um mit ihnen das Erscheinen seines letzten Bandes *Das neue Reich* zu feiern, durfte Boehringer das Gedicht selber sprechen. Jeder in der Runde wusste, dass der Vortragende zugleich der Angesprochene war, und die Wirkung muss eine ungeheure gewesen sein. Nicht der Lesende, der die Uniform längst abgelegt hatte, stand da und sprach die Verse, vielmehr sprachen die Verse selbst – von der Not des Krieges und der Ratlosigkeit einer ganzen Generation. Claus von Stauffenberg, der drei Monate zuvor an der Infanterieschule Dresden zum Fähnrich ernannt worden war, dürfte an diesem Abend die letzte Bestätigung für seine Entscheidung zur Offizierslaufbahn gefunden haben. Eines Tages würde er genauso strahlend vor den anderen stehen wie jetzt dieser junge Führer aus dem letzten Krieg, den, wie die Schlusszeile lautete, »erst von strahlen ein ring / Dann eine krone« umgab.[13]

Nachdem der Sarg im Schacht an der Friedhofsmauer versenkt worden war und alle ihre Zweige und Blumen nachgeworfen hatten, wurde das Grab mit einer Granitplatte geschlossen. Drei traten vor und sprachen gemeinsam den »Schlusschor« – »Gottes pfad ist uns geweitet / Gottes land ist uns bestimmt«.[14] Danach suchte jeder mit sich allein zu sein und bereitete seine Abreise vor.

Mehnert und Boehringer blieben in Minusio, außerdem Cajo Partsch, der mit jugendlicher Unbekümmertheit scherzte, im zweiten Semester Jura könne er ruhig ein paar Vorlesungen schwänzen; nächstes Jahr gäbe es ohnehin eine andere Regierung, da müsse er den Stoff nicht zweimal lernen. Berthold von Stauffenberg, dessen Vertrag als Mitarbeiter des Internationalen Gerichtshofs in Den Haag zum Jahresende auslief, musste noch einmal zurück nach Holland. An Weihnachten wollte er wieder in Minusio sein, bis dahin würde Mehnert die wichtigsten Punkte auflisten, die es vorrangig zu regeln galt.

Claus von Stauffenberg blieb nach der Beerdigung nur wenig Zeit, hatte er doch am nächsten Morgen wieder beim Regiment anzutreten. Er verabschiedete sich von denen, die ihm nah standen, holte sein Gepäck in der Pension ab und fuhr über Zürich und München zurück nach Bamberg.

1 Die Welt von gestern

Grundlagen einer Biographie

Das meiste von dem, was wir über Claus von Stauffenberg wissen, beruht auf Aussagen, die nach dem 20. Juli 1944 gemacht wurden. An diesem Tag scheiterte das von ihm geplante und ausgeführte Attentat auf Adolf Hitler. Um 13.45 Uhr, eine Stunde nach Detonation der Sprengladung in der Lagebaracke des Führerhauptquartiers in Ostpreußen, traf Reichsführer-SS Heinrich Himmler bei Hitler ein. Himmler, als Chef des Reichssicherheitsdienstes für die Sicherheit des Diktators zuständig, kam mit dem Wagen aus seinem Quartier Hochwald, wo er sich drei Jahre zuvor, rechtzeitig zum Überfall auf die Sowjetunion, eine Feldkommandostelle hatte einrichten lassen. Für die rund vierzig Kilometer von dort quer durch die masurische Seenplatte zu Hitlers Wolfschanze brauchte er eine gute Dreiviertelstunde, schneller ging es nicht. Hitler und Himmler sprachen etwa eine Stunde miteinander – laut Himmlers Terminkalender wahrscheinlich unter vier Augen –, und zweifellos wurde dabei auch die Frage erörtert, warum es der Gestapo nicht gelungen war, das Komplott aufzudecken. Anschließend aßen der Reichsführer-SS, Reichsleiter Martin Bormann und der Chef des Oberkommandos der Wehrmacht, Generalfeldmarschall Keitel, gemeinsam zu Mittag und besichtigten dann die durch die Wucht der Explosion zerstörte Baracke. Um 16.00 Uhr traf Mussolini ein; der Besuch war seit einigen Tagen verabredet, und Hitler sah keinen Grund, ihn abzusagen.[1]

Um 17.00 Uhr ernannte Hitler den Reichsführer-SS als Nachfolger von Generaloberst Fromm zum Befehlshaber des Ersatzheeres. Da über dessen Befehlswege gegen 16.15 Uhr das Signal zum Staatsstreich ausgelöst worden war, hielt man Fromm für einen der Drahtzieher der Verschwörung im Oberkommando des Heeres in der Berliner

Bendlerstraße. Himmler ließ sich über Hochwald zum Flugplatz in Lötzen fahren. Dort kam es zu einer ersten Besprechung mit SS-Obergruppenführer Kaltenbrunner, dem die zu bildende Sonderkommission zur Aufklärung der Hintergründe des Attentats unterstehen sollte, und Mitarbeitern des Reichssicherheitshauptamts, die auf Befehl Himmlers aus Berlin eingeflogen worden waren. Die Maschine zurück startete um 19.30 Uhr. Als sie zwei Stunden später in Tempelhof landete, war die Machtfrage in der Bendlerstraße zwar noch nicht endgültig entschieden, aber es erschien ausgeschlossen, dass sich die Putschisten um Claus von Stauffenberg mit ihren Aufrufen und Befehlen noch durchsetzen würden.

Himmler ließ sich zunächst ins SS-Führungshauptamt nach Bad Saarow und von dort um halb eins in die Dienstvilla von Reichspropagandaminister Goebbels unweit des Brandenburger Tors bringen. An der nächtlichen Sitzung – »Niederschlagung der Revolte v. Stauffenberg usw.«[2] – nahm neben Kaltenbrunner und Generaloberst Stumpff, dem Oberbefehlshaber Luftflotte Reich, auch Rüstungsminister Albert Speer teil. »Man müsse sich stets vom Zentrum fernhalten und Gegenaktionen nur von außen einleiten«, habe Himmler dem misstrauischen Goebbels sein Vorgehen erläutert.[3] Als es hell wurde, fuhr er ins Reichssicherheitshauptamt in der Prinz-Albrecht-Straße. Um 12.15 Uhr wurde ihm dort der verhaftete Generaloberst Hoepner vorgeführt, der nach Generalfeldmarschall Witzleben und Generaloberst Beck dienstälteste Offizier, der seit seiner Ausstoßung aus der Wehrmacht im Januar 1942 mit der Verschwörung sympathisierte. Eine Stunde später hielt Himmler vor den Amts- und Abteilungschefs des Ersatzheeres in der Bendlerstraße eine Ansprache zur Amtsübernahme. Um 16.30 Uhr flog er zurück nach Ostpreußen und berichtete Hitler am Abend über die eingeleiteten Maßnahmen und den Stand der Ermittlungen.

Rund vierhundert Kriminalbeamte, die in elf »Sonderkommandos 20. Juli« arbeiteten, untersuchten in den folgenden Monaten sämtliche Aspekte der Erhebung und drangen dabei in letzte Verästelungen einer sowohl im Offizierkorps als auch im Zivilbereich weitverzweigten

Opposition vor. Die Ergebnisse wurden in täglichen Berichten für Hitler zusammengefasst. Diese Berichte ermöglichten eine recht genaue Rekonstruktion der Abläufe im unmittelbaren Vorfeld des 20. Juli und am Tag des Anschlags selbst. Sie erwiesen sich später auch für die historische Forschung als eine meist zuverlässige Quelle. Aber so gut sich Querverbindungen, organisatorische Vorbereitungen und die für die ersten Stunden unmittelbar nach der Beseitigung Hitlers geplanten Maßnahmen nachverfolgen ließen, so sehr blieben die eigentlichen Motive der Erhebung im Dunkeln.

Das lag vor allem an den Verhörmethoden. Wer im Sommer 1944 in die Fänge der Gestapo geriet und der Mitwisserschaft beschuldigt wurde, musste um sein Leben bangen. Bestritt er die ihm gemachten Vorwürfe in Gänze, so konnte er im nächsten Moment mit einer Zeugenaussage konfrontiert werden, die ihn der Lüge überführte; gab er an einer scheinbar unverdächtigen Stelle etwas zu, so brachte er damit sich und andere womöglich in noch größere Schwierigkeiten. Aber nicht nur die Beschuldigten achteten darauf, sich nicht zusätzlich zu belasten. Auch die Kriminalbeamten unterlagen einem spezifischen Denkmuster und zeigten sich weitgehend unfähig, sich unter Opposition etwas anderes vorzustellen als Verrat und Verbrechen. Sie begriffen nicht, dass ihnen aufrechte und tapfere Männer gegenübersaßen, die aus Sorge um die Zukunft Deutschlands dem Regime den Gehorsam aufgekündigt hatten. Defätistisch, intellektualistisch, dekadent – so die bevorzugten Vokabeln zur Charakterisierung der Verschwörer. In den Kaltenbrunner-Berichten wurden sie so dargestellt, wie Hitler sie in seiner Rundfunkansprache kurz nach Mitternacht bezeichnet hatte: als eine kleine Clique ehrgeiziger, elitär denkender Offiziere, die ihren Eid gebrochen hatten, als Angehörige einer degenerierten Schicht, die längst abgeschafft gehörte.[4]

Und doch sind die 1961 unter dem Titel *Spiegelbild einer Verschwörung* erstmals veröffentlichten Kaltenbrunner-Berichte als Quelle von unschätzbarem Wert. Im Zweifel ist auf sie mehr Verlass als auf einen Großteil der nach dem Krieg entstandenen Erinnerungsliteratur. Zum einen verfolgte die Gestapo ein klares kriminalistisches Ziel;

stellt man den denunziatorischen Charakter ihrer Berichte in Rechnung, ergibt sich ein nüchternes Bild der Erhebung, deren politische und ethische Motive bewusst verdreht wurden, sodass wie in einem Spiegel tatsächlich links als rechts und rechts als links erscheint. Bei allen späteren Dokumenten ist dagegen erst einmal nach der Glaubwürdigkeit, das heißt in erster Linie nach den Interessen der Zeugen zu fragen. Nicht wenige, die mit Stauffenberg beruflich oder privat zu tun gehabt hatten, nutzten die prominente Bekanntschaft nach dem Krieg, um ihrem eigenen Widerstand ein bisschen aufzuhelfen. Das reichte vom Chef des Generalstabs, Franz Halder, der sich in seinem Spruchkammerverfahren 1948 an viele konspirative Gespräche mit Stauffenberg glaubte erinnern zu können, bis zu dem Freund Rudolf Fahrner, der in der gemeinsamen Beschäftigung mit den Befreiungskriegen gegen Napoleon eine Art Exerzitium für den späteren Staatsstreich sehen wollte.[5]

Auch Zeugen, die unter keinem Rechtfertigungsdruck standen, tappten immer wieder in die Falle des Anachronismus. Weil das Ende der Geschichte bekannt war, erinnerten sie sich so, als ob alles mehr oder weniger unausweichlich auf dieses Ende habe zulaufen müssen. Indem sie das spätere Wissen auf die zurückliegenden Jahre projizierten, glaubten viele, es mit der zeitlichen Einordnung nicht so genau nehmen zu müssen. Auf diese Weise wurden – willentlich oder unwillentlich – immer frühere Belege für Stauffenbergs oppositionelles Denken generiert. Eigentlich habe er aus seinem Abscheu vor den Nazis ja nie einen Hehl gemacht, so der Tenor der meisten Zeitzeugen. Manch einer will Stauffenberg gefragt haben, wann es denn endlich »losgehe«, aber der habe stets ausweichend geantwortet, man sei noch nicht so weit. Die Zeugen, die solche fiktiven Dialoge in die Welt setzten, bescheinigten damit auf elegante Weise vor allem sich selbst, von Anfang an gegen Hitler gewesen zu sein.[6] Nicht wenige rückten im Laufe der Jahre durch »kumulative Erinnerungskonstruktion« von der Peripherie fast bis in den Mittelpunkt des Widerstands.[7] Am 20. Juli seien offenbar mehr Leute beteiligt gewesen, als Deutschland Einwohner habe, kommentierte Konrad Adenauer diese Art Zeitzeugenschaft bissig.

Die drei maßgeblichen Stauffenberg-Biographen Joachim Kramarz (1965), Christian Müller (1970) und Peter Hoffmann (1992) gingen erstaunlich leichtfertig mit der Auswertung und Einordnung entsprechender Dokumente um. Aus Sorge, den Helden zu beschädigen, legten sie ihm lieber gleich den Dolch in die Wiege und griffen dankbar, ohne die Evidenz der Quellen zu problematisieren, alle Hinweise auf, die eine frühe und konstante Gegnerschaft Stauffenbergs zum Nationalsozialismus zu belegen schienen. Die vielen, bis in den Herbst 1942 reichenden Zeugnisse, die seine direkte und indirekte Zustimmung zur Politik und Kriegführung Hitlers belegen und im Gegensatz zu den Nachkriegsdokumenten authentisch sind, ließen sich auf diese Weise zwar nicht vollständig neutralisieren. Den Biographen halfen die nachträglichen Interpretationen aber bei ihren Bemühungen, Stauffenbergs Leben als einen stufenweisen Läuterungsprozess darzustellen, bei dem es etwa so zugig wie auf der Echternacher Springprozession: zwei vor, eins zurück.

Lange Zeit glaubte man der gesellschaftlich erwünschten Vorbildfunktion der Verschwörer am ehesten gerecht zu werden, wenn man sie als weitgehend immune Lichtgestalten präsentierte. Statt zu fragen, wie sie es schafften, sich von der Begeisterung der Mehrheitsgesellschaft abzusetzen und sich zu einer eigenen Haltung durchzuringen, setzte man auf die Fiktion mehr oder weniger »autarker« Persönlichkeiten, die prinzipiell die Gegenposition zu Hitler verkörperten und niemals vom rechten Weg abkamen. In Adelskreisen ist bis heute die Vorstellung verbreitet, dass die Vorfahren, die sich gegen Hitler stellten, aufgrund ihrer adeligen Sozialisation für den Widerstand prädestiniert waren, was einer zusätzlichen Legitimation des Standes gleichkäme.[8] Noch immer fehlt vielfach das Verständnis dafür, dass eine Biographie umso spannender wird – und umso mehr Vorbildcharakter gewinnen kann –, je verführerischer die Versuchungen sind, denen der Protagonist ausgesetzt ist, je windungsreicher die Irrungen, je schärfer die Brüche.

Eine Geschichte der Rezeption des Widerstands gegen Hitler zählt zu den Desideraten der Historiographie. Bis heute gibt es keine um-

fassende Darstellung der jahrzehntelang mitunter höchst kontrovers
geführten öffentlichen Debatten über einen angemessenen Umgang
mit diesem Teil der Hinterlassenschaft des Dritten Reiches. Die Wege,
auf denen das Gedenken an den Widerstand in die Erinnerungskultur
der Bundesrepublik Eingang fand, sind zwar rekonstruierbar. Kaum
berücksichtigt wurde bisher aber der Umstand, dass die neuen frei-
heitlich-demokratischen Standards ihrerseits auf die Erinnerung der
Überlebenden abfärbten. Wo der Geist der Zeit die Art des Fragens
bestimmt, wird meist auch das Gedächtnis in Mitleidenschaft gezogen. Jedenfalls ist davon auszugehen, dass die im Laufe der Zeit durch-
gesetzte und politisch gewollte Auffassung, Widerstand legitimiere
sich in erster Linie moralisch und sei »im Grunde ein Kampf für die
Menschenrechte«,[9] die Erinnerungen mancher Zeugen teilweise stark
eingetrübt hat.

Massive Kritik an der angeblich unpatriotischen Einstellung der Verschwörer des 20. Juli kam früh aus den Kreisen ehemaliger Wehr-
machtgenerale. »Es konnte nicht Aufgabe der führenden Offiziere
sein, der Armee das Rückgrat zu brechen«, hieß es in einer Denkschrift führender Generale für den Nürnberger Gerichtshof vom November 1945. »Wer immer es unternimmt, die Regierung seines Landes zu ändern, ist auch dafür verantwortlich, eine neue und bessere
Regierung, einen neuen Führer zu stellen.«[10] Mit dieser klaren Abgrenzung bestätigten die Autoren der Denkschrift – darunter der frühere Oberbefehlshaber des Heeres Brauchitsch, der ehemalige Generalstabschef Halder und Generalfeldmarschall Manstein – das Bild,
das der deutschen Öffentlichkeit nach dem Scheitern des Attentats
vom Regime präsentiert worden war. Indem sie an dieser Bewertung
festhielten, mit der sie einer Diffamierung der »Verräter« über das
Kriegsende hinaus den Boden bereiteten, glaubten sie zugleich ihr
eigenes Versagen exkulpieren zu können. »Militär-Revolten«, schrieb
ein ehemaliger Heeresgruppenoberbefehlshaber in nachgelassenen Erinnerungen, »kannte man damals eigentlich nur bei Balkan-Völkern
und in südamerikanischen Staaten.«[11]

Große Beachtung fand 1952 der Braunschweiger Prozess gegen Otto Ernst Remer, der das Andenken der Verschwörer des 20. Juli verunglimpfte, indem er sich brüstete, als Chef des Berliner Wachbataillons die »Verräter« an der Durchführung ihrer Pläne gehindert zu haben. Das Gericht machte in seinem Urteil klar, dass es sich bei der Erhebung nicht um Hoch- und Landesverrat gehandelt habe, weil der nationalsozialistische Staat kein Rechtsstaat gewesen sei. Damit trug das Landgericht Braunschweig wesentlich zur öffentlichen Anerkennung der Militäropposition bei, und schon bald wurden neben den Männern und Frauen, die sich in den Jahren von 1933 bis 1945 aus politischen, weltanschaulichen, religiösen oder ethischen Gründen dem Hitler-Staat aktiv widersetzt hatten, gleichberechtigt auch die Vertreter des militärischen Widerstands genannt. Auch ihnen kam jetzt Vorbildcharakter beim Aufbau der neuen demokratischen Gesellschaft zu.

Allerdings tat man sich mit der Einordnung der Männer des 20. Juli von Anfang an schwer. Weil sich ihre Motive nicht unmittelbar erschlossen – vielleicht auch weil der Mehrheit der Deutschen der Sinn für alles Militärische in den fünfziger Jahren aus naheliegenden Gründen abhandengekommen war –, wurden die Offiziere um Henning von Tresckow und Claus von Stauffenberg dem Widerstand des bürgerlich-konservativen Lagers zugerechnet. Das war in der Tendenz nicht falsch, zumal die beiden stets auf eine enge Abstimmung mit den »Zivilisten« Wert gelegt hatten, vernachlässigte aber sowohl die völlig andere Ausgangssituation der Offiziere als auch ihren Pragmatismus, der manchen Mitverschwörern wie dem ehemaligen Leipziger Oberbürgermeister Carl Goerdeler oder Helmuth James von Moltke geradezu unheimlich erschien.

Der militärische Widerstand wurde erst spät als eine eigenständige Bewegung innerhalb des breiten Spektrums der Opposition wahrgenommen, meist sah man ihn als eine Art Exekutive der bürgerlich-konservativen Kreise um Goerdeler, Hassell und Beck.[12] Dennoch bekam der 20. Juli schon bald – auch dank der wegweisenden Rede von Bundespräsident Theodor Heuss zum zehnten Jahrestag 1954 –

einen festen Platz in der entstehenden Gedächtniskultur der jungen
Bundesrepublik. Das Datum wurde zu einer Chiffre des Widerstands,
auf die sich eine Mehrheit der Bevölkerung verständigen konnte. Diejenigen, die an diesem Tag an das andere und bessere Deutschland erinnerten, sprachen von Verpflichtung und Vermächtnis. Während der
20. Juli auf der einen Seite als Erinnerungsort etabliert wurde, an dem
sich der Aufstand gegen Hitler identitätsstiftend in das Selbstbildnis
der Bundesrepublik integrieren ließ, wuchs auf der anderen Seite der
kritische Abstand zu den politischen und gesellschaftlichen Vorstellungen derer, die an ebendiesem Tag zur Tat geschritten waren. Insgesamt »hat die politische Inanspruchnahme des Widerstandes seit den
fünfziger Jahren einen gesamtgesellschaftlichen Entschuldungskom-
plex begünstigt, der noch zusätzlich die Perspektive verengt hat«.[13]

Dem Unverständnis folgte die Distanzierung. Mitte der sechziger
Jahre hatte der Historiker Hans Mommsen noch dafür geworben, die
gesellschaftspolitischen Entwürfe der bürgerlich-konservativen Opposition nicht an den demokratischen Standards der Bundesrepublik
zu messen. Von solcher Einfühlung war man vierzig Jahre später weit
entfernt: Weil Stauffenberg »für die parlamentarische Demokratie
zeitlebens nur Verachtung übrig« gehabt habe, so der britische Historiker Richard Evans, sei er »als Vorbild für künftige Generationen
schlecht geeignet«. Einer Beschäftigung mit dem Hitler-Attentäter
könne man nur deshalb noch eine gewisse Berechtigung einräumen,
weil er in dem Bewusstsein gehandelt habe, »dass seine Bombe vor
allem als moralische Geste bedeutsam war. Als er sie zündete, war sein
Ziel, damit die Ehre des deutschen Volkes zu retten.«[14]

*

Das vorliegende Buch geht einen anderen Weg. Es versucht nicht,
nach einer moralischen Motivation zu fragen, die es in der uns heute
selbstverständlich gewordenen, der Schreckensherrschaft des Dritten
Reiches angemessenen Form bei Stauffenberg nicht gab. Es konzentriert sich stattdessen auf die militärisch-politische Motivation und

rückt in den ersten Kapiteln jene Ereignisse in den Mittelpunkt, die Stauffenberg als Offizier existenziell betrafen und mit denen er sich auseinanderzusetzen hatte. Wie reagierte er auf den sogenannten Röhm-Putsch, wie stand er zur Wiedereinführung der allgemeinen Wehrpflicht, welche Lehre zog er aus der Blomberg-Fritsch-Krise, wie beurteilte er den Einmarsch in das Sudetenland? Die dreißiger Jahre, die sein militärisches und politisches Denken prägten, erhalten so die Bedeutung, die ihnen bei der Bildung seiner Persönlichkeit zukommt. Mit dem Taumel, der ihn bei Kriegsbeginn erfasste, veränderte sich seine Perspektive. Stauffenberg urteilte jetzt ausschließlich nur noch als Soldat – und träumte in Briefen an Frank Mehnert oder den Bruder Berthold von einer neuen Ordnung der abendländischen Völker unter deutscher Führung.

In den authentischen Quellen finden sich bis August 1942 keine Belege, dass Stauffenberg ein Komplott gegen Hitler in Erwägung gezogen hätte. Erst in diesem Sommer, dem dritten Kriegssommer, verdichteten sich für ihn drei Erkenntnisse: dass der Krieg nicht mehr zu gewinnen war, dass er nicht auf die von Hitler angekündigte Neuordnung Europas, sondern auf den Untergang des deutschen Volkes hinauslief und dass er unter verbrecherischen Bedingungen geführt wurde. Ein Jahr später war aus der Einsicht, dass für diese Entwicklung einzig und allein der Mann an der Spitze die Verantwortung trug, die Gewissheit geworden, dass Hitler getötet werden musste. Die Herausforderung für den Biographen besteht darin, die Jahre 1942/43, in denen Stauffenberg sich zunächst der Problematik der Situation, in die er gestellt war, bewusst wurde und dann umso energischer die Vorbereitungen für den Staatsstreich vorantrieb, scharf abzugrenzen gegen die Jahre seiner grundsätzlichen, wenn auch nicht immer vorbehaltlosen Zustimmung zu Hitlers Großmachtpolitik.

Akzeptiert man, dass Stauffenberg erst im Sommer 1942 anfing, kritisch über die Bedingungen und Folgen des Krieges nachzudenken, ergibt sich ein von den bisherigen Darstellungen stark abweichendes Bild. Bis in den Sommer 1942 deckte sich Hitlers Politik weitestgehend mit den Vorstellungen und Erwartungen, die Stauffenberg an

den durch diese Politik herbeigeführten Aufstieg Deutschlands zur
europäischen Vormacht geknüpft hatte. Will man den Ablösungspro-
zess verstehen, der zu dieser Zeit einsetzte und der ihn schließlich dazu
brachte, in Hitler den Vollstrecker des Bösen zu sehen, muss man nach
den Werten und Idealen fragen, mit denen Stauffenberg aufwuchs. Die
drei Lebenswelten, deren Normen sein Denken und Handeln von früh
an bestimmten – die Tradition der Familie, das Offizierkorps und die
Bindung an Stefan George –, waren für ihn lange mit den Zielen des
Nationalsozialismus vereinbar gewesen. Als er im Sommer 1942 an diesen Zielen zu zweifeln begann, suchte er sich dem Gewissenskonflikt
zunächst durch Flucht an die Front zu entziehen. Erst während der langen Genesungsphase nach einer schweren Verwundung in Nordafrika
Anfang April 1943 reifte der Entschluss, die Herausforderung anzunehmen und sich aktiv an einer Erhebung gegen Hitler zu beteiligen.

Stauffenberg war ein loyaler Offizier, dem der Eid, den er 1934 geschworen hatte, als heilig galt. Nach dem Krieg beriefen sich viele Offiziere darauf, dass es ihnen trotz des verbrecherischen Charakters der
Hitler'schen Politik nicht möglich gewesen sei, ihren Eid zu brechen.
In den meisten Fällen dürfte es sich um einen nachträglichen Legiti-
mierungsversuch gehandelt haben, mit dem sich das Eingeständnis,
nicht aktiv geworden zu sein, allerdings nur schwer kaschieren ließ.
Der Vorwurf, die Verschwörer hätten Eidbruch begangen, war bereits
unmittelbar nach dem 20. Juli laut geworden. Der Vorsitzende des
Volksgerichtshofs Roland Freisler stilisierte den Eid dann zum In-
begriff deutscher Ehre: Eidbrüchig war in seinen Augen gleichbedeutend mit ehrlos. Diese Interpretation erwies sich als besonders zäh-
lebig und konnte sich zumal in rechten politischen Kreisen lange über
den Zusammenbruch hinaus halten.[15]

Ein Eid beruhe grundsätzlich auf Gegenseitigkeit, argumentierte
Stauffenberg. Wenn der Herrscher die Macht missbrauche, sei das Loya-
litätsverhältnis aufgehoben. Aber Stauffenberg ging noch einen Schritt
weiter. Weil die Verantwortung des Offiziers sich für ihn nicht auf das
militärische Feld beschränkte, sondern immer auch die politische Verantwortung für das Ganze einschloss, verstand er es als seine Offiziers-

pflicht, Hitler in den Arm zu fallen. Damit verstieß er gegen den Kodex des Offizierkorps, das den Befehlsgehorsam über alles stellte, und
wurde zum Verräter. Stauffenberg gab sich in diesem Punkt keinen
Illusionen hin, er war sich darüber im Klaren, dass er mit seinem Entschluss, Hitler zu töten, alle Brücken hinter sich abbrach. Wer mit den
Normen seiner Klasse bricht, muss sich seiner selbst absolut sicher
sein, weil er weiß, dass es um ihn herum sehr einsam werden kann.
Stauffenberg spürte die zunehmende Isolation. »Es ist Zeit, dass jetzt
etwas getan wird«, soll er wenige Tage vor dem Attentat gesagt haben.
»Derjenige allerdings, der etwas zu tun wagt, muss sich bewusst sein,
dass er wohl als Verräter in die deutsche Geschichte eingehen wird.«[16]
    Die Einsicht, dass eine Fortsetzung des Krieges die Lage für
Deutschland nur noch schlimmer machte, teilten manche Offiziere.
Aber nur einige wenige waren bereit, in letzter Konsequenz den Bruch
mit ihrer Kaste zu vollziehen. Verantwortung und Ehre höher zu stellen als soldatischen Gehorsam ist – weit über alle Deutungen des
20. Juli als »Aufstand des Gewissens« hinaus – das eigentlich Revolutionäre dieses Tages. Dass es Offiziere aus der zweiten und dritten
Reihe schafften, die Kette von Befehl und Gehorsam für ein paar
Stunden so wirkungsvoll zu durchbrechen, dass sie das Regime ernsthaft bedrohten, stellte nicht nur allen, die sich ihnen im Vorfeld ver-
weigert hatten, sondern dem Berufsstand insgesamt ein beschämen-
des Zeugnis aus.
    Eine Biographie Stauffenbergs hat die Wurzeln bloßzulegen, aus
denen sich das zur Ausübung einer solchen Tat erforderliche Selbstbewusstsein nährte. Um zu erklären, warum die Initiative ausgerechnet
von ihm ausging und von keinem anderen, genügt es nicht, auf seine
Schlüsselstellung beim Oberkommando des Heeres zu verweisen; vergleichbare Möglichkeiten und Zugang zu Hitler hatten Dutzende
andere auch. Was ihn auszeichnete und von den meisten seiner Mitverschwörer unterschied, von denen manche noch am 20. Juli wegen
seines Tatendrangs mit ihm haderten, war ein hohes Maß an Konsequenz und Nervenstärke. Damit hat er sowohl in der Phase der
Vorbereitung als auch am Tag der Durchführung des Staatsstreichs

dem Militärputsch – und nichts anderes war der 20. Juli – seinen
Stempel aufgedrückt. Dennoch lässt sich bei einer bloßen Beschrei-
bung der äußeren Ereignisse und Abläufe dieses Tages, auf die sich
der Großteil der bisherigen Literatur fokussiert, Stauffenbergs Charakter nur schemenhaft erkennen.

Der Biograph muss viel früher – und er muss anders ansetzen. Die
nach dem Krieg für unerlässlich gehaltene moralische Kategorie darf
er dabei höchstens streifen. Stattdessen hat er die bestimmenden Ein-
flüsse auszuloten – Familie, Soldatentum, George – und zu fragen, inwieweit der aus deren Amalgam entstandene spezifische Idealismus
das spätere Handeln Stauffenbergs bestimmte. Im Mittelpunkt steht
dabei jene Institution, die im postheroischen Zeitalter manch einem
noch fremder geworden sein dürfte als die Phantasiewelt Stefan
Georges: der deutsche Generalstab, das »Allerheiligste des preußisch-deutschen Militärapparats«.[17] Ein kühner Franzose nannte diese
Einrichtung noch nach dem Zweiten Weltkrieg eine der vier tragenden Säulen Europas – neben dem Vatikan, dem britischen Parlament
und der Académie française – und bezeichnete es als einen unersetz-
lichen Verlust, dass sie mit der Tilgung Preußens von der europäischen
Karte für immer verschwunden sei.

Zu den intellektuellen Anstrengungen, die es im Zusammenhang
mit Stauffenbergs Biographie zu absolvieren gilt, zählt ein Grundver-
ständnis für den Kanon des Militärischen. Wie stand der junge Nach-
wuchsoffizier zum Chef der Reichswehr, Hans von Seeckt, der ein halbes Jahr nach Stauffenbergs Eintritt gezwungen wurde zurückzutreten?
Was dachte Stauffenberg vier Jahre später über den Reichswehrprozess, in dem drei Ulmer Leutnants wegen nationalistischer Umtriebe
angeklagt waren? Welche Hoffnungen knüpfte er an Hitler? Die
Reichswehrführung dürfe das »Knistern in den Leutnantsjahrgängen«
nicht ignorieren,[18] schrieb der damalige Hauptmann Fritz Linde-
mann, der nach dem 20. Juli hingerichtet wurde, 1931 an den Chef des
Ministeramts im Reichswehrministerium. Wie erklärte sich dieses
Knistern, woher rührte diese Ungeduld, die den Führungsnachwuchs
mit den Füßen scharren ließ?

Leider haben sich nur wenige zeitgleiche oder zeitnahe Dokumente erhalten, anhand derer sich Stauffenbergs Sozialisation in der Reichswehr nachzeichnen ließe. Die Nachkriegszeugnisse sind unter starken Vorbehalt zu stellen, weil sie die einzelnen Stationen seiner militärischen Karriere meist im Lichte des späteren Attentats deuten.[19] Ich konzentriere mich auf die wenigen authentischen Dokumente und versuche im Übrigen, die Haltung Stauffenbergs über Analogien und Indizienketten zu erschließen. Stauffenberg dürfte ähnlich gedacht haben, heißt es dann im Text oder auch: Vermutlich wäre Stauffenberg der gleichen Auffassung gewesen. Ich bin mir darüber im Klaren, dass ein solches Verfahren aus Sicht des Historikers problematisch ist. Rechtfertigen lässt es sich im vorliegenden Fall vor allem damit, dass es sich beim Offizierkorps um eine homogene, soziologisch klar zu definierende, selbstbewusste Gruppe handelte, die einem strengen, über viele Generationen entwickelten Kodex unterworfen war.

Erfolgreich angewendet wurde diese Methode 2005 von Bernhard Kroener in seiner Biographie des Generaloberst Fromm, von dem nur wenige persönliche Unterlagen erhalten sind. Es verspreche einen hohen Erkenntniswert, so Kroener, »individuelle lebensgeschichtliche Aspekte in gruppenbiographisch angelegte Deutungszusammenhänge rückzubinden. Auf diese Weise lässt sich die Wechselwirkung von Persönlichkeit und Struktur, das Verhältnis von individueller Disposition und entscheidungsprägenden Handlungsspielräumen bzw. Handlungszwängen abbilden. Nur so werden Möglichkeiten und Grenzen selbstverantwortlichen Handelns im Kontext struktureller Bedingtheit messbar.«[20] Johannes Hürter hat in seinem 2007 erschienenen grundlegenden Werk über die Oberbefehlshaber der Ostfront ganz ähnlich aus individuellen Zeugnissen ein repräsentatives Gruppenporträt der obersten Generalität abgeleitet und sich dabei ebenfalls stark auf Analogien und Indizien gestützt.[21]

Eine der wichtigsten Bezugspersonen in den ersten Kapiteln ist der Chef des Generalstabs des Heeres, General der Artillerie Ludwig Beck. Sein Biograph Klaus-Jürgen Müller stellte fest, »dass von Stauffenberg Aussagen überliefert sind, die nahezu nahtlos Becks Auffassung von

der politisch-sozialen Eliterolle des Offizierkorps entsprachen«.[22] Für
die Jahre 1939 bis 1943 werden wiederholt die Briefe Hellmuth Stieffs
herangezogen, an denen sich die wachsende Kritik eines Generalstabsoffiziers an der militärischen und politischen Entwicklung eindrucksvoll ablesen lässt. Stauffenberg und der sechs Jahre ältere Stieff, der
1942 sein Vorgesetzter in der Organisationsabteilung wurde, zählten
zu jenen Jahrgängen, die unter den widrigen Bedingungen des Versailler Vertrags angetreten waren und dann von Hitler mit gewaltigen
Versprechungen verlockt wurden. Stauffenberg beklagte zwar, dass
sich das Offizierkorps aufgrund der durch die Aufrüstungspolitik be-
schleunigten Beförderungsbedingungen sehr zu seinem Nachteil verändert habe, profitierte aber selber vom Bedarf an gut ausgebildeten
jungen Offizieren und machte entsprechend schnell Karriere.

*

In einem Schulaufsatz hatte der fünfzehnjährige Claus von Stauffenberg 1923 auf die Frage »Was willst Du werden?« so geantwortet: »Des
Vaterlandes und des Kampfes fürs Vaterland würdig zu werden und
dann sich dem erhabenen Kampf für das Volk zu opfern; ein Wirk-
lichkeits- und Kampfbewusstes Leben führen«. Dieser hohen Aufgabe
glaubte er damals am ehesten als Baumeister gerecht werden zu können. Er wolle so bauen, »dass jeder Bau gewissermaßen einen Tempel,
der dem deutschen Volk und Vaterland geweiht ist, darstellt«.[23] Im
Spätsommer 1925 überraschte er dann Lehrer, Familie und Freunde
mit der Mitteilung, dass er Offizier werden wolle. Am 1. April 1926,
vier Wochen nach seinem Abitur, trat Claus Graf Stauffenberg in das
17. (bayerische) Reiterregiment in Bamberg ein.
    Der Wunsch, Offizier zu werden, entsprach keineswegs der Fami-
lientradition. Über Generationen hatten die Stauffenbergs ihren jeweiligen Lehnsherren auf verschiedenen Posten staatlicher Verwaltung
gedient, aber anders als etwa die großen Familien Preußens, die Bre-
dows und Bülows, die Trothas und Kleists, stellten sie nur selten Soldaten. Stauffenbergs Vater hatte nach vielen Jahren beim württember-

gischen Militär 1897 in den königlichen Hofdienst gewechselt. Über
die Berufswahl seines jüngsten Sohnes war er einigermaßen erstaunt.
Bei genauerem Hinsehen entsprach sie jedoch exakt jener jahrhun-
dertealten adeligen Selbstwahrnehmung, die den Dienst am Staat als
Privileg des Standes begriff. »Die wahrhaft aristokratische Auffassung – für uns doch wohl das Primäre«, so erklärte es Claus von Stauffenberg einem Verwandten, »erfordert eben den staatlichen Dienst,
gleichgültig in welchem engeren Beruf.«[24]

Nun war die Republik von Weimar nicht der Staat, dem zu dienen
die Söhne adliger Familien als Auszeichnung empfunden hätten. Nur
zwei Institutionen schienen den Bruch von 1918 einigermaßen unbeschadet überstanden zu haben und den Staat so fortführen zu können, wie ihn die traditionellen Eliten sich dachten: das Auswärtige
Amt – bei dem Berthold sich bewarb – und die Reichswehr. Wäre es
nach der Reichswehr gegangen, hätte es die Republik gar nicht geben
dürfen. Zwar versuchten die den Staat von Weimar tragenden Parteien sich einzureden, die Reichswehr würde sich im Zweifel als zuverlässig erweisen, aber das konnte keineswegs als sicher gelten. Im Gegenteil, vom Kapp-Putsch über den Hitler-Ludendorff-Putsch bis in
den Januar 1933 hinein herrschte ein ums andere Mal die Sorge, auf
welche Seite sich das Militär wohl schlagen werde.

Nach dem Verständnis ihres Vordenkers und Idols Hans von Seeckt
war die Reichswehr eine Institution jenseits aller politischen Interessen, ein Staat im Staate. Diese Macht würde Deutschland gegen Angriffe von außen verteidigen, im Zweifel würde sie aber auch gegen
innere Feinde kein Pardon geben. Wer die inneren Feinde waren, bestimmte von Fall zu Fall der Generaloberst persönlich. Beim Kapp-
Putsch im März 1920 hatte er es als Chef des Truppenamtes abgelehnt,
gegen die meuternde Brigade Ehrhardt vorzugehen. Soldaten, die
eben noch Seite an Seite im Feld gestanden hätten, dürften jetzt nicht
am Brandenburger Tor aufeinander schießen. Reichswehrminister
Gustav Noske (SPD) und der Chef der Heeresleitung Reinhardt
mussten nachgeben. Nachdem der Putsch wegen mangelnder Unterstützung der Bevölkerung zusammengebrochen war, wurde Seeckt

noch im selben Monat zum Chef der Heeresleitung und damit zum
obersten Militär des neuen Staates befördert, bezeichnenderweise auf
Druck des Offizierkorps und gegen den Willen des Ministers. Noske
und Reinhardt, die »die politische Verantwortung für die mangelnde
Unterstützung der Republik durch die Reichswehr übernehmen
mussten«, traten zurück.[25]

Das war ein starker Auftritt des Militärs – und ein schlechter Anfang für die junge Republik. Das Ausmaß an Verachtung, das die Spitzen der Reichswehr dem neuen Staat entgegenbrachten, dem man
nicht einmal seine Farben Schwarz-Rot-Gold durchgehen ließ, korre-
spondierte bald immer häufiger mit der Zerstörungswut der politischen Rechten. Im Krisenjahr 1923 stand das Schicksal der Republik
erstmals auf Messers Schneide. Während die Reichswehr im Kampf
gegen die Franzosen an der Ruhr aktiv die Zusammenarbeit mit den
Freikorps suchte und, ohne zu zögern, im Herbst gegen linke Regierungen in Sachsen und Thüringen einschritt, blieb sie angesichts der
bedrohlichen Entwicklung in Bayern zum weiteren Male tatenlos.

Dabei war der Konflikt zwischen Bayern und dem Reich, den Hitler mit seinem Putsch für sich selbst nutzbar zu machen suchte, ursprünglich nichts anderes als ein Subordinationskonflikt zwischen militärischen Dienststellen gewesen. Der Kommandeur des Wehrkreises
VII (Bayern), Generalleutnant von Lossow, hatte einen Befehl aus
Berlin, Druck und Vertrieb des *Völkischen Beobachters* zu unterbinden,
als »unausführbar« bezeichnet, woraufhin er von Seeckt zum Rücktritt
aufgefordert wurde. Lossow wandte sich an die bayerische Landes-
regierung, die sich hinter ihn stellte; Gustav Ritter von Kahr, der bayerische Ministerpräsident, teilte dem Reichswehrminister mit, dass
Bayern keine Befehle aus Berlin mehr entgegennehme, und veran-
lasste am 22. Oktober, dass die 7. (bayerische) Division auf die Lan-
desregierung vereidigt wurde. »Damit war die Reichseinheit für das
Heer praktisch aufgehoben.«[26] Nur weil Hitler vor Ungeduld brannte
und Kahr und Lossow durch sein Vorpreschen zwingen wollte, noch
einen Schritt weiter zu gehen, diese aber vor einem militärischen Konflikt mit dem Reich zurückschreckten und deshalb den Putsch im

Keim erstickten, konnte der ungeheuerliche, in der Geschichte der
preußisch-deutschen Armee einmalige Bruch erfolgreich vertuscht
werden.

Keiner stand am Ende glänzender da als Hans von Seeckt. »Nie
wieder hat ein deutscher General eine solche Machtfülle besessen wie
General von Seeckt am Ende des Jahres 1923.«[27] In der Nacht vom
8. auf den 9. November, dem Tag des Hitler-Putsches, hatte ihm
Friedrich Ebert – zu dem er hervorragende Beziehungen pflegte und
der ihn gern als Reichskanzler gesehen hätte – den nach § 47 der Verfassung dem Reichspräsidenten zustehenden Oberbefehl über die gesamte Wehrmacht übertragen. So sollte es nach Seeckts Willen auch
bleiben, denn letzten Endes – das hatten die Unruhen dieses Jahres
auch dem hartnäckigsten Demokraten begreiflich gemacht – lag die
Macht des Staates in den Händen der Armee. Erst am 28. Februar 1924
gab Seeckt die vollziehende Gewalt zurück.

Aus Sicht der Armee verkörperte das Heer den Staat, aber das Heer
war zugleich der bessere Staat, jedenfalls stand es für einen anderen
Staat als den von Weimar. »In seinem Heer ehrt der Staat sich selbst«,
schrieb Seeckt, und umso bedauerlicher sei es, wenn ein Staat seinem
Heer weder die ihm gebührende Anerkennung zuteilwerden lasse noch
die erforderlichen Mittel zur Verfügung stelle.[28] Über Krieg und Frieden entschieden nun einmal »höhere Gewalten ... als Fürsten, Staatsmänner, Parlamente, Verträge und Bündnisse, nämlich die ewigen Gesetze des Werdens und Vergehens der Völker«.[29] Ziel der Heeresleitung
war eine Durchdringung der Gesellschaft mit kriegerischem Geist, die
in der zeitgenössischen Publizistik als »Wehrhaftmachung« bezeichnet
wurde. Es kam zu einer umfassenden Kooperation zwischen militärischen und zivilen Behörden, die schon wenige Jahre nach Kriegsende
zu einem neuen Wehrkonsens führte. Die demokratischen Parteien
einschließlich der Sozialdemokraten, die nicht abseits stehen wollten,
trugen durch die heimliche Finanzierung der »Schwarzen Reichswehr«
entscheidend zum Aufbau der »bellizistischen Republik« bei.[30]

Dennoch blieb die Geringschätzung der Republik durch das Militär unübersehbar. Stauffenbergs Regiment bekundete alljährlich am

Verfassungstag seinen demokratischen Unwillen, indem es der Atta-
cke der bayerischen Ulanen bei Lagarde 1914 gedachte. Seeckt blieb
den Feiern am 11. August demonstrativ fern. Er stellte sicher, dass der
Reichspräsident als Oberbefehlshaber nicht zu Manövern eingeladen
wurde und keine Paraden abnahm. Zwar schworen die Soldaten ihren
Eid sowohl auf die Verfassung als auch auf die Person des Reichspräsidenten, in den Verordnungen und Erlassen der Reichswehr suchte
man eine Bezugnahme auf die Institutionen der Republik aber vergebens.

Beim Heer mied man das Wort Republik, wo man nur konnte, und
hielt sich stattdessen an den scheinbar so stählernen, politisch eher
diffusen Begriff Reich. »Das Heer ist das erste Machtmittel des Reiches«, hieß es in einer der ersten Verordnungen Seeckts 1920. »Jeder
Angehörige muss sich bewusst sein, dass er in und außer Dienst Vertreter und Mitträger der Reichsgewalt ist.«[31] Zehn Jahre später empfahl ein vom Reichswehrministerium herausgegebener Leitfaden für
Erziehung und Unterricht, »dem Soldaten fremde Begriffe – Verfassung, Demokratie und Republik – durch ihm geläufigere Vorstellungen wie Reich, Volk, Vaterland und Staat« zu ersetzen.[32] Der
Glaube an das Reich sei gleichbedeutend mit dem Glauben an die Zukunft der Deutschen, verkündete Seeckt in einer 1929 erschienenen
Schrift unter dem Titel *Die Zukunft des Reiches*, und diese Gleichung
finde in der Wehrmacht ihren lebendigen Ausdruck: »Die Wehrmacht
ist das sinnfälligste Symbol der Reichseinheit.«[33] Kyffhäuser-Roman-
tik und politischer Dünkel gingen hier Hand in Hand. Dass die
Republik nicht in der Lage war, diesen gefährlichen Spuk einzudäm-
men, gab sie in den Augen ihrer Verächter erst recht der Lächerlich-
keit preis.

In diese Welt also trat der 18-jährige Claus von Stauffenberg im Frühjahr 1926 ein. Dass es den Spross aus adeliger Familie zu den Reitern
zog, verstand sich von selbst. Zum einen liebte er Pferde, zum anderen
galt die Kavallerie seit je als der vornehmste Waffendienst, der Adel
war unter Kavalleristen überproportional vertreten. Beim Reiterregi-

ment 4 etwa, dem Traditionsregiment der Garde in Potsdam, betrug der Anteil des Adels unter den Offizieren 61,1 Prozent, während er im Durchschnitt aller Waffengattungen 1932 bei 23,8 Prozent lag. Selbst das berühmte Infanterieregiment 9 (»Graf Neun«), auf das die Traditionalisten nach dem Krieg häufig verwiesen, weil mehrere seiner Offiziere im Widerstand gegen Hitler ihr Leben gelassen hatten, brachte es »nur« auf 46,7 Prozent Adelige.[34]

In Süddeutschland standen Stauffenberg zwei Reiterregimenter zur Auswahl: das 18., das aus württembergischen und badischen Regimentern hervorgegangen war und in Stuttgart-Cannstatt und Ludwigsburg stationiert war, und das bayerische 17. in Bamberg mit Standorten in Ansbach und Straubing. 1923, als die Reichswehr während der Ruhrbesetzung vorübergehend Reservisten heranzog, hatte Alexander von Stauffenberg als Zeitfreiwilliger beim Reiterregiment 18 eine dreimonatige Ausbildung absolviert und dabei wenig ermutigende Erfahrungen gemacht. Offenbar wurden in Ludwigsburg hohe Anforderungen an die physische Konstitution eines Bewerbers gestellt, und da Claus von Stauffenberg gesundheitlich anfällig war, musste ihn dieser Aspekt abschrecken. Ausschlaggebend für eine Bewerbung in Bamberg dürfte die Tatsache gewesen sein, dass er dort auf persönliche Fürsprache zählen konnte, da ein Onkel Kommandeur des 1. Königlich Bayerischen Schwere-Reiter-Regiments gewesen war, dessen Tradition von der 4. Eskadron des Reiterregiments 17 in Straubing gepflegt wurde. Im Reiterregiment 17 waren die zwölf Regimenter der bayerischen Kavallerie zusammengefasst, die bis 1918 dem König von Bayern unterstanden hatten.

Die Reichswehr war in ihrer Personalpolitik und insbesondere bei der Auswahl des Nachwuchses autonom. Die Freiwilligen mussten sich auf zwölf Jahre verpflichten, und bei nur knapp 4000 zur Verfügung stehenden Offizierstellen war der Andrang entsprechend groß. Die Überprüfung der Kandidaten erfolgte formlos, die zuständigen Kreisoffiziere interessierte in erster Linie die nationale Zuverlässigkeit eines Bewerbers. Am Ende entschied der Regimentskommandeur. Der Heeresersatz der Reichswehr entzog sich mithin jeder politischen

Kontrolle, es gab weder eine Prüfungskommission noch die Möglichkeit zur Revision.

Diesen Zustand konnte das Parlament auf Dauer nicht dulden. Am
21. Oktober 1926 unternahm Reichstagspräsident Paul Löbe einen
Vorstoß, um das Auswahlverfahren durch gesetzliche Bestimmungen
zu demokratisieren. In den Reihen der Reichswehr stieß er damit auf
erbitterten Widerstand. Nach dem Kompromiss, auf den man sich
schließlich verständigte, musste ein Bewerber fortan ein polizeiliches
Führungszeugnis vorlegen, das ihm Verfassungstreue bescheinigte.
Löbe hatte die Gunst der Stunde nutzen wollen. Zwei Wochen zuvor
war der präpotente Seeckt überraschenderweise zurückgetreten, nachdem bekannt geworden war, dass der älteste Sohn des Kronprinzen an
Übungen des I. R. 9 teilgenommen hatte. Das war selbst in den Augen
der Konservativen, die mit der Rückkehr der Monarchie liebäugelten,
ein unverzeihlicher Fauxpas, und Seeckt blieb keine andere Wahl, als
dafür die Verantwortung zu übernehmen.

Stauffenbergs Alltag bestimmte unterdessen das Exerzitium, und
der Druck des Reglements bereitete ihm nicht wenig Verdruss. Es sei
»für unsereinen nicht leicht längere zeit hindurch den gemeinen zu
spielen«, seufzte Stauffenberg keine vier Wochen nach Eintritt ins
Regiment in einem Brief an den Vater. Und in einem Brief an Max
Kommerell heißt es noch Ende der zwanziger Jahre: »Mit untergebenen, bauern und Soldaten, ist ein schönes auskommen ... Anders mit
kameraden ›der gleichen bildungsstufe‹ deren stolz dummer hochmut
und deren kameradschaft dürftiger egoismus ist. Von denen Du nichts
fordern magst weil Du es nicht befehlen kannst ...«[35] Deutlicher ließ
sich Standesdünkel schwerlich in Worte fassen.

Im Oktober 1927 wurde Stauffenberg im Zuge seiner Ausbildung
für zehn Monate auf die Infanterieschule Dresden geschickt, danach
kam er wie alle Offiziersanwärter aus Reiterregimentern an die Kavallerieschule Hannover. In Dresden lernte er Taktik – »Lagebeurteilung,
Entschluss und Begründung« – und vertiefte sich in die »von den
Preußen schon vergessenen tage antiker feldzüge«. Nach einem strapa-
ziösen Manöver mit Elbdurchgang musste er in ein vierwöchiges

Krankenlager mit anschließender Kur. Die eigentliche Härte liege aber nicht in den äußeren Widrigkeiten, heißt es in einem weiteren Brief an Kommerell, sondern »im gleichmässigen vorwärtsschreiten trotz des eigenen zweifels, im unbedingten gehorsam sich selbst gegenüber ... Daher nur die fragen: was wirst du tun? was kann geschehen? welche aussichten bestehen: alle andern betrachtungsweisen sind in rebus politicis müssig.«[36] Als hätte der inzwischen zum Unteroffizier beförderte George-Jünger Kant gelesen, der in der *Kritik der reinen Vernunft* die vier unveränderlichen Grundfragen eines jungen Menschen formuliert hatte: Was kann ich wissen? Was soll ich tun? Was darf ich hoffen? Wer ist der Mensch?

In Hannover drehte sich erst einmal alles ums Pferd. An der Kavallerieschule standen etwa vierhundert Pferde zur Verfügung. Stauffenberg zog es vor allem in den im Herbst 1928 eingerichteten Spring- und Vielseitigkeitsstall, wo er sich mit dem Bereiter Harald Momm anfreundete, dem späteren Equipechef der deutschen Springreiter.[37] Die Turnierabteilung der Kavallerieschule entwickelte sich damals zu einer Kaderschmiede des deutschen Reitsports, und auch aus Stauffenberg wurde ein ausgezeichneter Reiter, der gern an Turnieren teilnahm und den Vergleich mit Nationenpreisreitern nicht zu scheuen brauchte. Im Mai 1935 gewann er einen Vielseitigkeitswettbewerb in Heiligenhaus bei Essen vor den drei Reitern, die ein Jahr später bei den Olympischen Spielen in Berlin Gold in der Mannschaftswertung holten.

Das von Stauffenberg geliebte Vielseitigkeitsreiten, bestehend aus den drei Disziplinen Dressur, Gelände und Springen, wurde zu dieser Zeit noch Military genannt, das Militär war weltweit im Reitsport führend. Zumal in den Reihen der Reichswehr galten die Nationenpreisspringen als eine Angelegenheit von überragender nationaler Bedeutung. 1929 redete General Schleicher zwei volle Stunden auf das Reichskabinett ein, nur um zu erreichen, dass beim Internationalen Reitturnier in Aachen (das in der entmilitarisierten Zone lag) die Offiziere am Start Uniform tragen durften.

Im August 1929 legte Stauffenberg die Offizierprüfung als bester Kavallerist seines Jahrgangs ab und kehrte zu seinem Regiment in

Bamberg zurück. Zum 1. Januar 1930 wurde er Leutnant bei der 5. Eskadron. Im Mai und September nahm er an Manövern teil. Ende des Jahres absolvierte er einen dreimonatigen Minenwerfer-Lehrgang in Potsdam und wurde anschließend mit der Führung des Minenwerferzugs der 1. Eskadron betraut.

Viele Offiziere, insbesondere frisch ernannte Leutnants, sahen 1930 ihr Vertrauen in die politische Führung der Reichswehr erschüttert und begannen, ihr Verhältnis zum Staat zu überdenken. Anlass war der sogenannte Reichswehrprozess gegen drei Artillerieleutnants in Ulm, in dem am 4. Oktober 1930 das Urteil gesprochen wurde – anderthalb Jahre Festungshaft. Sie hatten ein nationalistisches Flugblatt verfasst, in dem die Reichswehr als Kerntruppe einer »Volksarmee der nationalen Befreiung« apostrophiert wurde,[38] und anschließend Kontakt zur Reichsleitung der NSDAP aufgenommen, was gegen das Verbot der politischen Betätigung für Offiziere verstieß.

Die drei im März 1930 wegen Vorbereitung zum Hochverrat verhafteten Offiziere hatten von Anfang an keinen Zweifel daran gelassen, dass sie von der Republik wenig hielten. Sie hätten nie einen Hehl daraus gemacht, schrieb einer von ihnen stolz in seinen nach dem Krieg erschienenen Erinnerungen, dass »das schlappe Gesindel«, das die Demokratie von Weimar verkörperte, weg müsse, deswegen seien sie ja in die Reichswehr eingetreten. »Oder seid ihr etwa hier, um die Republik zu verteidigen?‹ Schallendes Gelächter.« Als sie bei der Vereidigung die ihnen fatalen republikanischen Formulierungen aus Protest nicht mitgesprochen hätten, habe der Offizier, der den Eid abnahm, erklärt, einige litten heute wohl an Schluckauf – »die dienstliche Vereidigung ist hiermit vollzogen«.[39] Mögen die drei Leutnants politisch auch radikaler eingestellt gewesen sein als Stauffenberg, so unterschieden sich ihre Vorbehalte gegen die parlamentarische Demokratie als eine aus ihrer Sicht schwache Institution ohne Zukunft doch kaum von den seinen.

Es waren vor allem die Umstände der Verhaftung der Ulmer Leutnants gewesen, die das Offizierkorps in Harnisch brachten. Nachdem es den vorgesetzten Dienststellen nicht gelungen war, den Vorfall disziplinarrechtlich zu ahnden, war das Reichsgericht eingeschaltet worden, das wegen des dringenden Verdachts auf Hochverrat umgehend Haftbefehl erließ. Der zuständige Untersuchungsrichter ließ – in stoischer Erfüllung seines Auftrags, aber ohne jedes Gespür für die Brisanz der Situation – die drei Leutnants mitten in einem Manöver vor versammelter Truppe verhaften. Als der Kommandeur energisch einschritt, musste er sich vom Untersuchungsrichter belehren lassen, dass der Haftbefehl sowohl dem Reichswehrminister als auch dem Reichspräsidenten vorgelegen habe.

Ein Minister, der Angehörige der Truppe den Zivilbehörden auslieferte – wann hatte es das je gegeben? »Der Prozess hat eins jedenfalls evident erwiesen«, schrieb einer aus den Leutnantjahrgängen, »dass das Reichswehrministerium mit seinem in diesen Fragen tonangebenden General von Schleicher das Heer in eine schwere Vertrauenskrise gebracht hat.« Zweifellos hätten die Angeklagten »gegen das Gebot der Unterordnung verstoßen. Aber sind nicht ihre Nöte auch die unseren?« Mindestens 90 Prozent der Offiziere dächten so, und wer nicht fest darauf vertraue, dass der Minister und sein Adlatus Schleicher, die sich heute »in Kotaus vor diesem Gesindel« gegenseitig überbieten, eines Tages verschwinden, der könnte »sich gleich einen Zylinder kaufen«. Es sei unerhört, dass das Republikschutzgesetz, das 1922 nach der Ermordung Rathenaus erlassen worden war, um den Staat vor Verächtlichmachung zu schützen, zwar für alle möglichen Institutionen gelte, nicht aber für das Heer – »den wahren Träger der Staatsgewalt«.[40]

Der hier sich so empört, Oberleutnant Hellmuth Stieff, steht später ebenso auf der Liste der Verschwörer des 20. Juli wie der Kommandeur des Artillerieregiments 5, der den Untersuchungsrichter am Vollzug des Haftbefehls hindern wollte, Oberst Ludwig Beck. Als Zeuge im Ulmer Prozess hinterließ Beck wiederum einen nachhaltigen Eindruck bei einem anderen Zeugen, Adolf Hitler. Becks Eintreten »für die politischen Nöte der jungen Soldaten« sei »von so tiefer Menschlichkeit erfüllt« gewesen, erinnerte sich Hitlers Begleiter Otto Wagener

nach dem Krieg, dass Hitler sich »seinen Namen aufschreiben ließ mit
dem Auftrag an mich, der ich neben ihm saß, ihn am ersten Tag, nachdem er Kanzler geworden war, an Beck zu erinnern«.[41]
Politische Entscheidungen werden nicht in den Kategorien von
gut und böse getroffen, sondern in einer spezifischen Abwägung von
Eigeninteresse und Gruppeninteresse. Als Oberst Beck vor dem Reichsgericht Verständnis für die Angeklagten bekundete, tat er dies nicht,
weil er ihre politischen Ansichten teilte, sondern weil er ihre Verhaftung vor den Augen des Regiments als einen Angriff auf die Autorität
des Kommandeurs verstand. Weil er die Souveränität der Armee zu
gewährleisten hatte, musste er sich von der Ministerentscheidung distanzieren. Beck vertrat den Standpunkt des Offizierkorps, das sich
jede staatliche Einmischung in Angelegenheiten der Truppe verbat.

Zehn Tage nach dem größten Wahlsieg seiner Partei, der die Reichs-
tagsfraktion der NSDAP von 12 auf 107 Abgeordnete vergrößert hatte,
nutzte Hitler seinen Auftritt vor dem Reichsgericht in Leipzig zu einer
zweistündigen Propagandarede, die von Teilnehmern als höchst eindrucksvoll beschrieben wurde. Die NSDAP sei schon deshalb nicht
daran interessiert, die Reichswehr zu untergraben, so Hitler, weil das
Militär die Zukunft Deutschlands garantiere. Er versicherte die Soldaten seiner politischen Unterstützung und betonte im gleichen
Atemzug die Verfassungstreue seiner Partei, die ihr Ziel, eine Umwäl-
zung des Staates, »mit den verfassungsmäßigen Mitteln« erreichen
werde. Im Moment der Machtübernahme allerdings »werden auch
Köpfe rollen«.[42] Die Zuschauer quittierten die Bemerkungen mit Bei-
fall und Bravo-Rufen.

Von 1930 an geriet die Reichswehr immer stärker in den Sog der politischen Auseinandersetzungen. Das lag weniger am Aufbegehren in
den Reihen der Nachwuchsoffiziere als an den Ambitionen des Strip-
penziehers im Ministerium, des De-facto-Staatssekretärs Kurt von
Schleicher. Weil er aus dem gleichen Regiment stammte wie Hindenburg und in enger Beziehung zu dessen Sohn stand, der im selben
Regiment wie er gedient hatte, gewann Schleicher das Vertrauen des
Reichspräsidenten, auf den gestützt er im Frühjahr 1932 seinen Chef

und Mentor, Reichswehrminister Groener, aus dem Weg räumte. Im neuen Kabinett des dank seiner Fürsprache zum Kanzler avancierten Franz von Papen übernahm er den Posten des Ministers dann selber.

Vom Bruch der Großen Koalition am 27. März 1930 bis zum Dezember 1932, als er von Hindenburg zum Nachfolger Papens ernannt wurde, war Generalmajor Schleicher der entscheidende Mann »an der Schnittstelle von Politik und Militär«. Indem er »mit großer verfassungspolitischer Phantasie« – und mit Hilfe juristischer Expertisen des Staatsrechtlers Carl Schmitt – alle Möglichkeiten ausschöpfte, die Präsidialgewalt gegenüber Parlament und Regierung zu stärken, erreichte er eine »Verselbständigung der Exekutive«, die in seinen Augen auch die Unabhängigkeit des Militärs sichern half.[43] Am Ende liebäugelte er wohl mit der Errichtung einer Militärdiktatur. Die Reichswehr wollte ihm bei seinen undurchsichtigen Winkelzügen jedoch nicht folgen, und schon acht Wochen nach seiner Ernennung zum Kanzler, Ende Januar 1933, ließ Hindenburg ihn fallen.

Wie die meisten seiner Alterskameraden in den Leutnantsjahrgängen hielt Stauffenberg das Politisieren im Dienst prinzipiell für schädlich. Für ihn galt das Seeckt'sche Diktum von der unpolitischen Wehrmacht. »Unpolitisch« war gleichbedeutend mit »über den Parteien stehend« – so hatte er es bei Stefan George gelernt, und so hielt man es bei der Reichswehr. »Wer glaubt, nicht über den Parteien bleiben zu können«, hieß es 1929 in einem Erlass Groeners, »hat seine Entlassung zu erbitten.«[44] Mit der Distanz zu den Parteien wurde allerdings zugleich Distanz zum Parteienstaat bekundet. Die angebliche Überparteilichkeit, die der Soldat dem Staat gegenüber zu beachten hatte, lief im Kern auf nichts anderes hinaus als auf die Ablehnung der parlamentarischen Demokratie.

Aus Sicht der Militärs bedeutete »unpolitisch« ohnehin nichts anderes als »streng national«. Ein Offizier der Reichswehr hätte »seine Pflicht nicht erfüllen können, wenn er nicht unbeschadet seiner innerpolitischen Unparteilichkeit streng national gesinnt« gewesen wäre, schrieb einer der späteren Feldmarschälle Hitlers nach 1945 zu seiner Rechtfertigung. »Es war daher naheliegend, dass er eine neue Regierung begrüßte, die versprach, das Volk erneut zum nationalen Gedanken zu erziehen.«[45] Im Frühjahr 1933 stellte der neue Reichswehrminister Blomberg auf einer Befehlshaberbesprechung unmissverständlich klar: »Dieses Unpolitischsein hatte ja nie die Bedeutung, dass wir mit dem System der früheren Regierungen einverstanden waren. Es war vielmehr ein Mittel, uns vor zu enger Verstrickung in dieses System zu bewahren. Jetzt ist das Unpolitischsein vorbei und es bleibt nur eins: der nationalen Bewegung mit aller Hingabe zu dienen.«[46]

Aus seiner Begeisterung für die nationale Bewegung hat Stauffenberg nie einen Hehl gemacht. Die wenigen erhaltenen Dokumente der frühen dreißiger Jahre zeigen einen jungen Mann Anfang, Mitte zwanzig, der von radikalen politischen und gesellschaftlichen Umwälzungen träumte. Im Sommer 1932 erklärte er Stefan George während gemeinsamer Ferien, warum er bei der Reichspräsidentenwahl, wenn er hätte wählen dürfen, für Hitler gestimmt hätte: Weil Hindenburg verbraucht sei und Hitler die Zukunft bedeute. Das lag ganz auf der Linie der Goebbels'schen Propaganda, die betonte, Hindenburg »habe sich um die Nation verdient gemacht, aber es sei an der Zeit, abzutreten und einem Jüngeren Platz zu machen«.[47]

Mit der gleichen kämpferischen Ungeduld hatte Stauffenberg im Jahr zuvor dem Meister prophezeit, »dass es dies jahr im herbst oder winter doch noch ernst« werde. Er wisse inzwischen allerdings, fährt er den Stil des Meisters unfreiwillig imitierend fort, »dass es auf einige Jahre und einige menschenleben und schicksale mehr oder minder nicht ankommt«.[48] Was bringt einen 23-Jährigen dazu, solche Sätze zu schreiben? Der Gruppenzwang der George-Jünger? Revolutionärer Übermut? Die Angst, die Deutschen könnten die Stunde der Entscheidung verpassen? Eines jedenfalls sind diese Äußerungen mit Sicherheit nicht: politisch harmlos. Im politischen Spektrum von Weimar waren sie ziemlich weit rechts anzusiedeln, da, wo der Nationalsozialismus Ängste schürte und Hoffnungen weckte.

Als die SA am Abend des 30. Januar 1933 zur Feier der Ernennung Hitlers zum Reichskanzler einen Fackelzug durch Bamberg organisierte, der in einer Kundgebung auf dem Maxplatz endete, reihte

Stauffenberg sich ein, um spontan seine Freude über die politische
Wende zum Ausdruck zu bringen. Die spätere Behauptung, er sei auf
dem Weg zu einer Abendeinladung zufällig unter die Menge geraten
und habe sich nur deshalb entschlossen mitzulaufen, weil das Ausweichen eines Offiziers »für die begeisterten Bürger doch gänzlich unverständlich gewesen wäre«,[49] stellt die Dinge auf den Kopf. Zum einen
war Offizieren die Teilnahme an Demonstrationen verboten, bei Zu-
widerhandlung mussten sie mit disziplinarischen Maßnahmen rechnen. Zum anderen hätte Stauffenberg nichts mehr verachtet, als sich
dem Argument der größeren Zahl zu beugen und dem Druck der
Straße nachzugeben.

Drei Monate später wurde Claus Stauffenberg zum Oberleutnant
befördert. Die dienstliche Beurteilung seines Vorgesetzten Eskadron-
chef Walzer vom Oktober 1933 gibt eine ebenso knappe wie ausge-
wogene Charakterisierung Stauffenbergs für diese Jahre:

»Zuverlässiger und selbständiger Charakter mit unabhängiger
Willens- und Urteilsbildung. Besitzt bei ausgezeichneten geistigen
Anlagen überdurchschnittliches taktisches und technisches Können.
Vorbildlich in der Behandlung von Unteroffizieren und Mannschaf-
ten, besorgt um Ausbildung und Erziehung seines Minenwerferzuges.
Gesellschaftlich und kameradschaftlich von einwandfreiem Verhalten. Zeigt viel Interesse für soziale, geschichtliche und religiöse Zusammenhänge. Sehr guter, verständiger Reiter mit viel Liebe und
Verständnis für das Pferd. Neben diesen ausgezeichneten Eigenschaf-
ten dürfen kleine Mängel und Schwächen nicht unerwähnt bleiben.
Seines militärischen Könnens und seiner geistigen Überlegenheit bewusst, neigt er gelegentlich gegenüber Kameraden zur Überheblich-
keit, die sich leicht spöttisch äußert, aber nie verletzend wirkt. Etwas
salopp in Haltung und Anzug, dürfte sein Auftreten als junger Offizier
etwas frischer und energischer sein. Er ist etwas anfällig gegenüber
Halsentzündungen, wodurch seine körperliche Widerstandskraft manchmal beeinträchtigt wird. Mit Energie und zähem Willen kämpft er dagegen an. Berechtigt bei fortschreitender Entwicklung zu den besten
Hoffnungen. [gez.] Walzer«[50]

Mit diesem Zeugnis hätte Stauffenberg in jeder Armee der Welt
Karriere gemacht. Die politischen Voraussetzungen hätten allerdings
nirgendwo günstiger sein können als in Deutschland, wo jetzt eine
Regierung am Ruder war, die versprach, den Vertrag von Versailles zu
revidieren und Deutschland wieder als Großmacht auf der Weltbühne
zu etablieren.

Ein solcher Mann, mit bestem Stammbaum, untadeligen Manieren
und sehr attraktiv, war auch als Bräutigam begehrt. Als der 22-jährige
Leutnant zum Jahreswechsel 1929/30 nach Bamberg zurückkam, wo
sich das gesellschaftliche Leben rund um die Garnison abspielte, sei er
den Damen der Gesellschaft gleich aufgefallen, heißt es in den Erinnerungen seiner späteren Frau. Er sei »ein sehr guter Tänzer« gewesen,
und alle hätten geschwärmt »von der eleganten Art, wie er den Damen
die Hand küsste«. Bereits Ende des Jahres verlobte er sich mit Nina
Freiin von Lerchenfeld, die soeben das Internat beendet hatte und in
ihre Heimatstadt Bamberg zurückgekehrt war. Die gegenseitige Sym-
pathie scheint spontan, die Beziehung wenig romantisch gewesen zu
sein. »Als ich Nina sah, wusste ich sofort: Das ist die Mutter meiner
Kinder.«[51]
Zur Trauung am 26. September 1933 erschien der Bräutigam in
Uniform mit Stahlhelm – Hochzeit, sagte er zu seiner Braut, sei
Dienst. Bei Stefan George hatte er gelernt, dass man seine Frau vor allem mit Blick auf gesundes Erbgut auszuwählen habe. Nur die Schöße
von Mädchen, die »nach den urbestimmten bräuchen« sorgfältig auf
die Mutterschaft vorbereitet würden, seien geeignet, so der Rat des
Meisters an seine jungen Freunde, »Euren samen wert zu tragen«.[52]
Der Vater hatte seinem Sohn etwas Ähnliches empfohlen, sich nur
prosaischer ausgedrückt: »Es gibt Mädchen, die man heiraten kann,
und Mädchen, die man nicht heiraten kann. Die kleine Lerchenfeld
ist ein Mädchen, das man heiraten kann.«[53] In diesem von den Interessen des Mannes bestimmten Kosmos spielte sich das Eheleben weitgehend nach traditionellen Mustern ab. Nina brachte fünf Kinder
zur Welt: Berthold (1934), Heimeran (1936), Franz Ludwig (1938) und

Valerie (1940) – sowie die sechs Monate nach der Erschießung des Vaters im Januar 1945 geborene Konstanze. Obwohl Nina, deren Mutter aus baltischem Adel stammte, protestantisch getauft war, wurden alle Kinder katholisch erzogen.

In der altbayerischen Familie Lerchenfeld herrschte große Begeisterung für die neue Regierung. Während in den Familien Stauffenberg und Üxküll lediglich drei Parteimitglieder verzeichnet waren,[54] schickte man in der Familie Lerchenfeld den Nachwuchs eigens nach Bayreuth, damit die Kleinen dort dem Führer die Hand geben konnten. Die Distanz der Stauffenbergs zum Regime wurde von den Lerchenfelds offenbar mit Unmut registriert, jedenfalls hielten sie Claus – leider – »für den einzigen ›Braunen‹ in der Familie«.[55]

Nach dem Krieg wurden von beiden Familien die üblichen Anekdoten erzählt, die den in Adelskreisen selbstverständlichen, fast schon genetischen Abscheu vor den »Braunen« veranschaulichen sollten. Onkel Berthold habe, als es gar nicht mehr anders ging, die kleinste Hakenkreuzfahne der ganzen Gegend angeschafft und sie aus Trotz in den Schweinekoben gesteckt. Nina habe, weil *Mein Kampf* Pflichtlektüre für die Wehrkreisprüfung gewesen sei, »zähneknirschend die billigste Ausgabe« gekauft.[56] Und irgendwann hatte jeder mit der Pistole auf ein Hitler-Porträt gezielt, meist reihum im Kreis von Gleichgesinnten: »Die Geschichte vom kollektiven Pistolenschießen auf Hitlers Konterfei war nach 1945 in der sich fortlaufend selbst zitierenden ›Erzählgemeinschaft‹ des Adels so beliebt, dass man sich auf Ort und Schützen nicht mehr einigen konnte.«[57]

Solche Heldengeschichten, mit denen Verachtung für das Regime transportiert werden sollte, stünden nicht für eine prinzipielle Gegnerschaft, urteilt Stephan Malinowski, der das allmähliche Hineinwachsen des deutschen Adels in den Nationalsozialismus gründlich erforscht hat. Damit habe man vielmehr zum Ausdruck bringen wollen, dass es insbesondere für den landbesitzenden Adel genügend Rückzugsräume gegeben habe, in denen der adelige Habitus allen Drohungen des totalitären Staates standhielt und überlebte. Letzten Endes hätten die Distanzierungen vom braunen Pöbel vor allem die

Überlegenheit und Stabilität des adeligen Herrschaftsmodells unterstreichen sollen.[58] Das Ideal des angeborenen selbstverständlichen
»Herrentums«, das aufgrund jahrhundertealter Privilegien führte,
ohne befehlen zu müssen, das natürliche Prinzip von Herrschaft und
Dienst – so die Botschaft – war eben doch etwas ganz anderes als der
kuriose Kult der Massen um einen zum Idol erhobenen Führer.

Auch wenn der alte katholische Adel in Süddeutschland insgesamt
deutlich weniger anfällig für die nationalsozialistische Ideologie war
als etwa der ostelbische, so hatte doch auch hier der plötzliche Abbruch der monarchischen Tradition im November 1918 zu großen Ver-
unsicherungen geführt. Die ältere Generation, die im Kaiserreich
Verantwortung getragen hatte, verbitterte und verlor den Anschluss;
die Jüngeren, von denen viele – so auch Claus von Stauffenberg – die
Abdankung der Dynastien als eine schändliche Kapitulation empfanden, zeigten sich durchaus interessiert an politischen Angeboten, in
denen dem Adel eine aktive Mitgestaltung in Aussicht gestellt wurde:
Der Adel ist tot, es lebe der Adel! Zwar war mit der »neuen Aristokratie«, von der in den zwanziger Jahren viel die Rede war, »nicht mehr
die geburtsständisch legitimierte Herrschaft des alten Adels« gemeint.
Aber vielen gerade auch jüngeren Adeligen schien »eine ständisch gegliederte Gesellschaft« nicht nur theoretisch »als Gegenmodell zur
›demokratischen Gleichmacherei‹« reizvoll.[59]

Obwohl die formalen Herrschaftsrechte bereits im 19. Jahrhundert
Stück für Stück verlorengegangen waren, garantierte der Besitz von
Grund und Boden in den Augen der Adeligen noch immer eine »Herrschaft der Besten«. Auf dem Land seien die »natürlichen Grundlagen
eines in sich geschlossenen Lebenskreises« bewahrt geblieben, hieß es
etwa in den agrarromantischen Konzepten des späteren Kreisauer
Kreises.[60] Gemeint war damit in erster Linie das aristokratische Ideal
einer nach den Prinzipien der Selbstverwaltung und Subsidiarität ge-
stuften Gesellschaft. Wo alte Familien seit Jahrhunderten auf dem
gleichen Grund und Boden saßen, ließ sich soziokulturell tatsächlich
wenig Veränderung erkennen. »Herr Graf« und »Frau Gräfin« waren
noch immer eine feste Bezugsgröße; die Herrin des Gutes sah sich

als »Mutter des Dorfes«.[61] Das Schloss als Mittelpunkt der adligen Lebenswelt konservierte die Strukturen lang über den tatsächlichen Verlust der Herrschaft hinaus.

Auch die Stauffenbergs fühlten sich am wohlsten in Lautlingen. Auf dem am Vorabend des Dreißigjährigen Krieges durch Erbschaft in den Besitz der Familie gelangten Schloss am Fuß der Schwäbischen Alb verbrachten Claus von Stauffenberg und seine Brüder die großen Ferien und möglichst viele freie Tage. Hier schien die Zeit stehen geblieben. Am Morgen besprach man sich mit Verwaltern und Pächtern über notwendige Instandsetzungsmaßnahmen, nahm am Mittag mit Knechten und Mägden eine frugale Mahlzeit ein – eine Reverenz an das Prinzip ländlicher Einfachheit, das der grundbesitzende Adel gern für sich reklamierte – und ließ sich am Abend von Dienern mit weißen Handschuhen auftragen. Alles, was man unternahm, nicht zuletzt die traditionellen Formen adliger Geselligkeit von Jagdausflügen bis zu Familientagen, diente letzten Endes dazu, sich ererbter Rechte zu vergewissern, die für andere möglicherweise nur noch folkloristischen Wert besaßen, die man selber aber für unverlierbar, unter der neuen Regierung sogar für zukunftsfähig hielt.

Vieles von dem, was sich 1933 an gesellschaftspolitischen Umwälzungen ankündigte, registrierten die Stauffenbergs mit Neugier und Zustimmung. »Auf innerpolitischem Gebiet hatten wir die Grundideen des Nationalsozialismus zum größten Teil durchaus bejaht«, gab Berthold von Stauffenberg nach seiner Verhaftung am 21. Juli 1944 zu Protokoll. »Der Gedanke des Führertums, der selbstverantwortlichen und sachverständigen Führung, verbunden mit dem einer gesunden Rangordnung und dem der Volksgemeinschaft, der Grundsatz ›Gemeinnutz geht vor Eigennutz‹ und der Kampf gegen die Korruption, die Betonung des Bäuerlichen und der Kampf gegen den Geist der Großstädte, der Rassegedanke und der Wille zu einer neuen, deutsch bestimmten Rechtsordnung erschien uns gesund und zukunftsträchtig.« Im Laufe der Jahre seien aber »die Grundideen des Nationalsozialismus ... in der Durchführung durch das Regime fast alle in ihr Gegenteil verkehrt worden«.[62]

Welche Selbstüberschätzungen und romantischen Projektionen auch immer diesem Ideal zugrunde lagen: Bis in die Kriegsjahre hinein glaubten die Brüder Stauffenberg, dass sich die politischen Zielsetzungen des Nationalsozialismus weitgehend mit ihren eigenen Vorstellungen deckten. Hierin unterschieden sie sich nicht von der übergroßen Mehrheit des deutschen Adels, der wie zahlreiche andere soziale Gruppen hoffte, mit Hilfe der neuen Staatsideologie endlich die eigenen Interessen wieder stärker durchsetzen zu können. Diese »Teilidentität der Ziele« (Manfred Messerschmidt) kam nirgendwo deutlicher zum Tragen als in der Übereinstimmung zwischen Nationalsozialismus und Militär.

2 Waffenträger der Nation

Juni 1934

Als Claus von Stauffenberg am Morgen des 7. Dezember 1933 von der Beerdigung Stefan Georges zu seinem Regiment nach Bamberg zurückkehrte, gab es unter Offizieren vermutlich nur ein Gesprächsthema: die Berufung von SA-Stabschef Ernst Röhm ins Kabinett. Anfang der Woche waren er und Rudolf Heß als Minister ohne Geschäftsbereich vereidigt worden. Die beiden prominenten Nationalsozialisten sollten dafür sorgen, dass das neue Gesetz zur Sicherung der Einheit von Partei und Staat, das die NSDAP zur einzigen »Trägerin des deutschen Staatsgedankens« erhob, auf allen Ebenen in die politische Praxis überführt wurde.

Zwar war das Kabinett der Regierung Hitler im Verlauf des Jahres 1933 immer seltener zusammengetreten – Gesetze wurden neuerdings meist durch bloßes Umlaufverfahren verabschiedet –, aber dass ausgerechnet Ernst Röhm in die Regierung berufen wurde und Ministerrang erhielt, verhieß aus Sicht der Reichswehr nichts Gutes. Bedrohlich war die Ernennung vor allem, weil Röhm als oberster Soldat der nationalsozialistischen Revolution bei Aufbau und Gestaltung der künftigen Wehrmacht ein gewichtiges Wörtchen mitreden wollte. Da hatte er die Rechnung allerdings ohne den Chef des Truppenamtes Ludwig Beck gemacht. Der Generalleutnant, der nicht im Traum daran dachte, das Monopol der Reichswehr mit der SA zu teilen, wurde sofort aktiv, und bereits am 14. Dezember lag Reichswehrminister Blomberg eine umfassende Denkschrift über den Aufbau des künftigen Heeres auf dem Tisch, mit der allen Ambitionen Röhms ein Riegel vorgeschoben werden sollte.

Die SA war im neuen Staat ein unbestreitbarer Machtfaktor, keine andere Organisation war so schnell gewachsen wie sie. Betrug die

Mitgliederzahl im Januar 1933 noch deutlich weniger als 500 000 Mann, dürfte sie anderthalb Jahre später bei knapp drei Millionen gelegen haben; hinzu kamen die Mitglieder des »Stahlhelms« und anderer Weltkriegs-, Veteranen- und Wehrverbände, die im Laufe des Jahres 1933 in die SA eingegliedert wurden – noch einmal etwa 1,5 Millionen Mann. Der rücksichtslose Einsatz der SA in der Endphase der Weimarer Republik, die Härte und Brutalität, mit der die Sturmtruppen gegen politische Gegner vorgingen und die Straßen freiräumten, hatten erheblich zur Zermürbung des Systems beigetragen. Nach der Machtübernahme breitete sich der Terror der SA in einem unvorstellbaren Ausmaß ungehindert aus.[1]

An einem permanenten Krieg der Braunhemden gegen die eigene Bevölkerung war Hitler auf Dauer nicht interessiert. Nachdem die Gewerkschaften zerschlagen und alle Parteien mit Ausnahme der NSDAP verboten waren beziehungsweise sich selbst aufgelöst hatten, verkündete Hitler am 6. Juli, dass es in Deutschland keinen nennenswerten Widerstand mehr gebe und der Strom der Revolution jetzt in staatliche Bahnen gelenkt werde. Vor allem müsse Schluss sein mit dem Gerede von einer zweiten Revolution, mit dem nur das bisher Erreichte in Frage gestellt würde. Das war eine direkte Warnung an seinen alten Weggefährten und Duzfreund Röhm, der von einer vollständigen Militarisierung, ja Kasernierung des deutschen Volkes träumte.

Röhms Visionen enthielten zwei entscheidende Fehler. Zum einen setzte er auf schiere Masse. Deshalb hielt er die Tür nach dem Machtwechsel weit offen und hieß alle willkommen, die noch ein Stück vom Kuchen abbekommen wollten. Während die Partei aus Angst vor zu vielen Trittbrettfahrern am 1. Mai eine generelle Aufnahmesperre verfügte, fand die SA Mittel und Wege, unter Umgehung ihrer Satzung auch Nichtparteimitglieder aufzunehmen. Am Ende war nicht einmal jeder dritte SA-Mann in der NSDAP. Wenn seine Leute bei der Neuverteilung der Macht nicht angemessen berücksichtigt würden, so Röhms Kalkül, würden sie sicher nicht zögern, ihren Forderungen auf die bewährte Weise Nachdruck zu verleihen, und dabei auch vor einer

Auseinandersetzung mit korrupten Parteifunktionären nicht zurückschrecken. Marschierende Bataillone waren in seinen Augen noch immer ein starkes Argument.

Der zweite Fehler, den Röhm beging und der ihn schließlich den
Kopf kostete, war seine falsche Einschätzung der Rolle der Reichswehr.
In der Logik des Stabschefs handelte es sich bei SA und Reichswehr um
natürliche Verbündete, die trotz gegenseitiger Vorbehalte zwangsläufig
zusammenfinden würden, weil die einen hatten, was die anderen dringend brauchten. Die Reichswehr verfügte über den Erfahrungsschatz
und die Logistik einer traditionsreichen Armee, über ein erstklassiges,
hervorragend ausgebildetes Offizierkorps und in bescheidenem Umfang auch über schwere Waffen; nach den Bestimmungen des Versailler Vertrages durfte sie aber nur 100 000 Mann umfassen, viel zu wenig,
um im Verteidigungsfall mehr als ein paar Tage zu bestehen. Weil die
SA in seinen Augen ein einmaliges Reservoir an waffenfähigen Männern bildete, eine gewaltige Schattenarmee, auf die sich, wie er wusste,
längst die Feldstecher der Militärs richteten, vertraute Röhm darauf,
dass die Interessen der Reichswehr mit den seinen über kurz oder lang
in Übereinstimmung zu bringen wären.

Erste Gespräche über eine Zusammenarbeit zwischen Reichswehr
und SA hatte es bereits im März 1931 gegeben. Röhm, soeben aus Süd-
amerika zurückgekehrt und von Hitler mit der Führung der SA betraut, und der starke Mann im Reichswehrministerium, Kurt von
Schleicher, vereinbarten eine Mitwirkung der SA beim Grenzschutz
und verständigten sich über Nachwuchs- und Ausbildungsfragen. Aus
diesen Plänen wurde nicht viel, weil die Radikalisierung der SA während der Reichspräsidentenwahl ein Jahr später und das darauf folgende vorübergehende SA-Verbot die Stimmung zwischen den Part-
nern merklich abkühlen ließen. Nach der Machtübernahme Hitlers
stellte Schleichers Nachfolger als Chef des Ministeramts, der politisch
nicht weniger ambitionierte Walter von Reichenau, neue Überlegungen an, die SA als eine Art Ersatzheer in die Planungen der Reichswehr einzubinden und dem Reichswehrministerium mittelfristig einen
direkten Zugriff zu ermöglichen.

Röhm hatte die SA immer schon als Volksheer der Zukunft gesehen. Er träumte davon, ganz Deutschland mit jenem soldatischen
Geist zu durchdringen, der einst die Erhebung gegen Napoleon 1813
beflügelt hatte. »Ich bin der Scharnhorst der neuen Armee«, soll er
sich gerühmt haben.[2] Aber Röhm dachte mitnichten daran, seine
Truppen dem Reichswehrminister zu unterstellen – es sei denn, er selber bekleidete dieses Amt, und darauf legte er es im Revolutionsjahr
1933 wohl an. Dass er am Ende des Jahres nur Minister ohne Geschäftsbereich wurde und nicht einmal ein eigenes SA-Ministerium
für ihn heraussprang, war, gemessen an seinen hohen Erwartungen,
eine Niederlage. Zumal seine Einbindung ins Kabinett allgemein als
Disziplinierungsmaßnahme verstanden und dahingehend interpretiert
wurde, dass mit Eigenmächtigkeiten und Willkürakten der SA jetzt
endgültig Schluss sei.

Bei der Reichswehrführung schrillten gleichwohl die Alarmglocken.
Zwar bestimmte schon die SA-Satzung von 1926, dass die Sturmabtei-
lung der Partei kein Wehrverband und die militärische Ausbildung
der Nation allein Aufgabe des Heeres sei. Auch bekannte sich Röhm
in seiner ersten öffentlichen Rede nach seiner Ernennung zum Minister am 7. Dezember vor ausländischen Diplomaten im Berliner Hotel
Adlon pflichtschuldig zu dem von Hitler verkündeten Grundsatz,
dass die Reichswehr »der alleinige Waffenträger des Reiches« sei. Dass
die Reichswehr »bei der nationalsozialistischen Revolution gänzlich
unbeteiligt« beiseite gestanden habe, sei jedoch, fügte er vielsagend
hinzu, »ein Vorgang, der in der Geschichte der Revolutionen wohl
beispiellos dasteht«.[3] Diesen Satz konnte man ein paar Hundert Meter
weiter im Ministerium an der Königin-Augusta-Straße (die am selben Tag in Tirpitzufer umbenannt wurde) nur als handfeste Drohung
verstehen.

Äußerungen Stauffenbergs zur Röhm-Krise, die als authentisch gelten können, sind nicht überliefert. Seine Grundüberzeugung von der
Reichswehr als der einzigen bewaffneten Macht im Staat lässt jedoch
keinen Zweifel daran, dass er auf einer Linie mit der Reichswehrführung lag und den von Beck empfohlenen kompromisslosen Kurs zur

Abwehr aller SA-Ambitionen guthieß. Zwar bildeten der Chef des Truppenamtes und der Oberleutnant gewissermaßen die beiden Enden der militärischen Hierarchie, aber in der Auffassung vom Beruf des Soldaten und der Rolle der Armee hätten sie sich näher kaum stehen können. Zehn Jahre später, im Herbst 1943, als sie sich persönlich kennenlernten, wurde diese Übereinstimmung in militärischen und ethischen Grundsatzfragen zur stillschweigenden Voraussetzung ihres gemeinsamen Handelns gegen Hitler.

Am Abend des 3. Februar 1933 hatte der Chef der Heeresleitung, General Kurt von Hammerstein, in seiner Dienstwohnung im Bendlerblock ein Essen gegeben, zu dem rund zwei Dutzend Personen geladen waren und das wahrscheinlich zu Ehren von Außenminister Konstantin von Neurath stattfand, der am Tag zuvor sein 60. Lebensjahr vollendet hatte. Nach Tisch nutzte der neue Reichskanzler die Gelegenheit, bei den versammelten Spitzen der Reichswehr um Vertrauen zu werben. In einer zweistündigen Rede entwickelte Hitler für die kommenden Jahre eine Art Zweistufenplan, der eine klare Arbeitsteilung vorsah. Erstes Ziel sei die »Konsolidierung des Staates«. Weil nur eine geschlossene Nation den erforderlichen Wehrwillen aufbringe, müsse erst einmal im Innern aufgeräumt werden. »Was nützt eine Armee aus marxistisch infizierten Soldaten. Was nützt die allgemeine Wehrpflicht, wenn vor und nach der Dienstzeit die Soldaten jeder Propaganda zugänglich sind.« Für die Ausrottung des Marxismus benötige er etwa sechs bis acht Jahre.

Anschließend, fuhr Hitler fort, könne das zweite Ziel angegangen werden, denn »dann wird das Heer fähig sein, eine aktive Außenpolitik zu führen«. Dieses Ziel, die »Ausweitung des Lebensraumes des deutschen Volkes« im Osten, werde »mit bewaffneter Hand erreicht werden«. Weil sich die dortige Bevölkerung leider nicht »germanisieren« lasse, werde man »rücksichtslos einige Millionen Menschen ausweisen« müssen (und statt ihrer zwei oder drei Millionen Deutsche ansiedeln).[4] Keiner der Zuhörer war von Hitlers Lebensraumphantasien offenbar sonderlich beunruhigt; man scheint sie »billigend in

Kauf« genommen, bestenfalls als »realitätsfern« empfunden zu haben.
Generalmajor von Brauchitsch, der spätere Oberbefehlshaber des
Heeres, gab die Stimmung wohl treffend wieder, als er hinterher im
Kreis der Generale meinte: »Na, der wird sich noch wundern in sei-
nem Leben.«[5]

Was die Befehlshaber und Amtschefs an diesem Abend mehr interessierte als wahnwitzige völkische Projektionen war die Frage, wo der
neue Kanzler die Reichswehr innenpolitisch sah und was er zu den
Genfer Abrüstungsverhandlungen sagte. In beiden Punkten äußerte
sich Hitler unmissverständlich. Es sei Sache der Partei und ihrer Or-
ganisationen, mit den Widersachern im Innern fertigzuwerden, die
Reichswehr dürfe in diese Auseinandersetzungen nicht hineingezogen
werden. Das gefiel den Generalen. Was die angestrebte militärische
Gleichberechtigung Deutschlands anging, schien Hitler allerdings
übertrieben vorsichtig zu sein. Man dürfe in der Aufrüstungsfrage
nichts forcieren, warnte er, denn Frankreich werde den geringsten Anlass nutzen, um einen Präventivschlag zu führen. »Wenn Frankreich
kluge Staatsmänner haben wird, wird es um jeden Preis angreifen.«[6]
Parallel zu den Genfer Bemühungen um Gleichberechtigung müsse
jedoch die geheime Aufrüstung vorangetrieben werden. Das Bekenntnis des Kanzlers zur baldigen Einführung der im Versailler Vertrag ver-
botenen allgemeinen Wehrpflicht verstand sich in diesem Kontext
von selbst.

Hitler hatte mehr oder weniger spontan den Entschluss gefasst, den
Spitzen der Reichswehr an diesem Abend seine Ideen zur Stabilisierung im Innern und zur Wiederherstellung des Großmachtstatus zu
entwickeln. Auch wenn er sich bei der Skizzierung seiner rassenpoliti-
schen Visionen möglicherweise etwas zu weit vorgewagt haben sollte,
waren die obersten Generale mit seinem Auftritt insgesamt zufrieden.
»Beim Sprechen tritt starker Wille und idealer Schwung hervor und
man hat [den] Eindruck eines Mannes, der weiß was er will und der
entschlossen ist, seine Ideale mit äußerster Energie in die Tat umzusetzen.« Man könne nur hoffen, so Generalleutnant von Liebmann weiter,
dass es Hitler gelingen werde, die zu erwartenden Schwierigkeiten aus

dem Weg zu räumen.[7] Der *Völkische Beobachter* fasste am 5./6. Februar das Ergebnis des Abends mit der dem Militär geschuldeten Sachlichkeit in der Schlagzeile zusammen: »Die Armee Schulter an Schulter mit dem neuen Kanzler«. – »Patriotischer Aufschwung sehr erfreulich«, schrieb Hindenburg wenige Tage später an seine Tochter, »Gott erhalte uns die Einigkeit!«[8]

Das neue Bündnis zwischen Armee und Staat wurde in den kommenden Wochen auf allen Ebenen beschworen und fand mit Hitlers tiefer Verbeugung vor dem greisen Generalfeldmarschall am Tag von Potsdam ein von Goebbels großartig inszeniertes, auf Jahre gültiges Bild. »Hindenburgs politisches Lebensziel – die Wiederbelebung des ›Geistes von 1914‹«[9] – schien an diesem 21. März 1933 Wirklichkeit geworden zu sein. Die bewaffnete Macht drohte jetzt nicht mehr in innenpolitische Auseinandersetzungen hineingezogen zu werden und musste nicht länger Gewehr bei Fuß stehen, um den inneren Feind zu bekämpfen. Die Reichswehr konnte sich endlich wieder in Ruhe ihrer eigentlichen Aufgabe widmen, der Verteidigung der Landesgrenzen und der Vorbereitung des Kriegsfalls.

Während noch allenthalben die neue Verbundenheit gefeiert wurde, entbrannten zwischen Ministerium und Heeresleitung ungeahnte Kompetenzstreitigkeiten. Was zunächst aussah wie das übliche Gerangel nach einem Regierungswechsel, entwickelte sich in der zweiten Jahreshälfte 1933 zu einem veritablen Kampf um die Führung der Reichswehr. Im Kern ging es darum, wer in einem kommenden Krieg das Sagen haben sollte. Von wem sollten die operativen Planungen ausgearbeitet und die Vorbereitungen koordiniert werden, vom Ministerium oder von dem der Heeresleitung unterstellten Truppenamt, das seit 1919 die klassischen Aufgaben des Generalstabs wahrnahm? Erstes Opfer des Richtungsstreits war der Chef des Truppenamtes, Generalleutnant Adam, der als Wehrkreisbefehlshaber nach München versetzt wurde; sein Nachfolger wurde am 1. Oktober 1933 Generalleutnant Ludwig Beck. Vier Wochen später reichte der von den laufenden Amtsgeschäften zermürbte und der neuen Regierung gegenüber skeptische Chef der Heeresleitung, General der Infanterie Hammerstein, seinen Abschied ein. Sein Nachfolger wurde zum 1. Februar 1934, unter Beförderung zum General der Artillerie, Werner von Fritsch.

Mit Fritsch und Beck standen zwei erzkonservative Traditionalisten an der Spitze des Heeres, die sich jede Einmischung in die Angelegenheiten der Truppe verbaten und insbesondere auf Abstand zum Ministerium achteten. Der Chef des Ministeramts und langjährige Blomberg-Vertraute Walter von Reichenau, der selbst gern Chef der Heeresleitung geworden wäre, strebte unterdessen eine neue Spitzengliederung an, die seinem eigenen Amt, das im April 1934 in Wehrmachtamt umbenannt wurde, die entscheidenden Kompetenzen sichern sollte. Reichenau bestritt, dass der nächste Krieg noch als reiner Landkrieg geführt werde. Die Koordinierung könne deshalb nicht länger beim Heer liegen, der Krieg der Zukunft erfordere vielmehr eine zentrale gemeinsame Planung für die drei Wehrmachtteile Heer, Marine und Luftwaffe (die es zu diesem Zeitpunkt noch gar nicht gab). Die Rivalitäten zwischen Wehrmachtführung und Generalstab des Heeres eskalierten in den folgenden Jahren immer wieder und verursachten bis zum Ende des Krieges erhebliche Reibungsverluste.[10]

Reichenau, der politische Kopf im Reichswehrministerium, hatte bereits im April 1932 als Chef des Stabes der 1. Division unter Blomberg den Kontakt zu Hitler gesucht und diesen für eine engere Zusammenarbeit zwischen Reichswehr und SA beim Grenzschutz in Ostpreußen gewinnen wollen. In der seit 1919 vom Reich abgetrennten Provinz waren aus Angst vor einem polnischen Einmarsch breite Bevölkerungskreise in den Grenzschutzverbänden aktiv. Um die allgemeine Verteidigungsbereitschaft zu steigern, griffen Blomberg und Reichenau unter Umgehung der Bestimmungen des Versailler Vertrages zu ungewöhnlichen Mitteln. Sie stellten Versuchsreihen an, »welche Mindestzeit nötig war, um einen Bauernburschen an einer Waffe auszubilden«, und ließen unter Pseudonym eine Broschüre verbreiten, die den Titel trug: *Achtung! Ostmarkenrundfunk! Polnische Truppen haben heute Nacht die ostpreußische Grenze überschritten!*[11] Sieben Jahre später diente ein solches Szenario, der angebliche polnische Überfall auf den Sender Gleiwitz, zur Rechtfertigung des Einmarschs in Polen.

Hatte sich die SA bei der Grenzschutzarbeit im Osten bis Anfang 1933 stark zurückgehalten, so wurden mit der Machtübernahme ihre Begehrlichkeiten umso größer. Röhm machte kein Geheimnis daraus, dass er nicht nur auf die geheimen Waffen- und Munitionslager der Reichswehr entlang der Ostgrenze ein Auge geworfen hatte, sondern dass er diesen Teil der Landesverteidigung gern auch insgesamt übernehmen wollte. Reichenau war zu weitgehenden Konzessionen bereit. Zum einen hatten der »Stahlhelm« und andere Wehrverbände immer schon eine wichtige Rolle bei der Sicherung der Ostgrenze gespielt, zum andern stellte die SA ein ideales Reservoir für den Mobilisierungsfall dar. So kam es im Sommer 1933 zu Vereinbarungen über die Zusammenarbeit zwischen SA und Reichswehr, die aus Sicht der Heeresleitung auf eine empfindliche Einschränkung des Waffenmonopols der Reichswehr hinausliefen.

Truppenoffiziere dürften weder vom Tauziehen zwischen Ministerium und Heeresleitung noch von Röhms weitreichenden Plänen viel mitbekommen haben. Allerdings wurden zahlreiche Truppenoffiziere ab Frühjahr 1933 zur Ausbildung von SA-Mannschaften abgestellt. Zu ihnen gehörte auch Claus von Stauffenberg. Bereits in den Jahren 1930 bis 1932 hatte er offenbar auf eigene Initiative gemeinsam mit einem Regimentskameraden »in vorwiegend nächtlichen Felddienstübungen« SA-Leute geschult. Das war zu diesem Zeitpunkt illegal und konnte von der Reichswehrführung höchstens stillschweigend geduldet werden, im Regiment jedenfalls »wurde darüber nicht gesprochen«.[12] Jetzt war die Zusammenarbeit mit der SA von ganz oben sanktioniert.

In der Praxis gestaltete sie sich allerdings zunehmend schwierig. Immer wieder kam es zu Übergriffen und Tätlichkeiten von SA-Leuten selbst gegen Offiziere. Es sei leider eine »bedauerliche Erkenntnis, dass in großen Teilen der SA der Klassenkampf weiterlebt«, schrieb ein junger Ausbilder im Dezember 1933 von einem Truppenübungsplatz. Die SA-Führer hätten »fast durchweg die Nachteile der kleinen Leute an sich. Vielfach sind sie ausgesprochene Knoten und typische Emporkömmlinge. Ein gewisser Hass gegen jedes angeborene und echte Führertum ist vielfach spürbar ... Nichts wäre dem kleinen SA-Führer

lieber, als uns zu beseitigen. Darüber darf man sich durch alle schönen
Reden nicht hinwegtäuschen lassen.«[13] Klagen über den Mangel an
soldatischer Haltung kamen hinzu: Die SA-Führer seien nur mit
Mühe an das Prinzip von Befehl und Gehorsam zu gewöhnen und für
Führungsaufgaben mehrheitlich nicht zu gebrauchen. Stauffenberg
hatte in der zweiten Jahreshälfte 1933 die Rückführung illegaler Waf-
fendepots, die in der Zeit der Republik angelegt worden waren, so zu
organisieren, dass die SA keinen Zugriff auf schweres Gerät erhielt.
Dabei scheint er selber einige unschöne Erfahrungen gemacht zu haben, jedenfalls empfand er die Zusammenarbeit mit der SA zunehmend als Belastung.

In der von ihm am 14. Dezember 1933 vorgelegten Denkschrift über
den Aufbau eines 300 000-Mann-Friedensheeres formulierte der Chef
des Truppenamtes, Ludwig Beck, die Interessen einer Heeresleitung,
die ihre Stunde gekommen sah. »Unsere militärpolitische Lage verlangt *rasche* Beseitigung des Zustandes völliger Wehrlosigkeit.«[14] Um
im Planungszeitraum bis März 1938 eine Verdreifachung des Friedensheeres auf 21 Divisionen sicherstellen zu können, waren unter anderem eine massive Verkürzung der Dienstzeit und die Einführung der
allgemeinen Wehrpflicht zum 1. Oktober 1934 erforderlich. Das im
Frühjahr 1932, also noch unter der Kanzlerschaft Heinrich Brünings
verabschiedete Rüstungsprogramm, das die Regierung Hitler um zusätzliche Mittel erweitert hatte, schuf die notwendigen finanziellen
Voraussetzungen.

Die Denkschrift zeigte bereits sechs Tage später Wirkung, als auf
einer Befehlshaberbesprechung über die beiden »Hauptschwierigkei-
ten« bei der Umsetzung der geplanten Maßnahmen diskutiert wurde:
den Grenzschutz und »die Bestrebungen der SA, eine eigene Wehrmacht zu gründen«. Kanzler und Reichswehrminister stimmten darin
überein, hieß es im Protokoll, dass »alles bei der Reichswehr liegt« –
von der militärischen Ausbildung über die Aufstellung der neuen Divisionen bis hin zur Führung im Krieg. Die Deklassierung der SA
wurde höchst subtil betrieben. Weil sich in der Aufbauphase ein vor-

übergehender personeller Engpass beim Offizierkorps ergebe, benötige
die Reichswehr dringend jeden Offizier selber. Deshalb müssten alle
zur SA kommandierten Offiziere abgezogen und die Lehrtrupps aufgelöst werden. Weil man die Übungsgelände ebenfalls dringend benötige, sei auch das der SA dort bisher gewährte »Gastrecht« aufzuheben.
Streitigkeiten mit der SA seien angesichts dieses Kurswechsels unvermeidlich; sie sollten aber nicht in den unteren Stellen ausgefochten,
sondern an den Reichswehrminister berichtet werden. Generell sei
darauf zu achten, so das Protokoll abschließend, dass »das Verhältnis
zur SA und ihren Führern nicht getrübt« werde.[15]

Beck ging aufs Ganze und brachte sehr schnell sowohl den neuen
Chef der Heeresleitung, Werner von Fritsch, als auch den Reichswehrminister auf Linie. Röhm sah seine Felle davonschwimmen. Am 1. Februar 1934 ging er seinerseits in die Offensive und legte dem Reichswehrminister eine Denkschrift vor, die dieser nur als Ultimatum interpretieren
konnte. Blomberg drängte jetzt auf eine Entscheidung Hitlers.

Um den Kanzler für die Interessen der Reichswehr gewogen zu machen, ließ der Minister das Emblem der NSDAP, Adler mit Haken-
kreuz, an Uniform, Dienstmütze und Stahlhelm anbringen und bestimmte noch vor Ablauf des Monats, dass Paragraph 3 des Gesetzes
zur Wiederherstellung des Berufsbeamtentums, der sogenannte Arier-
paragraph, auch auf Angehörige der Reichswehr anzuwenden sei. Jeder Soldat hatte ab sofort seine arische Abstammung nachzuweisen;
etwa 70 Offiziere, Unteroffiziere und Soldaten wurden umgehend
entlassen. Je größer der Druck vonseiten der SA wurde, desto mehr
suchte Blomberg die Nähe zu Hitler und zur Partei.

Zu beiden Verordnungen ist eine Äußerung Stauffenbergs nicht überliefert. Man darf davon ausgehen, dass ihm weder die Anbringung des
Hakenkreuzes noch die Entfernung von Juden aus der Wehrmacht
Kopfzerbrechen bereiteten. Der Stauffenberg-Biograph Peter Hoffmann
hat den dissimilatorischen Antisemitismus der Brüder Berthold und
Claus in einem irritierenden Satz relativieren wollen: »Die Stauffenbergs dachten nicht daran, dass Mitbürgern Gewalt angetan werden
sollte, stimmten aber dem Gedanken der Trennung von Volksfremden

und anscheinend auch der Ausweisung in manchen Fällen (etwa bei
Nichteingesessenen) zu.«[16] Das einzige authentische Zeugnis, ein Aufsatz Berthold von Stauffenbergs, spricht eine deutlichere Sprache.
Erste Maßnahmen gegen »Volksfremde« waren am 14. Juli 1933 in
Gesetzesform gegossen worden. Das Gesetz über den Widerruf von
Einbürgerungen und die Aberkennung der Staatsangehörigkeit richtete sich gegen sogenannte Ostjuden, die zwischen November 1918
und Januar 1933 in Deutschland eingebürgert worden waren. Der nationalsozialistische Staat nahm sich darin das Recht, die Naturalisa-
tion von Personen rückgängig zu machen, die »nach völkisch-nationa-
len Grundsätzen« im Nachhinein als »nicht erwünscht« bezeichnet
wurden. In einem Artikel der *Zeitschrift für ausländisches öffentliches
Recht und Völkerrecht* verteidigte Berthold von Stauffenberg das Gesetz gegen heftige Kritik aus Frankreich.

Jeder Staat sei frei, das Staatsangehörigkeitsrecht nach seinen Vorstellungen zu regeln, und so wie er Personen die Staatsangehörigkeit
zuerkenne, so könne er sie ihnen auch entziehen. Auch das Motiv der
Deutschen verletzte nach Auffassung Berthold von Stauffenbergs keine
völkerrechtlichen Bestimmungen: »Die Entziehung der Staatsangehörigkeit um der Reinheit der Nation willen lässt sich ohne weiteres
begreifen.« Der Verfasser des Artikels lehnte es ab, das Gesetz unter
moralischen Gesichtspunkten zu bewerten, da diese nicht geeignet
seien, »eine juristische Begründung zu ersetzen«. Wenn der Staat die
»Reinheit der Nation« zum Rechtsgrundsatz erhob, konnte das auf
mittlere Sicht für die deutschen Juden nicht folgenlos bleiben. Ein Ju-
rist, der diese Konsequenzen ausblendete, muss von der Richtigkeit
des deutschen Standpunktes tief überzeugt gewesen sein.[17]

Claus von Stauffenberg legte eine ähnliche Gleichgültigkeit an den
Tag. Dass die Verstoßung der Juden aus der Wehrmacht gegen den
Ehrenkodex eines Offiziers verstieß, kam ihm offenbar gar nicht in den
Sinn. Der Protest von Oberst Manstein, der als Chef des Stabes im
Wehrkreis III eine Denkschrift verfasste, wäre für ihn möglicherweise
nur schwer nachvollziehbar gewesen. Man dürfe »die ganze Frage nicht
nur von dem Standpunkt der Betroffenen ansehen«, argumentierte

Manstein in einem Begleitschreiben an Beck, sondern müsse fragen, »ob es mit der Ehre der Armee vereinbar ist, Kameraden nicht die Treue zu halten, um politischen Schwierigkeiten aus dem Wege zu gehen«. Er bitte deshalb, statt sofortiger Trennung von den jüdischen Kameraden Herrn General Einzelfallprüfung durch »die Offizierkorps als Hüter der soldatischen Ehre« vorschlagen zu dürfen.[18] Dass derselbe Manstein acht Jahre später als einer der Oberbefehlshaber der Ostfront die Verbrechen der Einsatzgruppen sanktionieren wird, steht auf einem anderen Blatt.

Als sich am 28. Februar 1934 führende Vertreter von Reichswehr, SA und SS im Reichswehrministerium versammelten, um ein Machtwort des Kanzlers zu hören, hatte das Truppenamt gründlich vorgearbeitet. Hitler hielt sich in seiner Rede weitgehend an ein Positionspapier Becks, das auf vollständige Domestizierung der SA hinauslief. Nachdem er sich über die dem deutschen Volk drohende Verelendung ausgelassen hatte, die einzig durch die Eroberung neuen »Lebensraums« abzuwenden sei, kam Hitler auf das eigentliche Thema der Zusammenkunft und beschied den vor ihm sitzenden Röhm, dass dessen Miliz »nicht einmal zur kleinsten Landesverteidigung geeignet« sei. »Die SA müsse sich auf innerpolitische Aufgaben beschränken … Im übrigen müsse die Wehrmacht der einzige Waffenträger der Nation sein.«[19] Im Anschluss unterschrieben Röhm und Blomberg die von Beck vorbereitete Vereinbarung über die künftige Zusammenarbeit von SA und Reichswehr und besiegelten sie in Gegenwart Hitlers durch Handschlag. Röhm kochte.

Um seinem Ärger Luft zu machen, ließ er die SA wieder häufiger zu Massenaufmärschen antreten, gleichzeitig ordnete er an, dass sie sich auf dem schwarzen Markt mit schweren Waffen versorgen sollte. Die Reichswehr stellte sich auf gewalttätige Auseinandersetzungen ein. Aber nicht nur in ihren Reihen wuchs die Nervosität. Alarmiert reagierte vor allem Hermann Göring, der als preußischer Innenminister nach der Machtübernahme etwa 25 000 SA-Männer (und 15 000 SS-Männer) für ein halbes Jahr als Hilfspolizei engagiert und Röhms Organisation dadurch erheblich aufgewertet hatte. Im April tat er sich mit Reichsführer-SS Heinrich Himmler zusammen und übergab ihm das Amt des Inspekteurs der preußischen Geheimen Staatspolizei. Von Himmler und dessen Adlatus Heydrich, dem Chef des Sicherheitsdienstes, erhoffte er sich ein schärferes Vorgehen gegen die SA – und dies nicht vergeblich. »Wie ein Magnet zog die Achse Göring–Himmler alle SA-gegnerischen Kräfte im Lande an sich.«[20] Die SS war in den Augen der Reichswehr aus anderem Holz als der SA-Pöbel: Sie setze sich »aus körperlich und weltanschaulich (im Sinne des Wehrgedankens) bestem Menschenmaterial in fast ausschließlich wehrfähigem Alter« zusammen, urteilte das Truppenamt.[21] Es war nur konsequent und entsprach vollkommen dem Geist von Potsdam, dass die Garde der SS, die Leibstandarte Adolf Hitler, vom Infanterieregiment 9, dem Traditionsträger der Potsdamer Garden, auf dem Truppenübungsplatz Jüterbog ausgebildet wurde. Und es waren Waffen und Munition aus den Depots der Reichswehr, mit denen die in vier Münchner Kasernen der Reichswehr untergebrachte Leibstandarte am Morgen des 30. Juni in Fahrzeugen der Reichswehr nach Bad Wiessee fuhr, um die SA-Führung zu liquidieren.

Hitlers Entscheidung, gegen Röhm vorzugehen, dürfte nach seinem Besuch beim Reichspräsidenten auf Gut Neudeck in Ostpreußen am 21. Juni gefallen sein. Hindenburg, der im Mai schwer erkrankt und mit dessen Ableben täglich zu rechnen war, empfing Hitler überaus freundlich, gab ihm aber wohl deutlich zu verstehen, dass er von ihm eine baldige Lösung des SA-Problems erwartete. Nicht nur Göring und Blomberg hatten sich bei ihm über die revolutionären Umtriebe der SA beschwert, Klagen kamen auch aus den nationalkonservativen Kreisen um Vizekanzler Franz von Papen. Dieser hatte Hitler vier Tage zuvor mit einer in Marburg gehaltenen Rede gezielt provoziert – »eine so scharfe, gegen den Kern des Regimes gerichtete Kritik von so prominenter Seite gab es danach nie wieder im Dritten Reich«.[22] Hitlers Herrschaft schien plötzlich von zwei Seiten zugleich bedroht. Als er am Abend des 28. Juni erfuhr, dass Papen voraussichtlich am übernächsten Tag von Hindenburg empfangen würde, entschloss er sich zum sofortigen Handeln gegen die oberste

SA-Führung und befahl, die prominentesten Vertreter der »Reaktion« gleich mit zu liquidieren.

Die Heeresleitung hatte ihrerseits Vorkehrungen getroffen. Am 26. Juni war der Chef der Heeresleitung, General Fritsch, auf Gut Neudeck gewesen und hatte mit Hindenburg die Linie abgesprochen: Die Reichswehr würde sich aus Aktionen heraushalten, eventuellen Wünschen der SS nach Waffen jedoch nachkommen. Am selben Tag bekamen Blomberg und Reichenau angebliche Beweise für einen bevorstehenden Putsch Röhms in die Hand, die sie am folgenden Tag Hitler vorlegten. Der zusätzliche Druck der Reichswehr dürfte Hitler in seiner Entscheidung bestärkt haben, die für das Wochenende von ihm nach Bad Wiessee einberufene SA-Führung auszuschalten. Wie immer man die Komplizenschaft in der historischen Rückschau beurteilen mag, fest steht, dass es die Reichswehr war, die am meisten von der Exekution der SA-Führung profitierte – sie und die SS.

Noch am Abend des 30. Juni teilte Blomberg den Befehlshabern mit, »die Aktion sei ›im Interesse der Reichswehr‹ nötig gewesen«.[23] Am Sonntag, den 1. Juli, gab er einen Erlass heraus, der am Montag in sämtlichen deutschen Zeitungen abgedruckt wurde: »Der Führer hat mit soldatischer Entschlossenheit und vorbildlichem Mut die Verräter und Meuterer selbst angegriffen und niedergeschmettert. Die Wehrmacht als der Waffenträger des gesamten Volkes, fern vom innerpolitischen Kampf, wird danken durch Hingabe und Treue!«[24] Die Gelegenheit, diese unter Beweis zu stellen, ergab sich schon vier Wochen später, als Hitler nach dem Tod Hindenburgs mit dem Amt des Reichspräsidenten auch den Oberbefehl über die Wehrmacht übernahm. Blomberg beeilte sich, »dem Führer des Deutschen Reiches und Volkes Adolf Hitler« zu versichern, dass die Armee, wie es in der von ihm und Reichenau aus diesem Anlass neu formulierten Eidesformel hieß, »unbedingten Gehorsam leisten« werde.

Unter den 85 ermordeten »Verrätern und Meuterern« befanden sich allerdings auch zwei Generale: Hitlers Amtsvorgänger, General Kurt von Schleicher, der zusammen mit seiner Ehefrau in seinem Potsdamer Haus erschossen wurde, und Schleichers langjähriger Vertrauter,

Generalmajor Ferdinand von Bredow, den man in seiner Berliner
Wohnung in der Spichernstraße erschoss. In den Reihen der Offiziere
scheint es wegen der Ermordung der beiden Kameraden zu einiger
Unruhe gekommen zu sein. Fritsch und Beck verlangten vom Minister eine interne Untersuchung. Eine solche könne er nicht zulassen,
hieß es Monate später in einem »Maulkorb-Erlass« Blombergs, da die
Regierung per Gesetz erklärt habe, »dass der Tod der am 30. Juni und
1. Juli Gebliebenen als im Interesse des Staates erfolgt zu betrachten
sei«.[25]

Am 13. Juli 1934 ließ Hitler den Reichstag zusammenkommen, um,
wie er sagte, das deutsche Volk über die Vorgänge »aufzuklären«. Es
wurde eine der aggressivsten und zugleich wehleidigsten Reden, die er
je gehalten hat. Karl Silex, der Chefredakteur der *Deutschen Allgemeinen Zeitung*, die auch von Stauffenberg gelesen wurde, hat die Rede in
einem ungewöhnlich mutigen Leitartikel seziert, dessen subversiver
Scharfsinn noch heute beeindruckt. Dem Reichskanzler sei es gelungen, »auch den letzten Mann davon zu überzeugen, dass dieses Drama
nicht das eines anderen, sondern sein eigenes war«. Nach dieser Rede
könne niemand mehr daran zweifeln, »dass jedem, der die Hand zum
Schlage gegen den Staat erheben sollte, der sichere Tod zum Los bestimmt wurde«. Allerdings lebe man »nicht in einem Deutschland, in
dem jeder zu zittern hätte«. Die Betonung lag auf dem Wort »jeder«.
Vielen Deutschen werde es »nach der Reinigungsaktion leichter fallen, [ihre] Pflicht zu erfüllen«, so das Fazit des Kommentators. Schließlich wüssten sie jetzt, dass sie nicht für jeden Irrtum eine Strafe zu be-
fürchten hätten, denn: »Das Wort, ›Was der Führer tut, ist immer
richtig‹, hat er selbst eingeschränkt, als er von der Selbstverständlichkeit sprach, dass auch einmal etwas falsch gemacht werden könnte.«[26]

Für solche Subtilitäten war nicht jeder empfänglich. Stauffenberg
nannte die Aktion gegen Röhm das »Platzen einer Eiterbeule«; dadurch seien »endlich klare Verhältnisse geschaffen« worden.[27] Damit
lag er ganz auf der Linie der Reichswehrführung, in deren Kreisen man
von der Konsequenz und Brutalität des Hitler'schen Durchgreifens
zwar ein wenig schockiert war. Aber da mit dem Wegfall des lästigen

Konkurrenten die Reichswehr endgültig als der einzige Waffenträger
der Nation etabliert wurde, ließ man sich das bisschen schlechte Gewissen gefallen – und schwieg.

»Glauben Sie mir: es hat noch nie einen Staatsmann gegeben, der
der deutschen Wehrmacht ein solches Maß an Entwicklungsmöglich-
keiten gegeben hat«, hatte sich Reichswehrminister Blomberg schon
nach Abschluss der Herbstmanöver 1933 vor Offizieren der 6. Division
begeistert. Weil »ein wichtiger Teil der neuen Weltanschauung … die
Lehre von der Unterordnung des einzelnen unter das gemeinsame
Ganze« sei, liege so etwas wie eine natürliche »Übereinstimmung mit
den besten Grundsätzen deutschen Soldatentums« vor. Die volle Bejahung des Nationalsozialismus durch das Soldatentum sei daher
selbstverständlich.[28] Und zum 45. Geburtstag Hitlers war im *Militär-
wochenblatt* vom 18. April 1934 zu lesen: »Die zeitlos gültigen Grund-
tugenden des deutschen Soldaten, Treue, Ehre, Tapferkeit, Disziplin
und Kameradschaft, bilden den Kern der nationalsozialistischen Weltanschauung … Dem Frontsoldaten Adolf Hitler kann gewiss zu seinem Geburtstag keine größere Genugtuung zuteil werden als die Gewissheit, dass in der fortan untrennbaren Einheit von Wehrmacht und
Nationalsozialismus … die Unsterblichkeit des deutschen Frontver-
mächtnisses auf das wirksamste gesichert ist.«[29]

Wie hatte Ludwig Beck, der seit Oktober 1933 an maßgeblicher
Stelle den Aufbau der Wehrmacht mit allem Elan vorantrieb und zehn
Jahre später zum Kopf des militärischen Widerstands gegen Hitler
wurde, im Frühjahr 1933 an eine Freundin geschrieben? Was er in diesen Wochen erlebe, sei »der erste große Lichtblick seit 1918«.[30] Stauffenberg war zu jung, um diesen Vergleich ziehen zu können. Aber in
der Sache hätte er Beck wohl genauso zugestimmt wie dem Chef des
Ministeramts, der schon wenige Tage nach dem Machtwechsel die
Parole ausgegeben hatte: »Hinein in den neuen Staat!«[31]

3 Von der Reichswehr zur Wehrmacht
März 1935 bis März 1936

Am 15. Oktober 1935 wurde in einer umgebauten Kaserne auf dem Militärgelände in Berlin-Moabit in Anwesenheit von Hitler, Göring, Goebbels und der gesamten Wehrmachtspitze die neue Kriegsakademie eingeweiht. Die von Scharnhorst nach der Niederlage Preußens gegen Napoleon 1810 ins Leben gerufene Einrichtung zur Ausbildung des Offiziernachwuchses hatte aufgrund der Bestimmungen des Versailler Vertrags nach dem Ersten Weltkrieg geschlossen werden müssen. Im Zuge der Wiedereinführung der allgemeinen Wehrpflicht erschien die Neueröffnung der Kaderschmiede am 125. Jahrestag ihrer Gründung aus Sicht der Armee geradezu zwingend. Ein Jahr später wurden die ersten hundert Offiziere einberufen. Einer von ihnen war der Oberleutnant Claus von Stauffenberg.

Wäre es nach den Spitzen der Reichswehr gegangen, die mit der Einführung der Wehrpflicht am 16. März 1935 in Wehrmacht umbenannt wurde, hätte die Regierung Hitler bereits den Austritt Deutschlands aus dem Völkerbund im Oktober 1933 genutzt, um auf einen Schlag sämtliche Artikel des Versailler Vertrags aufzukündigen, die der militärischen Gleichstellung Deutschlands im Weg standen. Mit dem Scheitern der Genfer Abrüstungskonferenz war aus ihrer Sicht die wesentliche Voraussetzung entfallen, unter der sich das Deutsche Reich 1919 überhaupt zu einem Friedensvertrag bereitgefunden hatte: die Voraussetzung, dass auch alle anderen Nationen auf ein Mindestmaß abrüsteten. Nach dieser Lesart waren die Deutschen mit ihrer Unterschrift unter den Versailler Vertrag als Botschafter des Friedens in Vorleistung gegangen.[1]

Der Grundsatz der allgemeinen Abrüstung, den der amerikanische Präsident Wilson im Januar 1918 als Punkt 4 seines Programms zur

Beendigung des Krieges verkündet hatte, erwies sich als eine trügerische Illusion. Frankreich weigerte sich, die Deutschen überhaupt als Verhandlungspartner zu akzeptieren, und setzte auf das Recht des Stärkeren. Sämtliche deutschen Hoffnungen, die sich bis ins Frühjahr 1919 auf Wilsons Entwurf eines gerechten Friedens richteten, zerschlugen sich spätestens mit Bekanntwerden der Vertragsbedingungen. Als besonders empörend empfand die übergroße Mehrheit der Deutschen die in Artikel 227 verlangte Auslieferung des Kaisers, der »wegen schwerster Verletzung der internationalen Moral« unter Anklage gestellt werden sollte, sowie den Kriegsschuldartikel 231, der Deutschland und seine Verbündeten »als Urheber aller Verluste und aller Schäden verantwortlich« machte und ihnen sämtliche Kriegskosten aufbürdete. Wer einen solchen Vertrag unterzeichne, dem solle die Hand verdorren, rief der sozialdemokratische Reichsministerpräsident Philipp Scheidemann und trat am 20. Juni zurück.

Drei Tage zuvor hatte sich die Oberste Heeresleitung aus der Verantwortung gestohlen. Die Regierung wollte wissen, ob die dem Reich verbliebenen militärischen Mittel eine Wiederaufnahme der Kampfhandlungen erlaubten und ob die Bevölkerung auch im Falle einer Besetzung zu dauerhaftem Widerstand bereit sei. In sachlicher Hinsicht, ließ Hindenburg die politische Führung wissen, sei von militärischen Schritten dringend abzuraten; als Soldat müsse er jedoch »den ehrenvollen Untergang einem schmählichen Frieden vorziehen«.[2] Die Nationalversammlung sah es nüchterner: Vor die Wahl gestellt, eine Besetzung durch die Siegermächte, das Auseinanderbrechen des Reiches und den Verlust der östlichen Provinzen an Polen zu riskieren, oder aber den »Schandfrieden« zu akzeptieren, entschied sie sich mit den Stimmen von SPD, Zentrum und USPD, das Ultimatum der Sieger zu erfüllen. Am 28. Juni 1919 wurde der Vertrag im Spiegelsaal des Versailler Schlosses unterzeichnet.

Zum Zeitpunkt des Waffenstillstands am 11. November 1918 hatten mehr als drei Millionen deutsche Soldaten in Frankreich und Belgien gestanden. In weniger als drei Wochen waren sie über die drei Rheinbrücken in Mainz, Koblenz und Köln zurückgeführt worden. Dass

diese Bewegung, die ein Höchstmaß an logistischer Präzision erforderte, unter strikter Einhaltung der Truppendisziplin durchgeführt
werden konnte, während landauf, landab die alte Ordnung hinwegge-
fegt wurde, unterstrich die ungebrochene Autorität der Armeeführung. Deren Bereitschaft, mit der Zentralregierung in Berlin zusam-
menzuarbeiten und die überall im Land aufflackernden revolutionären
Feuer der Arbeiter- und Soldatenräte auszutreten, etablierte sie als un-
verzichtbare Ordnungsmacht. »Der Reichspräsident kann ... erfor-
derlichenfalls mit Hilfe der bewaffneten Macht einschreiten«, hieß es
folgerichtig ein halbes Jahr später in Artikel 48 der Verfassung.

Für die Niederlage verantwortlich gemacht wurden andere. Dass
die kaiserliche Armee im Felde unbesiegt geblieben war, gehörte von
Anfang an zum politischen Konsens der jungen Republik. »Kein
Feind hat euch überwunden!«, hatte der SPD-Vorsitzende Friedrich
Ebert schon den am 11. Dezember 1918 durch das Brandenburger Tor
heimkehrenden Truppen zugerufen.[3] »Nicht besiegt, gleichwohl aber
unterlegen« – so und ähnlich lauteten die Parolen der Militärs.[4] Ein
knappes Jahr später nutzte der inzwischen pensionierte Chef der
Obersten Heeresleitung, Generalfeldmarschall Hindenburg, seinen
Zeugenauftritt vor dem Untersuchungsausschuss des Reichstags, um
mit der Autorität des Siegers von Tannenberg zu erklären, die Heimat
sei dem Heer in den Rücken gefallen: »Die deutsche Armee ist von
hinten erdolcht worden.«[5] Die Vorstellung, dass ominöse heimtücki-
sche Kräfte – Linke, Juden, Pazifisten – die Niederlage herbeigeführt
hatten, bewahrte große Teile der Bevölkerung vor der zweifellos bitte-
ren Erkenntnis, vier lange Kriegsjahre, in denen man den Sieg täglich
vor Augen zu haben glaubte, einer Chimäre gefolgt zu sein.

Die Kunst des Siegens besteht darin, den Verlierer nicht zu demütigen. In Artikel 2 des Westfälischen Friedensvertrags von 1648, mit
dem die Kriegshandlungen des Dreißigjährigen Krieges beendet
wurden, war festgelegt worden, dass mit dem Friedensschluss »ewige
Vergessenheit und Amnestie« (perpetua oblivio et amnestia) verbunden sein sollten. Diesen Grundsatz hatten die Deutschen 1871 nach
dem Sieg über Frankreich missachtet, jetzt machten die Franzosen

die Gegenrechnung auf. Wie stark die französischen Zumutungen das
Selbstverständnis der Nation erschütterten, zeigte sich am 23. Juni
1919, kurz vor Ablauf des alliierten Ultimatums. Am Mittag drang
eine aufgebrachte Menge in das Berliner Zeughaus, sammelte die dort
als Trophäen ausgestellten, im Deutsch-Französischen Krieg erbeute-
ten Fahnen ein, trug sie über die Straße zum Denkmal Friedrichs des
Großen und verbrannte sie. Die Franzosen, die in Artikel 245 des
Versailler Vertrags die Rückgabe verlangt hatten, waren düpiert.
Die Geduld der Franzosen war bereits zwei Tage zuvor hart auf die
Probe gestellt worden. Kurz nach zehn Uhr hatte Konteradmiral Ludwig von Reuter, der Befehlshaber der in der Bucht von Scapa Flow im
Norden Schottlands vor Anker liegenden deutschen Kriegsflotte, das
Kommando zur Selbstversenkung gegeben. Nach dem Ehrenkodex
der kaiserlichen Marine durfte ein deutsches Schiff nicht in Feindes-
hand fallen. Die Franzosen warfen den Briten vor, ihre Aufsichts-
pflicht verletzt und das Pfand veruntreut zu haben. Überhaupt fanden
sie die Briten viel zu nachsichtig. Und sie hielten es für einen kapitalen Fehler, dass der Friedensvertrag den Deutschen ein Berufsheer zugestand. Auch wenn dieses Heer auf 100 000 Mann begrenzt sein
sollte, warnte Marschall Foch, so würden doch die alten Kader erhalten bleiben, deren Schlagkraft bei Bedarf umgehend erhöht werden
könnte. Die Franzosen hätten ein Milizheer mit kurzen Dienstzeiten
von höchstens einem Jahr viel lieber gesehen, weil sie glaubten, so den
preußischen Militarismus jahrgangsweise ausdünnen zu können, aber
die Engländer setzten sich durch.

Dem englisch-französischen Gegensatz, der auf der Versailler Frie-
denskonferenz offen zutage getreten war und sich später auch auf die
Arbeit der Interalliierten Militär-Kontrollmission zur Überwachung
der Reichswehr auswirkte, lag eine unterschiedliche Auffassung von
der Zukunft Europas zugrunde. Während die Franzosen alles dafür
taten, den Sieg über Deutschland zum Ausbau einer neuen Vorherrschaft auf dem Kontinent zu nutzen und den Erzrivalen nicht wieder
hochkommen zu lassen, hatte Großbritannien keinerlei Interesse an
einer Verschiebung der kontinentalen Gewichte. Die Briten ließen

den Franzosen mit Rücksicht auf deren nationale Befindlichkeiten manches durchgehen, aber gegen die Errichtung einer Hegemonialmacht auf dem Festland hatten sie sich in ihrer Geschichte noch stets erfolgreich zur Wehr gesetzt.

Als im Februar 1932 die Genfer Abrüstungskonferenz endlich eröffnet wurde, hatten die Deutschen, moralisch gesprochen, keine schlechten Karten. Um ihrem Anspruch auf Gleichbehandlung den nötigen Nachdruck zu verleihen, brauchten sie nur auf die Präambel von Teil V des Versailler Vertrags zu verweisen, in der nachzulesen war, dass Deutschland abrüste, »um den Anfang einer allgemeinen Beschränkung der Rüstungen aller Nationen zu ermöglichen«. Keine der Siegermächte hatte seither irgendwelche Abrüstungsschritte unternommen, und daraus leiteten die Deutschen das Recht ab, ihrerseits nunmehr aufzurüsten. Die Engländer zeigten sich zu Konzessionen bereit, und je länger sich die Verhandlungen hinzogen, desto mehr gerieten die Franzosen ins Abseits.

Hitler hatte sich nach Übernahme der Regierungsverantwortung zunächst abwartend verhalten. Er wies die Genfer Delegation an, eine »elastische Taktik« zu verfolgen und auf einen »positiven Abschluss« hinzuarbeiten, der »vertragloser Aufrüstung vorzuziehen« sei.[6] Am 17. Mai unterstrich er seinen Willen zu internationaler Kooperation mit einer propagandistisch groß aufgemachten, im In- und Ausland mit viel Zustimmung registrierten »Friedensrede« im Reichstag.

Ende September 1933 gelang es den Franzosen, die Briten doch noch auf eine gemeinsame Linie zu bringen und den deutschen Forderungen nach militärischer Gleichberechtigung eine Absage zu erteilen. Als diese Nachricht am Morgen des 4. Oktober, zehn Tage vor Beginn einer neuen Gesprächsrunde, in Berlin eintraf, erkannte Hitler augenblicklich, »dass ihm die Konfrontationspolitik der Westmächte eine ideale Gelegenheit lieferte, die deutsche Mitgliedschaft im Völkerbund aufzukündigen«.[7] In einer Rundfunkrede am 14. Oktober 1933, dem Tag des Austritts, kontrastierte er die permanente Deklassierung Deutschlands durch die Abrüstungskonferenz geschickt mit

der unstillbaren Friedenssehnsucht der Deutschen. Vier Wochen später wurden die Deutschen an die Wahlurnen befohlen, wo sie den
waghalsigen Schritt nachträglich gutheißen sollten. Die Frage lautete,
ob sich das deutsche Volk »für eine Politik des Friedens, der Ehre und
der Gleichberechtigung entscheiden oder ob es eine Nation zweiter
Klasse bleiben will«.[8]

Wie Millionen Deutsche, die am 12. November 1933 mit großer Begeisterung ihre Zustimmung zur Politik der Reichsregierung bekun-
deten, hat auch Claus von Stauffenberg Deutschlands Austritt aus
dem Völkerbund freudig bejaht. Die Hoffnungen, über Genf eine Revision des Versailler Vertrags zu erreichen, hatten sich zerschlagen, also
bestand für Deutschland kein Grund, länger Mitglied zu bleiben. Die
Zusammenhänge hatte der Chefhistoriker des George-Kreises, Friedrich Wolters, zum zehnten Jahrestag der Unterzeichnung des Versailler Vertrags erläutert. Er nannte den Vertrag ein Instrument der Siegermächte zur dauerhaften Marginalisierung Deutschlands, den
Versuch, den Deutschen »das moralische Rückgrat zu brechen, so dass
sie überhaupt als ernstzunehmendes Volk und gefährlicher Nachbar
ausschieden«. Die Deutschen seien aufgefordert, »die Schuldfrage so
lange offenzuhalten«, bis sie ihre volle staatliche Souveränität zurück-
erhielten. Da völkerrechtliche Gleichbehandlung aber militärische
Gleichberechtigung voraussetze, müssten die Deutschen, wenn die
anderen Nationen nicht abrüsteten, alles tun, um ihre eigene Wehr-
haftigkeit wiederzuerlangen.[9]

Aus militärischer Sicht konnten der Abbruch der Genfer Gespräche
und der Austritt aus dem Völkerbund nur bedeuten, dass die Reichsregierung jetzt offiziell den Beginn der Wiederaufrüstung verkündete.
Um einen solchen Preis ließ sich das mit dem Auszug der deutschen
Delegation verbundene Risiko der außenpolitischen Isolierung rechtfertigen. Aber Hitler zögerte. Das stieß bei der militärischen Spitze auf
wenig Verständnis, zumal entsprechende Pläne für den raschen Ausbau
des Heeres ausgearbeitet in den Schubladen lagen. Es sei das große Versäumnis des 14. Oktober gewesen, klagte Beck, »die Karte der Aufrüstung nicht gleich mit auf den Tisch gelegt zu haben«.[10]

Es sind keine zuverlässigen Aussagen Stauffenbergs über die Politik Hitlers in diesen Monaten erhalten, aber ähnlich wie im Fall der Röhm-Krise darf man davon ausgehen, dass er auf der Linie des Truppenamtes lag. Für das Selbstverständnis eines Offiziers musste es auf Dauer schwer erträglich sein, dass das Reichsheer nach Artikel 160 des Versailler Vertrags »ausschließlich zur Aufrechterhaltung der Ordnung innerhalb des deutschen Gebiets und als Grenzschutz« eingesetzt werden durfte. Da die Unantastbarkeit des Vertrags auf Druck der Sieger in der Verfassung des Deutschen Reiches hatte verankert werden müssen, lag für den Soldaten im Eid auf die Verfassung genaugenommen bereits ein Verrat an der vornehmsten Aufgabe seines Berufs, der Verteidigung des Landes gegen äußere Feinde.

Im September 1928 – Stauffenberg war eben zum Fähnrich ernannt worden – hatte das Truppenamt das erste geheime Rüstungsprogramm vorgelegt. Bis 1932 sollten 16 Divisionen aufgestellt und mit Waffen, Gerät und Munition versorgt werden. Die dafür veranschlagten 350 Millionen Reichsmark hätten ordnungsgemäß vom Reichstag bewilligt werden müssen. Weil die Signatarstaaten des Versailler Vertrags sofort eingeschritten wären, bildete man einen sogenannten Staatssekretärausschuss, über den die Rüstungsausgaben als verdeckte Ausgaben im Haushalt geführt werden konnten. Die Verantwortung für dieses unter parlamentarischen Gesichtspunkten äußerst fragwürdige Verfahren trug die Regierung der Großen Koalition unter dem Sozialdemokraten Hermann Müller.

In der Reichswehrführung war man sich darüber im Klaren, dass die geheime Aufrüstung ein enormes Risiko darstellte. Je zügiger die Aufrüstung voranschritt, desto mehr schreckte man vor Abkommen zurück, bei denen der wahre Rüstungsstand hätte offengelegt werden müssen. In Genf trat die Reichswehrführung deshalb auch Seite an Seite mit dem Auswärtigen Amt allen Versuchen entgegen, den militärischen Status quo in Europa fortzuschreiben; alle Bemühungen, die Deutschen für die Zukunft auf bestimmte Quoten und neue Kontrollen festzulegen, wurden geschickt abgeblockt. Während in Genf die Gespräche begannen, wurde in Berlin das zweite geheime Rüstungsprogramm verabschiedet, das von April 1933 bis März 1938 laufen sollte. Es sah, trotz angespannter Haushaltslage infolge der Weltwirtschaftskrise, einen Etat von 400 Millionen Reichsmark für 21 Divisionen und eine Bevorratung für sechs Wochen vor.

Hitlers Ernennung zum Reichskanzler am 30. Januar 1933 bedeutete für die Reichswehr in erster Linie Kontinuität, nämlich Planungssicherheit für das zweite Rüstungsprogramm, verbunden mit der Ankündigung der Freigabe zusätzlicher finanzieller Mittel. Darüber hinaus erhoffte man sich eine Verschärfung des Genfer Kurses bis hin zum möglichen Abbruch der Gespräche. In diesem Punkt mussten sich die Militärs allerdings bis Oktober gedulden. Hitler hielt sich nicht nur aus Sorge vor unkalkulierbaren französisch-britischen Reaktionen zurück. Er war auch der Meinung, dass es falsch sei, in Genf »mehr zu verlangen, als wir aus technischen, finanziellen und politischen Gründen in den nächsten Jahren tatsächlich anschaffen können«.[11]

Von solchen Bedenken wollte man im Truppenamt nichts wissen. Als Beck am 14. Dezember – auf den Tag genau zwei Monate nach dem Austritt Deutschlands aus dem Völkerbund – seine Denkschrift über den Aufbau des künftigen Friedensheeres vorlegte, nahm er weder auf völkerrechtlich bindende Verträge Rücksicht, noch thematisierte er die Finanzierung der erforderlichen Maßnahmen. Für den Chef des Truppenamtes ging es einzig und allein um die Frage, wie Deutschland »einen Verteidigungskrieg nach mehreren Fronten mit einiger Aussicht auf Erfolg aufnehmen kann«.[12] Für die Reichswehr, in der bis dahin die Prämisse galt, dass ein Mehrfrontenkrieg nicht durchzuhalten, geschweige denn zu gewinnen sei, stellte diese Forderung ein absolutes Novum dar. Sie bedeutete nichts weniger als den Umbau des Friedensheeres zu einem »Risikoheer«. Nach Becks Planungen sollten dem Reich zum 1. April 1938 für den Kriegsfall 63 Divisionen zur Verfügung stehen.

Um die benötigten Kontingente an ausgebildeten Mannschaften zum Stichtag sicherzustellen, war die Einführung der allgemeinen Wehrpflicht zum 1. Oktober 1934 unerlässlich. Als ebenso selbstverständlich setzte Beck voraus, dass die Reichswehr ungehindert über das Ruhrgebiet

und die Rheinlande verfügen konnte. Nach den Bestimmungen des
Versailler Vertrags durften die Deutschen am linken Rheinufer und
auf einem 50 Kilometer breiten Streifen östlich des Stroms keine Befestigungen unterhalten, keine Truppen stationieren und keine Ersatz-
dienststellen einrichten. Verstöße wurden als feindliche Handlung gegen die Signatarmächte und mithin als Kriegsgrund bezeichnet. Für die
Planungen des Truppenamtes aber war die Einbeziehung des Rhein-
Ruhr-Gebiets »als Rekrutierungsreservoir, als schwerindustrielles Rüs-
tungszentrum und als geostrategisches Vorfeld unverzichtbar«.[13]

Am 16. März 1935 wurde das neue Wehrmachtgesetz verkündet. Die
Reichswehrführung war – wie auch das gesamte Kabinett – erst im allerletzten Moment über Hitlers Entschluss informiert worden. Während der Chef des Truppenamtes höchstens bedauerte, dass Hitler fast
ein halbes Jahr hatte verstreichen lassen, bekam Reichswehrminister
Blomberg weiche Knie. Getragen vom prestigeträchtigen Erfolg der
Saarlandabstimmung, mit der das seit 1919 abgetrennte Kohlerevier
zum 1. März 1935 in das Deutsche Reich zurückkehrte, hatte Hitler
sich zu einer Offensive entschlossen. Für den 15. März war in der französischen Nationalversammlung eine Abstimmung über die Verlänge-
rung des Militärdienstes von einem auf zwei Jahre angesetzt. Dies
nahm Hitler zum Vorwand für die Verkündung des neuen Gesetzes,
das aus zwei lapidaren Sätzen bestand: dass der Dienst in der Wehrmacht auf der Grundlage der allgemeinen Wehrpflicht erfolgt und
dass sich das Friedensheer in 36 Divisionen gliedert.
    Die Anzahl der Divisionen entsprach zwar den neuesten Berech-
nungen des Truppenamtes, das vor allem mit Blick auf die nach wie
vor ungeklärte Rheinlinie den Bedarf des Friedensheeres Anfang März
1935 noch einmal deutlich nach oben korrigiert hatte. Aber der Reichswehrminister hatte stets dringend davor gewarnt, konkrete Zahlen
zu nennen; nach dem Abbruch der Genfer Gespräche war deshalb immer nur von einem 300 000-Mann-Heer die Rede gewesen. Auch
wenn es sich wegen der unzureichenden Ausstattung nicht um vollwer-
tige Kampfverbände handelte – die beiden Panzerbataillone verfügten

gerade einmal über zwölf Kampfwagen –, so war diese Größenordnung im März 1935 doch fast erreicht. An einem so kritischen Punkt die Westmächte mit der Furcht einflößenden Zahl von 36 Divisionen zu provozieren, konnte aus Sicht Blombergs nicht gut gehen. Am Abend des 15. März trug der Minister seine Bedenken vor, am nächsten Morgen machte der Chef der Heeresleitung, General Fritsch, obendrein organisatorische Probleme geltend, aber Hitler ließ sich nicht umstimmen. Er setzte auf Effekt durch Abschreckung, empfing am Nachmittag die Botschafter Frankreichs, Englands, Italiens und Polens und gab ihnen seinen Entschluss bekannt.

Für aufstrebende Offiziere wie Claus von Stauffenberg, der sich an der Kavallerieschule Hannover auf die Wehrkreisprüfung vorbereitete, war das Gesetz über den Aufbau der Wehrmacht in doppelter Hinsicht eine Befreiung. Zwar waren die Befehlshaber zu absoluter Verschwiegenheit verpflichtet, der Kreis der in die Umbaupläne Eingeweihten sollte so klein wie möglich gehalten werden. Aber die forcierten Umstrukturierungen und Modernisierungen auf Bataillons- und Regimentsebene ließen doch genügend Rückschlüsse zu. Die am 16. März per Gesetz festgelegten 36 Divisionen, das konnte jeder Offizier im Kopf leicht überschlagen, bedeuteten etwa 550 000 Mann – das Fünfeinhalbfache dessen, was der Versailler Vertrag den Deutschen zugestand. Drei Monate später bezifferte das Truppenamt, das jetzt wieder Generalstab hieß, die Stärke des zum 1. Oktober 1939 zur Verfügung stehenden Friedensheeres auf 693 580 Mann.

Aus diesen Zahlen ergab sich für die kommenden Jahre ein gewaltiger Bedarf an Offizieren. Wo auch immer man diese Offiziere hernehmen und wie man ihre beschleunigte Ausbildung organisieren wollte: Das Korps der Reichswehroffiziere – 3 800 nach dem Stand vom Oktober 1933 – würde bei den anstehenden Erweiterungen zweifellos eine wichtige Rolle spielen. Zumal den jüngeren Jahrgängen eröffnete das Gesetz ungeahnte Karrierechancen.

Und es begründete ein neues Selbstverständnis der Nation. Hierin lag seine tiefer gehende Bedeutung. Indem die Regierung kundtat – unterschrieben war das Gesetz von sämtlichen Kabinettsmitgliedern –, dass das Deutsche Reich in Zukunft wieder frei und souverän seine militärischen Interessen bestimmen und über die erforderlichen Maßnahmen selbst entscheiden werde, zog sie einen Strich unter Versailles. Um diesen Zusammenhang auch jedem Deutschen klarzumachen – und vor den Siegermächten noch einmal eigens zu rechtfertigen –, veröffentlichte die Regierung gleichzeitig mit dem Gesetzestext einen Aufruf an das deutsche Volk, in dem die Geschichte seiner langen Schmach, die vergeblichen Bemühungen um Gleichberechtigung und zuletzt die zahlreichen eigenen Friedensangebote wortreich beschrieben wurden. Nachdem alle Versuche zur Wiederherstellung der deutschen Ehre gescheitert seien, werde »die Wahrung und Sicherheit des Deutschen Reiches von jetzt ab wieder der eigenen Kraft der deutschen Nation anvertraut«.[14]

Am nächsten Tag wurde das Ende der Bevormundung mit einer Militärparade pompös inszeniert. Ein Jahr zuvor war bei der Neuregelung der gesetzlichen Feiertage der Volkstrauertag abgeschafft und zum Heldengedenktag umgewidmet worden: Heldenverehrung statt Totengedenken, Fahnen vollstock statt halbmast. 1935 fiel der Tag, zu dem sogar eine eigene Briefmarke ausgegeben wurde, auf den 17. März. Die Spitzen des Staates und der Wehrmacht versammelten sich in der Staatsoper, mit einer neuartigen Beschallungsanlage wurde die Feier nach draußen unter die Linden und bis in den Lustgarten übertragen. Die Festrede hielt Blomberg, dessen Ministerium zwei Monate später in Reichskriegsministerium umbenannt wurde. Die deutsche Wehrmacht stehe im Begriff, »wieder das zu werden, was sie einst war und was sie sein muss«, so Blomberg, offensichtlich ergriffen von der geschichtlichen Bedeutung dieses Tages: »der völlig gleichberechtigte und gleichbefähigte Hüter und Wahrer des Reichs«.[15]

Die Angst des Ministers vor einer militärischen Intervention der Siegermächte war bald vergessen. Zwar versuchten in den kommenden Tagen Franzosen und Italiener, eine Allianz zustande zu bringen, und trafen sich am 11. April in Stresa am Lago Maggiore mit den Briten, um gemeinsam zu verkünden, dass man »sich mit allen Mitteln jeder einseitigen Aufkündigung von Verträgen zu widersetzen« wisse. Aber das war weniger als nichts. Die französische Regierung traute sich nicht, die zunehmend pazifistische Stimmung im Land zu ignorieren, Mussolini verfolgte eigene Interessen in Abessinien, die ihn beim Jahreswechsel an die Seite Hitlers trieben, und London war vor allem bestrebt, die bilateralen Rüstungsgespräche mit Berlin, die mit Rücksicht auf die Franzosen schon zweimal eingestellt worden waren, nicht noch einmal abreißen zu lassen. Die Stresa-Front zerbrach, noch ehe sie geschmiedet war, und Hitler konnte die letzte Etappe auf dem Weg zur Wiedererlangung der Wehrhoheit in Angriff nehmen: die militärische Inbesitznahme der Rheinlande.

Wieder war es das Truppenamt, das Druck machte. Bereits am 2. April, zwei Wochen nach Einführung der Dienstpflicht, schrieb Beck an den Chef der Heeresleitung, dass die Ersatzorganisation – der bürokratische Apparat zur Erfassung der Wehrpflichtigen und zur Durchführung des Mobilmachungsfalls – unbedingt auch in der entmilitarisierten Zone aufgebaut werden müsse. Alle bisherigen Planungen beruhten auf der vollständigen Eingliederung des Rhein-Ruhr-Gebiets. »Eine Durchlöcherung der Allgemeinen Wehrpflicht gerade in einem besonders dicht bevölkerten Gebiet« sei aus soldatischer Sicht nicht hinnehmbar. Er räume allerdings ein, dass es sich hier »nicht um eine rein militärische, sondern vielmehr um eine hoch politische Angelegenheit von weittragender Bedeutung handelt«.[16]

Außenpolitische Fragen besprach Beck regelmäßig mit dem Staatssekretär des Auswärtigen Amts, Bernhard von Bülow. Im Juli 1934, vier Wochen nach dem blutigen Ende der Röhm-Affäre, hatte Bülow in einem Gespräch mit Beck erstmals schwere Bedenken gegen den außenpolitischen Kurs der Regierung Hitler geäußert. Die Ereignisse vom 30. Juni hätten weltweit »Abscheu und Entsetzen« hervorgerufen: »Einem Führer bzw. einer Regierung, die sich so über alle Rechtsbegriffe im Innern hinwegsetzt, traut man auch außenpolitisch alles zu.« Die Lage sei trostlos, alles stehe jetzt auf dem Spiel.[17] Einerseits suchte Bülow den Schulterschluss mit den Militärs, weil er hoffte, durch gemeinsames Auftreten mäßigend auf Hitler einwirken zu können.

Andererseits sah er deutlich, dass es für die Reichswehrführung keinen
Grund gab, Hitler zu stoppen, solange die Aufrüstung zügig voranschritt.

Wiederholt mahnte Bülow, den Bogen nicht zu überspannen; die
Hochrüstungspläne überschritten jedes Maß und würden früher oder
später eine militärische Reaktion der Westmächte herausfordern. Beck
hielt dagegen: Wäre man erst stark genug, würden Frankreich und
England die Konfrontation scheuen, also müsse man die Aufrüstung
umso mehr beschleunigen. Von welcher Seite man es auch betrach-
tete: Der Schlüssel zur deutschen Außenpolitik lag nicht mehr in der
Wilhelm-, sondern in der Bendlerstraße. Die Entscheidungen wurden
zwar zunehmend einzig und allein von Hitler und seiner engsten Umgebung getroffen, aber am Sitz der Heeresleitung konnte man Ende
1935 mit dem Erreichten zufrieden sein. Das Wehrmachtgesetz hatte
vorübergehend ein bisschen Rauch in den Kulissen gemacht, aber
schon drei Monate später war ein Flottenabkommen mit England zustande gekommen – für die Deutschen das erste bilaterale Rüstungs-
abkommen überhaupt, und das in einer so prestigeträchtigen Frage
und mit einem solchen Partner.

Hatte das Auswärtige Amt die Einführung der Dienstpflicht im
März 1935 durchaus noch mit Zustimmung begleitet, so überwog in
der ersten Februarhälfte 1936, als Hitler den Auftrag gab, die Bedingungen für einen Einmarsch in die entmilitarisierte Zone zu prüfen,
Besorgnis. Die Rheinlandbesetzung war mehr als die Revision der
letzten, von den Siegermächten diktierten Artikel des Versailler Vertrags. Sie bedeutete in Wirklichkeit den Bruch des Locarno-Vertrags.
Dieser Vertrag, den Deutschland 1925 aus freien Stücken unterzeichnet
hatte, garantierte aus Sicht des Auswärtigen Amts nicht nur Sicherheit
gegenüber Frankreich, sondern auch die außenpolitische Handlungs-
freiheit und damit Bündnisfähigkeit des Deutschen Reiches. In Artikel 1 hatten die Vertragschließenden die Grenzen zwischen Frankreich, Belgien und Deutschland garantiert und sich zur Einhaltung der
Bestimmungen der Artikel 42 und 43 des Versailler Vertrags verpflichtet: einer dauerhaft demilitarisierten Rheinzone.

Wieder fand Hitler einen Vorwand, den Rechtsbruch zu begründen – diesmal den französisch-sowjetischen Beistandspakt, der am 28. Februar 1936 vom französischen Senat ratifiziert worden war und der angeblich den Vertrag von Locarno außer Kraft setzte. Das Kaiser-Wilhelm-Institut für ausländisches öffentliches Recht und Völkerrecht hatte umgehend für eine entsprechende juristische Begründung zu sorgen. Niemand anders als Berthold von Stauffenberg lieferte sie im zweiten Heft des laufenden Jahrgangs der von ihm mitherausgegebenen Zeitschrift des Instituts. Der Locarno-Vertrag sei in Übereinstimmung mit der Völkerbundsatzung geschlossen worden, das französisch-russische Abkommen hingegen stehe im Widerspruch dazu. Da die Vertragschließenden dieses Abkommens selbständig den Angreifer bestimmen könnten, habe der Völkerbund keine Möglichkeit einzugreifen. Im Übrigen beweise schon die Vorgeschichte des Locarno-Vertrags, dass mit einem gegen Dritte gerichteten Beistandspakt »der innere Sinn« des damals geschaffenen Systems zerstört sei, denn »durch den Locarno-Vertrag sollte gerade der Abschluss neuer Allianzen vermieden und überflüssig gemacht werden«.[18]

Für die Durchführung der Aktion wählte Hitler – wie schon beim Austritt aus dem Völkerbund und bei der Verkündung des Wehrmachtgesetzes, später auch beim Einmarsch in Österreich –, einen Samstag. Am Morgen des 7. März überschritten knapp 30 000 Soldaten der Wehrmacht die Demarkationslinie, für 12.00 Uhr war in der Krolloper, dem Sitz des Reichstags, eine Rede Hitlers angekündigt. Während er hier rede, so erfuhren die verblüfften Zuhörer, die bei diesen Worten vor Verzückung außer sich gerieten, zögen in den westlichen Provinzen des Reiches deutsche Truppen in ihre künftigen Garnisonen. Gegen 13.00 Uhr marschierte in Köln unter dem Jubel der Bevölkerung eine Kolonne Infanterie über die Hohenzollernbrücke. Die Heeresleitung hatte den Großteil der Truppen allerdings am östlichen Rheinufer haltmachen und nur jeweils ein Bataillon in die am weitesten westlich gelegenen Städte Aachen, Trier und Saarbrücken vorrücken lassen; im Falle eines französischen Eingreifens sollten sie Gefechten aus dem Weg gehen und sich zurückziehen.

Die französische Armeeführung unterlag einer völligen Fehlein-
schätzung, was die Stärke der deutschen Truppen und den Stand der
Rüstung anging. Sie glaubte, nicht ohne Einberufung von Reservisten
gegen Deutschland einschreiten zu können, aber eine Mobilmachung
war politisch nicht durchsetzbar – sechs Wochen vor Wahlen bei allgemein verbreiteter Friedenssehnsucht. Großbritannien riet wieder einmal
zu Besonnenheit. »Mit welchem Recht können wir wegen einer über-
holten Klausel des Versailler Vertrags Europa in einen Krieg stürzen?«,
fragte der britische Ex-Außenminister Samuel Hoare, der im Dezember wegen seiner Nachgiebigkeit in der Abessinienkrise hatte zurück-
treten müssen. »Weshalb sollten die Deutschen nicht volle Souveräni-
tätsrechte in einem der deutschesten Gebiete des Reiches haben?«[19] In
einen Krieg wäre Europa im März 1936 freilich nicht gestürzt. »In
Wirklichkeit hätte eine französische Division genügt, um Hitlers wag-
halsiges Abenteuer zu beenden.«[20] Die letzte Gelegenheit, ihn zu stoppen, war vertan.

Anfang Juni 1936 bestand Stauffenberg die Wehrkreisprüfung. Alle
Offiziere waren nach etwa zehnjähriger Dienstzeit und vor Übernahme
einer Kompanie zu dieser Prüfung verpflichtet. Seeckt hatte das Aus-
leseverfahren 1919 eingeführt, um Offiziere für die höheren Ränge he-
rauszufiltern; die Besten wurden anschließend in einem dreijährigen
Lehrgang geschult, der als Ausbildung für Generalstabsanwärter verstanden wurde. Da der Generalstab auf Verlangen der Siegermächte
1919 abgeschafft worden war, durfte es offiziell weder eine Ausbildung
zum Generalstab noch Anwärter geben. Um der Überwachung durch
die Interalliierte Militär-Kontrollkommission zu entgehen, wurde die
Zuständigkeit für den nach Richtlinien des Truppenamtes organisierten Lehrgang an die Wehrkreiskommandos delegiert. 1932 fasste man
die Lehrgänge zentral in Berlin zusammen, ab 1936 erfolgte die Ausbildung der Generalstabsanwärter dann an der wiedereröffneten Kriegsakademie.

Aufrüstung ist nicht nur eine Frage der ökonomischen Ressourcen
und der finanziellen Mittel. Truppe braucht Führung, und deshalb

hing das Schicksal der Armee in den Augen Seeckts ganz wesentlich
davon ab, ob es gelang, den Geist des deutschen Generalstabs über alle
Verbote hinweg zu bewahren. Während die Reichswehr auf Militär-
übungsplätzen in der Sowjetunion in Kooperation mit der Roten Armee neue Kampfmittel, Giftgase, Flugzeuge und Panzer testete, voll-
zog sich, gut getarnt, direkt unter den Augen der alliierten Aufpasser
die Ausbildung des Führungsnachwuchses. Eine in den fünfziger Jahren erschienene Geschichte des deutschen Generalstabs vermeldete
nicht ohne Stolz, wie man die Alliierten jahrelang an der Nase herum-
geführt habe. »Jedenfalls wurde wohl keine Bestimmung des Versailler
Vertrages trotz emsigen Nachspürens der IMKK lückenloser um-
gangen als das Verbot der Kriegsakademie und des Großen Generalstabes.«[21]

In der Wehrkreisprüfung wurde die fachliche und charakterliche
Eignung der Kandidaten in den Fächern Taktik, Waffenlehre, Pionier-
dienst aller Waffen, Feldkunde, Staatsbürgerkunde und Geschichte
festgestellt. Außerdem musste ein Leistungsnachweis in einer Fremdsprache und in einer Sportdisziplin erbracht werden. Stauffenberg
entschied sich, wie nicht anders zu erwarten, für das Springreiten. Als
Fremdsprache wählte er Englisch; die Militärdolmetscherprüfung bestand er mit Auszeichnung, und das damit verbundene Stipendium in
Höhe von 500 Reichsmark ermöglichte ihm in der ersten September-
hälfte 1936 eine zweiwöchige Englandreise.

In London, wo er die üblichen touristischen Sehenswürdigkeiten
absolvierte, besuchte Stauffenberg einen Freund der Familie, Geyr
von Schweppenburg, der als einer von drei Militärattachés an der
Deutschen Botschaft tätig war. Geyr, ein vehementer Gegner der geheimen Aufrüstung, dürfte gegenüber seinem jugendlichen Besucher
keinen Hehl daraus gemacht haben, für wie gefährlich er die aggressive Rüstungspolitik der Regierung Hitler hielt. In langen Briefen an
seinen Freund Beck führte er aus, dass die Stärke Großbritanniens
»neben Flotte und Luftwaffe vor allem auf geostrategischen und ökonomischen Faktoren« beruhe. Auch wenn sich Beck nicht vom einge-
schlagenen Kurs abbringen ließ, so machte er sich doch Geyrs Sicht zu

eigen, »das Inselreich dürfe bei einer kriegerischen Auseinandersetzung nie auf Seiten der Gegner Deutschlands stehen«. Diese Forderung wurde eines der »wichtigsten militärpolitischen Axiome« für den Chef des Generalstabs.[22] Und für Stauffenberg. In der sogenannten Sitzkriegperiode, der Zeit zwischen dem Abschluss des Polenfeldzugs und dem Beginn der Westoffensive, von Oktober 1939 bis Anfang Mai 1940, wird ihn kaum etwas so sehr umtreiben wie die Sorge, das Vereinigte Königreich könnte womöglich zu einem Einlenken nicht mehr bereit sein.

Seinen Englandbesuch rundete Stauffenberg mit der Teilnahme an einer Jagd ab – zu der er nach Abschluss der Reise eigens noch einmal zurückkehrte – und mit einem Besuch der Militärakademie Sandhurst. Die Tatsache, dass er selber vier Wochen später in die Kriegsakademie eintreten würde, scheint seine Neugier zusätzlich geweckt zu haben. Wie immer der direkte Vergleich ausgefallen sein mag: Auch britische Offiziere bildeten eine in sich geschlossene Welt und setzten sich durch eine besondere Auffassung von Gehorsam, Ehre und Tradition von der übrigen Gesellschaft ab. Dieser Comment bestand über alle nationalen Grenzen hinweg.

Stauffenberg war jetzt 28 Jahre alt und trug seit zehn Jahren den Waffenrock. Aber wie hatte sich die Armee, in der er diente, verändert! Aus einer kleinen Berufsarmee mit sieben Infanteriedivisionen, die weitgehend ohne schwere Waffen auskommen mussten und deren vorrangige Aufgabe es war, Unruhen im Innern zu unterbinden, war »eine zur ›strategischen Abwehr‹ befähigte Armee als Instrument einer aktiven Großmachtpolitik in Europa« geworden.[23] Verfügte die Reichswehr in der Zeit von Stauffenbergs Eintritt nach Einschätzung des Leiters der Heeresabteilung gerade einmal über Munition für einen einstündigen Kampfeinsatz, so standen in den Planungen jetzt allein drei Panzerdivisionen und vier motorisierte Infanteriedivisionen. Der Rüstungsplan des Allgemeinen Heeresamtes vom 1. August 1936 gab die Stärke des künftigen Kriegsheeres, das zum Oktober 1940 bereitstehen sollte, mit 4,6 Millionen Soldaten an – mehr als das Doppelte der Kriegsstärke des kaiserlichen Heeres von 1914.

Wichtiger für das Selbstverständnis von Truppe und Führung als
die neue Stärke, die sich in diesen Zahlen auf gespenstische Weise ankündigte, war die feste Verankerung der Wehrmacht im nationalsozialistischen Staat. Bis 1932 hatte die Reichswehrspitze Politik im Grunde
als ein schmutziges Geschäft verstanden, aus dem man sich besser
heraushielt; Generale wie Groener, Schleicher, Reichenau, die politisch mitzumischen versuchten, waren nie gut angesehen und haben
sich am Ende die Finger verbrannt. Jetzt waren Armee und politische
Führung wieder eins. Der Mann, dem die Deutschen den nationalen
Wiederaufstieg zu verdanken hatten, begann indes, von seinen Erfolgen geblendet, an seine Unfehlbarkeit zu glauben. »Ich gehe mit
traumwandlerischer Sicherheit den Weg, den mich die Vorsehung gehen heißt«, verkündete er eine Woche nach der Besetzung des Rhein-
lands. Die Konsolidierungsphase nach innen und außen war abgeschlossen, oder in Hitlers eigenen Worten: »Das deutsche Volk ist das
innerlich zufriedenste der Welt«.[24] Mit der perfekten Inszenierung der
Olympischen Spiele und dem anschließenden »Parteitag der Ehre« begann für die Mehrheit der Deutschen im Sommer 1936 eine lang an-
haltende Phase innerer und äußerer Ruhe.

4 Das Handwerk des Krieges

Oktober 1936

Im Herbst 1936, zur Zeit seines Eintritts in die Kriegsakademie, lernte Claus von Stauffenberg über Frank Mehnert den Germanisten Rudolf Fahrner kennen. Der 1903 geborene, aus dem österreichischen Waldviertel stammende Fahrner hatte Anfang der zwanziger Jahre Anschluss an den George-Kreis gesucht und bei Friedrich Wolters in Marburg studiert. 1925 war er dort mit einer Arbeit über Hölderlin promoviert worden, drei Jahre später folgte die Habilitation. Nach dem Verlust seiner Heidelberger Professur 1935 zog er sich nach Überlingen am Bodensee zurück, wo er mit Gemma Wolters-Thiersch, der jungen Witwe seines Mentors, zusammenlebte. Jetzt arbeitete er an einem Buch über Ernst Moritz Arndt, das Ende des Jahres in Druck ging, und kam zu Archivbesuchen des Öftern nach Berlin.

Zu Georges Lebzeiten war Fahrner einige Male im »Achilleion« vorgelassen worden, Thormaehlens Atelierwohnung in der Albrecht-Achilles-Straße am oberen Kurfürstendamm, die als zentrale Anlaufstelle des Freundeskreises diente. Seit einiger Zeit stand er in freundschaftlichem Kontakt mit Frank Mehnert, der regen Anteil an der Entstehung von Fahrners Buch nahm. Vor allem die Abschnitte über Neidhardt von Gneisenau, den operativen Kopf der Befreiungskriege, interessierten ihn, und daraus entstand die Idee für Fahrners nächstes Buchprojekt, eine Gneisenau-Biographie.

Die Brüder Stauffenberg waren direkte Nachkommen Gneisenaus. Eine Tochter des Generals war ihre Urgroßmutter mütterlicherseits. Da eine weitere Tochter Gneisenaus den ältesten Sohn von Gerhard Scharnhorst geheiratet hatte, waren sie indirekt auch mit dem zweiten großen Reformer der preußischen Armee verwandt. Die Überlieferung wurde in der mütterlichen Familie hochgehalten, scheint bei der Berufswahl Claus von Stauffenbergs 1926 jedoch keine Rolle gespielt zu haben. Erst auf Anregung Rudolf Fahrners begann er sich eingehender mit seinem Vorfahren zu befassen.

Zusätzlich zur Familienüberlieferung gab es jetzt auch ein konkretes berufliches Interesse, denn mit seinem Eintritt in die Kriegsakademie gehörte Stauffenberg einer Institution an, deren Gründung unmittelbar auf Scharnhorst zurückging. Die hundert Offiziere, die an der Akademie die Ausbildung zum Generalstab durchliefen, standen in der Tradition jener militärischen Elite, die nach der verheerenden Niederlage Preußens bei Jena und Auerstedt 1806 herangezogen worden war und deren revolutionäre Auffassung vom Krieg wenige Jahre später entscheidend zum Sieg über Napoleon beigetragen hatte. Seit diesen Tagen galt der preußische Generalstab als die effizienteste Kaderschmiede militärischen Denkens in Europa.[1]

1919 war der Große Generalstab von den Siegermächten des Ersten Weltkriegs zwar verboten worden – er sei aufzulösen und dürfe »in keinerlei Form wieder aufgestellt werden«, hieß es im Versailler Vertrag. Aber Hans von Seeckt hatte es verstanden, die Bestimmungen zu umgehen. Dabei folgte er dem gleichen Grundgedanken, mit dem seinerzeit Scharnhorst den Sieger überlistet hatte: einen kleinen, einheitlichen, in sich perfekten militärischen Apparat zu schaffen, der sich im Bedarfsfall unbegrenzt erweitern ließ. »Wenn der große Tag kam … konnte jeder höhere Offizier seiner Miniaturarmee eine Division, jeder Subalternoffizier ein Bataillon befehligen.«[2]

Seeckts Bestrebungen liefen darauf hinaus, »in den Offizieren der Reichswehr den Geist des alten Generalstabes allen Verboten des Versailler Vertrages zum Trotz zu erhalten« und, wie er 1923 den Teilnehmern einer Übungsreise erläuterte, aus dem kleinen 100 000-Mann-Heer »das Führerheer der Zukunft zu machen«.[3] Zehn Jahre später ging die Saat auf. Weil sich »das militärische Denken zwischen 1919 und 1935 zu keinem Zeitpunkt an den militärischen Rahmenbedingungen des Friedensvertrages« orientiert hatte,[4] ließ sich die Heereserweiterung zügig umsetzen. Stauffenberg kam in den Genuss einer von drei auf zwei Jahre verkürzten Ausbildung und konnte überdies davon profitieren, dass weniger streng geprüft wurde als in früheren Jahren.[5]

Nach dem Krieg gab Rudolf Fahrner eine auf den ersten Blick einleuchtende Begründung dafür, dass der Ururenkel Gneisenaus sich ab Herbst 1936 in das Studium der Befreiungskriege vertiefte. Der spätere Attentäter habe sich eben schon damals mit Staatsstreichgedanken befasst. Eine direkte Linie von Gneisenau zum 20. Juli zu ziehen und suggestiv den großen Bogen zu spannen von der Erhebung gegen Napoleon zum Aufstand gegen Hitler, war allzu verlockend. Außerdem konnte Fahrner so seine eigene Beteiligung an den Umsturzplänen unterstreichen. Es sei ja vor allem um die Frage des Hinterher gegangen. »Frank und ich und einige der Nächsten hatten den Vorteil, einen Menschen, eine Gestalt, eine Begabung zu kennen, von der man nicht nur Befreiung, sondern auch die Gestaltung eines befreiten Deutschland erwarten konnte.« Die Gneisenau-Studien hätten »das Bild der geschichtlichen Gestalt mit dem des erhofften Befreiers ineinanderwachsen« lassen.[6] Nichts an dieser Legende stimmte.

Stauffenberg interessierte sich für Leben und Werk des Vorfahren nicht, weil er in den Befreiungskriegen eine Blaupause für den Kampf gegen Hitler sah. Für junge, ehrgeizige Offiziere wie ihn gab es in der zweiten Hälfte der dreißiger Jahre keinen Grund, den Mann, der ihnen die Möglichkeit eröffnete, groß, das hieß, über die Grenzen Deutschlands hinaus zu denken, für den Verderber der Nation zu halten. Was Stauffenberg an den Befreiungskriegen begeisterte, war die zweifellos stark idealisierte Vorstellung, damals habe der Wehrgedanke erstmals das ganze Volk durchdrungen, seien Volk und Heer zu einer Einheit zusammengewachsen.

Frankreich besitze »eine vollkommenere Verfassung als … die meisten Staaten in Europa«, hatte Scharnhorst 1797 in einer ausführlichen Denkschrift zu den Ursachen der französischen Siege festgestellt, deshalb seien die französischen Soldaten besser motiviert. Weil die Franzosen sich die Errungenschaften ihrer Revolution nicht nehmen lassen wollten, die eigenen Soldaten aber nicht gewusst hätten, wofür sie eigentlich in den Krieg zogen, sei es zu einem ungleichen Kampf gekommen: »Der eine hatte alles und der andere wenig zu verlieren. Das Verhältnis der Motive bestimmt das Verhältnis der Mittel.«[7] Aus dem für die europäischen Verbündeten desaströsen Verlauf der Koalitionskriege der 1790er Jahre zog Scharnhorst den Schluss, dass breite Volksschichten mobilisiert werden mussten, wenn man den Elan der französischen Revolutionsheere brechen wollte. Von den Franzosen lernen hieß, den Enthusiasmus, der sie im Felde auszeichnete, in die eigenen Reihen zu übertragen. Aber für welche Ideale sollte man einen preußischen Infanteristen begeistern, damit er mit dem gleichen inneren Antrieb und der gleichen Geschicklichkeit in die Schlacht zog wie ein französischer Tirailleur? Scharnhorsts Überlegungen setzten beim Offizierkorps an. Jeder tüchtige Mann sollte in Zukunft Offizier werden und seinen Fähigkeiten entsprechend befördert werden können; Stellen sollten nicht mehr nach Stand und Dienstalter besetzt werden, sondern ausschließlich nach Verdienst und Bravour; ein neues, an der Praxis orientiertes Ausbildungssystem musste her, das den Offizier dazu anhielt, im Krieg selbstverantwortlich die richtigen Kommandos zu geben; es bedurfte einer einheitlichen und übersichtlichen Befehlsstruktur, die schnell und direkt auf überraschende Bewegungen des Feindes zu reagieren vermochte; nicht zuletzt war die Prügelstrafe für Mannschaften abzuschaffen, vor allem das berüchtigte Spießrutenlaufen, das mit den neuen Ideen aus Frankreich nicht in Einklang zu bringen war. Führung sollte nicht länger durch Zwang und Drill ausgeübt werden, sondern dadurch, dass der Offizier Begeisterung weckte. Begeisterung war für Scharnhorst eine militärische Kategorie.

Bis Ende des 18. Jahrhunderts hatten Söldner, Kriegsgefangene und fremde Untertanen die Masse des Heeres gestellt, ihr Schicksal galt vor allem wegen der häufig verabreichten Stockschläge als bemitleidenswert. Wenn nicht »der Soldatenstand zu dem erhoben wird, was in Hinsicht der Ehre bei unserer gemeinsten Handwerkerzunft stattfindet«, werde wohl kaum ein Bürger zu gewinnen sein, klagte Scharnhorst zwei Jahre nach seiner Berufung an die Spitze der Militär-Reorganisationskommission. Leider sei ein Großteil der Militärs nach wie vor der Ansicht, dass die Disziplin nicht aufrechterhalten werden könne, »wenn nicht jeder 16jährige Fähnrich und rohe Unteroffizier jeden alten Soldaten ... über einen unbedeutenden, unschuldigen Exerzier- und Putzfehler halb zu Tode prügeln dürfe«.[8]

Mit der zügigen Durchführung entsprechender Reformen, einer Heeresvermehrung und der Aufstellung einer Landwehr 1813 waren die Grundlagen für die Befreiung Preußens von der Fremdherrschaft gelegt. Gleichzeitig bemühten sich die Militärreformer, den Kriegsgeist in die Mitte des Volkes zu tragen und Bürger, Bauern, einfache Leute von der Notwendigkeit eines Krieges zu überzeugen, aus dem sie womöglich nicht unversehrt zurückkehrten. Der entscheidende Begriff, mit dem sie breite Schichten zu motivieren und den Idealen der Französischen Revolution ein Äquivalent entgegenzusetzen suchten, war der der Nation. »Man muss der Nation das Gefühl der Selbständigkeit einflößen«, schrieb Scharnhorst 1807 an Clausewitz, »man muss ihr Gelegenheit geben, dass sie mit sich selbst bekannt wird, dass sie sich ihrer selbst annimmt; nur erst dann wird sie sich selbst achten und von anderen Achtung zu erzwingen wissen.«[9] Im Zweifel werde die Erbitterung einer sich ihrer selbst bewusst werdenden Nation ersetzen, was ihr an militärischen Mitteln fehle, um den Despoten loszuwerden.

Den Sieg über Napoleon erlebte Scharnhorst nicht mehr. Am 28. Juni 1813 erlag er den Folgen einer Fußverletzung in der Schlacht bei Großgörschen. Gneisenau hatte mit ihm in der Militär-Reorganisationskommission gearbeitet und war entschlossen, das Reformwerk fortzusetzen. »Das Gute und Nützliche, was die französische Revolution unter tausend Schrecken zu Tage gebracht, auf friedlichem und gesetzlichem Wege Preußen zugänglich machen«, lautete seine Devise.[10] Gneisenau entwickelte vor allem Scharnhorsts Doktrin weiter, dass ein Krieg mit allen Mitteln offensiv bis zur vollständigen Vernichtung des Gegners geführt werden müsse. Als Generalstabschef der Armee Blüchers trug er im Juni 1815 entscheidend zum Sieg von Belle-Alliance bei, wie die Schlacht von Waterloo bei den Preußen genannt wurde. Obwohl die preußischen Truppen nach der Schlacht am Ende ihrer

Kräfte waren, jagte Gneisenau den fliehenden Franzosen mehrere Tage
hinterher, bis sie sich in den Vororten von Paris zersprengten und die
Grande Armée für immer zu existieren aufhörte.

»Es gibt in der Geschichte keine entscheidendere Schlacht als die
von Belle-Alliance, entscheidend ebensowohl durch die Wirkung auf
dem Schlachtfelde selbst, als durch ihre moralische Wirkung«, hatte
Gneisenau vier Tage nach dem Sieg selbstbewusst an den preußischen
Staatskanzler Hardenberg geschrieben. Aber noch in der Stunde des
Triumphs musste er die Grenzen seiner Möglichkeiten als Soldat akzeptieren und das Feld wieder der Diplomatie überlassen, der an einer
Demütigung Frankreichs nicht gelegen war. Vergeblich drängte Gneisenau den Staatskanzler, das »Geschmeiß« der Diplomaten abzustrei-
fen und die doppelte Gelegenheit zu nutzen, Europa auf lange Sicht
vor französischer Aggression zu schützen und Preußen die Vormacht
in Deutschland zu verschaffen.

Die Verbündeten beobachteten das Politisieren an der Spitze der
preußischen Armee mit Argwohn. Eines Tages werde er den König
von Preußen gegen seine eigenen Truppen verteidigen müssen, lästerte
Zar Alexander, und Metternich fühlte sich in seiner Haltung bestätigt,
ähnliche Reformen wie die in Preußen in Österreich gar nicht erst
zugelassen zu haben. War Preußens Armee nicht mehr zuverlässig?
Drohten die jakobinischen Elemente, die bei der Militärreform Pate
gestanden hatten, für den Staat am Ende gefährlich zu werden? Durch
die Reformer war viel freiheitliches Gedankengut in die Armee getragen worden – nicht zuletzt die Vorstellung, dass Klassenschranken
sich durch Tüchtigkeit überwinden ließen und Beförderung aufgrund
von Kenntnissen und Tapferkeit zu erfolgen habe. Gneisenau sprach
von einer »Aristokratie der Bildung«, die an die Stelle adeligen Vor-
rechts treten müsse, Scharnhorst hatte vorübergehend sogar die Wahl
der Offiziere durch die Mannschaften erwogen.

Die Neuorganisation der Armee in den Jahren 1807 bis 1815 war
eingebettet in das Gesamtprogramm der Stein-Hardenberg'schen
Reformen, die als »eine idealistisch-moralische Bewegung … auf dem
Boden der kantischen Philosophie« standen und zum Ziel hatten,

»aus den Untertanen Bürger zu machen«. Freiheit wurde in erster
Linie als »Teilhabe« verstanden, als Mitwirkung der Bürger am Staat.[11]
Artikel 1 der von Scharnhorst entworfenen Militärverfassung spiegelte
dieses Verständnis wider: »Alle Bewohner des Staats sind geborne Ver-
teidiger desselben.« Mit diesem Satz, mit dem die allgemeine Wehrpflicht in Preußen eingeführt und begründet wurde, waren die Reformer der Verwirklichung ihres wichtigsten Anliegens, der Befreiung von
der Fremdherrschaft, einen großen Schritt näher gekommen, nicht
nur militärpolitisch, sondern auch im Sinne einer politischen Philosophie, die den Bürger so eng wie möglich an den Staat zu binden
suchte – und was band ihn fester als die Wehrpflicht? Hegel verstand
sie als das Korrelat einer freien Volksvertretung.

Preußen hatte im Verhältnis zu seiner Bevölkerung mehr Truppen
gestellt als alle seine Verbündeten und den Krieg auf moderne Weise
wie einen Volkskrieg geführt. Diese Professionalisierung und Radikalisierung des Krieges war die Voraussetzung für den Sieg gewesen.
Man dürfe »sich nicht durch Rücksichten der Menschlichkeit von
den … notwendigen Maßregeln abhalten« lassen, hatte Gneisenau im
Juni 1812, drei Wochen vor dem Einmarsch der Grande Armée in
Russland, dem Zaren empfohlen. Den Untertanen sei vielmehr das
Äußerste abzuverlangen. Zu diesem Zweck solle man einen neuen Eid
einführen, der sie verpflichte, die Feinde »zu verabscheuen, zu be-
kämpfen, zu verfolgen, sie als wilde Tiere auszurotten: und dieser
Handlung alle Feierlichkeit der Religion zu geben«.[12] Jetzt, nach der
endgültigen Niederwerfung Napoleons bei Belle-Alliance, musste der
Geist zurück in die Flasche.

Wie so oft in der Geschichte, entsprach der Friede aus Sicht der
Militärs nur bedingt dem Recht, das der Sieger sich auf dem Schlachtfeld erkämpft hatte. Der letzte Zweck des Krieges ist aber nicht der
Sieg, sondern der Friede, das heißt, die Herstellung einer neuen Ordnung. Deswegen hatte Carl von Clausewitz, der Jüngste unter den
preußischen Militärreformern, den Krieg als Fortsetzung der Politik
mit anderen Mitteln oder – präziser – unter Einmischung anderer
Mittel definiert. Der Primat der Politik blieb demnach auch in Zeiten

des Krieges unangetastet, der Krieg wurde lediglich als ein Mittel zum Zweck der Politik verstanden. Folglich musste die Politik entschieden auf ein rasches Ende des Krieges drängen, sobald sich eine Chance eröffnete, unter Einsatz spezifisch politischer, sprich: gewaltloser Mittel den Frieden herbeiführen zu können.

Stauffenberg bewegte sich gern in der Welt der Freiheitskriege. Die Mischung aus freiheitlichem Pathos und kriegerischer Gesinnung faszinierte ihn. Skeptisch beurteilte er allerdings Überlegungen der Reformer, den Krieg zu einem Partisanen- oder Volkskrieg auszuweiten. In Fahrners Manuskript waren die Maßnahmen geschildert, die Gneisenau im August 1811 zur Vorbereitung eines Volksaufstands gegen Napoleon beim König angeregt hatte. In jeder preußischen Provinz sollte demnach ein Vertrauensmann bestimmt werden, der beauftragt war, die Miliz zu organisieren und das Volk auf den Tag des Losschlagens einzustimmen. Aus Sicherheitsgründen sollten diese Männer möglichst nichts voneinander wissen; keiner durfte den Plan des Ganzen kennen, und es sollte auch nichts schriftlich niedergelegt werden. Bei der Lektüre dieser Absätze überkamen Stauffenberg Zweifel, und er bat Fahrner um Streichung. »Er bewertete jeglichen Partisanenkrieg als Untergrabung der letzten ritterlich-menschlichen Kampfesregelung ... Solche Kräfte dürfe man nur entfesseln, wenn (wie damals bei Gneisenau) genug starke sittliche Gegenhalte im Staats- und Menschengefüge vorhanden wären, was in der Gegenwart nicht mehr der Fall sei.«[13]

Nach Scharnhorsts Tod hatte Gneisenau vor allem den Aufbau des Generalstabs weiter vorangetrieben. Hier sollte das gesamte Wissen vom Krieg systematisiert und zugleich den Erfordernissen des jeweils nächsten Feldzugs angepasst werden. Seit 1813 trugen Generalstabsoffiziere Mitverantwortung bei den Entscheidungen der Truppenführer, denen sie als Stabschefs zugeteilt waren. An dem Verhältnis zwischen höherem Truppenführer und Stabsoffizier hatte sich seither wenig geändert. »Der Führer trägt die Verantwortung für die Tat. Der Generalstabsoffizier ist Berater und Helfer und der gewissenhafte Vollstrecker

der Entschlüsse und Befehle seines Führers«, hieß es im geheimen
Handbuch für den Generalstabsdienst im Kriege vom 1. August 1939. Zu
den Voraussetzungen, die der Offizier für diesen Vertrauensposten
mitbringen musste, zählte das Handbuch »ein Höchstmaß an Charakterstärke und Taktgefühl«, ein Gespür für den »Pulsschlag der
Truppe« und die Bereitschaft zur ständigen Weiterbildung. »Voraus-
schauender Blick in die Ungewissheit des Krieges und der unbeugsame
Wille, dem Gegner das Gesetz des Handelns vorzuschreiben«, wurden
als selbstverständlich erachtet.[14] Den Offizier auf diese bevorzugte
Stellung als Gehilfe seines Truppenführers umfassend vorzubereiten,
war Ziel der Ausbildung an der Kriegsakademie.

So klar die Aufgaben eines Generalstabsoffiziers im Einzelnen geregelt waren, so unklar blieb die politische Verantwortung des Offizierkorps als Ganzes. Von seinen Ausbildern an der Kriegsakademie
scheint Stauffenberg jedenfalls keine ihn zufriedenstellende Antwort
bekommen zu haben auf die brennendste Frage, »die das Offizierkorps schlechthin und im besonderen meine Jahrgänge … am meisten … bewegt«, die Frage nach »der Stellung des Soldatentums und
seines verantwortlichen Trägers, des Offizierkorps im Leben der Nation«.[15] Mit umso größerer Zustimmung las er Anfang 1939 einen in
der *Militärwissenschaftlichen Rundschau* veröffentlichten Aufsatz,
»Vom Wesen des Soldatentums«. Der nationalsozialistische Staat ap-
pelliere ununterbrochen an den Wehrwillen des deutschen Volkes,
hieß es dort. Vor solcher Propaganda müsse gewarnt werden, führe sie
doch leicht zu einer Aufweichung des soldatischen Ethos, einem
Nachlassen soldatischer Pflichterfüllung und letztlich zum Absinken
der Kampfmoral.

Stauffenberg dankte dem Verfasser, Generalmajor Georg von Sodenstern: Er habe die »allzeitigen Grundlagen echten Soldatentums … mit
dem Feuer der vollen soldatischen Hingabe und zugleich mit der
Kühle scharf abgewogener Gedankenklarheit dargestellt«.[16] Der beschleunigte Ausbau der Wehrmacht zu einem Massenheer habe die Tendenzen zur Nivellierung des Soldatenstandes begünstigt, hatte Sodenstern festgestellt. Dem pflichtete Stauffenberg bei: »Ohne Zweifel haben

auch wir, das Offizierkorps, schon der Masse unsern Tribut entrichten müssen und sind wir zum Teil schon selbst, zumindest in unserm Nachwuchs zur Masse geworden.« Er vertraue jedoch darauf, dass es einigen wenigen gelingen werde, »den unbestechlichen Blick für das Echte und Entscheidende zu wecken und die unvergängliche Haltung des Offiziers, des Herrn, zu festigen«. Eine solche Wertschätzung setze allerdings voraus, dass man sich im Offizierkorps auch der politischen Dimension der Aufgabe bewusst sei. »Wir können es uns nicht leisten, uns in den rein soldatischen, soll heißen rein fachlich beruflichen Bereich zurückzuziehen … Offizier sein heißt, Diener des Staats, Teil des Staats sein mit all der darin inbegriffenen Gesamtverantwortung.« Für Stauffenberg repräsentierte das Offizierkorps »den wesentlichsten Träger des Staates und die eigentliche Verkörperung der Nation … Wie auch immer man die Dinge drehen und wenden mag, schließlich wird im großen Kampf, im völkischen Entscheidungskampf um Sein oder Nichtsein der Nation dem Soldatentum die Verantwortung zufallen … in den eigentlichen Schicksalaugenblicken wird uns keine politische oder sonstige Organisation auch nur ein Jota der Verantwortung abnehmen können.«[17]

Stauffenberg hatte sich dermaßen in einen Rausch geschrieben, dass ihm die Begriffe durcheinandergerieten. Angelegt war der Brief als ein Bekenntnis zum Beruf des Offiziers und zur Tradition des soldatischen Ethos, am Ende aber überwogen die kritischen Töne. Weil der Staat die wahre Bedeutung des Soldatentums verkenne, werde das Offizierkorps nicht in ausreichendem Maße an der Führung der Nation beteiligt. Die Verantwortung, die dem Offizierkorps im Krieg nach wie vor zufalle, müsse aber auch in Friedenszeiten angemessen berücksichtigt werden. Für Stauffenberg war Krieg eben nicht die Fortsetzung der Politik mit anderen Mitteln, Krieg war für ihn der Zustand, auf den Denken und Handeln des Offiziers hinausliefen. Der Primat des Soldatischen schien ihm so selbstverständlich, dass er keinen Unterschied machte zwischen Krieg und Frieden.

Diesen Primat verkörperte für Stauffenberg niemand eindrucksvoller als sein Vorfahr Neidhardt von Gneisenau. Wenn man heute auf

die Zeit der Befreiungskriege zurückblicke, so Rudolf Fahrner im Vorwort seiner Gneisenau-Biographie, entstehe der fatale Eindruck, als
seien alle Anstrengungen und Kämpfe umsonst gewesen. Nach dem
Sieg über Napoleon hätten sich die restaurativen Kräfte erfolgreich einer umfassenden Neugestaltung Europas nach den Vorstellungen der
Reformer in den Weg gestellt. Inzwischen wisse man, wer »diesen
Männern unmittelbar nach dem Sieg, mit dem ihr Wirken erst beginnen sollte, in den Rücken fiel, wie sie um die Früchte ihrer Anstrengungen, um die Hoffnungen, für die sie gekämpft, betrogen wurden«.[18] Das war denn auch die heimliche Botschaft der kleinen,
hundert Seiten umfassenden Schrift, die im Mai 1942 in zwei Auflagen
gedruckt wurde: Daran zu erinnern, dass die Ernte diesmal reicher
ausfallen müsse.

Zu einem letzten Gedankenaustausch mit Fahrner vor Druckle-
gung des Buches war es in der dritten Juniwoche 1941 gekommen, als
Stauffenberg den Freund, der in Athen eine Professur für deutsche
Sprache und Literatur übernommen hatte, auf einer Dienstreise nach
Griechenland besuchte. In dieser Woche fiel die Wehrmacht mit 153
Divisionen in der Sowjetunion ein. Der Gegenwartsbezug lag auf der
Hand. So wie die kühnen Visionen Gneisenaus seinerzeit dem politischen Interesse der Reaktion geopfert worden waren, so drohte auch
diesmal eine mögliche Neuordnung Europas an innerer Kleingeisterei
zu scheitern. Der Sieger von Belle-Alliance habe davon geträumt, hieß
es am Ende von Fahrners Buch, »Preußen zu stärken und so zu durch-
formen, dass es durch seine innere Kraft die besten Geister aus den andern deutschen Ländern an sich zöge und mehr noch als durch den
Primat der Waffen durch den des Geistes und einer großzügigen
Staatsordnung den deutschen Stämmen zum Mittelpunkt würde«.
Leider habe es dem König von Preußen an Mut gefehlt, eine Gesamt-
lösung durchzusetzen. Gneisenaus Vermächtnis, »vieles in sich ber-
gend«, habe unterdessen »in der Stille« fortgewirkt und werde eines
Tages »vielleicht schicksalbestimmend«.[19]

Wie die Parallele genau aussah und was unter einer europäischen
Neuordnung konkret zu verstehen war, entzog sich allerdings genauer

Betrachtung. So wie sich Frankreich schon um 1800 »von dem größten Helden, der auf seinem Boden erschienen war, nicht mehr hatte
verwandeln und verjüngen lassen«, raunte es bei Fahrner, so könne
»eine neue abendländische Welt« heute erst recht nicht mehr auf dem
Boden der französischen Aufklärung und ihrer Ableger entstehen – »sie kann nur dort entstehen, wo die ewigalten, ewigjungen
Schöpferkräfte lebendig sind, die einst das Abendland schufen«.[20] Den
gleichen Gedanken fasste Stauffenberg in einer Ansprache auf der Ab-
schlussfahrt der Kriegsakademie im Juni 1938 so zusammen: Die
Deutschen sollten Napoleon dankbar sein, weil erst durch ihn, »für
dessen weite *sein* volk zu klein war ... das deutsche volk zu sich fand
und zur befreienden tat!«[21] Die Bezugsgröße war beide Male ein ima-
giniertes, durch ewige Schöpferkräfte neu zu gestaltendes abendländi-
sches Reich. Aber wo gab es das?

Stauffenbergs Visionen von einem neuen Europa standen in direk-
tem Zusammenhang mit Gneisenau. So geht es aus dem Kontext einer
nicht mehr lesbaren kurzen Notiz in einem Wachstuchheft von 1939/40
hervor. Inmitten schwer zu entziffernder militärischer Abkürzungen
steht plötzlich der Name Gneisenau. Auf der Seite davor ist von den
»Länder[n] am Reichsrande« die Rede, die jetzt dazu beitrügen, »das
europäische Gleichgewicht aufrechterhalten zu helfen«. Der Eintrag,
der auf das Stichwort Gneisenau folgt, spricht »von dem Zwang die innere Form zu finden ... in einem Augenblick, in dem unser Land sich
zu neuer Reichsgründung anschickt«.[22] Welche Reichsgründung, welches Reich war hier gemeint? Wirklich nur jenes geistige, das irgendwo
zwischen den Befreiungskriegen und der Vorstellungswelt Georges
angesiedelt war, oder doch das reale, das nationalsozialistisch-groß-
deutsche? Für Stauffenberg stellte sich diese Frage nicht. Er hatte seine
Identifikation mit Gneisenau so gründlich betrieben, dass ihm historische Fiktion und politische Wirklichkeit – vorerst – ein und dieselbe
Realität zu sein schienen. »Mit Genuss las ich wieder den Gneisenau«,
hieß es zwei Monate nach Veröffentlichung der Fahrner-Schrift in einem
Brief an einen gemeinsamen Freund. »Ich verwende ihn jetzt immer
wieder auch zu meinen dienstlichen Aufgaben.«[23]

Der Vorrang des Militärischen war für Stauffenberg gleichbedeutend mit der Überzeugung, als Soldat Gesamtverantwortung zu tragen für das Schicksal der Nation. Gerade im Krieg komme es darauf an, dass die Führung des Heeres und die Führung des Volkes in einer Hand lägen.[24] Davon überzeugt, dass die Deutschen den geschichtlichen Auftrag hatten, Europa zu führen, um das abendländische Erbe zu retten, fand er an der Eroberungspolitik Hitlers grundsätzlich nichts auszusetzen, solange die deutschen Truppen im Vormarsch waren. Hinterher, also nach dem Endsieg, werde man sich alles sehr genau anschauen und dann wohl auch »mit der braunen Pest aufräumen« müssen, soll er gesagt haben.[25] Diesen Standpunkt vertrat er bis zum Jahreswechsel 1942/43. Als er Anfang 1943 erkannte, dass die Generalität nicht bereit war, angesichts der drohenden Niederlage Verantwortung zu übernehmen und Hitler in den Arm zu fallen, stand er vor einem doppelten Dilemma.

Festhalten am Primat des Soldatischen bedeutete jetzt nicht mehr nur Opposition gegen die politische Führung, es bedeutete unter diesen Umständen auch und vor allem, sich gegen das Offizierkorps zu stellen, das in seiner Mehrheit diesen Primat anders interpretierte. Der Bruch mit dem Offizierkorps, dessen Werte und Ideale seit seinem 23. Lebensjahr maßgebend für ihn gewesen waren und dessen oberstes Gebot im Gehorsam lag, ist der große innere Konflikt, den Stauffenberg 1943 mit sich austrägt. Denn wie auch immer die Sache enden würde, so viel war ihm klar: Im Offizierkorps gab es für das, was er jetzt plante, nur eine Vokabel: Verrat. Die wenigen, die wie Generalmajor Henning von Tresckow der Überzeugung waren, »dass es die historische Pflicht der deutschen Generalstabsoffiziere sei, das deutsche Volk durch die Beseitigung des Führers zu retten«,[26] hätten nicht einmal eine Kompanie bilden können.

Auf dem Stundenplan der Kriegsakademie stand Taktik mit vier bis fünf Doppelstunden pro Woche obenan. Als zweitwichtigstes Lehrfach galt Kriegsgeschichte, wo Entscheidungsschlachten von Issos bis Tannenberg analysiert wurden. Weitere Fächer waren Versorgungslehre und Transportwesen, außerdem gab es Unterricht zu einzelnen Waffengattungen und Sonderthemen wie Nachrichten- und Vermessungswesen. An den Nachmittagen wurden Fremdsprachenkurse angeboten, zum Ausgleich auch Sport und Reiten. Einmal pro Woche führte man Geländebesprechungen oder Planspiele durch, am Samstagnachmittag hielten externe Fachleute wehrwissenschaftliche Vorträge oder sprachen zu politischen, historischen und ökonomischen Themen. Die Ausbildung ließ eine klare Linie erkennen: nicht Spezialisten heranzuziehen, die eifersüchtig über die Interessen ihrer Waffengattung wachten, auch keine Nur-Soldaten, sondern Allrounder oder, wie man zu Gneisenaus Zeiten sagte, »gelehrte Offiziere«, die den Blick für die großen Zusammenhänge besaßen und eine straffe Befehlstechnik schöpferisch umzusetzen wussten.[27]

Die hundert Teilnehmer des Lehrgangs 1936 verteilten sich auf fünf Hörsäle, in Stauffenbergs Hörsaal saßen 22 Offiziere, alle um die dreißig Jahre alt. Das Unterrichtsjahr reichte von Oktober bis Ende Juni, in den anschließenden Sommermonaten erhielten die Lehrgangsteilnehmer Truppenkommandos, das heißt, sie wurden für diese Zeit zu Truppenteilen anderer Waffengattungen kommandiert. Stauffenberg wurde dem Artillerieregiment in Münsingen auf der Alb zugeteilt, hatte im August drei Wochen Urlaub, den er bei der Familie in Lautlingen verbrachte, war anschließend als Batterieführer in Karlsruhe und im September wieder beim Artillerieregiment in Münsingen, mit dem er auch an den reichsweit durchgeführten Herbstmanövern teilnahm. Dann begann für ihn das zweite akademische Jahr – noch einmal neun Monate.

Zum Ausbildungskonzept gehörten regelmäßig durchgeführte Lehrreisen, die sich manchmal über mehr als zehn Tage erstreckten. Die jungen Offiziere sollten dabei den Unterrichtsstoff in der Praxis vertiefen, sich an die Strapazen eines Feldzugs gewöhnen und Land und Leute kennenlernen. Auf der Abschlussreise des ersten Ausbildungsjahrs kam Stauffenberg Ende Juni 1937 nach Ostpreußen, wo die Schlachtfelder des Ersten Weltkriegs besichtigt wurden. »Das wesentlichste und verpflichtendste Denkmal [:] die über das ganze Land

verstreuten Gräber Deutscher Soldaten«, schrieb er an Frank Meh-
nert.²⁸ Die große Abschlussreise Ende Juni 1938 führte an den Rhein.
Die Absolventen durften die Rolle von Regiments- und Divisions-
kommandeuren übernehmen, deren Auftrag lautete: die Gebiete west-
lich des Rheins so lange sichern, bis die Wehrmacht den Gegner im
Osten (gemeint war die Tschechoslowakei) niedergerungen hätte – ein
Szenario, das die Sorgen der Heeresspitze widerspiegelte und wenige
Wochen später Realität zu werden drohte.

Stauffenberg war überzeugt, als Bester des Hörsaals abgeschnitten
zu haben, und wäre als solcher einem ersten Generalstabsoffizier bei
den Generalkommandos oder beim OKH zugeteilt worden (Ia/op).
Am 1. August 1938 wurde er jedoch lediglich als Ib zur 1. leichten Division in Wuppertal kommandiert, zuständig für die materielle Versorgung der Division. Nach Absolvierung dieses letzten Probedienstes
erfolgte zum 1. November 1939 schließlich die Versetzung in den Generalstab des Heeres unter gleichzeitiger Beförderung zum Hauptmann. Erst jetzt durfte Stauffenberg das begehrte Kürzel »i.G.« (im
Generalstab) hinter seinen Dienstgrad setzen und die Hosen mit den
legendären karmesinroten Doppelstreifen tragen.

Das Bild des 30-jährigen Hauptmanns, das sich aus Nachkriegser-
innerungen von Jahrgangskameraden extrahieren lässt, ist in sich
widersprüchlich und unverkennbar durch die späteren Ereignisse des
20. Juli geprägt. Soldat vom Scheitel bis zur Sohle, stark an militärischen Hierarchien orientiert, gleichzeitig »anders« als die meisten, bei
aller Lässigkeit kein Freund des Kasinos. Schon in Bamberg und Hannover war er vielen Kameraden durch dezidierte politische Ansichten
aufgefallen. Galt er dort als ein selbstbewusster, vielen wohl etwas zu
selbstbewusster junger Mann, so hielt man ihn an der Kriegsakademie
bereits für den Mann der Stunde – so jedenfalls glaubten sich viele zu
erinnern –, an Geist und Talent den meisten überlegen, alle überstrah-
lend. Was jedoch die einen als Redegewandtheit bewunderten, erinnerten die anderen als ein eher mühsames, stockendes Sprechen; Stauffenberg habe zwar viel geredet, aber sich nicht immer auf Anhieb
verständlich machen können. Übereinstimmend wird berichtet, dass

er mit der angeborenen Selbstverständlichkeit der »Herrenschicht«
auftrat, sich gern als Katholik bekannte und den Kurs der Hitler'schen
Politik alles in allem für richtig hielt. Offenbar politisierte er so viel,
dass ihm Kameraden »beim Mittagessen bedeuteten, er werde an
ihrem Tisch nur gelitten, wenn er das Thema meide«.[29]

Für welche Fragen sich Stauffenberg an der Kriegsakademie besonders interessierte und in welchen Kategorien er dachte, zeigen zwei
längere, 1937 entstandene Aufsätze. Beide Male ging es um ein zentra-
les Problem der Wehrmacht in diesen Jahren: die Anpassung veralteter
Strukturen an die Erfordernisse des schnell verlaufenden Bewegungs-
krieges mit neuen Waffen. Im ersten Aufsatz, den Stauffenberg bei
einem Preisausschreiben einreichte und der anschließend in der Zeitschrift *Wissen und Wehr* gedruckt wurde, machte er sich »Gedanken
zur Abwehr feindlicher Fallschirmeinheiten im Heimatgebiet«.

Mehr als für die Verteidigung der Heimat interessierte sich der Verfasser allerdings für die Einsatzmöglichkeiten dieser noch jungen
Waffe im »künftigen Operationsgebiet«: »In einem Zeitpunkt, in welchem der Aufmarsch noch nicht beendet und die Abwehrbereitschaft
noch gering ist, wird ihre Verwendung bei verhältnismäßig geringem
Risiko besonders wirksam sein.« Stauffenberg hatte das vorgegebene
Thema unter der Hand in eine Richtung erweitert, die ihm deutlich
mehr behagte. Seinen kleinen Ausflug in gegnerisches Grenzgebiet
rechtfertigte er in klarer Missachtung des Völkerrechts so: »Im Falle
eines Überfalls ohne Kriegserklärung [!] liegen die Verhältnisse doch
sehr ähnlich wie im eigentlichen Heimatgebiet.«[30]

Während diese Arbeit große Resonanz unter anderem im Reichs-
luftfahrtministerium fand, stieß Stauffenberg mit dem zweiten Aufsatz, einer etwa doppelt so umfangreichen Studie über die künftige
Rolle der Kavallerie beim Heer, auf viel Widerspruch. »In der Kriegsakademie wurde sie als Versuch einer unzeitgemäßen Aufwertung der
Reiterei kritisiert.«[31] Die oft gehörte Frage Kavallerie *oder* Panzer, so
Stauffenberg im Schlussabschnitt, gehe von falschen Voraussetzungen
aus. Die Forderung müsse lauten: Kavallerie *und* Panzer. Ein Durchbruch »ohne Masseneinsatz von Panzern« sei heutzutage kaum mehr

vorstellbar, aber – und auf diesen Punkt kam es Stauffenberg an –»die operativen Aufgaben der Heereskavallerie werden hiervon nicht berührt«. Die Qualität einer Kavallerie hänge allerdings entscheidend von der Qualität ihrer Führer ab. Und dann stand da einer jener für Stauffenberg so typischen, irritierend arroganten Sätze: »Nur wenigen Begnadeten ist das kavalleristische Führertum mit in die Wiege gelegt.«[32]

Die Zeichen der Zeit wiesen in eine andere Richtung. 1937 veröffentlichte Generalmajor Heinz Guderian, der zehn Jahre lang unermüdlich für den Aufbau eigener Kampfwagenverbände geworben hatte und 1935 von Hitler mit dem Aufbau von drei Panzerdivisionen betraut worden war, seine programmatische Schrift *Achtung – Panzer!* Die Stärke der Panzer liege in ihrer Beweglichkeit und Schnelligkeit, und diese Stärke dürfe durch nichts eingeschränkt werden. Insbesondere die Infanterie müsse begreifen, dass die Panzerwaffe nicht länger als Hilfsmittel der Infanterie zu verstehen sei, sondern umgekehrt die Infanterie die Panzerdurchbrüche zu begleiten habe. Für die Reiterei, jahrtausendelang die schnellste Waffe der Welt, war in den Visionen Guderians kein Platz mehr.

Die Frage, wie die Panzer eingesetzt werden sollten, war bereits in der Heeresdienstvorschrift 300 vom Oktober 1933 präjudiziert worden: »Das Gefecht der übrigen Waffen muss sich im Angriffsbereich der Kampfwagen nach diesen richten.«[33] Gleichwohl wurde die Infanterie nach wie vor als Hauptwaffe gesehen. Die Motorisierung der Wehrmacht und insbesondere die Panzerproduktion blieben überdies hinter den Erwartungen zurück, und so zogen 1939 etwa 90 Prozent der Heeresverbände zu Fuß und zu Pferd in den Krieg. Für den Feldzug gegen Frankreich im Mai 1940 standen gerade einmal zehn Panzerdivisionen und sechs motorisierte Infanteriedivisionen zur Verfügung. »Das bis heute in vielen Köpfen festsitzende Bild der ›vollmotorisierten deutschen Blitzkriegsarmee‹ ist das Ergebnis einer Propagandalüge. In der Realität war das deutsche Heer eine Pferdearmee, die im Verlauf des Zweiten Weltkrieges mehr als doppelt so viele Pferde als im Ersten einsetzte.«[34]

Und doch bildeten die im Juli 1939 unter der Bezeichnung »Schnelle Truppen« zusammengefassten gepanzerten und motorisierten Verbände im Polen- und Frankreichfeldzug eine Speerspitze, die dem Gegner nicht zuletzt durch schnelle Kommunikation und Führung von vorn vielfach überlegen war. Man hat die Wehrmacht deshalb ein Heer der zwei Geschwindigkeiten genannt, dem »letztlich schon der Erfolg seiner Schnellen Truppen aus[reichte], um den Krieg zu entscheiden«.[35]

Auf der Kriegsakademie blieb vieles an der neuen Waffe vorerst theoretisch – auch weil es an Kampfwagen fehlte –, und im Unterricht, in dem Technik generell vernachlässigt wurde, fand die neue Panzerwelt kaum Berücksichtigung. Aber während Stauffenberg noch dafür eintrat, die Kavallerie »von neuem mit lebendigem Geist zu erfüllen, sie wieder zu ihrer wahren Bedeutung zu führen und zur Schlachtentscheidung aufzurufen«,[36] hatte die Umwandlung von Kavallerieregimentern in motorisierte Verbände längst begonnen. Auch Stauffenbergs Bamberger Regiment wurde seit Spätsommer 1934 motorisiert. Drei Jahre später, als er die Studie zur Zukunft der Heereskavallerie schrieb, half er bei der Verlegung der Kavallerieschule Hannover nach Krampnitz bei Potsdam, die bei dieser Gelegenheit in eine Panzertruppenschule umorganisiert wurde.

Obwohl bei Kriegsbeginn noch elf von 18 Reiterregimentern bestanden und höchstens ein Viertel des Personals in Panzerregimenter gewechselt war,[37] blieb auf mittlere Sicht für die Reiterei wenig Platz; die verbleibenden Einheiten wurden für die Aufklärung eingesetzt. Umso verwunderlicher erscheint Stauffenbergs unzeitgemäßes, geradezu störrisches Festhalten an einem ritterlichen Ideal, das Pferd und Reiter als eine Einheit sah, die allen Panzern Guderians überlegen war: »Operative Panzerverbände werden gewiss zur Durchführung einzelner operativer Aufgaben der Kavallerie beitragen können ... Heereskavallerie zu ersetzen, vermögen sie nicht.«[38]

5 Das Erbe

Juni 1936 bis Juni 1938

Fragt man nach den Antrieben, nach der die Tat bestimmenden geistigen Disposition, aus der heraus Claus von Stauffenberg handelte, lassen sich drei Lebensbereiche voneinander unterscheiden, die auf den ersten Blick wenig gemeinsam haben. Scheinbar mühelos, an manchen Tagen bisweilen mehrfach schien Stauffenberg von der einen in die andere Sphäre wechseln zu können, und war doch jedes Mal sogleich präsent. Der Eindruck, dass er eben noch mit ganz anderen Dingen beschäftigt war, verlieh seinen Ansichten und Urteilen bei aller Klarheit mitunter etwas Exotisches und machte es einem Gesprächspartner oft schwer, ihn zu fassen. Er lachte viel und einnehmend. Bei aller Leichtigkeit, die er verbreitete, lag zugleich aber ein großer Ernst über dem, was er sagte. Alle Zeugen stimmen darin überein, dass sie es mit einer ganzheitlichen Persönlichkeit zu tun hatten: Ob ihnen der Generalstabsoffizier, der Spross eines alten Adelsgeschlechts oder der Jünger Stefan Georges gegenüberstand – es war immer ein und derselbe Claus von Stauffenberg.

Dem Soldatentum, dem er sich seit seinem 18. Lebensjahr verschrieben hatte, fühlte er sich zweifellos am stärksten verpflichtet, soldatisches Wesen und der Geist des Offizierkorps prägten ihn nachhaltiger als alles andere. Von ähnlicher Bedeutung für sein Denken und Handeln waren die Werte und Ideale, die ihm von der Familie mitgegeben wurden, und später das Eintauchen in die George'sche Welt, in der sich ihm das Wahre, Schöne, Gute im Spiegel heroischer Freundschaft erschloss. Soldatentum und Familie fanden ihren gemeinsamen Nenner in der Figur des Vorfahren August Neidhardt von Gneisenau; die Klammer um den Offizier und George-Jünger bildeten der Elitebegriff und das Ethos der Tat.

Das Bindeglied zwischen der Welt der Familie und der Welt der Dichtung war für Claus der zweieinhalb Jahre ältere Bruder Berthold, der 1931 zusammen mit seinem jüngeren Freund Frank Mehnert zu einem der engsten Vertrauten Georges geworden war. Die natürliche Autorität seines Bruders erhielt dadurch für Claus zusätzliches Gewicht. »Ich habe herrschaft dir und mir geschworen: / Das wissen das der Meister gab zu kund«, hatte er schon 1923, als sie beide George vorgestellt worden waren, für Berthold gedichtet.[1] Mit ihm besprach er alle wichtigen Entscheidungen seines Lebens, sein Urteil gab den Ausschlag. »Claus tat nichts, was sein Bruder Berthold nicht wusste oder nicht billigte«, Berthold war – so Marion Gräfin Yorck – »das verkörperte Gewissen seines Bruders Claus.«[2]

Im Kreis um George gab es zahlreiche Bruderpaare: Friedrich und Ernst Gundolf, Robert und Erich Boehringer, die Brüder Uxkull, die Brüder Anton, die Brüder Bothmer. In der Bruderbeziehung scheint George eine geradezu idealtypische Konstellation gesehen zu haben, aus der sich der Freundschaftsgedanke wie von selbst hervorragend ableiten ließ. Der Bruder wurde akzeptiert, weil er, anders als der Rest der Familie, am ehesten Verständnis aufbrachte für den radikalen Bruch, den der Übergang aus den bürgerlichen Verhältnissen in den Kreis der Freunde bedeutete. Wenn es sich anbot, nahm man ihn der Einfachheit halber gleich mit in die neue Welt. Alles, was im früheren Leben sonst noch Bedeutung gehabt haben mochte, hatte im Reich des Geistes nichts zu suchen. Deshalb hieß es an zentraler Stelle im *Stern des Bundes*, dem Buch, mit dem George der von ihm begründeten Gemeinschaft so etwas wie eine Verfassung hatte geben wollen:

Dies ist reich des Geistes, abglanz
Meines reiches, hof und hain.
Neugestaltet umgeboren
Wird hier jeder: ort der wiege
Heimat bleibt ein märchenklang.
Durch die sendung durch den segen
Tauscht ihr sippe stand und namen

> Väter mütter sind nicht mehr ...
> Aus der sohnschaft, der erlosten,
> Kür ich meine herrn der welt.[3]

In der hier beschworenen neuen Ordnung sollten familiäre Bande ebenso wenig eine Rolle spielen wie traditionelle Klassenschranken. Zwei Seiten weiter hieß es mit Bezug auf die aristokratischen Kreise explizit:»Neuen adel den ihr suchet / Führt nicht her von schild und krone!« Die Zöglinge der Oberschicht seien ähnlich korrupt wie der Nachwuchs aus den weniger begünstigten Klassen. Zu hoffen sei vor allem auf die Namenlosen:

> Stammlos wachsen im gewühle
> Seltne sprossen eignen ranges
> Und ihr kennt die mitgeburten
> An der augen wahrer glut.[4]

Dennoch nahmen die Stauffenbergs im Sozialgefüge des George-Kreises eine Vorzugsstellung ein. Das lag zum einen an den Freundschaften, die sie schlossen: Claus fühlte sich besonders zu Max Kommerell hingezogen, der seinerseits George am nächsten stand; Berthold führte dem Meister seinen Mitschüler Frank Mehnert zu, der 1931 die Stelle Kommerells übernahm. Die besondere Aura der Stauffenbergs aber hing mit jener diffusen Chiffre vom»geheimen Deutschland« zusammen, die Mitte der zwanziger Jahre eine auch über den Kreis hinaus wirksame Eigendynamik entfaltete.

In kulturlosen, finsteren Zeiten, so hatte George in einem langen Gedicht im Ton der späten Hymnen Hölderlins unter dem Titel»Geheimes Deutschland« postuliert, hänge das Schicksal des Landes von denjenigen ab, die sich vom Getriebe fernhielten. Durch ihr bloßes Dasein legten sie Zeugnis ab von der Gegenwart des Göttlichen in der Welt und begründeten so eine heimliche Überlieferung, aus der eines Tages etwas ganz Neues hervorgehen werde. Im Frühjahr 1924 fand sich der Titel des Gedichts auf der Schleife eines Lorbeerkranzes, der

im Dom von Palermo am Grab Friedrichs II. niedergelegt wurde:
»Seinen Kaisern und Helden / Das Geheime Deutschland«. Zahlreiche Freunde – darunter auch Berthold von Stauffenberg – waren in
diesem Frühjahr auf den Spuren des Hohenstaufen nach Sizilien ge-
pilgert. Den tieferen Sinn der Sizilienfahrt fasste eine der mitreisen-
den Verehrerinnen in den Satz:»Ich suchte Friedrich II. und fand den
Meister.«[5]

Im George-Kreis hielt man den Staufer für den »End- und Erfül-
lungskaiser der deutschen Träume«, der wie kein anderer den Genius
der Deutschen repräsentierte. Unter seiner Herrschaft habe sich in der
ersten Hälfte des 13. Jahrhunderts ein neuer Typus herausgebildet, in
dem sich nordische Tugenden mit mediterraner Leichtigkeit verbunden hätten. Das Bild des deutschen Jünglings antiker Prägung – »jenes römisch-antike Deutsche« – habe sich vor allem in den Bildwer-
ken der Dome von Bamberg, Naumburg und Magdeburg erhalten, in
denen sich noch heute die Möglichkeit »eines zugleich weltweiten und
dennoch deutschen Wesens« spiegele. Wer vor dem Bamberger Reiter
stehe, könne keinen Augenblick daran zweifeln,»dass jener schöne
und ritterlich adlige Menschentypus damals in Deutschland gelebt
haben muss«.[6]

George hatte die Arbeit des jungen Historikers Ernst Kantorowicz,
der seit 1921 an einer Biographie des Kaisers schrieb, über Jahre mit lei-
denschaftlichem Interesse begleitet. Am Anfang des Buches, das 1927
in seinem Hausverlag erschien und sogleich zu einer heftigen Kontroverse unter deutschen Historikern führte, stand die berühmte Hei-
landsprophetie in Vergils 4. Ekloge, in der die Geburt eines Weltherr-
schers vorausgesagt wurde, der dem Erdkreis Frieden bringen und ein
neues goldenes Zeitalter heraufführen werde. Die Botschaft war jedem Leser klar: Am Anfang einer neuen Weltherrschaft steht stets die
dichterische Vision, das galt für das Augusteische Zeitalter genauso
wie für das 13. Jahrhundert – und es galt für die Gegenwart.

So wie Kantorowicz die vergilische Prophetie an den Anfang stellte,
so ließ er auf der letzten Seite seines Buches die Kyffhäusersage anklingen, um den Stoff auf diese Weise zu aktualisieren und ihn zugleich

entscheidend zu verfremden. Im Kyffhäuser wohnte nämlich, wie jeder mit der Sage vertraute Leser wusste, längst nicht mehr Friedrich II., sondern dessen gemütlicher Großvater Barbarossa, der als Symbolfigur des Nationalstaats 1871 mit der Gründung des Deutschen Reiches seine Wiederauferstehung gefeiert hatte. »Wäre nicht Barbarossas Enkel, so stände der Berg heute leer«, hieß es bei Kantorowicz, »doch der größte Friedrich ist bis heute nicht erlöst, den sein Volk weder fasste noch füllte. ›Er lebt und lebt nicht‹.«[7] George ließ niemanden im Unklaren darüber, wo die Jugend zu finden war, die den wahren Kaiser befreien würde: »nur hier und bei mir«.[8]

Vor diesem geistesgeschichtlichen Dekor – man kann es aus heutiger Sicht kaum anders nennen – ereignete sich im Frühjahr 1923 die Begegnung Stefan Georges mit Berthold und Claus von Stauffenberg. George begriff es als eine ans Wunder grenzende Fügung, dass sie in ebendem Moment in sein Leben traten, als seine Visionen von einer neuen deutschen Jugend sich um die Figur des Stauferkaisers zu kristallisieren begannen. Kamen sie nicht aus Schwaben, dem Stammland der Staufer, war nicht schon ihr Name Verheißung? George war wie elektrisiert, und seine Erregung übertrug sich auf den gesamten Freundeskreis. Stolz und selbstbewusst stellten sich die Stauffenbergs ihrerseits in die vom Dichter geschaffene Genealogie. Wo blieben »Ruhm und schönheit wenn nicht wir sie hätten / Des Staufers und Ottonen blonde erben«?, dichtete Claus im November 1923.[9] Und Berthold, berauscht bis zur Betäubung, rief George an: »Du bist als heiland dieser welt gesandt.«[10]

Im Juni 1936, auf der Abschlussreise der Kavallerieschule Hannover, hielt Stauffenberg auf dem Hohentwiel westlich des Bodensees den Kameraden seines Lehrgangs einen Vortrag. Sie stünden hier in der Mitte des Hohenstaufer-Reiches, in dem der Deutsche einst »die höchste Erfüllung« gefunden habe. In diesem »Universalreich« sei er zu seiner wahren Bestimmung gelangt: »Höchste kulturelle Gestaltung war für ihn stets verbunden mit universeller Wirkung: Das Heilige Reich, der Humanismus, die Klassik.«[11] Zwei Jahre später, auf der Abschlussreise des Lehrgangs der Kriegsakademie an den Rhein, wurden auf Vorschlag Stauffenbergs die Kaiserdome besichtigt. Er übernahm die Führung und sprach am 23. Juni auf Burg Stahleck oberhalb von Bacharach über die Bedeutung des Rheins für die deutsche Vorherrschaft in Europa. Da Napoleon gescheitert sei und die Entscheidungsschlacht mit Frankreich 1918 habe vermieden werden können, bleibe der Gedanke eines westlichen Universalreiches deutscher Prägung zukunftsfähig.[12]

Die Genealogie der Stauffenbergs ließ sich mit den Staufer-Visionen des George-Kreises nur schwer in Übereinstimmung bringen. Zwar kann man das Geschlecht bis ins 13. Jahrhundert zurückverfolgen, verwandtschaftliche Beziehungen gab es jedoch nicht; die Staufer waren 1318 mit dem Tod des letzten Kaiserenkels in männlicher Linie ausgestorben. Die Stauffenbergs tauchen zu dieser Zeit als Schenken der Grafen von Zollern auf, die ihren Stammsitz auf dem Hohenzollern bei Hechingen hatten, 1251 werden sie erstmals urkundlich erwähnt. Der Schenk war zuständig für die Versorgung des Hofes mit Getränken und führte die Aufsicht über die Weinberge. Es handelte sich um ein Erbamt, das später Bestandteil des Familiennamens wurde. In den folgenden Jahrhunderten dienten die Stauffenbergs als Ministeriale verschiedenen Lehnsherren: von Mitte des 15. bis Mitte des 16. Jahrhunderts vor allem den Fürsten von Württemberg, anschließend über mehrere Generationen den Habsburgern. Durch Heirat, Kauf und Erbschaft erwarben sie im Laufe dieser Zeit zahlreiche Güter in Württemberg und Bayern, so bei Nördlingen, Günzburg und Bamberg. Ende des 17. Jahrhunderts wurden die Reichsritter in Anerkennung ihrer langjährigen Treue zum Kaiserhaus in den Reichsfreiherrnstand erhoben, 1874 schließlich erhielt Franz Ludwig, der Urgroßvater, von König Ludwig II. von Bayern den erblichen Grafentitel.

Der Vater, Graf Alfred Stauffenberg, hatte 17 Jahre beim württembergischen Militär gedient, bevor er 1897 Stallmeister des Königs von Württemberg wurde. Er heiratete spät, 1904 im Alter von 44 Jahren. Seine Frau, die 15 Jahre jüngere Gräfin Caroline von Üxküll-Gyllenband, stammte aus einer baltischen Familie, die seit Generationen in

Schwaben ansässig war. Im Gegensatz zu den katholischen Stauffenbergs, deren Familienchronik zahlreiche Domherren an den Kapiteln
von Würzburg, Augsburg und Bamberg sowie drei Bischöfe verzeichnet, war sie bekennende Protestantin. Als Hofdame besaß sie das besondere Vertrauen der Königin; um diese bei ihren Ausritten begleiten
zu können, hatte sie bei Graf Stauffenberg Reitunterricht genommen.

Am 15. März 1905 brachte Caroline Zwillinge zur Welt: Berthold
und Alexander, gut zweieinhalb Jahre später, am 15. November 1907,
in einer Frühgeburt noch einmal Zwillinge: Claus und Konrad. Konrad starb. Claus war von schwacher Konstitution und blieb während
seiner gesamten Jugend anfällig für Krankheiten. Berthold kümmerte
sich fürsorglich um ihn.

Der Vater, der im Jahr nach Claus' Geburt zum Oberhofmarschall
befördert wurde, war praktisch veranlagt und handwerklich geschickt,
vollkommen amusisch und generell wortkarg, bisweilen cholerisch.
Mit seinen Söhnen habe er sich meist nur durch Knurrlaute verstän-
digt, überlieferte seine spätere Schwiegertochter Nina, mit den künstlerischen Interessen seiner Frau habe er rein gar nichts anzufangen gewusst. Alles Musische erbten die Söhne von ihrer Mutter, die Goethe
und Shakespeare las, sich für moderne Dichtung interessierte und es
Anfang 1918 verstand, Rainer Maria Rilke in einen kurzen Briefwechsel zu ziehen. Die Sätze, mit denen der Dichter sich ein Jahr später der
Verehrerin kunstvoll entzog, werden gern zitiert – so als habe Rilke
das Schicksal des späteren Hitler-Attentäters, wenn nicht heraufbe-
schworen, so doch hellsichtig vorausgesehen. Gräfin Stauffenberg
hatte von ihren Nöten als Mutter gesprochen und ihrem letzten Brief
ein Foto ihrer drei Söhne beigelegt. Jetzt verstehe er ihre Sorgen, antwortete Rilke am 15. Februar 1919, »aber ich erkenne in der liebevollen
Gruppe doch auch wieder das große überwiegende Glück, das Ihnen
mit drei schönen und schon im jetzigen Augenblick *so vielfach künftigen Knaben* geschenkt worden ist«.[13]

Berthold, verschlossen, fast gehemmt, in sich gekehrt und schweig-
sam, war der belesenste und bildungshungrigste der drei Stauffen-
berg-Söhne, zugleich ein analytischer und urteilssicherer Kopf. Er

interessierte sich früh für religiöse Fragen, dachte viel nach über die Entstehung der Welt und las mit 15 Oswald Spenglers *Preußentum und Sozialismus*. Neben Hölderlin, über dessen *Empedokles* er vor der Abiturklasse einen Vortrag hielt, gehörte bereits um diese Zeit Stefan George zu seinen Lieblingsdichtern; 1921 lasen er und Alexander mit dem gemeinsamen Freund Theodor Pfizer den *Stern des Bundes*.

Alexander war sehr viel weicher, eine fröhliche Natur, dabei immer etwas langsam, bisweilen träge. Thormaehlen sprach von seinem »bärenhaften Wesen«, George nannte ihn schlicht »hölzern«. Er war ein schlechter Schüler, interessierte sich jedoch früh für alte Geschichte, die er später auch studierte. Er galt als der künstlerischste der drei Brüder, war besonders musikalisch, konnte stundenlang am Klavier improvisieren und schrieb deutlich bessere Gedichte als Berthold und Claus. 1919 veranstalteten er und Berthold mit Schulfreunden *Faust*-Abende, an denen beide Teile von Goethes *Faust* mit verteilten Rollen gelesen wurden.

Claus war von zartem, einnehmendem Wesen. Ihm fiel alles leicht. Er liebte das Cello, das er von seinem neunten Lebensjahr an spielte, sobald sich Gelegenheit bot, später manchmal sogar in der Kaserne. Er begeisterte sich für Architektur, zeichnete gern Bühnenbilder und genoss die Sommerferien in Lautlingen, wo er morgens das Vieh aus dem Stall trieb und dann am liebsten beim Heumachen half. Claus sei »ohne Zweifel der strahlendste und heldischste von uns«, schrieb Alexander, der von Anfang an im Schatten seiner beiden Brüder stand, im Sommer 1928 an die Mutter, aber »Berthold ist sicher der König unter uns dreien«.[14]

Den größten Teil des Jahres über lebte die Familie in einer geräumigen Dienstwohnung im zweiten Stock des Alten Schlosses in Stuttgart. Auf den Korridoren herrschte viel Freizügigkeit, keiner legte allzu großen Wert auf übertrieben höfisches Zeremoniell, am wenigsten die Königin. Die Stauffenberg-Kinder verlebten eine rundum glückliche Kindheit, auch der Krieg änderte daran nichts; sie blieben weiterhin wohlbehütet und genossen die Privilegien ihres Standes. Das Einzige, was sie in ihrem kindlichen Patriotismus traurig stimmte, war die Tatsache, dass sie nicht mitkämpfen durften.

Am 9. November 1918 war es mit der Idylle vorbei. Am Mittag wurde auf dem Schloss die rote Fahne gehisst. Der König gab schnell auf, gekränkt ob der Undankbarkeit seiner Untertanen, und verließ am Abend mit Kind und Kegel die Stadt. Der Oberhofmarschall, der den fluchtartigen Umzug ins Jagdschloss Bebenhausen bei Tübingen organisierte, sei der Einzige gewesen, wird sich ein Enkel des Königs später dankbar erinnern, »der in den traurigen Novembertagen 1918 den Kopf nicht verlor, wie alle anderen«.[15] Anschließend führte Alfred Graf Stauffenberg als Bevollmächtigter des Hauses Württemberg die Verhandlungen über die künftigen Besitzverhältnisse der königlichen Familie einschließlich der Renten. Er wurde Präsident der herzoglich-württembergischen Rentkammer und ging 1928 in Pension.

Nicht nur die königliche Familie, auch die Stauffenbergs mussten nach dem Krieg aus dem Schloss ausziehen. Die Dienstwohnung, die dem Vater bis zu seiner Pensionierung zur Verfügung gestellt wurde, lag in der Jägerstraße, nicht weit vom Eberhard-Ludwigs-Gymnasium entfernt, in das Berthold und Alexander im Herbst 1913, Claus drei Jahre später aufgenommen worden waren. Die beiden Älteren machten dort im März 1923, Claus im Februar 1926 Abitur. In den letzten Schuljahren waren alle drei Mitglieder im neu gegründeten Bund Deutscher Neupfadfinder, einer am Wandervogel orientierten Gruppierung, die Mitte der zwanziger Jahre in der Deutschen Freischar aufging. Auf den Fahrten in die umliegenden Wälder wurden die alten Landsknechtlieder gesungen, und es war viel von Volk und Reich und ewiger Freundschaft die Rede. Wie bei allen Ablegern der Bündischen Jugend wurde auch bei den Neupfadfindern am Lagerfeuer Stefan George gelesen.

Die Brüder waren also nicht unvorbereitet, als sie Ende Mai 1923 den Dichter kennenlernten. Albrecht von Blumenthal, Privatdozent für Klassische Philologie an der Universität Jena und mit George seit vielen Jahren befreundet, war durch seine Geliebte Maria Fehling darauf aufmerksam gemacht worden, »dass mindestens zwei der Brüder für den Kreis geeignet sein könnten«.[16] Maria Fehling hatte über die

Familie Kröner, die Besitzer des Cotta-Verlags, in dem sie arbeitete,
Verbindung zu den Stauffenbergs, im Jahr zuvor war sie zum ersten
Mal in Lautlingen zu Besuch gewesen. Blumenthal fuhr mit Berthold
und Claus nach Marburg, wo George sich Anfang der zwanziger Jahre
regelmäßig aufhielt. 1920 hatte Friedrich Wolters hier eine außer-
ordentliche Professur für Mittlere und Neuere Geschichte übernommen, außerdem war es nicht weit nach Bad Wildungen, wo George
wegen seines Nierenleidens wiederholt behandelt wurde. Als Alexander erfuhr, dass seine Brüder bei George gewesen waren, muss er einigermaßen verzweifelt gewesen sein. Offenbar überredete er seinen in
Heidelberg lebenden Vetter Woldemar von Uxkull-Gyllenband, ihm
ebenfalls Zutritt zu verschaffen, und dieser brachte noch vor Monats-
ende auch Alexander nach Marburg.

   Durch ihre Begegnung mit Stefan George sei das Leben der Brüder
in einer Weise bestimmt worden, so formulierte es Peter Hoffmann
treffend, »die zwischen sie und die übrige Welt eine unsichtbar-
undurchdringliche Wand stellte«.[17] Die Brüder selbst haben den ersten
Besuch als eine ihr ganzes Leben prägende Initiation empfunden und
in pathetisch-unbeholfenen, für heutige Ohren bisweilen schwer er-
träglichen Wendungen festzuhalten versucht, was damals mit ihnen
geschah. Für sie war George der wahre Lehrer, der sich der Erziehung
der Besten widmete, derer, die ausersehen waren, die Nation und das
Reich zu führen, und zu diesen Besten zählten die Stauffenbergs natürlich auch sich selbst. Jetzt gehörten sie gleichsam offiziell zu jener »kleinen Schar«, die George in einem Vierzeiler 1907 beschworen hatte:

> Ich sah von fern getümmel einer schlacht
> So wie sie bald in unsren ebnen kracht.
> Ich sah die kleine schar ums banner stehn ...
> Und alle andren haben nichts gesehn.[18]

Ein halbes Jahr nach der Begegnung mit George griff Claus von Stauffenberg das Bild von der »kleinen Schar« in einem Gedicht für seinen
Bruder ein wenig ungelenk auf:

Nur kleine schar ist zu der sicht berufen
Nur kleine schar hat von dem hehren held geträumt
Sie schweigen stille, haben nichts mit euch gemein
Sie knieen gläubig an des Meisters stufen.[19]

An den Stufen des meisterlichen Throns zu knien, entsprach den kontemplativen Bedürfnissen des 16-Jährigen. Aber nicht nur grenzenlose, geradezu religiöse Verehrung kam in solchen Versen zum Ausdruck. Auch das entscheidende Kriterium der Elitebildung, die Notwendigkeit zur Abgrenzung, wurde hier ins Bild gesetzt.

Im Zentrum der George'schen Welt stand die Dichtung, allen voran die meisterliche selbst. Deren Arkanum war der von George als »Geheimbuch« bezeichnete *Stern des Bundes*. Im Januar 1914 erschienen, formulierte der Band, der ursprünglich »Lieder an die heilige Schar« heißen sollte, in drei Büchern mit jeweils dreißig Gedichten, einem feierlichen Introitus und einem gemeinsam vorzutragenden »Schlusschor« das George'sche Erziehungsprogramm. In den an mittelalterliche Klosterregeln erinnernden eintausend Verszeilen fanden die Jünger Antwort auf alle Fragen. Hier waren die Normen kodifiziert, nach denen sie sich zu richten hatten, hier konnten sie nachschlagen, wie sie sich im Alltag verhalten sollten. Das Ganze ruhte auf zwei Pfeilern: auf der bedingungslosen Verehrung für den Meister, der seinen Anhängern als die vollkommene Verkörperung des sokratischen Menschenbildners erschien, und auf der Überzeugung, dass die von ihm begründete Gemeinschaft über ein Geheimnis verfügte, ein Mehr an Wissen, das sie vor anderen auszeichnete und das, wie der *Stern des Bundes* festschrieb, nur in der Liebesbeziehung eines Älteren zu einem Jüngeren weitergegeben werden konnte.

Seit seinem ersten Auftreten auf der literarischen Bühne um die Jahrhundertwende gab es Gerüchte, bei George und den Seinen handele es sich in Wirklichkeit um einen Kreis von Knabenliebhabern, denen die Gedichte als Camouflage dienten. Wegen solcher Gerüchte bestand die Mutter der Stauffenbergs darauf, den Dichter, den sich ihre Söhne als Führer ausgesucht hatten, persönlich in Augenschein zu nehmen. Bei einem Treffen Mitte Juni 1923 in Heidelberg konnte George mögliche Zweifel offenbar zerstreuen. Die Sorge, ins Gerede zu kommen, blieb dennoch – auch bei den Brüdern selbst. Er bitte, aus dem überschwänglichen Ton seiner frühen Gedichte keine falschen Schlüsse zu ziehen, schrieb Claus fünf Jahre später einem Freund beim Regiment, dem er sie unter dem Siegel der Verschwiegenheit schickte – Schlüsse, »die leicht schief werden«.[20]

Der pädagogische Eros, von dem im Kreis so viel die Rede war, bedeutete nach Max Kommerell nichts anderes »als überhaupt die *Möglichkeit,* einen Jüngling liebenswert zu finden«.[21] Alles Physische sei dem nachgeordnet gewesen. Ob es zu sexuellen Handlungen kam, die über Küsse und Umarmungen hinausgingen, hing im Wesentlichen vom Alter des Novizen und dessen eigener sexueller Disposition ab. Entscheidend war nicht, in welcher Form zwei Freunde ihrer Liebe Ausdruck verliehen, entscheidend war das Erlebnis der gemeinsamen Grenzüberschreitung. Die gesellschaftliche Ächtung der Homosexualität – und deren Verfolgung durch die Staatsanwaltschaft – erhöhte den Druck von außen und machte eine permanente Abschirmung erforderlich. Untereinander aber war jede sexuelle Konnotation des Freundschaftsgedankens verpönt.

In den Jahren vor dem Ersten Weltkrieg hatte sich George in die Rolle eines Sehers und Künders hineingedichtet, der dem zivilisatorischen Niedergang insbesondere des deutschen Volkes ein entschiedenes Halt entgegensetzte. »Kommt wort vor tat kommt tat vor wort?«, fragte er[22] – in rhetorischer Absicht, versteht sich, denn natürlich hatte er die Antwort längst gefunden. Spätestens seit der Jahrhundertwende war alles, was er schrieb und dachte, getragen von der Überzeugung, »dass in der dichtung eines volkes sich seine lezten schicksale enthüllen«.[23] So gab er dem alten Lieblingsthema der Deutschen, dem in ihren Augen ewig ungeklärten Verhältnis von Geist und Macht, eine neue und starke Wendung.

Der eigentliche Feind alles Geistigen war in Georges Augen das utilitäre, rein materialistische Denken, das sich mit dem »Sieg der angloamerikanischen Normalameise« im 20. Jahrhundert über die ganze

Welt verbreiten werde. Amerikanisierung bedeute nicht nur Ober-
flächlichkeit und Verlust an Kultur, sondern auch Entseelung. Durch
das »Advokatorische dieser amerikanischen Denkart« und das un-
verbindlich Schnoddrige, das »von einem Ideal nichts mehr weiß«,
würden vor allem die zwischenmenschlichen Beziehungen bedroht.[24]
Hier trat die neue, vom Dichter herangezogene Jugend auf den Plan.
George nannte sie »ein jung geschlecht das wieder mensch und ding /
Mit echten maassen misst« und legte ihr nicht nur die Zukunft
Deutschlands, sondern gleich das Schicksal des ganzen Kontinents in
die Hände. Schon in den Büchern der Ahnen sei ja zu lesen, »dass
einst / Des erdteils herz die welt erretten soll«.[25]

Eliten leben aus dem Bewusstsein, dass nichts verloren ist, solange
für sie die Möglichkeit zum Eingreifen besteht. Auch die »kleine
Schar« glaubte fest daran, dass es am Ende von ihr selbst abhing, wie
die Sache des Abendlands ausgehen würde. Einstweilen galt es, sich
für den Tag der Bewährung bereitzuhalten. In Hunderten George'scher
Verse konnten die Jünger sich ihres eschatologischen Auftrags immer
wieder versichern. »In fahr und fron, wenn wir nur überdauern, / Hat
jeder tag mit einem sieg sein ende.«[26] In freudiger Erwartung großer
Ereignisse waren sie von dem Glauben durchdrungen, selbst Teil der
Lösung zu sein.

Die Welt Georges war keine Parallelwelt, in welche die Freunde
zum Feierabend oder mit Ferienbeginn eintauchten, um sich hinterher wieder Beruf und Familie zuzuwenden. Wer ihm folgte, das unterstrich George wiederholt, hatte sich im Alltag zu bewähren. Im Kon-
vent der Freunde durch Schönheit und Haltung zu bestehen, war das
eine. Das andere war die Durchdringung und Bewältigung der täglichen Herausforderungen entsprechend den Maximen Georges.

Ob Claus von Stauffenberg außerhalb des Freundeskreises tatsächlich so oft George-Gedichte zitierte, wie in der Erinnerungsliteratur
behauptet wird, sei dahingestellt. Authentisch ist wohl der Bericht seiner Schwägerin Maria, Stauffenberg habe während eines nächtlichen
Luftangriffs auf Berlin im Winter 1943/44 auf dem Balkon ihrer Wohnung in Wannsee plötzlich Verse gesprochen. Auf ihre Frage, was er da

zitiere, habe er ihr das Gedicht »Der Widerchrist« aus dem *Siebenten Ring* gezeigt: »Der Fürst des Geziefers verbreitet sein reich … Und schrecklich erschallt die posaune«.[27] Dass es sich bei diesem Gedicht um »ein geheimes Erkennungszeichen« unter Oppositionellen gehandelt habe, wie Eberhard Zeller zu wissen glaubte, ist sicher etwas weit hergeholt.[28] Immerhin druckte es die britische Propaganda auf die Rückseite einer 32 Seiten umfassenden kleinen Broschüre, die von der Royal Air Force ab Mai 1943 in schätzungsweise einer Million Exemplaren über Deutschland abgeworfen wurde.[29]

Das neunstrophige, nicht leicht zu entschlüsselnde Gedicht »Der Widerchrist« mag dem einen oder anderen Regimegegner 1943 geholfen haben, die verbrecherische Natur Hitlers metaphorisch zu deuten und seine Herrschaft in einen historischen Kontext zu stellen. Dass Stauffenberg und seine Mitverschwörer »sich über ihre Ziele und die Rechtfertigung ihres Tuns … mit George-Gedichten verständigten«, wie in der Literatur kolportiert wird,[30] ist jedoch nur schwer vorstellbar. Gerade weil die Gedichte Georges für ihn identitätsstiftende Bedeutung hatten, dürfte Stauffenberg sie nicht ohne Weiteres als Parolen verwendet haben. Als rechter Schüler, als wahrhaft »treu« im Sinne Georges erwies sich nicht der, der eifrig Propaganda machte, sondern derjenige, dem das eigene Leben zum Abglanz der meisterlichen Dichtung wurde. Sich im Alltag bewähren: Das war der eigentliche Auftrag. Auf die Frage, was das konkret bedeute, hatte George in einem schwachen Moment einmal geantwortet: Es bedeute nichts anderes, als kein Schwein zu sein.[31]

George erwartete, dass seine Freunde sich vor wichtigen, ihr privates und berufliches Leben bestimmenden Entscheidungen mit ihm besprachen. Im Mai 1923, kurz bevor sie George vorgestellt wurden, hatten sich Berthold und Alexander an der Universität Heidelberg immatrikuliert. Im Wintersemester wechselte Berthold nach Jena, Alexander nach Tübingen. Während Berthold das Jurastudium fortsetzte, zielstrebig, wenn auch nach jedem Semester die Universität wechselnd – Tübingen (SS 1924), Berlin (WS 1924/25) München (SS 1925), wieder Berlin (WS 1925/26), wieder Tübingen (SS 1926), wo er im Mai 1927 sein

Staatsexamen machte –, sattelte Alexander 1924 unter dem Eindruck des Tübinger Althistorikers Wilhelm Weber auf Altertumswissenschaften um. Bei Weber, der inzwischen nach Halle berufen worden war, wurde er 1928 mit einer Arbeit zur frühbyzantinischen Geschichtsschreibung promoviert. 1936 folgte die Berufung zum außerordentlichen Professor für Alte Geschichte an der Universität Würzburg.

Im Jahr darauf heiratete Alexander von Stauffenberg Melitta Schiller, eine Luftfahrtingenieurin, die sich als Fliegerin einen Namen gemacht hatte. Sie stammte väterlicherseits aus einer jüdischen Familie in Odessa. Da Hochschullehrer nach dem 1933 erlassenen Berufsbeamtengesetz nur mit »Ehegatten deutschen oder artverwandten Blutes« verheiratet sein durften, wurde die Ehe unter falschen Angaben geschlossen. Als die Reichsstelle für Sippenforschung im Mai 1940 ihre wahre Herkunft aufdeckte, war Melitta von Stauffenberg als Testpilotin von Sturzkampfbombern, in denen sie neue, nach ihrer Anleitung entwickelte Sichtgeräte erprobte, für die Rüstungsforschung unersetzlich geworden. Sie wurde zur »Ehrenarierin« ernannt – offiziell: »deutschblütigen Personen gleichgestellt« – und blieb bis zu ihrer vorübergehenden Verhaftung nach dem 20. Juli 1944 unbehelligt. Vier Wochen vor Kriegsende wurde sie an der Donau, sechzig Kilometer südöstlich von Straubing, von einem amerikanischen Jagdflieger abgeschossen.[32]

Berthold von Stauffenberg, der vergeblich gehofft hatte, nach dem Staatsexamen ins Auswärtige Amt aufgenommen zu werden, erhielt am 1. März 1929 eine Referentenstelle am Kaiser-Wilhelm-Institut für ausländisches öffentliches Recht und Völkerrecht in Berlin. Inzwischen ebenfalls promoviert – mit einer Arbeit über den Rechtsstatus russischer Handelsvertretungen nach der Oktoberrevolution –, wurde er im Sommer 1931 an den Internationalen Gerichtshof in Den Haag entsandt. Nach Deutschlands Austritt aus dem Völkerbund im Oktober 1933 kehrte er an das Kaiser-Wilhelm-Institut zurück, dem er in leitender Stellung bis Kriegsausbruch angehörte.

Als Berthold am 1. Juli 1931 nach Den Haag ging, musste er sich bittere Vorwürfe Georges gefallen lassen. In dessen Augen war der

Internationale Gerichtshof nur ein verlängerter Arm der Siegermächte zur dauerhaften Knebelung Deutschlands, und dass ausgerechnet Berthold da mitmachte, ärgerte ihn mächtig. Allerdings sah auch Berthold selbst in seiner Tätigkeit wenig Sinn und sprach schon nach einem halben Jahr vom Schwindel der internationalen Gerichtsbarkeit. »Die richter hier scheinen in einen zustand immer grösserer vertrottelung zu geraten und es wäre das beste man würde den ganzen haufen nach hause schicken«, hieß es Ende Oktober 1933 in einem Brief an George, und die Erleichterung, dass er sein Gehalt ab 1. Januar wahrscheinlich nicht mehr vom Völkerbund beziehen werde, war nicht zu überhören.[33] Verbunden war der Wechsel zurück nach Berlin mit der Hoffnung, doch noch ins Auswärtige Amt eintreten zu können.

Ungleich heftigeren Widerspruch als Bertholds beruflicher Werdegang weckte sein Wunsch zu heiraten. Maria Classen, genannt Mika, war als junges Mädchen nach dem Krieg im Umkreis der Stauffenbergs in Lautlingen aufgetaucht, ein Onkel hatte sie als Waise von der Krim mitgebracht. Berthold muss sich früh in sie verliebt haben. Als George davon erfuhr, nahm er Abstand von seinem Plan, Berthold einen Teil seines letzten Gedichtbands *Das Neue Reich* zu widmen, obwohl er sich sehr »um ihn verdient« gemacht habe.[34] Unter bestimmten Bedingungen hatte George nichts dagegen, dass seine Freunde heirateten, aber die ihm Nächsten wollte er erst einmal für sich behalten. Um sie von Heiratsplänen abzubringen, war ihm jedes Mittel recht; manchmal wurde der halbe Freundeskreis gegen den angeblich Abtrünnigen mobilisiert, und notfalls ließ er es zum Bruch kommen. Frank Mehnert, der Berthold im Auftrag des Meisters unablässig ins Gewissen redete, war jedoch auch selbst der Meinung, dass Ehe auf Verrat hinauslief. Er hegte eine fast krankhafte Abneigung gegen Frauen, und als er Claus erstmals nach dessen Eheschließung im Frühjahr 1934 in Bamberg besuchte, musste Nina im kalten Schlafzimmer verschwinden. Sie hat den engsten Freund ihres Mannes nie zu Gesicht bekommen.

Da sich auch der Vater Stauffenberg strikt gegen eine Ehe aussprach, die als nicht standesgemäß galt, war an Hochzeit vorerst nicht zu denken. Als Berthold nach dem Tod des Vaters im Januar 1936 umgehend alles in die Wege leitete, um Mika endlich zu heiraten, lag ihm besonders daran, diesen Schritt gegenüber den Freunden zu rechtfertigen. Er traf sich mit Frank Mehnert und Albrecht von Blumenthal und schrieb Mitte März an Claus, für jemanden wie ihn, der als Erbe eine zentrale Funktion im George'schen Staat ausübe, sei die Eheschließung keine Privatangelegenheit. Er kenne die Einwände der Freunde, sei aber davon überzeugt, dass er richtig handele. Am 20. Juni 1936 heirateten Berthold von Stauffenberg und Maria Classen. Claus und die Mutter waren dabei. Mehnert sprach von Treuebruch und verweigerte seinem Mentor, der ihn als Fünfzehnjährigen zu George gebracht hatte, bis auf Weiteres den Gruß.

Seit der Machtübernahme der Nationalsozialisten im Januar 1933 war innerhalb und außerhalb des Freundeskreises leidenschaftlich über die Bedeutung der George'schen Dichtung für den neuen Staat diskutiert worden. Nach dem Tod seines charismatischen Gründers im Dezember desselben Jahres zerfiel der Kreis endgültig in verschiedene Lager. Die jüdischen Freunde, die, wie Karl Wolfskehl, bereits ins Exil gegangen waren oder bald ins Exil getrieben wurden – als letzte verließen Ende 1938 Ernst Morwitz und Ernst Kantorowicz Deutschland –, setzten sich vehement gegen eine politische Vereinnahmung zur Wehr. Die Mehrheit aber bildeten diejenigen, die seit Längerem mehr oder weniger offen mit der nationalsozialistischen Ideologie sympathisierten und unter den in Deutschland verbliebenen Freunden den Ton angaben. Der Streit um die richtige Auslegung des George'schen Erbes wurde mithin auch – selbst wenn es den Nicht-Juden möglicherweise nicht immer bewusst war – unter rassischen Gesichtspunkten geführt.

Frank Mehnert und die drei Brüder Stauffenberg gehörten zu denen, die zwischen den Prophezeiungen der Dichtung und den Ankündigungen des neuen Staates zahlreiche Parallelen entdeckten. Sie repräsentierten jene orthodoxe Richtung des George-Kreises, die am Vorabend des Ersten Weltkriegs von Friedrich Wolters begründet worden war und aus der Dichtung eine stark durch kultische Rituale bestimmte Ersatzreligion gemacht hatte. Georges Tod war für sie Verpflichtung und

Ansporn, das Begonnene in seinem Sinne fortzusetzen. Alles, was sie fortan unternahmen, verstanden sie als »dienst an diesem grab«.[35] Aus dem Schatten des großen Toten sind sie nie wirklich herausgetreten.

Ihr schärfster Widersacher war Robert Boehringer, der seit 1920 in der Schweiz lebte und von George 1932 zum Haupterben eingesetzt worden war. Boehringer sah in George vor allem den begnadeten Dichter, der einen Kreis Gleichgesinnter um sich geschart hatte, die den gleichen Idealen anhingen, dessen Sendung mit seinem Tod jedoch beendet war. Eigenwillig, pragmatisch, vermögend, war Boehringer schon immer durch erstaunlich nüchterne, geradezu provokante Bemerkungen aufgefallen und so früh zum Ärgernis der George-Panegyriker geworden. »In der vorletzten Nacht träumte ich«, schrieb er am 12. April 1934 an Berthold von Stauffenberg und Frank Mehnert, »d[er] M[eister] lebe und ich war glücklich, dass wir ihn über all unsre Sorgen befragen konnten. Aber er wollte nichts davon wissen.«[36]

Schon bei der ersten Sichtung des Nachlasses am Abend nach der Beerdigung waren die Meinungen auseinandergegangen. Boehringer, Berthold von Stauffenberg und Mehnert hatten die beiden kleinen Segeltuchkoffer geöffnet, die George in den letzten Jahren bei sich trug und in denen er persönliche Dinge aufbewahrte. Unter zahlreichen Fotografien und Manuskripten fanden sie ein blaues Schulheft mit einem geheimnisvollen Text. Boehringer erfasste auf der Stelle, dass es sich um eine Übersetzung des ersten Gesangs der *Odyssee* in jene Geheimsprache handelte, die George in seiner Jugend entwickelt und in der er sich ein Leben lang Notizen gemacht hatte, die für andere unverständlich bleiben sollten. Die Homer-Übersetzung war der Schlüssel zu dieser Sprache – so etwas wie der Stein von Rosette zur Entschlüsselung der Hieroglyphen.

Boehringer könne doch nicht im Ernst verlangen, dass dieses Heft aufbewahrt werde, brach es aus Mehnert heraus. Dann würden früher oder später die Philologen darüber herfallen, eventuell noch auftauchende Notizzettel in der Geheimsprache würden sofort übersetzt und privateste Dinge so ans Licht der Öffentlichkeit gezerrt. Was der Meister sogar vor seinen engsten Vertrauten verborgen gehalten habe, dürfe auf keinen Fall der Nachwelt zugänglich gemacht werden. Dass er gerade die Übersetzung des Anfangs der *Odyssee* ein Leben lang bei sich getragen habe, zeige im Übrigen, wie nahe man hier am Quell echter Dichtung stehe. Boehringer hielt dagegen. Der Meister sei von der Menge schon immer falsch interpretiert worden; man müsse jedoch darauf vertrauen, dass sein Werk auch in Zukunft allen Anwürfen standhalte. Wenn man jetzt jedes Stück Papier beseitige, das irgendwann einmal möglicherweise gegen ihn verwendet werden könnte, verhalte man sich recht kleinmütig. Und woher nehme man eigentlich das Recht, Teile seines Nachlasses zu vernichten? Hätte George das blaue Heft selektieren wollen, hätte er es selbst getan. Dann wurde Boehringer grundsätzlich: Mehnert und die Stauffenbergs wollten den Meister offenbar für sich behalten. Ihr Glaube, dass der Kreis weiterlebe, wenn man um den Toten eine möglichst hohe Mauer errichte, laufe jedoch auf eine schwere Selbsttäuschung hinaus.

Wenn George eine Diskussion unter seinen Freunden, die aus dem Ruder zu laufen drohte, auf das Wesentliche zurückführen wollte, wandte er sich gern Berthold von Stauffenberg zu und sagte:»Wir wollen hören, wie Adjib darüber denkt.« Adjib war der Kosename Georges für Berthold – der Wunderbare, nach einem Prinzen aus *Tausendundeiner Nacht*. Weil Berthold wenig sprach, galt sein Urteil im Kreis der Freunde umso mehr. Berthold solle entscheiden, meinte jetzt auch Boehringer. Anders als Mehnert, ging Berthold Konfrontationen gern aus dem Weg. Ob es auch ohne den Meister einen Kreis gebe, werde sich in der Praxis erweisen, da habe Boehringer recht. In der Sache müsse er jedoch Frank beipflichten. Es gehe um Konzentration und Sammlung, und da Philologie ihrem Wesen nach auf Zersetzung hinauslaufe, plädiere er dafür, die *Odyssee* zu verbrennen. So geschah es.

Verbrannt wurden Anfang Dezember auch, antikem Brauch folgend, das Bett des Toten – nie sollte ein Sterblicher behaupten dürfen, im Bett des Meisters geschlafen zu haben – und natürlich die Nacktaufnahmen der Epheben, von denen keiner wollte, dass sie irgendwann einmal in unbefugte Hände gelangten.

An Weihnachten 1933 trafen sich die drei Erben in Minusio, um eine von Mehnert zusammengestellte Liste mit zehn Punkten abzuarbeiten. Zu besprechen waren Entwürfe für den Grabstein, der Mietvertrag – Mehnert wäre gern als Verwalter in Minusio geblieben und hätte das Haus als eine Art Gedenkstätte für die Freunde ausgebaut –, die Gründung einer Stiftung zur Pflege des dichterischen Werkes, anstehende Veröffentlichungen und nicht zuletzt die schwierige Frage, wie das Sammeln und Sichten des Nachlasses organisiert werden sollte. Allen Unkenrufen Mehnerts zum Trotz erwies sich Boehringer als höchst entgegenkommend, fast alle Fragen konnten einvernehmlich, geradezu freundschaftlich geregelt werden. Berthold von Stauffenberg hielt ihm auch später immer zugute, dass er seine Rechtsposition als Alleinerbe nicht ausspielte, sondern stets um Konsens bemüht war.

Im Grundsatz freilich lag man weit auseinander. Boehringer wollte das Erbe nicht als Auftrag zur Fortführung des George'schen Wirkens in die Zukunft verstehen, sein Augenmerk richtete sich auf Sammlung und Bewahrung. Mehnert wehrte sich gegen alles, was nach Zäsur aussah. Die unterschiedlichen Positionen traten besonders klar hervor, als es darum ging, welche Abbildung man dem letzten, für 1934 geplanten Band der George'schen Gesamtausgabe voranstellen sollte. Jeder der bis dahin erschienenen 14 Bände enthielt ein Frontispiz, ein Foto oder ein Faksimile, und Boehringer schlug vor, dem Schlussband ein Foto der Totenmaske beizugeben. Sie sei für ihn der erhabenste Ausdruck der Größe und Gewalt dieses Lebens und stehe zugleich für das unwiderrufliche Ende – die Maske als Schlussstein sozusagen. Mehnert wollte den Meister auf keinen Fall als einen Toten zeigen. Berthold, der die Totenmaske eigentlich großartig fand, beruhigte Mehnert, bat Boehringer aber, seinen Vorschlag noch einmal zu überdenken. Im Juni 1934 erschien der Schlussband ohne Foto.

Mehnert blieb bis Februar in Minusio und kümmerte sich um die Gestaltung der Grabplatte. Dann musste das Haus geräumt werden. Auf dem Weg nach Berlin – wo er fürs Erste in Thormaehlens Atelier unterkam – machte Mehnert bei Claus von Stauffenberg in Bamberg Station. Was auch immer sie besprachen, drei Dinge waren zwischen ihnen unstrittig: dass der Meister ihnen einen Auftrag hinterlassen hatte, dass Boehringers Form der Bewahrung der falsche Weg war und dass in Deutschland jetzt Tatsachen geschaffen würden, die ohnehin ganz andere Perspektiven eröffneten.

Robert Boehringer hätte sich als Universalerbe in allem die letzte Entscheidung vorbehalten können, aber er setzte auf Zusammenhalt und Kompromiss und hielt die Einbindung der Nacherben wohl nicht zuletzt wegen der politischen Zustände in Deutschland für den richtigen Weg. Weil er sich weigerte, deutschen Boden zu betreten, solange Hitler an der Macht war, reisten Berthold von Stauffenberg und Mehnert in den folgenden Jahren regelmäßig in die Schweiz – Berthold zuletzt im Mai 1943 –, um sich mit ihm abzustimmen.

Im Dezember 1935 vereinbarte Boehringer mit Berthold von Stauffenberg und Frank Mehnert bei einem gemeinsamen Besuch in Minusio, dass der Briefwechsel zwischen Stefan George und Hugo von Hofmannsthal für den Druck vorbereitet werden sollte. Im Laufe des Jahres waren mit Hofmannsthals Tochter Kopien ausgetauscht worden, und sowohl Georges Hausverlag Bondi als auch Gottfried Bermann Fischer zeigten Interesse an einer Veröffentlichung. Die Edition sollte von Boehringer betreut werden. Als dieser nach Überwindung zahlreicher Schwierigkeiten im Frühjahr 1938 schließlich ein Satzmanuskript vorlegte, machten Berthold von Stauffenberg und Mehnert Bedenken geltend. Sie wandten sich scharf gegen die ihrer Meinung nach viel zu umfangreichen Anmerkungen, vor allem aber gegen eine Veröffentlichung jenes Briefes vom 10. Januar 1892, in dem der 23-jährige Stefan George dem 17-jährigen Hugo von Hofmannsthal unumwunden seine Liebe gestand.

Während Boehringer für einen vollständigen Abdruck sämtlicher Briefe plädierte, vertraten Stauffenberg und Mehnert die Auffassung, es sei alles wegzulassen, was George kompromittieren könnte. Insbesondere verstoße es gegen den Willen des Meisters, einen Brief zu publizieren, den er selbst schon damals vom Adressaten zurückverlangt habe, damit ihn kein anderer je zu Gesicht bekomme. Mehnert

räumte ein, dass der Brief »der schlüssel für diese erste periode der bekanntschaft« sei, wenn man ihn fortlasse, bekäme »der erste teil des
briefwechsels etwas merkwürdig unbefriedigendes, ja quälendes«. Ob
es daher nicht besser sei, den Anfang ganz wegzulassen und »erst mit
der späteren korrespondenz, die auf einer unpersönlicheren ebene
spielt, zu beginnen?«[37] Zum Verständnis der Beziehung sei die Korrespondenz vom Jahreswechsel 1891/92 zweifellos entscheidend –»aber
für wie wenige! Wer hat heute schon die fähigkeit das richtig zu sehn
und damit das recht hier einblick zu nehmen? Da die wenigsten von
den voraussetzungen etwas ahnen, spielt das drama für sie auf einer
nur allzu menschlichen ebene und sie werden es umso mehr missver-
stehen, je begreiflicher sie den vorgang an sich finden.«[38]
     Natürlich sei die Lektüre quälend, schrieb Boehringer am 22. April
1938 an Mehnert, er halte jedoch »ein völliges abgleiten der einbil-
dung ... heute ... nicht mehr für möglich«. Für ihn sei der erste Abschnitt der Korrespondenz der wichtigste –»denn da geht es um den
menschen« –, und er verzichte lieber auf die Veröffentlichung des Ganzen, als diese Briefe wegzulassen.[39] Drei Tage später schrieb ihm Berthold von Stauffenberg, er habe sich den ersten Abschnitt der Korrespondenz »im zusammenhang vorlesen lassen, um die unmittelbare
wirkung besser beurteilen zu können. Dabei ergab sich ganz stark der
eindruck, dass das peinliche und quälende mindestens zu einem grossen
teil entfallen würde, wenn man den briefwechsel zwischen d[em] M[eis-
ter] und dem vater Hofmannsthal weglassen würde.«[40] Boehringer
wollte zum besseren Verständnis des dramatischen Ablaufs der ersten
Januartage 1892 die Briefe des Vaters abdrucken, aus denen hervorging,
dass sich sein Sohn von Stefan George bedrängt fühlte. Nach Stauffenbergs Intervention verzichtete Boehringer auf deren Veröffentlichung.
     Von Mitte April bis Mitte Mai 1938 wurden zwischen Genf und
Berlin fast täglich Briefe gewechselt. Boehringer war zunehmend genervt und betonte wiederholt, wie viel Arbeit er in die Edition gesteckt habe, dass er für konstruktive Kritik jederzeit offen sei, dass es
aber eine Grenze der Geduld gebe. Im Übrigen habe er »mit schrecken
erkannt, wie verschieden wir empfinden«, schrieb er am 19. Juni an

Stauffenberg und Mehnert, ihre Zusammenarbeit bilanzierend. »Wo ich d[en] M[eister] sehe und nur d[en] M[eister] gross, glühend, nicht nachlassend, da bedenken Sie, welche missverständnisse bei welchem schelm oder dummkopf entstehen könnten. Das macht mich recht besorgt für künftige gemeinsame arbeit.«[41] Am Sonntag darauf besuchte Berthold seinen jüngeren Bruder in Wannsee und zeigte ihm Boehringers letzte Briefe. »Was soll man da noch sagen?«, schrieb Claus am gleichen Abend an Mehnert. »Will er oder kann er uns nicht mehr verstehen? Ich bin wirklich recht deprimiert … Der ton der briefe ist so dass man zweifeln muss ob durch mündliche aussprache sich noch viel ändern wird. Etwas derartig schiefes wie die stellungnahme zu den briefen d[es] M[eister]s an Dr. v[on] H[ofmannsthal] ist schwer vorstellbar. Die nächste konsequenz müsste dann doch sein dass man wahllos alles was überhaupt vom M[eister] hinterlassen ist und das publikum noch nicht kennt, schleunigst in die menge wirft!«[42] Aus Angst, George könnte auf menschliche Maße reduziert werden, verteidigten die Stauffenbergs umso entschiedener das Bild des ins Monumentale stilisierten Dichter-Priesters, mit dem sie selbst aufgewachsen waren. Deshalb kam auch ein geplanter Fotoband nicht zustande: Während Boehringer das Leben Georges in der Breite dokumentieren wollte, bevorzugten die Nacherben die preziösen Studioaufnahmen aus dem Atelier Hilsdorf und lehnten alles ab, was den Menschen und Privatmann gezeigt hätte.

Claus berichtete seinem Bruder über den Stand der Verhandlungen mit der Stadt Bingen. Es ging um die Übergabe des Elternhauses des Dichters sowie die Umbenennung des städtischen Gymnasiums. Am 22. Juni 1938 hatte Claus von Stauffenberg im Auftrag der Erben hierüber ein zweistündiges Gespräch mit dem zuständigen Stadtrat Wagner geführt. Dass sein Gegenüber gar nicht als Erbe ausgewiesen war, kümmerte den Stadtrat offenbar wenig, er ging davon aus, wie Stauffenberg stolz registrierte, »verhandlungspartner sei sozusagen ›der Kreis‹«.[43] Stauffenberg beeindruckte den Stadtrat nicht nur durch die Uniform eines Rittmeisters – Waffenfarbe Goldgelb –, sondern sicherlich auch dadurch, dass er sich während der einwöchigen Abschlussreise der Kriegsakademie an den Rhein die Zeit genommen hatte, nach Bingen zu kommen.

Stadtrat Wagner musste ein leidiges Thema anschneiden. Es seien neuerdings Zweifel an der nationalen Zuverlässigkeit des Dichters aufgekommen, der angeblich nicht in Deutschland habe beerdigt werden wollen, es gebe entsprechende Anfragen der Gestapo. Seit ein im März 1934 im antisemitischen Hetzblatt *Der Stürmer* erschienener Artikel behauptet hatte, George sei eigentlich Jude gewesen und insbesondere von Juden gefördert worden, wurde über die Bedeutung seines Werkes für den neuen deutschen Staat verstärkt unter Rassengesichtspunkten diskutiert. Claus von Stauffenberg hatte umgehend Einspruch erhoben – »als Deutscher und Soldat«. In einem Brief an das Propagandaministerium verwahrte er sich vier Tage nach dem *Stürmer*-Artikel gegen die dort aufgestellten Behauptungen, »da so leicht Irrtümer u. Disziplinwidrigkeiten untergründiger Nazi zum Staatsgesetz erhoben oder doch als solches angesehen werden«.[44]

Der Verdacht, George sei »undeutsch«, grenzte für Stauffenberg an Verleumdung. Trotzdem mussten die Einwände örtlicher Parteigrößen, von denen ihm Stadtrat Wagner im Juni 1938 in der Kneipe auf Burg Klopp berichtete, ernst genommen werden. »Hier beruhigte ich und wies auf meine Uniform und dass ich mich nie scheuen würde mich zur Auskunft zur verfügung zu stellen.« Der Stadtrat schien »sehr dankbar für die anregung wenn etwas geschähe sich vertrauensvoll an uns zu wenden«.[45] Zur geplanten Feier der Schulumbenennung sollten die Erben einen Redner benennen. »Die frage der verkündung des 3. Reichs wäre möglichst aus dem spiel zu lassen«, empfahl der Stadtrat, solange die staatlichen Stellen in diesem Punkt Unverständnis zeigten, »denn früher oder später würden es doch die dümmsten merken« – dass nämlich an Georges Bekenntnis zum nationalsozialistischen Staat gar keine Zweifel möglich seien.[46]

Anderthalb Jahre später, am 24. Januar 1940, fand bei klirrender Kälte die Übergabe des George-Hauses in der Hinteren Grube statt. Der jüngste der Freunde, Cajo Partsch, hatte eine 25-seitige Liste der Einrichtungsgegenstände und Bücher erstellt, sämtliche Positionen wurden bei einer gemeinsamen Begehung mit den Vertretern der Stadt überprüft. »Nach der verlesung überreichte Cl[aus] die schlüssel und sagte einige worte, die ihren zweck offenbar nicht verfehlten ... Einen gemeinsamen trunk wusste Cl. geschickt zu vermeiden.« Er setzte seine Unterschrift unter das Verzeichnis: »Für die Erben Stefan Georges: Claus Graf Stauffenberg. Hauptmann im Genst.« und machte anschließend mit Partsch einen Gang nach Büdesheim, zum Geburtshaus des Dichters, das er noch nicht kannte. »Das tal und die weinberge lagen in tiefem schnee – ein ganz neues bild.«[47] Zum Schluss suchten die beiden noch den Steinmetz in Bingen auf, um mit ihm über einen geeigneten Stein für das Grab der im Dezember 1938 gestorbenen Schwester des Dichters zu beraten.

Kurz darauf gestand Stauffenberg in einem Brief an Mehnert, dass es an diesem Tag eine Panne gegeben habe: »Vor der übergabe stellte sich heraus dass der Cajo einen ledernen Reisebecher und 2 kleine japanische flache teller-schälchen aufzunehmen vergessen hatte da die mittlere Lade nicht geöffnet werden konnte. Da das inventar nicht abgeschrieben sondern fotokopiert war war eine nachträgliche verbesserung nicht möglich. So wollten wir die dinge auch nicht dort lassen, zumal nicht den Lederbecher der den anschein macht als sei er als wanderbecher benutzt worden. So nahm ich die sachen mit. Würdest Du es für unziemlich halten wenn ich den lederbecher als ein schönes glückspfand ins feld mitnähme?«[48]

Im Dezember war an der Elbbrücke in Magdeburg eine von Frank Mehnert geschaffene lebensgroße Statue aufgestellt worden. Die fünf Jahre zuvor eingeweihte Brücke trug den Namen »Brücke der Magdeburger Pioniere«, und Claus von Stauffenberg hatte für den Pionier Modell gestanden. Zunächst war es um ein SA-Denkmal vor dem Magdeburger Dom gegangen, für das Claus dem Freund ebenfalls Modell gestanden hatte, auch wenn es ihm schwergefallen war, ausgerechnet als SA-Mann verewigt zu werden. Nachdem sein Entwurf im Wettbewerb unterlegen war, hatte Mehnert Anfang 1935 dank lokaler Protektion den Auftrag für das Brückenstandbild erhalten. Parallel dazu arbeitete er Mitte der dreißiger Jahre an mehreren Hitler-Büsten

sowie an einer dreifach lebensgroßen Hindenburg-Statue für die Hin-
denburg-Ehrenhalle in Magdeburg.

Mitte November 1939 schickte Mehnert Fotos vom fertigen Magdeburger Pionier an Claus und kündigte an, dass auch eine Gemeinschafts-
ausstellung mit befreundeten Bildhauern geplant sei. Stauffenberg
bedankte sich. Er freue sich, »die ersten Zeugen einer neuen Kunst in
gemeinsamer öffentlicher aufstellung in einer deutschen stadt zu
sehen. Ich finde dies einen schönen und beruhigenden gedanken. Es
ist auch nicht unbedeutend, dass dies im beginn eines langen und ent-
scheidungsvollen Krieges geschieht.«[49] Bei der Einweihung des Denk-
mals könne er, wie er dem Freund eine Woche später mitteilte, leider
nicht dabei sein, »so sehr ich mich sehne Dich wieder zu sehn«. Noch
einmal stellte er Mehnerts Kunst, die ihm seit Langem als höchster
bildnerischer Ausdruck der von George begründeten Gemeinschaft
galt, in den großen Zusammenhang des Krieges: »Mit jedem was Du
vollbringst eroberst Du uns ein stück unsterblichkeit, machst Du dies
land schöner, bestärkst Du unsern glauben an unsre sache und ihre
endliche unfehlbarkeit, baust Du *den* westwall der *meine* unüberwind-
liche festung ist, von der aus wir einmal zu verteidigen und zu erobern
wissen werden. In Liebe Dein Claus. seit 1. 11. Hauptmann.«[50]

Der Pionier an der Magdeburger Brücke stand nicht einmal zweieinhalb Jahre. In der Nacht vom 26. auf den 27. März 1942 wurde die
vierzig Zentner schwere Figur aus Muschelkalk von Unbekannten
umgestürzt und in die Elbe gerollt. Die Bruchstücke kamen nach
Rückgang des Elbhochwassers zum Vorschein. Mehnert kochte vor
Wut. Er hoffe sehr, dass man die Täter ausfindig mache und bestrafe,
schrieb er an Berthold von Stauffenberg. »Claus schrieb ich bisher
nichts davon da er sich darüber vielleicht mehr ärgerte als ich. Aber sie
sollen sich darüber nicht freuen: eine hydra soll ihnen in uns erwach-
sen. Für ein umgestürztes bild wollen wir ihnen zwölf noch grössere
und schönere aufrichten. Heil! Frank«[51]

6 Die Krise der Wehrmacht

November 1937 bis September 1938

Seit Hitler sich im März 1936, beim Einmarsch deutscher Truppen ins Rheinland, über alle Warnungen der Heeresspitze vor einem französischen Gegenschlag hinweggesetzt und Fakten geschaffen hatte, hielt er seine Generale für »unheilbare Pessimisten, die man nicht ernst zu nehmen brauchte«.[1] Zweieinhalb Jahre später, nach der Besetzung der sudetendeutschen Gebiete der Tschechoslowakei, wollte er seiner Enttäuschung über den anhaltenden Kleinmut der militärischen Ratgeber Luft machen. »Der Kampf gegen Übermacht ist von jeher deutsches Schicksal gewesen«, so der Entwurf zu einem persönlichen Erlass an das Offizierkorps. Statt der Führung Gehorsam zu erweisen, hätten die Generale gezögert und die Stärke des Gegners maßlos übertrieben. Aber »sich selbst nicht zuzutrauen, was vom Feinde selbstverständlich erwartet wird, die eigene Kraft gering zu schätzen und die der Gegner zu vergrößern, sind unsoldatische Erscheinungen und Zeichen einer falschen militärischen Erziehung.« Hitler unterstrich ein weiteres Mal, dass die Entscheidung über Krieg und Frieden allein bei ihm liege: »Die militärischen Realitäten als Größenfaktor richtig einzureihen in die politische Zielsetzung ist allein Aufgabe des Staatsmannes. Wollte er darauf warten, bis seine Wehrmacht im vollen Maße kriegsbereit ist, er käme nicht zum Handeln, denn eine Wehrmacht ist nie fertig.«[2]

Ganz so zaghaft und kleinmütig, wie sie hier charakterisiert wurden, waren die deutschen Generale mitnichten. Seit Mitte der zwanziger Jahre hatte in den Aufmarsch- und Operationsplänen des Truppenamtes eine Offensive gegen die Tschechoslowakei als mögliches Kriegsszenario gegolten und war unter verschiedenen bündnispolitischen Konstellationen wiederholt durchgespielt worden. Unabhängig

von der Frage, ob von der Tschechoslowakei eine tatsächliche militärische Bedrohung ausging und auf welche Partner sie sich im Kriegsfall stützen konnte, stellte das Land, das sich wie ein Keil in das Deutsche Reich hineinschob – die Militärs sprachen von der gefährlichen
»Wespentaille« auf Höhe der Mainlinie –, aus strategischer Sicht ein
Problem dar, das man im deutschen Generalstab am ehesten durch
einen Überraschungsangriff glaubte lösen zu können. Die wichtigste
politische Voraussetzung dafür war, dass ein aktives Eingreifen dritter
Staaten, insbesondere Englands und Frankreichs, ausgeschlossen werden konnte. In einer später berühmt gewordenen Besprechung am 5. November
1937 machte Hitler den Spitzen der Wehrmacht klar, dass sie sich konkret mit einem baldigen Angriff auf Österreich und die Tschechoslowakei befassen sollten. Neben Reichskriegsminister von Blomberg
und den Oberbefehlshabern der drei Teilstreitkräfte war an diesem
Nachmittag auch der Außenminister, Konstantin von Neurath, in die
Reichskanzlei bestellt worden. In einem über zweistündigen Mono-
log, von dem Wehrmachtsadjutant Oberst Hoßbach eine Mitschrift
anfertigte, entwickelte Hitler seine Lebensraumvision: Das deutsche
Volk werde nur überleben, wenn es sich selbst ernähren könne und
über entsprechende Flächen zur landwirtschaftlichen Produktion verfüge. Die Raumfrage müsse gelöst werden, bevor die anderen Mächte
den Rückstand in der Rüstung aufholten, spätestens 1943/45, wenn
Deutschland seine größte militärische Stärke erreicht habe und in vol-
lem Umfang ausspielen könne.

Im zweiten Teil seiner Ausführungen entwarf Hitler ein Bild der
aktuellen politischen Lage, das mit der Realität wenig zu tun hatte.
Briten und Franzosen seien über kurz oder lang durch außereuropäi-
sches Engagement geschwächt, durch innenpolitische Querelen abge-
lenkt, vielleicht bald sogar durch einen Konflikt mit Italien im Mittelmeerraum gebunden. Weil sie sich deshalb weniger für die Entwicklung
in Zentraleuropa interessierten, so erklärte Hitler seinen erstaunten
Zuhörern, könnte sich für das Deutsche Reich in absehbarer Zeit die
Chance eröffnen, Österreich und die Tschechoslowakei gleichsam über

Nacht zu kassieren. Das war reines Wunschdenken, das den Außenminister nicht weniger alarmierte als den Kriegsminister. Der Oberbefehlshaber des Heeres, Generaloberst von Fritsch, ging nach dem Vortrag von unmittelbar drohender Kriegsgefahr aus.

Generalstabschef Ludwig Beck, dem Hoßbach wenige Tage später seine Mitschrift zukommen ließ, leugnete zwar nicht »die Zweckmäßigkeit, den Fall Tschechei (evtl. auch Österreich) bei sich bietender Gelegenheit zu bereinigen«. Er warnte jedoch nachdrücklich davor, »die Größe der Gegnerschaft Frankreichs und Englands« zu unterschätzen; zunächst müssten alle Möglichkeiten, sich mit diesen beiden Völkern zu arrangieren, ausgeschöpft werden. Bei Hitlers Ausführungen handele es sich »um vage Zukunftsspekulationen«, die wenig durchdacht und als Grundlage militärischer Planungen jedenfalls ungeeignet seien.[3] Was Beck ebenso wie Blomberg und Fritsch entging, war die Tatsache, dass Hitlers Visionen auf weit größere Territorien zielten und die Eingliederung Österreichs wie auch die Zerstörung der Tschechoslowakei in seinem Lebensraumkonzept lediglich Vorstufen eines viel umfassenderen, nach Osten gerichteten Eroberungskriegs darstellten.

Vor allem unterschätzten die Militärs das heilsgeschichtliche Moment in Hitlers Denken. Die an sich schon waghalsige Vorstellung, dass sich das Schicksal des deutschen Volkes im Kampf um neuen Lebensraum entscheide, verknüpfte sich für ihn aufs Engste mit der Überzeugung, dass nur er selbst in der Lage sei, die Deutschen in diesen Überlebenskampf zu führen. Dass er die Eroberung neuen Lebensraums als geschichtlichen Auftrag verstand, machte Hitler auch in der Geheimsitzung am 5. November 1937 klar: Seine Ausführungen seien »als seine testamentarische Hinterlassenschaft für den Fall seines Ablebens anzusehen«.[4] Wenige Tage zuvor hatte er in einer Rede vor Parteifunktionären erklärt, dass ihm aufgrund genetischer Vorbelastung wahrscheinlich keine hohe Lebenserwartung beschieden sei. Von daher erachte er es als »notwendig, die Probleme, die gelöst werden müssten (Lebensraum!), möglichst bald zu lösen ... Spätere Generationen würden dies nicht mehr können.«[5]

Das eschatologische Denken Hitlers war Soldaten wie Fritsch und Beck, die ausschließlich nach Kriterien militärischer Rationalität urteilten, völlig fremd. Sie hielten das Tempo, das Hitler mit einem Mal an den Tag legte, für ein Ergebnis mangelnden Überblicks und trugen Argumente zusammen, mit denen sie seine offenbar falschen Prämissen im Einzelnen widerlegen zu können glaubten. Auf diese Weise hofften sie die Kriegsplanungen weiterhin entsprechend militärischen Zwecken steuern zu können. Unterhalb der obersten Befehls- und Kommandoebene entfaltete der Hitler'sche Eroberungswahn jedoch eine erstaunliche Eigendynamik. Dies zeigt auch das Beispiel Claus von Stauffenbergs.

Am 9. September 1938 rückte seine Division im Rahmen einer »Übung« aus und erreichte drei Tage später das Operationsgebiet in den nördlichen Ausläufern des Erzgebirges auf der Grenze zwischen Thüringen und Sachsen. Am 23. September wurde dem Divisionsstab der Zweck der Übung bekannt gegeben: Einsatz gegen die Tschechoslowakei. In den darauf folgenden Tagen erhielt die 1. leichte Division, bei der Stauffenberg seit 1. August eine Stabsstelle bekleidete, ein Panzer- und ein Infanterieregiment sowie weitere Truppen zur Verstärkung. Am 29. September, dem Tag, an dem die Division ihre Bereitstellung an der deutsch-tschechischen Grenze bezog, stimmten Großbritannien und Frankreich auf einer eilig nach München einberufenen Konferenz einer Abtretung der sudetendeutschen Gebiete an das Deutsche Reich im letzten Moment zu. Damit war die Kriegsgefahr gebannt. Tschechische Truppen räumten die sudetendeutschen Gebiete, in die zwei Tage später die Deutschen einmarschierten.

Stauffenberg war als Zweiter Generalstabsoffizier (Ib) seiner Division mit typischen Besatzungsaufgaben betraut, mit der Beschaffung von Quartieren und Verpflegung, aber auch mit dem Aufbau einer neuen Infrastruktur etwa für die Energieversorgung. Mitte Oktober kehrte die Division zurück in die Garnison nach Wuppertal. Vor dem Wuppertaler Industriellenklub »Concordia« hielt Stauffenberg vier Wochen später einen Vortrag über die Erfahrungen, die er als

Generalstabsoffizier beim Einmarsch ins Sudetenland gesammelt hatte. Dabei übte er nach der Erinnerung von Zuhörern keinerlei Kritik an dem deutschen Vorgehen. Dennoch scheint er mit dem Ergebnis insgesamt nicht ganz glücklich gewesen zu sein.

Darauf deutet ein kleiner Sketch, den Stauffenberg in diesen Tagen zusammen mit zwei anderen Offizieren zur allgemeinen Unterhaltung aufführte. Die Aufgabe, die die drei in dem Stück übernommen hatten, lautete, einen Panzerkeil zum Ural zu treiben. Weil ihnen unterwegs der Treibstoff ausging, eroberten sie nebenbei gleich noch die Ölfelder am Kaspischen Meer und ließen eine Überlandröhre bauen. Vielleicht handelte es sich um eine Überkompensation infolge des plötzlichen Spannungsabfalls. Aber der launige Auftrag, gleich weiter Richtung Osten vorzustoßen, war zweifellos mehr als ein »Scherzspiel«.[6] Darin kam wohl auch eine gewisse Enttäuschung zum Ausdruck. »Es sei ein merkwürdiges Gefühl«, sagte Stauffenberg nach Rückkehr aus dem Sudetenland zu seiner Frau, »ein gezogenes Schwert wieder in die Scheide stecken zu müssen.«[7]

In seinem kleinen Briefwechsel mit General Sodenstern griff Stauffenberg das Thema auf. Vorwürfe, das Offizierkorps habe es in der Sudetenkrise an Unterstützung für die Reichsregierung fehlen lassen, seien unberechtigt. In der Tat habe man sich Zurückhaltung auferlegt, aber nicht aus einer falschen soldatischen Einstellung heraus, sondern weil man von der Politik nicht umfassend einbezogen worden sei. Wäre die politische Führung bereit gewesen, dem Offizierkorps jenes »Maß an Vertrauen und Mitverantwortung einzuräumen, welches eben unerlässlich ist für die Führung der bewaffneten Nation«, wäre es zu dieser »Disharmonie« zwischen Politik und Armee im September 1938 nicht gekommen. Wer dem Offizierkorps vorwarf, es sei in der Sudetenkrise »nicht genügend ›mitgegangen‹«, hatte nach Stauffenbergs Ansicht ein falsches Bild von soldatischer Verantwortung.[8] Vor diesem Hintergrund gewinnt der von Rudolf Fahrner aus der gleichen Zeit überlieferte und zum Beweis früher Opposition oft zitierte Satz Stauffenbergs »Der Narr macht Krieg!«[9] eine völlig andere Bedeutung: »Der Narr macht Krieg – ohne uns einzubinden!«

Hitler selbst hat das Ergebnis der Münchener Konferenz später
stets als Niederlage bezeichnet. Es sei ein Fehler gewesen, zugewartet
zu haben, bis die Westmächte die Tschechoslowakei fallen ließen. Er
hätte schon damals eine radikale Lösung bevorzugt und die Tschechoslowakei in einem blitzartigen Überfall am liebsten gleich ganz von
der Landkarte gelöscht. Diese Ansicht deckte sich mit dem, was Stauffenberg in den Tagen nach der Sudetenkrise empfand. Auch er bedauerte die »weiche« Lösung, das Ganze sei ja leider nur ein »Bluff« gewesen.[10] Wäre es nach ihm gegangen, dann hätte die Wehrmacht in der
Krise vom September 1938 gut und gern unter Beweis stellen können,
was in ihr steckte. Hitler sah das nicht anders. Auf dem Höhepunkt
der Krise sagte er zu dem Führer der Sudetendeutschen Partei Konrad
Henlein, der einen friedlichen Anschluss bevorzugte, er brauche jetzt
»eine Bewährungsprobe für die junge Wehrmacht«.[11]

Dass die Heeresleitung seinem Drängen auf ein baldiges Losschlagen
gegen Österreich und die Tschechoslowakei im Winter 1937/38 alle
möglichen Einwände entgegensetzte, erboste Hitler nachhaltig. Umso
dankbarer war er, als sich ihm Ende Januar 1938 die Gelegenheit zu
einem Umbau der Spitzengliederung eröffnete. Kriegsminister Werner
von Blomberg hatte am 12. Januar eine ehemalige Prostituierte geheiratet und ausgerechnet Hitler und Göring als Trauzeugen gewonnen;
als das Vorleben seiner Frau kurz darauf bekannt wurde, musste Blomberg seinen Abschied nehmen. Bei der Suche nach einem geeigneten
Nachfolger erinnerte sich Hitler, dass anderthalb Jahre zuvor über das
Privatleben des Oberbefehlshabers des Heeres, Werner von Fritsch,
Gerüchte aufgetaucht waren, er sei von einem Berliner Strichjungen
erpresst worden.

Die Akte, die der Chef der Sicherheitspolizei und des SD, Reinhard
Heydrich, in seinem Safe aufbewahrte, landete am 25. Januar auf Hitlers Tisch. Ob Hitler Angst vor der Aufdeckung eines weiteren Skandals hatte oder die Gelegenheit beim Schopf packen und im Zuge der
Entlassung Blombergs den unbotmäßigen Fritsch gleich mit loswer-
den wollte, ist bis heute umstritten. Am Abend des folgenden Tages

kam es in der Reichskanzlei jedenfalls zu einer gespenstischen Szene:
Der Oberbefehlshaber des Heeres gab dem Staatsoberhaupt in Gegenwart des preußischen Ministerpräsidenten Göring sein Ehrenwort,
den kriminalpolizeilich geführten Erpresser Otto Schmidt, den die
Gestapo aus einem Strafgefangenenlager im Emsland zur Gegenüber-
stellung herbeigeschafft hatte, nicht zu kennen.

Dass sich der oberste Soldat so schmählich demütigen lassen musste
und sein Ehrenwort dann nicht angenommen wurde, war die eine
Seite des Skandals. Dass die Generale des Heeres eine solche Behandlung ihres – wie fünf Wochen später durch ein Kriegsgericht festgestellt wurde – vollkommen zu Unrecht verdächtigten Oberbefehlshabers mehr oder weniger widerspruchslos hinnahmen und nicht einmal
seine Rehabilitierung durchsetzen konnten, galt kritischen Beobach-
tern als das eigentliche Menetekel der Affäre.

Bei der Gestapo wusste man seit Längerem, dass eine Verwechslung
mit einem Rittmeister a. D. Achim von Frisch vorlag. Himmler und
Heydrich ließen den Dingen jedoch ihren Lauf, weil sie mit Blick auf die
Wehrmacht eigene Ambitionen verfolgten und sich von einer Demis-
sion des Oberbefehlshabers einen erheblichen Machtzuwachs für die SS
versprachen. Göring, der sich Hoffnung auf die Nachfolge Blombergs
machte, intrigierte ebenso wie General Wilhelm Keitel, der zielgerichtet
darauf hinarbeitete, Kompetenzen der Heeresführung in den Zuständigkeitsbereich des Wehrmachtamts zu überführen. Fritschs ungeschicktes
Agieren und die Tatsache, dass er sich die unwürdige Behandlung überhaupt gefallen ließ, trugen dazu bei, das Vertrauen in den Oberbefehlshaber weiter zu untergraben. Nach einigem Hin und Her entschied
Hitler Anfang Februar, die Spitze der Wehrmacht neu zu organisieren.

Das Kriegsministerium wurde aufgelöst, der Posten des Ministers
abgeschafft. Hitler, als Staatsoberhaupt nominell Oberbefehlshaber der
Wehrmacht, übernahm jetzt unmittelbar und *de facto* den Oberbefehl
über die Streitkräfte. Das bis dahin dem Kriegsministerium unterste-
hende Wehrmachtamt wurde zu einem selbständigen Oberkommando
der Wehrmacht (OKW) umgegliedert, dessen wichtigste Aufgabe es
sein sollte, Hitler zuzuarbeiten und ihn zu beraten. Die Möglichkeiten

einer direkten Einflussnahme der Heeresführung und des Generalstabs auf die militärischen Entscheidungen Hitlers waren damit erheblich eingeschränkt. Gegenüber dem neuen starken Mann, dem
Chef des OKW, Keitel, hatte der zum Nachfolger Fritschs ernannte
neue Oberbefehlshaber des Heeres, der konfliktscheue Walther von
Brauchitsch, von Anfang an einen schweren Stand.

Um den eigentlichen Anlass – Blombergs Mesalliance und die Gerüchte um Fritsch – zu vertuschen und die Umbesetzungen als länger-
fristig geplante Maßnahmen zur Verjüngung der Armee erscheinen zu
lassen, wurden weitere zwölf ranghohe Generale entlassen und einige
Dutzend Auswechselungen bekannt gegeben. Gleichsam nebenbei ersetzte Hitler Außenminister von Neurath durch seinen außenpolitischen Berater, den Kriegstreiber Joachim von Ribbentrop. Dennoch
blieben Spekulationen nicht aus. Wer konnte schon glauben, dass der
Reichskriegsminister und der Oberbefehlshaber des Heeres gleichzeitig aus gesundheitlichen Gründen zurückgetreten waren, wie das
Kommuniqué vom 4. Februar behauptete?

Eine Reaktion Stauffenbergs auf die Ereignisse ist nicht überliefert.
Dass er im Hörsaal der Kriegsakademie aufgestanden sein und um
eine Erklärung zur Entlassung Fritschs gebeten haben soll, kann aufgrund seines Temperaments nicht ganz ausgeschlossen werden, an der
nötigen Zivilcourage fehlte es ihm nicht.[12] Aber weder war ihm die
Tragweite der Personalie bewusst, noch besaß er Einblick in den Füh-
rungsstreit zwischen Heeresleitung und Wehrmachtamt, die Umstrukturierungen waren für jemanden wie ihn in ihren Konsequenzen
einstweilen nicht absehbar. Rein formal konnten sie durchaus, wie es
in dem Kommuniqué hieß, als »stärkste Konzentration aller politischen, militärischen und wirtschaftlichen Kräfte in der Hand des
Obersten Führers« verstanden werden.[13]

Es war der Chef des Generalstabs, Ludwig Beck, der in mehreren
Denkschriften die sich abzeichnende institutionelle Machtverschie-
bung und die damit verbundene Aufweichung der Zuständigkeiten zu
stoppen suchte. Bereits in seinen ersten Randbemerkungen zur Hoß-
bach-Aufzeichnung hatte Beck zwei fest in der Tradition des General-

stabs verankerte Prämissen formuliert, von denen er nicht abzurücken gedachte. Erstens: Die militärische Begründung ist nicht Sache der politischen Führung, sondern fällt in den Zuständigkeitsbereich der Heeresleitung. Zweitens: Die militärische Führung ist verpflichtet, die außenpolitischen und militärpolitischen Rahmenbedingungen in eine Gesamtbeurteilung einzubeziehen. Im Falle eines deutschen Angriffs auf die Tschechoslowakei sei ein Eingreifen Englands und Frankreichs geradezu zwangsläufig, betonte Beck ein ums andere Mal und unterstrich, dass die Wehrmacht für einen längeren Krieg nicht gerüstet sei. Hitler verbat sich mit wachsender Wut jede Einmischung. Da der Generalstabschef kein unmittelbares Vortragsrecht bei Hitler besaß und den Dienstweg einhalten musste, konnte Beck nur darauf vertrauen, dass Brauchitsch sich seine Argumente zu eigen machte und sie bei Hitler mit Nachdruck vertrat.

Bei der Vorbereitung des Einmarschs in Österreich erzielte Beck einen trügerischen Teilerfolg. Am 12. Februar 1938 empfing Hitler in Berchtesgaden den österreichischen Bundeskanzler Kurt Schuschnigg und legte ihm einen umfangreichen Forderungskatalog vor. Sollte Schuschnigg nicht bereit sein, auf die deutschen Wünsche nach einer engeren Anbindung Österreichs an das Reich einzugehen und die österreichischen Nationalsozialisten an der Regierung zu beteiligen, müsse er mit einem Einmarsch rechnen: »Wer weiß – vielleicht bin ich über Nacht einmal in Wien; wie der Frühlingssturm! Dann sollen Sie etwas erleben!«[14] Schuschnigg unterschrieb noch am selben Abend ein Abkommen, das auf eine Kapitulation Österreichs hinauslief. Vier Wochen später, am 9. März, versuchte er seinen Kopf im letzten Moment aus der Schlinge zu ziehen, indem er für Sonntag, den 13. März, eine Volksabstimmung zur Unabhängigkeit Österreichs ankündigte. Ein solches Plebiszit wollte Hitler unter keinen Umständen zulassen.

Zur Vorbereitung des Einmarschs, der in den frühen Morgenstunden des 12. März erfolgen sollte, blieben der Wehrmacht gerade einmal 48 Stunden. Weil das OKW sich außerstande sah, die notwendigen Informationen zusammenzutragen und die entsprechenden Planungen durchzuführen, wurde Beck zum Vortrag bei Hitler bestellt. Zwar sollte das Unternehmen ohne Anwendung von Gewalt durchgeführt werden, und niemand in Berlin rechnete mit größerem Widerstand des österreichischen Heeres oder aus den Reihen der Bevölkerung, aber eine militärische Absicherung insbesondere mit Blick auf die Tschechoslowakei schien dennoch ratsam. Beck machte sich umgehend an die Arbeit, entwarf einen Aufmarschplan und sorgte dafür, dass die Mobilisierungs- und Marschbefehle rechtzeitig herausgingen. Aus der zentralen Rolle, die er »in dieser politisch zugespitzten Situation als oberster und einziger militärischer Berater des Staatschefs« spielte,[15] zog er fälschlicherweise den Schluss, dass die Heeresleitung den Machtkampf mit dem OKW gewonnen habe.

Mit dem »Anschluss« Österreichs verschlechterte sich die strategische Lage der Tschechoslowakei dramatisch. Weil er mit Recht befürchtete, Hitler könnte beim Blick auf die neue Landkarte verleitet werden, die Lösung der »tschechischen Frage« jetzt zu forcieren, ergriff der Generalstabschef Anfang Mai die Initiative. An der europäischen Ausgangssituation habe sich seit November nichts geändert, ein Krieg mit der Tschechoslowakei sei noch immer nicht zu begrenzen, lauteten die Kernaussagen einer Denkschrift, die Beck für den Oberbefehlshaber des Heeres ausarbeitete. Hitler ließ Brauchitsch abblitzen: Leute wie Beck seien einfach nicht zu gebrauchen, man werde ihn wohl bald ablösen müssen.

Am 28. Mai berief Hitler die Spitzen der Wehrmacht und des Auswärtigen Amtes in die Reichskanzlei und bekundete seinen »unerschütterlichen Willen«, die Tschechoslowakei von der Landkarte verschwinden zu lassen. Zwei Tage später wurde der Wehrmacht befohlen, unverzüglich die nötigen Vorbereitungen zu treffen. In der Annahme, Hitler werde vom OKW schlecht beraten, trug Beck in zwei weiteren Denkschriften noch einmal sämtliche Argumente gegen ein solches Abenteuer zusammen. Inzwischen hatte er »weitere Informationen von den Militärattachés in Paris und London erhalten« und stand wohl auch in Verbindung mit dem Staatssekretär im Auswärtigen Amt, Ernst von Weizsäcker, der seinerseits um eine friedliche Lösung des Problems bemüht war.[16]

In völliger Verkennung des Hitler'schen Messianismus glaubte Beck noch immer, dass der Grund allen Übels in der Zersplitterung der Befehlsstrukturen und im Nebeneinander der militärischen Entscheidungsbefugnisse lag. Er hielt Keitels OKW schlicht für inkompetent und verstand nicht, dass es hauptsächlich zu dem Zweck eingerichtet worden war, dem Führer die Vorlagen wie gewünscht zu präsentieren und Einwände der militärischen Experten allenfalls als Fußnoten anzufügen. Auf der anderen Seite spürte er deutlich, dass Brauchitsch sich nur bedingt mit den Analysen des Generalstabs identifizierte und nicht die nötige Entschiedenheit mitbrachte, Hitler in Diskussionen standzuhalten. Mitte Juni wurde obendrein Becks fachliche Argumentation erheblich geschwächt, als sich bei einem von ihm selbst angeordneten Kriegsspiel herausstellte, dass die Tschechoslowakei spätestens nach elf Tagen niedergerungen wäre, schneller als in seinen Berechnungen, und entsprechend früher erste Großverbände zur Sicherung an die Westgrenze verlegt werden könnten.

Gleichermaßen isoliert wie resigniert, nahm Beck vier Wochen später Anlauf zu einem letzten Versuch, den mit einem Überfall auf die Tschechoslowakei nach seiner Überzeugung unvermeidlich werdenden großen Krieg zu verhindern. Am 15. Juli formulierte er in einem Memorandum für Brauchitsch »die dringende Bitte«, Hitler dazu zu bringen, »eine gewaltsame Lösung der tschechischen Frage so lange zurückzustellen, bis sich die militärischen Voraussetzungen dafür grundlegend geändert haben«.[17] Falls Brauchitsch dies nicht gelingen sollte, bliebe als äußerstes Mittel nur ein kollektiver Rücktritt der militärischen Führung.

»Außergewöhnliche Zeiten verlangen außergewöhnliche Handlungen«, so Beck im Gespräch mit dem Oberbefehlshaber des Heeres. Es gehe um »letzte Entscheidungen für den Bestand der Nation«, denen die höhere Generalität nicht länger ausweichen dürfe: »Ihr soldatischer Gehorsam hat dort eine Grenze, wo ihr Wissen, ihr Gewissen und ihre Verantwortung die Ausführung eines Befehls verbieten. Finden ihre Ratschläge und Warnungen in dieser Lage kein Gehör, dann haben sie das Recht und die Pflicht vor dem Volk und vor der Geschichte, von ihren Ämtern abzutreten.«[18]

In diesen beiden Sätzen liegt, wie in Bernstein gefasst, das Drama der militärischen Opposition gegen Hitler in seiner ganzen Komplexität. Alles drehte sich um die Frage der Grenzen des soldatischen Gehorsams. Beck vertrat jene preußisch-deutsche Tradition, die sich auf Scharnhorst und Gneisenau und den Geist der Erhebung von 1813 zurückführte, wonach das Schicksal der Nation davon abhing, dass die Armee im Moment der Entscheidung Verantwortung übernahm. Diese Haltung war ihm so selbstverständlich, dass es ihm nicht in den Sinn gekommen wäre, seinen Aufruf zur Gehorsamsverweigerung als Opposition zu begreifen. Es dürfe nicht der leiseste Verdacht eines Komplotts aufkommen, betonte Beck, und sein Biograph bekräftigt, dass der Chef des Generalstabs nicht an die Abschaffung des Regimes oder gar die Beseitigung Hitlers dachte, sondern in erster Linie an die Wahrung der Interessen des Heeres, die für ihn gleichbedeutend waren mit den Interessen der Nation.

Hitler war indes nicht gewillt, Becks Anspruch auf Teilhabe an politischen Entscheidungen anzuerkennen oder ihm gar Mitsprache einzuräumen. Die Wehrmacht war in seinen Augen bloßes Instrument, Werkzeug, das bei Bedarf zu funktionieren hatte. In der Auseinandersetzung mit Beck ging es in Wirklichkeit also um die Machtfrage: Wem obliegt die Entscheidung über Krieg und Frieden? Während Beck an eine Art Arbeitsteilung glaubte, bestand Hitler auf dem Primat der Politik. Von einem bestimmten Punkt an musste er das Aufbegehren des Generalstabschefs gegen seine Entscheidungen als Demontage seiner Autorität verstehen.

Um diesem Vorwurf zu begegnen, hatte Beck in seiner Juli-Denkschrift eine zusätzliche Legitimation eingebaut: die Legitimation durch das Volk. Das Volk wolle diesen Krieg nicht und erwarte von der Heeresführung, dass alles unternommen werde, die Gefahr abzuwenden. Der politischen Führung werde eine friedliche Lösung offenbar nicht mehr zugetraut. Damit sei die Kriegsfrage »auch zu einer Vertrauensfrage des Volkes … an die oberste Stelle des Heeres« geworden. Wenn es so etwas wie eine direkte Verantwortung der militärischen Führung gegenüber der Bevölkerung gab, dann durfte man über die allgemeine Kriegsangst dieses Sommers in der Tat nicht hinweggehen. Aber ließ sich daraus auch eine Verpflichtung ableiten, Hitler notfalls in den Arm zu fallen?

Zwar stimmten die führenden Generale des Heeres bei einer Besprechung am 4. August prinzipiell darin überein, dass nicht nur die Stimmung im Volk, sondern auch bei der Truppe gedrückt sei und man im Falle eines Konflikts mit England und Frankreich nicht lange werde durchhalten können. Aber aus der Vielfalt der Meinungen ließ sich keine gemeinsame Position entwickeln, die von allen getragen worden wäre. Die einen fragten, ob es überhaupt zulässig sei, sich in Angelegenheiten der politischen Führung einzumischen, andere hielten es von vornherein für aussichtslos, Hitler mit massiver Kritik zu konfrontieren. Auch dürfe man mit Rücksicht auf den gerade erst ausgestandenen Fall Fritsch keine neuerliche Krise provozieren. Die zentrale Frage, wie man Hitler gegenübertreten sollte, blieb damit unbeantwortet.

Zwei Wochen vor dem Treffen hatte Beck Post seines ehemaligen Mitarbeiters Erich von Manstein erhalten. Beck muss mit ihm darüber gesprochen haben, dass er die militärpolitische Entwicklung nicht länger verantworten wolle und deshalb an Rücktritt denke. Manstein versuchte, ihn davon abzuhalten; die Armee verfüge über niemanden, »der nach Können und Charakterstärke Herrn General ersetzen kann«. Der Rat, den Manstein dem Generalstabschef gab, bringt das Kernproblem der Militäropposition auf den Punkt: Um sich mit ganzer Kraft der Sicherstellung des militärischen Erfolges gegen die Tschechoslowakei widmen zu können, müsse Beck sich lediglich »von der Last des Teils der Verantwortung innerlich frei machen, der letzten Endes Sache der pol[itischen] Führung bleibt«.[19] An dieser Zweiteilung der Verantwortung wird Manstein bis zum Ende festhalten. Am Abend des 26. Januar 1943 wird er als Oberbefehlshaber der Heeresgruppe Don im Rang eines Generalfeldmarschalls zu Claus von Stauffenberg sagen, er wolle von dem ganzen politischen Kram nichts wissen: »Wenn Sie nicht sofort mit diesen Sachen aufhören, lasse ich Sie sofort verhaften!«[20]

Der Oberbefehlshaber des Heeres sorgte durch geschickte Moderation dafür, dass es in der Runde der Oberbefehlshaber und Kommandierenden Generale am 4. August nicht zum Schwur kam. Der von Beck als letztes Druckmittel empfohlene Kollektivrücktritt wurde gar nicht erst diskutiert. Hitler hatte Brauchitsch im Vorfeld der Besprechung massiv eingeschüchtert und ergriff dann selbst die Initiative. Er zitierte eine Reihe jüngerer Generale, die demnächst zur Beförderung vorgesehen waren, nach Berchtesgaden, um bei ihnen für seine Politik zu werben und dem »Defätismus« Becks entgegenzuwirken. Am 15. August ließ er auf dem Truppenübungsplatz Jüterbog demonstrieren, wie deutsche Artillerie mühelos tschechische Befestigungen durchsiebte, und führte anschließend in einer großen Rede im dortigen Offizierskasino aus, warum mit einem Eingreifen der Westmächte nicht zu rechnen sei.

Drei Tage später reichte Ludwig Beck – seit Oktober 1933 Chef des Generalstabs des Heeres (bis 1935 offiziell Truppenamt) und als solcher der eigentliche »Architekt der Aufrüstung« (Müller) – seinen Rücktritt ein. Da ihm von Brauchitsch keine neue Verwendung angeboten wurde, schied er zwei Monate später unter Beförderung zum Generaloberst aus dem aktiven Dienst aus.

Becks Handeln war bewundernswert konsequent, aber ihm lag ein folgenreicher Irrtum zugrunde. Weil die Geschlossenheit des Offizierkorps zu den Grundpfeilern seines soldatischen Weltbilds gehörte, war er zu einer falschen Einschätzung der Fritsch-Krise gelangt. Die erniedrigenden Umstände, unter denen der Oberbefehlshaber Anfang Februar entlassen worden war, hatten in Militärkreisen für Empörung gesorgt und auch Unruhe ausgelöst, das war unbestritten. Aber die Schlussfolgerung, die Beck daraus zog, durch den Fall Fritsch sei das Vertrauensverhältnis zwischen Wehrmacht und Führer auf irreparable Weise beschädigt, entsprach keineswegs den Tatsachen. Der Riss verlief vielmehr mitten durch das Offizierkorps selbst.

Beck schien das nicht wahrhaben zu wollen. Er hielt die Normen und Ehrbegriffe, mit denen die 4000 Offiziere der Reichswehr zu einer Elite zusammengeschweißt und gegen politische Anfechtungen

immunisiert worden waren, für unwiderruflich. Aber zum einen war
das Offizierkorps im Zuge der forcierten Aufrüstung um das Sechsfache
gewachsen – von 3724 aktiven Offizieren im Mai 1933 auf 21793 Aktive im Oktober 1938 –,[21] zum anderen setzte es sich inzwischen auch
ganz anders zusammen. Bei Kriegsausbruch stand nur noch eine Minderheit von etwa 15 Prozent der aktiven Offiziere in der Tradition der
Reichswehr.[22] Diese Dynamik eröffnete ungeahnte Chancen. Fast alle
Offiziere der Wehrmacht – die aus der Reichswehr übernommenen, die
jetzt schneller befördert wurden; die reaktivierten aus den Schützen-
gräben des Ersten Weltkrieges und die ganz jungen, die oft aus Milieus
stammten, denen der Beruf des Offiziers bis dahin verschlossen gewesen war –, sie alle hatten ihre Karriere letztlich einem einzigen Mann
zu verdanken. Auf ihn waren sie seit August 1934 persönlich vereidigt.

Dass die Generalität nichts gegen die Entlassung Fritschs unternahm, hätte Beck nachdenklich stimmen müssen. Die mangelnde Solidarität war nichts anderes als ein Ergebnis jener schleichenden Zersetzung, die andere Funktionseliten schon deutlich früher erfasst hatte
und nun auf die Spitze der Armee übergriff. Als es im Sommer 1938
darum ging, Hitler von seinem Kriegskurs abzubringen, herrschte
zwar wiederum Einigkeit in der Sache, aber an ein gemeinsames Vorgehen war jetzt noch weniger zu denken. Wenn das Vertrauensverhältnis zwischen Heer und Hitler tatsächlich zerrüttet gewesen wäre, wie
Beck meinte, hätten die Generale erst recht einschreiten müssen. Aber
die Fritsch-Krise markiert eben nicht, wie nach 1945 gern verbreitet
wurde, den Beginn einer kritischen Einstellung unter den hohen
Militärs, sondern im Gegenteil deren vollständige Unterordnung unter
den Willen Hitlers. Mit der am 4. Februar 1938 erfolgten Übernahme
des Oberbefehls hatte er der Wehrmacht das Rückgrat gebrochen.

Becks Position hatte sich im Juli 1938 innerhalb weniger Tage »auf
atemberaubende Weise radikalisiert«. Der Militärhistoriker Klaus-
Jürgen Müller, der sich jahrzehntelang mit Beck beschäftigt hat, kommt
zu dem Schluss, dass nicht nur »die gefährliche Zuspitzung der allgemeinen Lage und die Erfolglosigkeit bisheriger Demarchen dazu

beigetragen haben«. Ein neuer, für den nüchternen Beck geradezu pathetischer Ton in den Denkschriften und Vortragsnotizen vom 15./ 16. Juli deute vielmehr auf den Einfluss jüngerer Regimegegner, die Anfang des Jahres mit Beck in Kontakt getreten waren und ihn zu einem entschlossenen Eingreifen drängten.[23] Kopf dieser kleinen, gut vernetzten Oppositionsgruppe, die sich im Auslandsgeheimdienst unter dem Schutz von Admiral Wilhelm Canaris gebildet hatte, war der spätere Chef der Zentralabteilung der Abwehr, Oberstleutnant Hans Oster.

Als Oster in der letzten Januarwoche 1938 Gerüchte zu Ohren kamen, dass sich an der Spitze der Wehrmacht Unheil zusammenbraute, vermutete er auf der Stelle ein Komplott, dessen Drahtzieher für ihn in der Prinz-Albrecht-Straße saßen, dem Hauptquartier der Gestapo. Informationen, die ihm sein Freund Hans Bernd Gisevius beschaffte, der 1933/34 bei der Gestapo gearbeitet hatte und gute Beziehungen sowohl zu Reichskriminaldirektor Reinhard Nebe als auch zum Berliner Polizeipräsidenten Graf Helldorff unterhielt, bestärkten ihn in seinem Verdacht, dass die SS, ähnlich wie im Juni 1934 bei der Ausschaltung der SA-Führung, nicht nur Handlangerdienste leistete, sondern ihre kriminelle Energie wieder einmal kaltschnäuzig vor allem zum Ausbau ihres eigenen Machtapparats einsetzte. Diesmal ging es offenbar direkt gegen die Heeresspitze.

Werner von Fritsch war Mitte der zwanziger Jahre als Kommandeur des Artillerieregiments 2 in Güstrow direkter Vorgesetzter des Batteriechefs Oster gewesen, und seit dieser Zeit verehrte Oster ihn menschlich und fachlich gleichermaßen. Die gegen seinen ehemaligen Chef erhobenen Vorwürfe erschienen ihm ungeheuerlich. »Ich habe daher die Sache Fritsch zu meiner eigenen gemacht«, wird er 1944 im Gestapo-Verhör zu Protokoll geben.[24] Noch freilich beruhte alles auf Vermutungen und Gerüchten. Vor allem Beck zögerte, aktiv zur Unterstützung Fritschs einzugreifen. Obwohl er sich nur schwer vorstellen konnte, dass an den Beschuldigungen etwas dran war, wollte er zunächst das Ergebnis der eingeleiteten Untersuchungen abwarten; bis dahin empfahl er Zurückhaltung.

Als Fritsch Mitte März 1938 durch ein von Hitler eingesetztes Kriegsgericht unter Görings Leitung in allen Punkten freigesprochen wurde, war die Angelegenheit wegen des Trubels um Österreich für den Großteil der Generalität nur noch von nachgeordneter Bedeutung. Die Gruppe um Oster setzte jedoch nach und verlangte in einer Denkschrift nicht nur »die restlose Wiederherstellung der Ehre des ehemaligen Oberbefehlshabers des deutschen Heeres und derjenigen der gesamten Wehrmacht«, sondern darüber hinaus auch personelle Konsequenzen an der Spitze von Gestapo und SS, um die Wehrmacht »von dem Alpdruck einer Tscheka« zu befreien.[25] Die Gleichsetzung des Himmler'schen Terrorapparates mit der Geheimpolizei Stalins, die seit einem Dreivierteljahr umfangreiche Säuberungen unter den Offizieren der Roten Armee durchführte, lässt erkennen, für wie machtversessen und blutrünstig man die SS im Frühjahr 1938 in Kreisen der Wehrmacht hielt.

Inzwischen hatte Oster über Canaris direkten Zugang zu Beck bekommen, der sich die Sichtweise des ebenso klar wie leidenschaftlich argumentierenden Abwehroffiziers in vielen Punkten zu eigen machte. Spätestens im Mai verlagerte sich jedoch der Schwerpunkt ihrer Gespräche; war es anfangs um das Komplott gegen Fritsch und die Frage gegangen, welche Konsequenzen die Heeresführung daraus zu ziehen habe, so stand jetzt die Frage im Mittelpunkt, wie Hitler von seinen Kriegsplänen abzubringen sei. Oster habe damals oft halbe Tage bei Beck im Zimmer gesessen und den Betrieb aufgehalten, monierte noch nach dem Krieg der zweite Mann im Generalstab und Nachfolger Becks, Franz Halder. Wie stark sich Beck von Osters Argumenten leiten ließ, wurde deutlich, als er Ende Juli seinem Vorgesetzten Brauchitsch erläuterte, dass die Fronde gegen Hitler auch den Zweck verfolge, »eine klärende Auseinandersetzung zwischen Wehrmacht und SS herbeizuführen«. Ziel sei es, »das deutsche Volk und den Führer selbst zu befreien von dem Alpdruck einer Tscheka und den Erscheinungen eines Bonzentums«.[26]

Aus den Papieren Becks lässt sich in etwa folgendes Szenario rekonstruieren: Sobald die hohe Generalität – im äußersten Fall durch

gemeinsamen Rücktritt – Hitler erfolgreich von seinem fatalen Kriegskurs abgebracht hätte, entstünde ein Patt, das zweifellos innenpolitische Spannungen hervorrufen werde. In dieser Situation eröffne sich
die Chance, Hitler von seinen falschen Ratgebern im OKW zu trennen
und insbesondere dem verderblichen Einfluss der Göring, Himmler
und Heydrich ein Ende zu bereiten. Auseinandersetzungen ließen sich
höchstwahrscheinlich auf Berlin begrenzen; deshalb seien der Befehlshaber des Berliner Wehrkreises, General von Witzleben, und der Poli-
zeipräsident von Berlin, Graf Helldorff, in die Planungen einzubeziehen. Wäre erst die Autorität des Heeres wiederhergestellt, wäre es ein
Leichtes, Hitler für eine vernünftige Politik gegenüber der Tschechoslowakei zu gewinnen.

Man kann schwerlich behaupten, dass dieses Szenario realistisch
war. Schon die Ausgangsthese, dass Hitler von Verbrechern umgeben
und einfach nur schlecht beraten sei, verkannte vollkommen den
Charakter seiner Herrschaft. Aber wer will denen, die im Sommer
1938 verzweifelt versuchten, einen Krieg zu verhindern, vorwerfen,
dass es ihnen an Einsicht in Hitlers Psyche mangelte? Naiv erscheinen
sie nur im Nachhinein. Ob ein entschlossenes Einschreiten der Generalität Erfolg hätte haben können, ist aber auch deshalb eine kontra-
faktische Frage, weil die Planungen bis Ende September keineswegs so
weit gediehen waren, wie einige der Beteiligten nach dem Krieg be-
haupteten. Von einer koordinierten »Septemberverschwörung«, an
der Mitarbeiter mehrerer Ministerien und Dienststellen beteiligt gewesen sein sollen, kann jedenfalls keine Rede sein.

Ludwig Beck hat seinen Rücktritt am 18. August keinen Moment
bedauert, im Gegenteil, fast schien er erleichtert, die Verantwortung
los zu sein. Er zog sich in sein Haus in Berlin-Lichterfelde zurück,
mied Kontakte, die ihn in Gewissensnöte hätten bringen können, vertiefte sich in militärhistorische Studien und vermisste am meisten
die Pferde, die ihm von nun an nicht mehr zur Verfügung standen.
Als habe er mit dem Amt jeglichen Anspruch aufgegeben, selbst etwas
ändern zu können, verwies er Ratsuchende an seinen Nachfolger
Franz Halder, zu dem er allerdings schon seit geraumer Zeit ein nicht

spannungsfreies Verhältnis unterhielt. Halder führte zwar die Gespräche mit Oster und anderen fort, fand aber jedesmal, wenn eine Entscheidung von ihm verlangt wurde, einen Grund auszuweichen.

Hans Oster, der Einzige, der bereits Ende Januar 1938 die Axt an die Wurzel hatte legen wollen und sich seither konsequent für eine Entmachtung Hitlers einsetzte, rückte mit dem Ausscheiden Becks definitiv ins Zentrum der Opposition. »Eine überaus frische, tapfere, ja verwegene Soldatennatur … erfüllt von grenzenloser moralischer Empörung über den Nationalsozialismus«, so charakterisierte ihn Gerhard Ritter, »unendlich regsam und verschlagen und dank seiner Stellung im Abwehrbüro von außen her fast ungreifbar für die Organe der Himmler'schen Geheimpolizei, solange sein Chef, Admiral Canaris, ihn deckte.«[27] Oster nutzte seine vielfältigen Verbindungen, um diejenigen zusammenzubringen, von denen er wusste, dass sie ähnlich dachten wie er, und von denen er hoffte, dass sie von gleicher Entschlossenheit waren.

Eine der Schlüsselfiguren im Fall einer innenpolitischen Auseinandersetzung, die möglicherweise bürgerkriegsähnliche Ausmaße annehmen konnte, war der Befehlshaber im Wehrkreiskommando III (Berlin), General der Infanterie Erwin von Witzleben. Oster und er kannten sich aus gemeinsamen Tagen beim Grenzschutz in Schlesien; 1923 waren sie sich beim Stab der 4. Division in Dresden wiederbegegnet, 1930/31 dienten sie vorübergehend gemeinsam bei der 6. Division in Münster. Ihre langjährige freundschaftliche Beziehung erstreckte sich auch auf die Familien. Als Witzleben, der im Januar 1938 wegen schwerer Krankheit ausfiel und erst im Juli nach Berlin zurückkehrte, von Oster über den aktuellen Stand von Hitlers Kriegsplänen informiert wurde, entwickelte er wohl umgehend eigene Initiativen zu deren Verhinderung. Man müsse sich den Zugang zur Reichskanzlei notfalls mit einem gezielten Kanonenschuss erzwingen, soll er gesagt haben. Dass er im entscheidenden Moment ohne Zustimmung des Oberbefehlshabers des Heeres, gar gegen den Befehl Brauchitschs gehandelt hätte, darf allerdings als höchst unwahrscheinlich gelten.

Oster erkannte als einer der Ersten, dass die Gegner der Hitler'schen
Politik aus dem militärischen und dem zivilen Sektor nur gemeinsam
Erfolg haben konnten und sich deshalb zusammentun mussten. Er
selbst verdankte einige seiner wichtigsten Kenntnisse in der Fritsch-
Affäre Oberregierungsrat Hans von Dohnanyi, der als persönlicher
Referent des Reichsjustizministers die Untersuchungsakten kannte
und die Intrige schnell durchschaut hatte. Zu den Aktivsten im Lager
der konservativ-bürgerlichen Opposition zählte der ehemalige Leipziger Oberbürgermeister Carl Goerdeler, der seit seinem Rücktritt im
November 1936 durch Europa reiste, um für die Positionen der Regimegegner zu werben und eine konsequente Politik gegenüber Hitler anzumahnen. Im August 1938 zog sich Goerdeler allerdings für
mehrere Wochen in die Schweiz zurück, sodass er auf dem Höhepunkt der Sudetenkrise als Ansprechpartner ausfiel. Inzwischen hatte
Oster auch Kontakte ins Auswärtige Amt geknüpft; zusammen mit
dem Leiter des Ministerbüros von Ribbentrop, Erich Kordt, organisierte er im August und September zwei Missionen nach London,
um die Briten zu einer unmissverständlichen Warnung an Hitler zu
bewegen.

Alle diese Aktivitäten endeten im Nichts. Umso wortreicher wurden sie nach dem Krieg beschrieben. Vor dem Hintergrund der unter
Historikern bis heute diskutierten These, mit dem Münchener Abkommen hätten die Westmächte die letzte Chance vertan, Hitler zu
stoppen, gelangte der deutsche Widerstand vorübergehend sogar zu
ein wenig Ruhm. Während die Opposition alles Erforderliche zu Hitlers Sturz in die Wege geleitet habe, sei London eingeknickt; der
Schwarze Peter lag demnach bei England, das mit seiner Appease-
ment-Politik der Opposition in den Rücken gefallen war. Dabei hatten die deutschen Emissäre in London doch immerzu Unnachgiebig-
keit und Härte gegenüber Hitler-Deutschland angemahnt. Warum
hatte man nicht auf sie gehört? Noch Anfang der neunziger Jahre trug
ein wissenschaftliches Standardwerk über die Außenbeziehungen des
deutschen Widerstands den programmatischen Titel: *Die verlassenen
Verschwörer.*[28]

Die Wahrheit war bitterer. Aus der Krise von 1938 lassen sich zwei strukturelle Gesetzmäßigkeiten ableiten, die auch in den folgenden Jahren zu beobachten sein werden und für eine Gesamtbewertung des deutschen Widerstands von elementarer Bedeutung sind. Es handelt sich um zwei immanente Defizite, die fast allem, was die Regimegegner ins Werk setzten, einen Hauch von Vergeblichkeit verliehen und die Vermutung aufkommen ließen, sie hätten die letzte Entscheidung nicht wirklich gesucht. Die eine Schwierigkeit bestand darin, die Interessen der diversen Gruppierungen, die durch starke und eigenwillige Persönlichkeiten repräsentiert wurden, aufeinander abzustimmen und in dieselbe Richtung voranzutreiben. Das andere Dauerhemmnis, das die Opposition immer wieder verunsicherte und zurückwarf, war Hitler selbst. Seine Erfolge beeindruckten auch seine Gegner und nahmen ihnen wiederholt den Wind aus den Segeln.

Je mehr Triumphe der »Führer« für sich verbuchen konnte, desto mühsamer wurde es für seine Gegner, vor der Waghalsigkeit seiner Politik zu warnen und eine Aktion gegen ihn zu rechtfertigen. Die Rheinlandbesetzung, die Wiedereinführung der allgemeinen Wehrpflicht, der »Anschluss« Österreichs und zuletzt die »Befreiung« der Sudetengebiete – jedes Mal hatte Hitler sich über die Bedenken der militärischen Führung hinweggesetzt, und jedes Mal war es gut gegangen. »Man kann verstehen, wenn die jüngeren Offiziere an den älteren zu zweifeln beginnen«, erinnerte sich der erste Generalinspekteur der Bundeswehr, Adolf Heusinger, damals Major im Generalstab, an ein Gespräch am Tag des Münchener Abkommens.[29] Vielen unter den Jüngeren galt Beck zu diesem Zeitpunkt längst als »Kassandra ohne Überzeugungskraft«.[30]

Stauffenberg stand etwa in der Mitte. Das Offizierkorps verkörperte für ihn die Elite des Landes und trug politische Gesamtverantwortung. In diesem Punkt deckten sich die Vorstellungen des Generalstabsanwärters mit denen seines Chefs vollkommen, ja reichten in ihrer elitären Ausschließlichkeit noch darüber hinaus. Genau wie Beck hielt er es für einen schlimmen Fehler, dass die Generalität in der Krise des Sommers 1938 nicht in die Entscheidungen eingebunden wurde. Für die daraus entstandene »Disharmonie« machte er die politische

Führung verantwortlich, also Hitler, dem es offenbar am nötigen Vertrauen in die Armee fehle. Andererseits hielt Stauffenberg die Kriegsgefahr im Sommer 1938 entgegen der allgemeinen Stimmung für nicht besonders groß. Hier lag er ganz auf der Linie Hitlers, von dem er überdies glaubte, dass er als ehemaliger Frontsoldat die Schrecken des Krieges kenne und Deutschland deshalb nicht willentlich der Gefahr eines großen Waffengangs aussetzen werde. Als Stauffenberg am 17. September Frank Mehnert in Berlin besuchte, beruhigte er diesen, »dass die möglichkeit eines *allgemeinen* krieges seit 2 tagen etwas geringer geworden« sei.[31] An diesem 15. September war Chamberlain zu seinem ersten Besuch bei Hitler in Berchtesgaden gewesen. Einen begrenzten Krieg gegen die Tschechoslowakei wollte Stauffenberg aber auch jetzt und jetzt erst recht nicht ausschließen. Er wusste, wovon er sprach: Er kam aus Greiz im Südosten Thüringens, wo sein Stab fünf Tage zuvor Quartier bezogen hatte und auf weitere Instruktionen wartete.

Auch für das Jahr 1938 gilt mit Blick auf Stauffenberg: Grundsätzliche Zustimmung zu der Außen- und Militärpolitik Hitlers ließ jede denkbare Kritik an den brutalen innenpolitischen Maßnahmen des Regimes verstummen. Es dürfte dem gläubigen Katholiken zum Beispiel viel Kummer bereitet haben, dass der Staat auf die päpstliche Enzyklika »Mit brennender Sorge«, die am Palmsonntag 1937 von allen katholischen Kanzeln verlesen worden war, mit einer Kampagne der Verleumdung gegen Priester, Mönche und Nonnen reagierte, die an Geschmacklosigkeit nicht zu überbieten war. Wer Rasse, Volk oder Staat zur höchsten Norm erkläre und damit Götzenkult treibe, so das Rundschreiben des Papstes, »der verkehrt und fälscht die gottgeschaffene und gottbefohlene Ordnung der Dinge«.[32] Stauffenberg werden solche Sätze zur Vergewisserung des eigenen Standpunkts höchst willkommen gewesen sein; wahrscheinlich halfen sie ihm auch in mancher Diskussion. Zugleich machte die Enzyklika aber unmissverständlich klar, dass zwischen nationalsozialistischer Ideologie und christlichem Glauben ein nicht auflösbarer Gegensatz bestand, den es für einen Katholiken auszuhalten galt. Auch wenn die massiven Angriffe auf die »Sittlichkeitsverbrecher im Priesterrock«[33] nach gut einem Jahr Mitte 1938 eingestellt wurden, verfolgte der Staat sein Ziel, den Einfluss der Kirchen auf sämtlichen Ebenen auszuschalten, konsequent weiter. Dabei geriet auch die Militärseelsorge unter Druck, die traditionell die enge Verbindung zwischen Kirchen und Armee symbolisierte. Dies kann gläubigen Offizieren nicht gleichgültig gewesen sein. Was die antijüdischen Maßnahmen der Regierung seit dem April 1933 und insbesondere die Pogrome des 9. November 1938 angeht, so ist keine einzige Aussage Stauffenbergs überliefert, die quellenkritischer Nachprüfung standhält. Nicht einmal zum Schicksal der jüdischen Freunde Georges, die in die Emigration getrieben wurden, hat er sich geäußert; weder zu Karl Wolfskehl noch zu Ernst Kantorowicz sind Bekundungen der Anteilnahme erhalten. Aus dem, was an Äußerungen vor 1933 vorliegt, und aus Briefen, in denen er nach dem Überfall auf Polen sein Entsetzen über das Erscheinungsbild polnischer Juden schilderte, ist zu schließen, dass Claus von Stauffenberg für Juden einfach nicht genügend Empathie empfand, um sich über deren forcierte Entrechtung und Ausgrenzung aus der deutschen Mehrheitsgesellschaft zu empören.[34]

Zur Opposition des Jahres 1938 unterhielt Stauffenberg keinerlei Verbindung, er kannte niemanden, der über die Hintergründe der Machtkämpfe unterrichtet war. Deshalb stand er auch nicht vor der Entscheidung, ob er die Aktivitäten der Gruppe um Oster–Beck–Goerdeler gutheißen und gegebenenfalls unterstützen oder ob er sich davon distanzieren sollte. Involviert wird Stauffenberg erst fünf Jahre später: Im Spätsommer 1943 lernt er kurz hintereinander Carl Goerdeler und Ludwig Beck kennen. Dass zu diesem Zeitpunkt die in weite Ferne gerückten Ereignisse von 1938 noch von irgendwelchem Interesse waren, dass gar darüber gesprochen wurde, was man damals hätte anders machen müssen, darf bezweifelt werden.

Dass sich einige der wichtigsten Namen der Opposition des Jahres 1938 später an prominenter Stelle auf den Listen des 20. Juli wiederfinden, sollte nicht dazu verleiten, eine Kontinuität herzustellen. In der

»Septemberverschwörung« ist keine Vorlage für die späteren Staatsstreichvorbereitungen zu sehen. Nach dem Münchener Abkommen musste sich die Opposition vollkommen an den Rand gedrängt fühlen. Ein Jahr später, als der Krieg ausbrach, wirkte sie wie gelähmt. Von einer kohärenten, schlagkräftigen Opposition konnte beide Male nicht die Rede sein. Als sich der militärische Widerstand 1942 neu zu formieren begann, war die Ausgangssituation eine völlig andere.

7 Siegreiche Jahre

September 1939 bis Dezember 1941

Am Morgen des 1. September 1939 um 4.47 Uhr begann mit der Beschießung des polnischen Munitionsdepots auf der Westerplatte vor Danzig der Zweite Weltkrieg. Eine knappe Stunde später – in der Erinnerung polnischer Zeitzeugen war es erst 4.37 Uhr – wurde vierhundert Kilometer südlich einer der ersten Luftangriffe dieses Krieges geflogen. Ziel war die Kleinstadt Wieluń, dreißig Kilometer hinter der deutsch-polnischen Grenze an der Straße von Breslau nach Warschau. In drei Angriffswellen legten deutsche Sturzkampfbomber zwei Drittel der Stadt in Schutt und Asche, vermutlich gab es mehr als tausend Tote. Wieluń gehörte in den Frontabschnitt der 10. Armee, der Stauffenbergs Division zugeteilt war. Als er am folgenden Tag in Wieluń einrückte, muss die zerstörte Stadt gespenstisch leer gewesen sein. Die meisten der rund 15 000 überlebenden Einwohner waren vor den Deutschen geflüchtet, die noch unter den Trümmern liegenden Leichen begannen in der sommerlichen Hitze einen süßlichen Geruch zu verbreiten.

Mit zwei Panzerdivisionen, zwei motorisierten Divisionen und drei leichten Divisionen (mot.) bestand der Stoßkeil der 10. Armee, der aus Schlesien Richtung Warschau vorrücken sollte, zu 50 Prozent aus Schnellen Truppen. Die Geschwindigkeit, mit der sie vorrückten, versetzte Claus von Stauffenberg in einen Rausch. Als er am 10. September zum ersten Mal Gelegenheit fand, nach Hause zu schreiben, war er noch immer erregt. Die 1. leichte Division hatte in neun Tagen mehr als dreihundert Kilometer zurückgelegt und stand jetzt an der Weichsel. An vielen Stellen hatte der Vormarsch, wie es im OKW-Bericht vom 7. September hieß, »den Charakter einer Verfolgung« angenommen, die polnische Armee konnte sich oft nur ungeordnet zurückziehen. Er habe bisher nicht geschrieben, so Stauffenberg an seine Frau, »weil wir in so toller Bewegung waren, dass an Schreiben oder Arbeiten in der Feldpost nicht zu denken war … Wir sind auf einer Straße so tief vorgestoßen, dass wir seit 2 Tagen rechts und links Massen von Polen haben. Es handelt sich wohl um mehrere Divisionen.«[1]

Den Zweiten Generalstabsoffizier (Ib) der Division, der verantwortlich war für Nachschub, Unterbringung und Verpflegung, stellte ein solches Tempo vor nicht geringe Probleme. »Der unglaublich schnelle Vormarsch macht mir große Schwierigkeiten in der Versorgung der Truppe«, hieß es drei Tage später in einem zweiten Bericht für Nina. »Man lebt von der Hand in den Mund. Das gröbste dürften wir aber in Polen geschafft haben. Die polnische Armee muß gewaltig geschwächt sein.« Dennoch gestaltete sich der »Kampf mit den eingeschlossenen polnischen Divisionen … zum Teil leider verlustreicher«, als es in den Augen Stauffenbergs nötig gewesen wäre.[2] Bei allem Stolz auf die eigenen Erfolge empfand er durchaus Hochachtung vor dem Mut und der zähen Entschlossenheit des Gegners.

Diese einem Offizier selbstverständliche, gleichsam ritterliche Anerkennung soldatischer Tugenden stand im Gegensatz zu Stauffenbergs pauschaler Verachtung für die polnische Zivilbevölkerung. Jahrhundertealte deutsche Vorurteile und rassenideologische Stereotype flossen hier ungefiltert ineinander. Am 10. September fasste er seine Eindrücke erstmals zusammen: »Die Spuren des Krieges, gerade in einem so primitiven und trostlosen Land sind recht beeindruckend. Ungezählte völlig abgebrannte Dörfer, die Flüchtlinge, die aus den Wäldern zurückkehren, wenn die Gefechte weitergeschritten sind, ein tolles Pack.« Vier Tage später führte er aus: »Die Bevölkerung ist ein unglaublicher Pöbel, sehr viele Juden und sehr viel Mischvolk. Ein Volk welches sich sicher nur unter der Knute wohlfühlt. Die Tausenden von Gefangenen werden unserer Landwirtschaft recht gut tun. In Deutschland sind sie sicher gut zu brauchen, arbeitsam, willig und genügsam.« Und noch einmal am 17. September: »Das Hervorstechende an diesem Land ist die

Verwahrlosung. Nicht nur eine unendliche Armut und Verschlampt-
heit, sondern der Eindruck des Heruntergekommenen, das früher
schon besser war.«[3]

Tags zuvor war Stauffenberg südwestlich von Warschau »in einem
prächtigen Chateau mit herrlichen Empiremöbeln« einquartiert worden. Auch in den folgenden Tagen, als die Division an der Straße
Warschau–Modlin noch einmal in schwere Kämpfe verwickelt wurde,
traf er es mit der Wahl seiner Unterkünfte nicht schlecht – er konnte
sogar in einem richtigen Bett mit Bettwäsche schlafen –, aber der Ge-
samteindruck blieb der gleiche. »Die Verwahrlosung ist in der Nähe
der Hauptstadt dieselbe wie vorher.« Die Verwaltung eines solchen
Landes mit einer solchen Bevölkerung müsse vollkommen neu organisiert werden, aber es werde sich für die Deutschen lohnen, denn
»der Zuwachs an bäuerlich nutzbarem Land und die Verbesserung
der Rohstofflage« seien von größtem Wert. »Wesentlich ist, dass wir
dort in Polen nunmehr eine planmäßige Kolonisation anfangen.
Aber dass die kommt habe ich keine Sorge.«[4] Sein oberster Kriegsherr
war der gleichen Ansicht; die Polen seien »ein furchtbares Material«,
meinte Hitler Ende September zu Alfred Rosenberg, »hier könne
jetzt nur eine zielsichere Herrenhand regieren«.[5]

Als deutscher Offizier in Polen konnte man durchaus zu anderen
Einschätzungen gelangen. Mitte November 1939 flog Major i. G.
Hellmuth Stieff zu einer Inspektionsreise nach Warschau und Lodz.
Alles trostlos hinter Posen, so sein Eindruck von oben, »hinter der
Warthe beginnt urplötzlich ein anderes Land«. Doch dann wurde
Stieff mit dem Besatzungsalltag in Warschau konfrontiert und erlebte
»eine unsagbare Tragödie ... Es ist eine Stadt und eine Bevölkerung,
die dem Untergang geweiht ist. Es ist so grausam, dass man keinen Augenblick seines Lebens froh ist ... Man bewegt sich dort nicht
als Sieger, sondern als Schuldbewusster!« Als besonders deprimie-
rend empfand es Stieff, dass offenbar weder Besatzer noch Besetzte
einen baldigen Wiederaufbau im Sinn hatten. »Dazu kommt noch all
das Unglaubliche, was dort am Rande passiert ... Diese Ausrottung ganzer Geschlechter mit Frauen und Kindern ist nur von einem

Untermenschentum möglich, das den Namen Deutsch nicht mehr
verdient. *Ich schäme mich ein Deutscher zu sein!*«[6]
Man darf dieses frühe Zeugnis sittlicher Empörung über das Wü-
ten der SS in Polen nicht leichtfertig gegen Stauffenbergs Indolenz
ausspielen. Es gibt keinen Anhaltspunkt dafür, dass er von SS-Aktio-
nen gegen Juden in seinem unmittelbaren Umfeld erfuhr. Allerdings
gelten just die beiden im Bereich der 10. Armee mit »Befriedungs-,
Säuberungs- und Sicherungsmaßnahmen« betrauten SS-Totenkopf-
standarten »Oberbayern« und »Thüringen«, die aus den Wachmann-
schaften der Konzentrationslager Dachau und Buchenwald rekrutiert
worden waren, als »die ersten Vollstrecker einer systematischen Vernichtungspolitik«;[7] etwas weiter südlich, im Operationsgebiet der be-
nachbarten 14. Armee, wütete die berüchtigte Sondereinsatzgruppe
Woyrsch. Nicht selten gingen die »Blitzpogrome«, bei denen Juden
gedemütigt, jüdische Geschäfte geplündert und Synagogen niedergebrannt wurden, auch von Wehrmachtsoldaten aus. Einzelne Befehlshaber und Kommandeure versuchten dagegen vorzugehen – aus Sorge
um die Disziplin der Truppe.

Neun Tage vor dem Überfall auf Polen hatte Hitler die Oberbefehlshaber auf einen Krieg »bis zur völligen Vernichtung« eingeschwo-
ren; er erwarte von der Truppe »größte Härte«, die Soldaten müssten
ihr »Herz verschließen gegen Mitleid«.[8] Indoktriniert durch nationalsozialistische Hetze gegen ein angeblich minderwertiges Volk, das sich
nur durch Heimtücke zu helfen wisse, griffen die Soldaten leichtgläu-
big jedes Gräuelmärchen auf und verfielen in eine »Freischärlerpsy-
chose«, die durch entsprechende Befehle angeheizt wurde.[9] »Wird
hinter der Front aus einem Haus geschossen, so wird das Haus niedergebrannt«, so eine Weisung des Oberbefehlshabers der Heeresgruppe
Nord am 10. September. »Wird aus einem Dorf hinter der Front geschossen und ist das Haus, aus dem das Feuer kam, nicht festzustellen,
so wird das ganze Dorf niedergebrannt.«[10]

Stauffenberg war noch in Wielún, gleich zu Beginn des Feldzugs,
mit einem Verstoß gegen das Kriegsvölkerrecht konfrontiert worden.
Ein Offizier hatte die Erschießung von zwei offenbar verwirrten

Frauen angeordnet, die von einem Speicher aus mit Taschenlampen angeblich Signale an die polnische Artillerie gesendet hatten. Stauffenberg soll dafür gesorgt haben, dass der Offizier degradiert wurde.[11] Als Ende Oktober die Militärverwaltung endete, waren die meisten Befehlshaber dankbar, dass die Gewaltmaßnahmen der SS zur »völkischen Flurbereinigung« nicht mehr in ihrem Verantwortungsbereich lagen. Bei der Wehrmacht wollte man mit Exzessen nichts zu tun haben. Die Zahl der bis dahin außerhalb von Kampfhandlungen und Bombardements ums Leben gekommenen polnischen Zivilisten wird auf 20 000 geschätzt.[12]

Wer sich einen wachen Sinn für Recht und Unrecht bewahrt hatte, konnte sich das weitere Schicksal Polens unter deutscher Herrschaft nur in düstersten Farben ausmalen. Stauffenberg vertraute auf eine geordnete Verwaltung und machte sich offenbar keinerlei Gedanken wegen der Umsetzung. Umso stärker richtete sich seine Phantasie auf den Ostteil des Landes, in den am 17. September die Rote Armee einmarschierte. »Ich habe nicht den Eindruck, dass unsere Freunde die Bolschewiki sehr zümpferlich [lies: zimperlich] verfahren«, schrieb er zehn Tage nach dem Kriegseintritt der Sowjetunion. »Für die ganze polnische Oberschicht ist dieser Krieg eine wahre Geißel Gottes. Vor uns sind sie nach Osten geflohen. Wir lassen außer Volksdeutschen nichts mehr über die Weichsel herüber. Die Russen werden aber wohl kurzen Prozeß machen, da die eigentliche Gefahr wie man ja allmählich weiß nur in der nationalistischen Oberschicht der Polen steckt, die sich natürlich den Russen überlegen fühlt. Da werden wohl viele nach Sibirien wandern müssen.«[13] Mitleid mit der polnischen Oberschicht empfand der Schreiber dieses Briefes nicht, im Gegenteil, er schien erleichtert, dass die Russen den Deutschen hier eine undankbare Aufgabe abnahmen.

»Die Division kann stolz sein im Brennpunkt des Geschehens gestanden zu haben«, resümierte Stauffenbergs Ordonnanzoffizier Erwin Colsman, der bei Radom verwundet worden war. Als er drei Wochen später wieder an die Front fuhr, gab Nina von Stauffenberg ihm einen Schlafsack für Claus mit. »Ihren Mann traf ich bei meiner Rückkehr sehr frisch und vergnügt an«, schrieb er ihr Anfang Oktober, »die vorangegangenen Wochen waren allerdings voller höchster Anstrengung. Aber es hat sich gelohnt … Ich selbst bin glücklich, wieder bei der Div[ision] zu sein. In solcher Zeit muss man sich betätigen sonst ist man nicht zufrieden. – Den Schlafsack und das Übrige habe ich richtig überbracht.«[14]

Während Nina für ihren Mann warme Handschuhe strickte, bemühte sich dieser, in Polen einen Samowar aufzutreiben. »Samowar oder ähnliches konnte ich noch nicht kaufen. Und stehlen kann man ja schließlich auch nicht.« Eine Woche später war er noch immer nicht fündig geworden. »Meine gestrigen Versuche in Radom einen Samowar zu bekommen, sind leider bisher kläglich gescheitert. Es ist ja auch verständlich, dass alles von einigem Wert von den Juden in den augenblicklichen unsicheren Geldverhältnissen zurückgehalten wird.«[15] Nina war von ihrem Mann beauftragt worden, die Familie auf dem Laufenden zu halten, und schrieb deshalb seine Briefe für Berthold und weitere Familienmitglieder ab. Anfang Oktober konnte sie Berthold mitteilen, dass Claus wohl Mitte des Monats zurückkomme. Schade sei nur, dass er nicht an der Siegesparade teilnehme: »Wir sind alle sehr traurig, dass unsere Männer nun auch nicht mit in Warschau einmarschieren werden.«[16]

Am 12. Oktober machte sich die 1. leichte Division westlich von Warschau auf den Heimweg und traf vier Tage später in ihrer Garnison Wuppertal ein. Zu den ersten Besuchern dort zählten Fritz-Dietlof und Charlotte von der Schulenburg, denen Stauffenberg »einen begeisterten Vortrag über den Feldzug« hielt.[17] Schulenburg, fünf Jahre älter als Stauffenberg und seit 1932 Parteimitglied, war im Sommer 1937 zum Polizeivizepräsidenten von Berlin ernannt worden und hatte in dieser Funktion, unter seinem Vorgesetzten Graf Helldorff, Einblick gehabt in die Intrigen rund um die Abberufung Fritschs als Oberbefehlshaber des Heeres im Februar 1938. Er zählte zum Berliner Freundeskreis des Grafen Yorck, dem auch Cäsar von Hofacker, ein Vetter Stauffenbergs, und sein Onkel Nikolaus »Nux« von Üxküll angehörten. Stauffenberg selbst stand in loser Verbindung mit der später von der Gestapo sogenannten Grafengruppe, in der man sich kritisch mit Fehlentwicklungen des nationalsozialistischen Staates auseinandersetzte.

Schulenburg sah mit großer Sorge, dass das traditionelle Berufsbeamtentum, durch Angriffe der Partei unter Druck gesetzt, in seiner Personalpolitik eingeschränkt wurde und zunehmend an Einfluss verlor. Wenn dieser Entwicklung nicht Einhalt geboten werde, mahnte er in einer Denkschrift, die er 1937 unter anderem an das Innen- und das Wirtschaftsministerium schickte, sei eine funktionierende Verwaltung bald nicht mehr zu gewährleisten. Schon zwei Jahre zuvor hatte sich Schulenburg als Landrat in Ostpreußen einen erbitterten Streit mit dem auf großem Fuß lebenden Gauleiter Erich Koch geliefert, dem er Verrat an den »Grundgedanken der nationalsozialistischen Politik« vorwarf. »In der Kampfzeit hatte man jede Form des Bonzentums angegriffen und Bescheidenheit und Einfachheit gepredigt.« In einem langen Schreiben listete Schulenburg die immensen Kosten des Koch'schen Lebensstils auf und appellierte: »Gauleiter, das Volk weiß von diesen Dingen, es redet darüber, weil es den Widerspruch von Reden und Taten nicht verstehen kann!« Bonzokratie brachte auch die Stauffenbergs immer wieder in Harnisch, Claus ebenso wie Berthold; Schulenburg dürfte ihnen aus dem Herzen gesprochen haben, wenn er schrieb, er sehe in solchen Auswüchsen »ein bedrohliches Zeichen, wie weit sich Führung und Volk in der Provinz auseinandergelebt haben«.[18]

Im August 1939 war Schulenburg Regierungspräsident in Breslau geworden. In dieser Funktion hatte er nach Abschluss des Feldzugs einen Teil des eroberten Gebiets im Südwesten Polens nach Schlesien einzugliedern. Zugleich musste er dafür sorgen, dass die Aussiedlungspläne der SS, die der Chef der Sicherheitspolizei Heydrich am 21. September vorgestellt hatte, umgesetzt und sämtliche Juden und Polen, die dort wohnten, Richtung Osten in das spätere Generalgouvernement abtransportiert werden konnten. Anfang Dezember rollten die ersten Züge. Bei seinem Besuch in Wuppertal wird Schulenburg sich nach den Erfahrungen Stauffenbergs in Polen erkundigt und sich mit ihm über die anstehenden Maßnahmen ausgetauscht haben.

Im Mittelpunkt ihrer Gespräche stand jedoch zweifellos der Feldzug selbst. Er sei überzeugt, dass er »nicht in die Heimat gehöre, sondern an die Front«, hatte Schulenburg vier Tage nach Kriegsausbruch an seine Frau geschrieben und seine feste Absicht bekundet, sich baldmöglichst dorthin abzumelden.[19] Nach dem Sieg über Frankreich noch immer Zivilist, nannte er die Wehrmacht »die vollendetste Kriegsmaschine seit Jahrhunderten, wenn nicht Jahrtausenden … Sinnbild der überlegenen deutschen Ordnungs- und Gestaltungskraft«.[20] Als Schulenburg im Russlandfeldzug endlich zum Einsatz kam, kannte seine Begeisterung für den Krieg als Kreuzzug keine Grenzen mehr. Ein Land wie die Sowjetunion lechze geradezu »nach der schöpferischen Kraft, der ordnenden Hand und dem rechtlichen Sinn der Deutschen«.[21] Das deckte sich mit der Auffassung Stauffenbergs, der im September 1941 an Frank Mehnert schrieb, dass man sich die Trostlosigkeit der eroberten Gebiete zu Hause gar nicht vorstellen könne.[22]

Auch der Name Fritz-Dietlof von der Schulenburg wird später auf den Listen der Opfer des 20. Juli zu finden sein.

Am 18. Oktober 1939 wurde die 1. leichte Division zur 6. Panzerdivision umgewandelt. Seit der Eroberung der Tschechoslowakei verfügte sie über 128 Beutepanzer aus den Škoda-Werken, die den deutschen Modellen »an Kampfkraft durchaus überlegen« waren.[23] Zwei Wochen später erhielt Stauffenberg, der als Ib in Polen seine letzte Probe vor der endgültigen Versetzung in den Generalstab bestanden hatte, die Ernennung zum Hauptmann i. G. In die Freude über die roten Streifen mischte sich vollkommene Ratlosigkeit, wie es jetzt im Westen weitergehen sollte. Am 3. September hatten Frankreich und Großbritannien dem Deutschen Reich den Krieg erklärt und damit – aus deutscher Sicht – den Krieg eröffnet; bis zum Schluss wurde nicht der deutsche Überfall auf Polen, sondern dieses Datum in allen deutschen Kalendern als der Tag des Kriegsbeginns bezeichnet. Aber nichts war seither geschehen in diesem seltsamen Krieg, außer dass die Gegner argwöhnisch jede Bewegung der anderen Seite beobachteten.

»Den englisch-französischen ›Krieg‹ halte ich zunächst für die Schaffung von Verhandlungsgrundlagen«, hatte Stauffenberg zehn Tage nach der Kriegserklärung an Nina geschrieben, »was soll das sonst?« Zwei Wochen später bekräftigte er seine Auffassung, dass die Westmächte mit der Kriegserklärung eine Ausgangsposition für Verhandlungen schaffen wollten, aber wohl kaum ernsthaft an einen Krieg dächten: »Was im Westen werden soll, ist mir wirklich schleierhaft. Man kann den jetzigen Zustand doch schließlich nicht mehrere Jahre fortsetzen. Und den ersten Angriff will wohl keiner starten.« Die inzwischen für alle sichtbare deutsch-sowjetische Einigung in Polen setze Briten und Franzosen unter erheblichen Zugzwang, so Stauffenberg, denn eine mögliche Blockadepolitik wie im Ersten Weltkrieg würde dank der deutsch-sowjetischen Einigung im Osten nicht mehr greifen: »Für die Westfeinde ist diese Entwicklung ein harter Nackenschlag. Der Kriegsplan der Westmächte ist mir ein Rätsel. Vielleicht ist es aber so, dass sie zwar einen hatten, der engstens auf die Erfahrungen des Weltkriegs als Abschnürungs- und Wirtschaftskrieg aufbaute, und jetzt tatsächlich nicht wissen, wie sie den Krieg weiter führen sollen. Ich glaube kaum, daß im Augenblick der französische Soldat im Angriff auf deutschen Boden sehr Großes leisten wird. Und sollen wir angreifen ...??«[24]

Aus solchen Kommentaren sprach die Unsicherheit des Siegers, der wusste, dass Polen als Beute wenig wert war, solange Frankreich und Großbritannien nicht am Verhandlungstisch saßen; deshalb suchte er die Verantwortung für den Fortgang des Krieges auf die Westmächte abzuwälzen. Stauffenberg hatte den Kriegsgrund – von Hitler groß herausgestellte, angeblich ununterbrochene Provokationen der polnischen Seite – nicht hinterfragt und sich auch über das eigentliche Kriegsziel, die Zerschlagung Polens, keine Rechenschaft abgelegt. Schließlich hatte es auf der europäischen Landkarte mehr als 120 Jahre keinen eigenständigen polnischen Staat gegeben, und auf Wiederherstellung der alten Grenzen im Osten hatten weite Teile der politischen Klasse schon während der Weimarer Republik gepocht. Die Motive der Politiker in London und Paris blieben Stauffenberg vollkommen

unverständlich. Aber je länger der Nervenkrieg dauerte, desto klarer wurde ihm, dass die Westmächte, auch ohne aktiv zu werden,
politisch und militärisch das Heft des Handelns an sich gerissen
hatten.

Hitler wollte die Entscheidung im Westen so schnell wie möglich
suchen, konnte sich aber bei den Oberbefehlshabern nicht durchsetzen, die einen Angriff auf Frankreich schlicht für Wahnsinn hielten.
Bereits Ende September, als sich der Sieg über Polen abzeichnete,
hatte General der Panzertruppe Guderian das Paradox auf den Punkt
gebracht: »Eigentlich ist der ganze übrige Krieg gegen Frankreich und
England damit sinn- und gegenstandslos geworden.«[25] Ähnlich wie in
der Sudetenkrise im September 1938 formierte sich an der Spitze des
Heeres noch einmal Widerstand. Hitler war empört über die mangelnde Entschlossenheit und wetterte insbesondere gegen den angeb-
lichen Defätismus im Generalstab – den »Geist von Zossen«. Dennoch musste er den Befehl zum Losschlagen mehrfach zurücknehmen
und den Angriff schließlich auf das Frühjahr 1940 verschieben. Die
Stimmung an der Spitze war gereizt, die Nervosität schlug nach unten
durch.

Stauffenberg empfand die Situation als unerfreulich. Am 7. November hatte die 6. Panzerdivision den Befehl zum Ausrücken erhalten, »im letzten Augenblick wurde die Sache aber verschoben; seither
sitzen wir hier und warten von Tag zu Tag auf den aufbruch«, schrieb
er am 19. November an Frank Mehnert.[26] An dieser Ausgangslage änderte sich in den folgenden Monaten wenig, der letzte Befehl zum Ab-
marsch kam am 12. Januar und wurde tags darauf rückgängig gemacht. Stauffenberg hätte Mehnert und seinem Bruder Berthold gern
von seinen Erlebnissen in Polen erzählt, durfte wegen andauernder
Bereitschaft Wuppertal aber nicht verlassen. Also griff er zur Feder
und versuchte in mehreren Briefen an Mehnert, seine Gedanken über
den Krieg zu ordnen. Die fünf ausführlichen, erst 2009 aufgetauchten
Schreiben erlauben einen tiefen Einblick in sein Denken. Da weder
aus früheren noch späteren Jahren vergleichbare Zeugnisse von ähnlicher Dichte überliefert sind, lohnt es sich, den Hintergrund dieser

höchst merkwürdigen, schwer zu dechiffrierenden Briefe genauer auszuleuchten. Es falle ihm nicht leicht, über seine Erfahrungen während der letzten Wochen zu sprechen, hieß es in einem ersten Brief am 22. Oktober, »denn das eigentümliche und alles andre überschattende und in sich einschliessende am Krieg ist, dass alle Dinge ein andres Licht gewinnen, und zwar werden sie schärfer, klarer, in jeder Richtung unerbittlicher. Zum wirklichen Soldaten gehört eben doch auch der wirkliche Krieg.«[27] Vier Wochen später betonte Stauffenberg noch einmal, dass die Teilnahme am Feldzug seinen Blick verändert habe: »Nicht, dass die dort gemachten Erfahrungen andere wären als sie gerade menschlich nur allzu natürlich sind. Aber immerhin ist es eindrucksvoll den Dingen in ihrer aller einfachsten Form, in ihrem eigentlichen Wesen, aller beigabe entkleidet, gegenüberzustehen.« Stauffenberg bemühte sich, seine Fronterlebnisse in das scharfe Licht der Objektivität zu rücken, um gleich im anschließenden Satz überzuleiten zu einem allgemeinen Ausblick auf den weiteren Kriegsverlauf: »Aber all das war ja nur Anfang, das eigentliche kommt erst. Entschieden ist gar nichts. Und über den endgültigen sieg oder unausdenkbare niederlage entscheidet das grössere herz, die umfassendere anschauung. In all dem stehn wir in *jeder* hinsicht erst an einem Anfang. Wir werden uns an ein ganz vom krieg diktiertes Leben zu gewöhnen haben und mit den erstaunlichsten umwälzungen uns vertraut machen müssen. Wir wissen heut, worum es geht und sind bereit. Jeden augenblick kann der ruf an uns ergehen, oder noch eine generation muss als Dung für spätre ernte dienen.«[28] Der Duktus des Irrationalen, mit dem Stauffenberg in geradezu schwärmerischen Visionen den Krieg als eine lang andauernde große Bewährungsprobe beschwört, erinnert in manchem an seinen Geburtstagsbrief an Stefan George vom Juli 1931 – »dass es auf einige Jahre und einige menschenleben und schicksale mehr oder minder nicht ankommt« –, aber auch an jene beiden Schreiben, in denen er Anfang des Jahres Generalmajor Sodenstern seine Auffassung von der Stellung des Offiziers im Leben der Nation erläutert hatte.[29] Während sich jedoch die Gruppe, um die es ging, beide Male klar eingrenzen

ließ – die George-Jünger hier, das Offizierkorps da –, wirft der Brief
an Mehnert die Frage auf, wen Stauffenberg eigentlich meinte, wenn
er von »wir« und »uns« sprach. Wer stand bereit, wenn der Ruf erging?
Eine Woche später setzte Stauffenberg noch einmal an: »Das wesen
des Kriegs scheint zu sein, dass er die dinge zur entscheidung treibt,
und gerade im menschlichen bereich. Hier zeigt sich die eigentliche
menschliche substanz und zeigt sich, mit wem Du leben kannst und
wer neben Dir und den dingen ohne zusammenhang daherläuft.
Diese – vielleicht wol vorgewusste aber nicht vorerlebte – erfahrung
war für mich die stärkste meines ersten feldzugs. Mein bedürfnis nach
menschen ist heute geringer denn je, bei den wenigen aber ist es sehnsucht. Es ist wie wenn uns die mühe nicht verlohnte mit denen umzu-
gehn wo das einverständnis nicht von vornherein selbstverständlich
und fast unbesprochen ein vollkommenes ist. So nähert uns der Krieg
in manchem wieder der unbedingtheit der knabenjahre auf einer andern ebene. Und – wie ich Dir wol schon schrieb – wirkt die Dichtung wieder völlig neu auf uns, vieles ist wie eine neuentdeckung und
vieles hat durch den Krieg erst wieder die vollen lebendigen farben bekommen. Und wiederum sieht fast niemand was dieser kampf wirklich bedeutet und für was unsre jugend ihr leben wiederum einsetzt.
Manche glauben sich unbeteiligte zuschauer, andre sehen schon ein
endgültiges wo ein anfang noch kaum gemacht ist. Wir sind jedenfalls
froh im bewusstsein dass unser leben wieder einmal in jeder hinsicht
dem privaten entzogen ist. Wir fühlen uns so stark wie nie, weil wir
eine anzahl freunde besitzen, die unsre liebe und verehrung mit ihrem
vertrauen belohnen und uns so zeigen dass dies volk lebt und wir für
dies volk kämpfen dürfen.«[30]
Aus den stark stilisierten Sätzen, deren innere Logik sich kaum
erschließt, lassen sich immerhin zwei existenzielle Erfahrungen Stauffenbergs ableiten. Da ist zum einen die Erkenntnis, dass Substanz und
Charakter eines Menschen ausschließlich danach zu beurteilen seien,
ob man sich auf ihn verlassen kann. Stauffenberg fühlt sich an die
»unbedingtheit der knabenjahre« erinnert und trifft damit ziemlich
genau das Wesen der soldatischen Gemeinschaft, das auf der still-

schweigenden Übereinkunft beruht, füreinander einzustehen. Der Offizier befiehlt nur, was er auch von sich selbst verlangen würde. Wer versagt, wird von der Gruppe ausgeschlossen. Stauffenberg scheint beim Polenfeldzug einige menschliche Enttäuschungen erlebt zu haben; geradezu resigniert klingt die Bemerkung, sein Bedürfnis nach Menschen sei erst einmal gesättigt. Das Wort Kameradschaft – für fast alle Soldaten mit Fronterfahrung ein zentraler Begriff – taucht erstaunlicherweise nirgendwo auf.

Das zweite große Thema des Briefes ist der Versuch, das Kriegsgeschehen mit der Dichtung Stefan Georges zu verknüpfen: Fast niemand sieht, was dieser Krieg wirklich bedeutet, dabei steht doch alles in den Büchern! Stauffenbergs Sätze lesen sich wie eine Paraphrase der George'schen Eschatologie. »Am streit wie ihr ihn fühlt nehm ich nicht teil«, hatte dieser in einem 1917 veröffentlichten zwölfstrophigen Kriegsgedicht wissen lassen und zwei Arten von Krieg unterschieden: die Materialschlacht der Gegenwart, in der geistig-moralisch abgewirtschaftete Nationen sich zu Tode fiebern, ohne dass es einen Sieger gibt – »kein triumf wird sein, / Nur viele untergänge ohne würde« –, und das noch viel schrecklichere Armageddon, die letzte Entscheidungsschlacht. Sie hatte George schon 1914 prophezeit: »Zehntausend muss der heilige wahnsinn schlagen / Zehntausend muss die heilige seuche raffen / Zehntausende der heilige krieg.«[31] Vieles deutet darauf hin, dass Stauffenberg im Herbst 1939 am Beginn eines neuen heroischen Zeitalters zu stehen glaubte. »Ich frage mich oft wie die einsichtigen überhaupt noch zu leben vermögen ohne teilzuhaben an den grossen verheissungen.«[32]

Die »großen Verheißungen« waren mitnichten die der nationalsozialistischen Ideologie, im Gegenteil. Weil ihnen der Kompass fehlte, waren die »Einsichtigen« gezwungen, »sich an die tageserscheinungen [zu] klammern, im innersten freilich mit dem tiefen misstrauen eines noch gesunden instinkts«. Unter »Einsichtigen« verstand Stauffenberg offenbar diejenigen, die sich auf einen »gesunden Instinkt« verlassen konnten und der Ideologie bisher nicht zum Opfer gefallen waren, denen es aber an der nötigen Orientierung zur Einordnung der jüngsten

Ereignisse fehlte und die deshalb umso stärker den »Tageserscheinungen« ausgesetzt waren. Gefeit waren in seinen Augen nur diejenigen, die schon in jungen Jahren den richtigen Führer gefunden hatten und die Versprechungen falscher Propheten von den echten Verheißungen zu unterscheiden wussten.

Die Distanzierung von den Parolen des Regimes ging aber noch einen Schritt weiter. Am 10. Dezember nutzte Stauffenberg eine Dienstreise nach Berlin zu einem Besuch bei seinem Bruder. Bertholds Beurteilung der Lage sei »nicht eben rosig«, und dem könne er sich im Prinzip nur anschließen. »Aber diese begriffe sind ja eben recht relativ. Gerade eine in bezug auf die ereignisse sehr optimistische anschauung muss ja zugleich die schlimmsten bedenken wachrufen.« Das hieß nichts anderes, als dass eine Entwicklung, die für Deutschland günstig verlief und entweder den großen Krieg möglicherweise doch noch abwendete oder aber zu einem deutschen Sieg führte, am Ende keine wirkliche Lösung bedeute. »So liegt unsre zuversicht auf einer völlig andern ebene. Sie drückt sich darin aus, dass wir noch einen sinn zu sehen vermögen wenn einmal bei allen kriegführenden nur noch die negation übriggeblieben sein wird.«[33]

Die »schlimmsten Bedenken« bezogen sich also auf die Zeit danach. Aber was genau befürchteten die Stauffenbergs, und worin lag für sie der höhere Sinn dieses Krieges, den andere nicht zu sehen vermochten? Wiederum ist die Antwort da zu finden, wo die weltanschaulichen Überzeugungen der Brüder ihre Wurzeln hatten, bei George. Wie auch immer die Sache ende, hatte dieser bei Ausbruch des Ersten Weltkriegs im August 1914 geschrieben, »ob es gut oder schlecht ausgeht – das schwierigste kommt ERST HINTENNACH!« Wer den Krieg unter materiellen Gesichtspunkten betrachte und auf die Überlegenheit der eigenen Waffen setze, erfasse »nur die Außenseite, nicht den Sinn der Dinge«.[34] Wo genau dieser Sinn zu suchen sein sollte, wusste zwar niemand, aber als sich die Deutschen 1918 gleichsam über Nacht mit der Niederlage abfinden mussten, blieb immerhin als Trost die Erkenntnis: »Das Geistige Reich hatte und hat mit und ohne sieg die ganze welt zum feind.«[35]

Die Entscheidungen im Reich des Geistes fielen nicht an der Front. Wer wie Stauffenberg in größeren Zusammenhängen dachte, bewegte sich auf einer Metaebene weit über das Ende der aktuellen Auseinandersetzungen hinaus. Zu entsprechender Gelassenheit riet er auch Mehnert, der Ende des Jahres eine Einladung Rudolf Fahrners nach Griechenland erhielt und von Stauffenberg wissen wollte, ob er sie annehmen dürfe, wo er sich doch eigentlich zum Wehrdienst melden müsste: »Ich verstehe wohl wenn du Dich zuweilen fragst, ob Dein platz heut nicht dort ist wohin sich schon im letzten krieg unsre beste jugend freiwillig gestellt hat und wo auch heute wieder die Deines alters hingehören. Aber trotzdem liegt doch vieles anders ... heut haben wir ganz andre nöte. Jeder der als kämpfer bedurft wird wird auch ohne sein zutun zu seiner zeit geholt werden.« Mehnert solle sich ganz der Kunst widmen, damit erweise er der gemeinsamen Sache den größten Dienst. »Ich hätte vor jahren den ausgelacht der mir vorausgesagt hätte, ich würde noch einmal die geduld als meine tugend preisen. Heut tu ich's. Ich hab sie aber nur weil ich noch zu glauben vermag, und ich glaube weil ich noch durch die fassade hindurch zu sehen vermag, den Reichtum, die Schönheit, das Unvergängliche dieses Landes, seine Menschen – Dich. Im wissen um unsern endlichen sieg liegt unsre kraft, und in der königlichen gleichgültigkeit ob heut oder morgen, ob wir [,] unsre kinder oder enkel ernten werden.«[36]

Anfang März 1940 hatte die Warterei ein Ende: Die 6. Panzerdivision wurde im Westerwald bereitgestellt. Aus Sicht Stauffenbergs, der die Erfahrungen des Polenfeldzugs in einem eigenen Bericht zusammengefasst hatte, gab es vieles zu verbessern. Vor allem zwei Probleme bereiteten ihm Kopfzerbrechen. Zum einen war das auf kurze Entfernungen zwischen den Stäben ausgerichtete Befehls- und Meldewesen den schnellen Bewegungen des Angriffskriegs oft nicht gewachsen, zahlreiche Meldungen waren bei ihrem Eintreffen bereits überholt. Zum anderen war die Division häufig auf eine einzige Straße angewiesen, die sie sich dann auch noch mit einer weiteren Division teilen musste, sodass man sich beim Vormarsch immer wieder gegenseitig behinderte. Des Weiteren kritisierte Stauffenberg die mangelhafte Ausrüstung der Nachschubfahrzeuge, für die jede beschädigte Brücke in Polen zu einem Hindernis geworden sei, die fehlende Übersicht über die Depotbestände, die zu fast anarchischen Auseinandersetzungen bei der Zuteilung geführt habe, und die unzureichende Versorgung der Verwundeten im rückwärtigen Armeegebiet, weil geländegängige Krankenwagen gefehlt hätten.[37]

Noch rechnete Stauffenberg damit, dass bei einem Westfeldzug ein angepasster Schlieffen-Plan zur Anwendung käme, die Deutschen also wie 1914 durch das neutrale Belgien vorstoßen und die Franzosen in einer großen Schwenkbewegung von Norden her umfassen würden. Weil aber auch die Alliierten von dieser Annahme ausgingen, fehlte einer solchen Operation aus Sicht der Heeresführung das entscheidende Moment der Überraschung. Am 17. Februar erhielt Erich von Manstein, Generalstabschef der Heeresgruppe A, Gelegenheit, Hitler seinen Plan vorzutragen, den Angriffsschwerpunkt weiter südlich zu setzen, einen Panzerkeil durch die Ardennen Richtung Kanalküste zu treiben und so die französischen Truppen nach Norden abzudrängen. Die Wälder der Ardennen seien zwar unwegsam, für Panzer aber keineswegs unpassierbar, wie die Franzosen wohl glaubten, die diesen Frontabschnitt stark vernachlässigt hatten. Obwohl Manstein wegen seiner dauernden Kritik an Generalstabschef Halder in diesen Tagen mit einem Heimatkommando kaltgestellt wurde, war es am Ende der von ihm konzipierte »Sichelschnitt«, mit dem den Deutschen »der Durchbruch als Voraussetzung für die anschließende Umfassung und Vernichtung der feindlichen Streitkräfte« gelang.[38]

Im Westerwald traf die 6. Panzerdivision letzte Vorbereitungen für den »Fall Gelb« und übte an den Steilhängen der Lahn Flussdurchquerungen. Der Divisionsstab war in Hachenburg untergebracht. »Meine arbeitsräume liegen in einer Jugendherberge, die noch gar nicht eingeweiht war und von uns noch rasch in Ordnung gebracht werden musste«, schrieb Stauffenberg am 10. März an Berthold. »Aus Fenstern, die fast die ganze Zimmerlänge einnehmen, sehe ich weit übers Land nach Westen […] im Hintergrund reich gegliederte höhen, hinter denen die sonne in einem unglaublichen Farbenspiel untergeht, ähnlich dem schauspiel das wir von den höhen der Alb kennen.« Zwar befinde man sich noch immer im Wartezustand, aber die Situation insgesamt habe »etwas sehr beruhigendes und gibt doch der Truppe das gefühl der sicherheit. Meine im herbst vertretene ansicht, dass bei richtigem verhalten von uns die zeit durchaus nicht gegen uns zu sein braucht, scheint mir durch die letzten 3 monate bestätigt. Unser vorteil ist, dass wir wenn nichts geschieht gewonnen haben, dass die andern aber positiv etwas tun müssen, sie müssten denn die nerven haben, jahre und jahre durchzuhalten, was schliesslich auch nicht zur festigung des Empire beitragen wird.«[39]

Stauffenberg hatte sich am Mittag die Rundfunkübertragung der Hitler-Rede zum Heldengedenktag angehört. Nach dem »beispiellosen Siegeszug im Osten« sei er »nunmehr bereit, das Reich vor den alten Feinden des Westens in Schutz zu nehmen«, sagte Hitler an diesem Tag im Berliner Zeughaus. Die ungewöhnlich pathetische Rede – heute trete »das ganze deutsche Volk vor das Angesicht des Allmächtigen, um ihn zu bitten, seinen Kampf um das Dasein zu segnen« – enthielt weder eine Erneuerung seines Friedensangebots an die Westmächte, noch stieß Hitler ungewöhnliche Drohungen aus.[40] Stauffenberg interpretierte dies als eine Bestätigung des bisherigen Kurses, abzuwarten. »Dass die lage nach wie vor bei uns sehr ernst ist, ist gewiss«, hieß es in dem Brief an Berthold. »Beharren wir aber in klarer und unromantischer fassung auf dem standpunkt der heutigen rede, ist das ende – kein grosser triumf – aber unser klarer sieg. Und das wäre das meiste.«

Um die von der deutschen Kriegswirtschaft dringend benötigten schwedischen Eisenerzimporte sicherzustellen, landeten die Deutschen am 9. April in Narvik; am Vortag hatten die Briten den Hafen im Norden Norwegens, über den das Erz verschifft wurde, vermint. Von der Besetzung Dänemarks und Norwegens versprach sich die deutsche Marine überdies eine Reihe strategischer Vorteile in der Auseinandersetzung mit den Briten. Keiner habe ein so kühnes Unternehmen wie Narvik für möglich gehalten, schwärmte Stauffenberg in einem Brief an seinen Bruder, alles sei eben eine Frage des festen Willens und der Zuversicht. »Als soldatische Tat ist die nordische Besetzung und der Kampf mit der grand fleet schlechthin bewundernswert.«[41] Berthold war nicht weniger begeistert: »Auf schwerem posten stehen die Narwiker – dort wird sich vielleicht ein heldenkampf alter art abspielen.«[42] Stauffenberg lag noch immer im Westerwald. Auch wenn für ihn vorerst keine Änderung in Sicht war, bestärkte ihn Narvik in der Hoffnung, »auch noch zum Zug [zu] kommen«. Allerdings dürfe man nicht dem Irrtum erliegen, dass dieser Krieg die Entscheidung bringe, betonte er gegenüber Berthold und erläuterte auch ihm noch einmal seine Zwei-Kriege-Theorie. Zweifellos gehe »die ganze Welt einer neuen Form entgegen die später einmal als das Ergebnis auch dieser Kämpfe und Kriege in erscheinung treten mag«. Gewaltige Umwälzungen zeichneten sich bereits ab, und dies empfinde er als ein großes Glück, »denn jede Auflockerung einer stagnation, der geistlosigkeit und des verrantseins ist ein gewinn an sich … Wir befinden uns wohl in den ersten Geburtswehen eines Neuen Reiches.«[43]

Am 10. Mai kurz vor 2 Uhr kam der Befehl zum Angriff im Westen. Die 6. Panzerdivision unterstand als Teil des XXXXI. Armeekorps der Panzergruppe Kleist, die zusammen mit der 4., 12. und 16. Armee die Heeresgruppe A unter Generaloberst von Rundstedt bildete. Die fünf Panzerdivisionen der Gruppe Kleist und die beiden Panzerdivisionen der 4. Armee sollten den Durchbruch durch die Ardennen erzwingen, auf ihnen ruhte die Hauptlast der ersten Phase des Feldzugs. Wie schon in Polen fuhr Stauffenberg auch diesmal ganz vorn an der Spitze – und machte die gleichen Erfahrungen. Mangels Marschdisziplin kam es bereits am ersten Abend zu einem chaotischen Durcheinander, weil die 2. Panzerdivision ihr Etappenziel nicht planmäßig erreichte und die 6. blockierte, »sodass diese auflief und auf ihrer ganzen Marschlänge von etwa 120 Kilometern auseinandergezogen in den engen Straßen der Eifel liegenblieb«.[44] Sieben Divisionen mit über 40 000 Fahrzeugen über vier schmale windungsreiche Straßen durch die Täler der Ardennen zu führen, bereitete den Stäben in den folgen-

den Tagen nicht geringe logistische Probleme. Alles drängte jetzt nach
vorn, keiner wollte der Letzte sein.

Dann ging alles zügig. Bereits am Nachmittag des 13. Mai über-
querten die ersten Kampfverbände der 6. Panzerdivision die Maas bei
Monthermé. Der anschließende schnelle Vorstoß auf das 65 Kilometer entfernte Montcornet »ließ innerhalb von wenigen Stunden die
operative Planung der französischen Führung wie ein Kartenhaus zu-
sammenstürzen«.[45] Am 18. Mai erreichte die Division die Somme bei
St. Quentin. »Ob Du wohl unsere Spuren verfolgen konntest?«, fragte
Stauffenberg an diesem Tag erkennbar stolz seine Frau in seinem ersten Brief nach Hause. »Über Eifel, Ardennen, Maas, Oise und heute
Somme? Es ist ein unerhörter Vormarsch, eine wirkliche Invasion, ein
unaufhaltsames Weiterstoßen, dem gegenüber die Franzosen bisher
nicht einmal den guten Willen zu kämpfen gezeigt haben. Sie ergeben
sich zu Tausenden und fluten dann unbewacht ganz auf sich gestellt
nach Osten … Von Engländern noch keine Spur. Sie werden auch allmählich an Kanal-Brückenkopf-Verteidigung denken.«[46]

Vier Tage später, am Abend des 22. Mai, standen die vordersten
Verbände der 6. Panzerdivision rund zwanzig Kilometer vor Calais.
Weil aufgrund einer britischen Gegenoffensive bei Arras Gefahr
drohte, dass ein Großteil der Verbände der Heeresgruppe abgeschnitten werden könnte, musste die Division am nächsten Morgen ost-
wärts nach St. Omer eindrehen. An diesem Tag entbrannte innerhalb
der Generalität ein heftiger Richtungsstreit über das weitere Vorgehen. Während sich das Oberkommando des Heeres und die »Panzer-
generale« dafür aussprachen, unverzüglich auf das nur 15 Kilometer
entfernte Dünkirchen vorzustoßen, den einzigen verbliebenen Kanal-
hafen der Alliierten, wollten Rundstedt und der Oberbefehlshaber der
4. Armee, Günther von Kluge, anhalten und die nachfolgenden Verbände erst aufschließen lassen. Am 24. Mai kam Hitler ins Hauptquartier der Heeresgruppe und entschied die »Führungskrise« in seinem Sinne: Die Panzer sollten stehen bleiben. Sie wurden für die
endgültige Niederwerfung Frankreichs benötigt und nach kurzer Ruhe-
pause Richtung Süden dirigiert. Weil es der Royal Air Force gelang,

die Luftüberlegenheit der Deutschen zu brechen, konnten bis Anfang
Juni 338 000 Mann der britischen Armee und ihrer Verbündeten über
den Kanal entkommen.[47]

Nach weiteren vier Tagen erbitterter Kämpfe gegen englische Truppen im Gebiet zwischen St. Omer und der belgischen Grenze war der
Feldzug für Stauffenberg zu Ende, die Phase »Rot« erlebte er nicht
mehr im Gefechtsstand. Spätestens am 27. Mai erreichte ihn die
Nachricht seiner Versetzung in die Operationsabteilung des Generalstabs des Heeres zum 1. Juni. »Du wirst Dir vorstellen können«,
schrieb er an diesem Tag an seine Frau, »wie schwer es mir fällt, mitten aus meiner Division und mitten aus dem Krieg und den ruhm-
vollsten Operationen meiner Division herausgerissen zu werden, um
in einer Behörde wie dem OKH unterzutauchen.« Der Vormarsch gehöre »zu den unwahrscheinlichsten Erlebnissen, die man haben
kann«, umso mehr bedauere er es, beim »letzten Akt in dieser großen
englischen Tragödie« nicht dabei sein zu können. »In unseren Kämpfen bereiten sich die weittragendsten, das Gesicht der alten Welt
verändernden Entscheidungen vor.« Seien erst die in Flandern stehenden britischen Truppen ausgeschaltet, müssten sich die Engländer
entscheiden. »Geben sie nicht nach, wird es noch harte Kämpfe geben, denn dann müssen wir zum Vernichtungskampf gegen England
antreten.«[48]

Kurz nach Kriegsende erinnerte sich der Trossführer der 6. Panzerdivision, Erwin Topf, an die Quartiermeisterbesprechungen beim
Vormarsch durch die Ardennen. »Gewöhnlich war kein fester Zeitpunkt vereinbart; nach und nach trafen die Leiter der einzelnen
Abteilungen, die Führer der Sonderkommandos, die Verbindungsoffiziere ein. Stauffenberg, groß, schlank, beweglich, ein Mann von aus-
gesprochenem persönlichem Scharm, empfing uns mit echter, strah-
lender Liebenswürdigkeit, sorgte dafür, dass jeder ein Glas zu trinken
bekam, eine Zigarre, eine Pfeife Tabak. Er informierte, fragte, forschte
nach scheinbar nebensächlichen Dingen, gab die neuesten Anekdoten
zum besten … sprang von einem Thema zum anderen … So verging
Viertelstunde um Viertelstunde, und noch immer war keine unserer

Fragen entschieden – keinerlei Dispositionen für den nächsten Tag
oder auch nur für die nächste Stunde waren getroffen, kein Befehl war
gegeben. Bis dann, ganz und gar unkommissig und durchaus zwang-
los, die Worte fielen: ›Ja, also – ich denke, wir machen das jetzt so …‹
Und nun gab Stauffenberg, die Linke in der Hosentasche, die Rechte
am Weinglas, gedankenvoll durchs Zimmer gehend, bald hier, bald da
stehenbleibend, dann wieder zur Karte greifend, den Quartiermeister-
befehl in allen seinen Einzelheiten.« Obwohl ihm das Formulieren
nicht leichtgefallen sei, habe er stets und in jeder Lage den rechten
Ton getroffen.[49]

Stauffenbergs Organisationstalent war bereits während seiner Zeit
an der Akademie aufgefallen. Die 2. Abteilung des Generalstabs hatte
deshalb schon früh einen begehrlichen Blick auf ihn geworfen. Ausge-
zeichnet mit dem Eisernen Kreuz I. Klasse, wurde Stauffenberg am
Abend des 31. Mai 1940 mit einer kleinen Feier von der Division verabschiedet und traf am nächsten Tag in Bad Godesberg ein, wo der
Generalstab des Heeres in dieser Phase des Feldzugs stationiert war. In
der Woche darauf wurde der Sitz an die belgisch-französische Grenze
verlegt, nach dem Sieg über Frankreich nach Fontainebleau, und am
30. Oktober zog der Generalstab zurück in sein Hauptquartier in Zossen bei Berlin.

Mitte Juli wurde Albrecht Ritter Mertz von Quirnheim, ein Freund
Stauffenbergs, der an der Kriegsakademie im gleichen Hörsaal mit
ihm gesessen hatte, ebenfalls zur Organisationsabteilung versetzt. Die
beiden hatten eine ähnliche Karriere gemacht. Mertz, Infanterist,
zweieinhalb Jahre älter als Stauffenberg, war 1928 Leutnant, 1931
Oberleutnant geworden, hatte aus Begeisterung für den Nationalsozialismus 1933 einen Übertritt zur SA erwogen, wurde bei Kriegsausbruch Quartiermeister eines Armeekorps und hatte den Feldzug in
Frankreich als Ia der 290. Infanteriedivision mitgemacht, auch er aus-
gezeichnet mit dem EK I. Im November 1940 übernahm Mertz das
Referat I »Organisation im Kriege und Demobilmachung«, das er
zwei Jahre lang leitete.[50] Als Mertz und Stauffenberg im Sommer 1940
ihre Arbeit im Generalstab aufnahmen, waren beide davon überzeugt,

dass die Briten den Krieg verloren hatten. Als ihre Wege sich Ende 1942 für einige Zeit trennten, wussten sie, dass die Deutschen den Krieg nicht mehr würden gewinnen können.

Am 20. Juli 1944 gehörte Oberst Albrecht Ritter Mertz von Quirnheim zu den vier Offizieren, die im Hof des Oberkommandos des Heeres im Berliner Bendler-Block noch in der Nacht erschossen wurden.

»Das französische Débacle ist furchtbar ... ein Schlag, von dem sich dieses Volk nicht so leicht wird wieder erholen können«, hatte Stauffenberg drei Tage vor der Kapitulation keineswegs triumphierend geschrieben.[51] So eindeutig und vollständig der Sieg über Frankreich ausgefallen war, so entschlossen leistete Großbritannien jetzt Widerstand. Am Schluss einer bombastischen, mehr als zweistündigen Rede vor dem Reichstag, in der er den Sieg über Frankreich als einen der Höhepunkte der deutschen Geschichte pries und nicht vergaß, seinen eigenen Anteil an den wichtigsten Entscheidungen zu unterstreichen, wagte Hitler an die Adresse Churchills die Prognose, »dass die Fortführung dieses Kampfes nur mit der vollständigen Zertrümmerung des einen der beiden Kämpfenden enden« werde. Mit Blick auf das namenlose Leid, das über die Briten hereinbreche, fühle er sich vor seinem Gewissen deshalb verpflichtet, ein letztes Mal »an die Vernunft auch in England« zu appellieren: »Ich sehe keinen Grund, der zur Fortführung dieses Kampfes zwingen könnte.«[52] Bereits eine Stunde später wurde über BBC verbreitet, dass die Regierung Seiner Majestät jegliche Verhandlungen ablehne. Hitlers Hoffnung, London werde einlenken und den Deutschen die Hegemonie auf dem Kontinent überlassen, erwies sich als trügerisch.

Nachdem alle Versuche, Großbritannien durch Luftangriffe zum Frieden zu zwingen, vergeblich geblieben waren, konzentrierten sich die Deutschen darauf, London von der »Peripherie« her unter Druck zu setzen und die Schlüsselstellung des Empire im Mittelmeer zu brechen. Es gab zwei strategische Ansatzpunkte: Gibraltar und den Sueskanal. Da eine Einnahme Gibraltars ohne die Unterstützung

Spaniens nicht möglich war, blieb nur, gemeinsam mit den Italienern, die bereits mit rund 200 000 Mann an der libyschen Küste präsent waren, die Briten aus Ägypten zu werfen. Im Februar 1941 gingen die ersten Einheiten eines deutschen Expeditionskorps in Tripolis an Land. Unter dem Kommando von Generalleutnant Erwin Rommel setzten sie die Wüstenflanke des Empire bald mächtig unter Druck.

Mussolini, der von der Vormachtstellung Italiens im Mittelmeerraum träumte und seinen eigenen Krieg zu führen gedachte, wollte sich seine imperialen Pläne von Hitler nicht durchkreuzen lassen. Nur sechs Wochen, nachdem ein italienischer Vorstoß nach Ägypten kläglich gescheitert war, hatte er Ende Oktober 1940 Truppen vom besetzten Albanien aus in Griechenland einmarschieren lassen. Auch dieser Angriff war mangels Kampfkraft und aufgrund erbitterten griechischen Widerstands nach wenigen Tagen eingestellt worden. Mitte November setzten die Griechen zur Gegenoffensive an und eroberten ihrerseits den Süden Albaniens. Die Briten nutzten die Chance und eilten den Griechen einen Tag nach dem italienischen Überfall zu Hilfe, indem sie das strategisch wichtige Kreta sicherten.

Hitler verfolgte unterdessen ein ganz anderes Ziel: einen Vernichtungskrieg gegen die Sowjetunion. Das war der Krieg, den er immer hatte führen wollen. Als er am 31. Juli 1940 den Spitzen der Wehrmacht seinen »Entschluss« bekannt gab, im kommenden Frühjahr Russland in einem etwa fünf Monate dauernden Feldzug zu »erledigen«, argumentierte er, dass mit der Zerschlagung der Sowjetunion »Englands letzte Hoffnung getilgt« werde.[53] Man dürfe »diese Rationalisierungsversuche Hitlers« nicht allzu ernst nehmen, urteilte Sebastian Haffner, »der Angriff auf Russland erfolgte nicht *wegen*, sondern *trotz* des andauernden Krieges gegen England«. Hitlers einziger Antrieb war die Eroberung von Lebensraum im Osten, verbunden mit der Ausrottung des »jüdischen Bolschewismus«.[54]

Im Herbst 1940 deutete vieles darauf hin, dass die Planungen auf einen Feldzug gegen die Sowjetunion hinausliefen. Selbst bei der Marine mehrten sich die Anzeichen, so Berthold von Stauffenberg Anfang Oktober an Frank Mehnert, dass man »für das frühjahr auch

gegen osten möglichst stark« sein wolle.[55] Die Brüder Stauffenberg
hätten in jedem Fall einer Intensivierung des Krieges gegen Großbritannien den Vorzug gegeben. Die Briten aus Ägypten zu vertreiben
und ihre Verbindungen im Nahen Osten zu kappen wäre aus ihrer
Sicht konsequenter gewesen als die Eröffnung einer neuen Front. Mit
seiner Feststellung, beim Russlandfeldzug handele es sich um eine
Verlegenheitslösung, Hitler sei wohl nichts Besseres eingefallen,[56] unterstrich Claus von Stauffenberg, dass er strategisch dachte. Den ideologischen Stellenwert, den das Unternehmen »Barbarossa« für Hitler
von Anfang an besaß, durchschaute er so wenig wie alle anderen.

Weder die Spitzen der Wehrmacht noch die Oberbefehlshaber
zweifelten nach dem Sieg über Frankreich daran, dass die Aufgabe,
die Sowjetunion in einem schnellen Feldzug niederzuwerfen, lösbar
war. Mit 153 Divisionen, darunter 34 Panzer- und motorisierte Divisionen, würde man die Russen einfach überrollen. Darin spiegelte
sich ein weiteres Mal die dem Generalstab eigene Hybris des operativen Denkens, welche die strategischen Nachteile von Raum, Zeit und
mangelnden Ressourcen durch Kühnheit glaubte ausgleichen zu können.[57] Als Datum für den Angriff wurde Ende Mai in Aussicht genommen.

Dann kam etwas Unvorhergesehenes dazwischen. Am 27. März,
zwei Tage nach dem Beitritt Jugoslawiens zum Dreimächtepakt,
wurde in Belgrad geputscht. Obwohl dies keineswegs automatisch
eine antideutsche Wende in der Politik Belgrads bedeutete, beschloss
Hitler noch am selben Tag, Jugoslawien zu zerschlagen. Das Problem
Griechenland sollte bei dieser Gelegenheit gleich mit gelöst werden.
Die Deutschen hatten bereits Anfang März zur Vorbereitung einer
Operation gegen Griechenland die 12. Armee in Bulgarien stationiert.
Dies wiederum hatte die Briten veranlasst, ihr Engagement in Griechenland zu verstärken und ihrerseits ein Expeditionskorps mit rund
60 000 Mann auf das griechische Festland zu bringen. Hier drohte
den Deutschen zur Eröffnung des Russlandfeldzugs eine offene Südflanke, zumal die Briten von Griechenland aus auch die rumänischen
Erdölfelder bombardieren konnten.

Der Generalstab veranschlagte für die Niederwerfung Jugoslawiens und Griechenlands etwa vier Wochen. Da der Angriff auf die Sowjetunion wegen der Frühjahrsschlammperiode ohnehin nicht vor Mitte Juni möglich war – weite Teile Osteuropas standen bis dahin unter Wasser –, ließ sich der Doppelfeldzug zeitlich also einpassen, ohne dass der Aufmarschplan gegen die Sowjetunion dadurch gefährdet wurde. Jugoslawien kapitulierte am 17. April, Griechenland vier Tage später. Das Gros des britischen Expeditionskorps konnte sich Ende des Monats aus kleinen Häfen in Attika und auf der Peloponnes nach Kreta absetzen.

Als die Wehrmacht am frühen Morgen des 22. Juni 1941, einem Sonntag, mit mehr als drei Millionen Mann in die Sowjetunion einfiel, befand sich Claus von Stauffenberg auf Dienstreise in Griechenland. Er war in Saloniki und Kavala und flog anschließend zu den Gebirgsjägern auf Kreta, das die Deutschen vier Wochen zuvor in einer spektakulären Luftlandeoperation besetzt hatten. In Athen besuchte er Rudolf Fahrner, der dort zum 1. Oktober die Leitung des Deutschen Wissenschaftlichen Instituts übernahm.[58] Bei einem Badeausflug in die Bucht von Porto Rafti an der Ostküste Attikas – vermutlich am Wochenende von »Barbarossa« – trafen sie deutsche Soldaten, die am Strand ihre Zelte aufgeschlagen hatten, badeten und Fußball spielten. »Stauffenberg hatte seine Freude beim Anblick, begrüßte den Oberleutnant, der das Lager befehligte, und lobte ihm seine Leute.« Die Gebirgsjäger waren schon in Norwegen dabei gewesen und zuletzt über Bulgarien nach Griechenland einmarschiert. »Wir schauten zusammen eine ganze Weile den Spielenden zu, die sich offenbar ein Vergnügen daraus machten, dem unvermittelt erschienenen Zuschauer mit den Generalsstreifen [sic] einen munteren Kampf zu liefern.« Zum Abschied grüßte Stauffenberg, indem er den rechten Arm hob – »Heil!«[59]

Vom Juni 1940 bis Anfang Februar 1943, also mehr als zweieinhalb Jahre lang, gehörte Claus von Stauffenberg der Organisationsabteilung des Generalstabs an. Als Leiter des Referats II war er zunächst zuständig für die Organisation des Friedensheeres gewesen. Eine solche Aufgabe mitten im Krieg zu übernehmen, habe »etwas zumindest höchst Eigentümliches«, hatte er nach Übernahme des Postens an seine Frau geschrieben, aber »nach jedem Krieg fängt man gewissermaßen ganz neu wieder an«, daher werde sein Arbeitsgebiet vielleicht doch »demnächst zentrale Bedeutung erlangen«. Allerdings mache er sich keine Illusionen, denn »in einer so großen und hohen Behörde« seien zahllose Interessen zu berücksichtigen. Man werde also viele Kompromisse schließen und sich am Ende auch immer »damit abfinden müssen, dass in den großen Fragen alle Mühe und Arbeit durch einen unvorhergesehenen Führerentscheid umsonst war«. Er wolle trotzdem versuchen, manches von dem »durchzusetzen, wofür ich von der Truppe aus lang und vergeblich gekämpft habe«.[60]

Stauffenberg hatte sich nach der Teilnahme an zwei Feldzügen schwergetan mit der Bürokratie. Anfangs scheint er die Organisationsabteilung, in der mit spitzem Stift Sollstärken und Transportkapazitäten berechnet wurden, als geradezu defätistisch empfunden zu haben. Darüber kam es fast zum Bruch mit seinem Regimentskameraden Bernd von Pezold, von dem er den Posten übernahm. Da mehrere strategische Optionen gleichzeitig verfolgt und die Schwerpunkte immer wieder neu gesetzt wurden, fehlte es an Planungssicherheit. Offenbar machte man auf den Gängen des Generalstabs dafür den Mann an der Spitze verantwortlich, sonst wäre Stauffenberg nach nur zwei Wochen in der Organisationsabteilung wohl kaum zu der kritischen Einschätzung gelangt, bei der ganzen Arbeit sei man »von einem absoluten Führer mit höchst eigenen Gedanken anhängig«.[61]

Nachdem zunächst, noch vor dem endgültigen Sieg über Frankreich, eine Verkleinerung des Heeres von 165 auf 120 Divisionen angeordnet worden war, musste die Organisationsabteilung ihren Planungen ab Anfang August eine Erweiterung auf 180 Divisionen zugrunde legen. Nach der Rückkehr aus den Sommerferien, die er wie immer mit der Familie in Lautlingen verbrachte, arbeitete Stauffenberg dann bereits an Nachschubplanungen für eine Invasion in der Sowjetunion. Außerdem fiel die Organisation der Kriegsspitzengliederung in seinen

Aufgabenbereich. Die Zuständigkeiten und Befugnisse höherer Stäbe mussten koordiniert und mit militärischen und zivilen Dienststellen außerhalb des Heeres abgestimmt werden; dabei waren die Interessen des Heeres mit Nachdruck durchzusetzen. Für seine zahlreichen Dienstreisen, insbesondere für Besuche an der Front zur Überprüfung der Einsatzfähigkeit einzelner Truppenteile, nutzte Stauffenberg in der Regel die Kuriermaschinen des OKH.

Nachdem er sich mit seiner neuen Umgebung und den Möglichkeiten seiner Stellung als Leiter der Gruppe II vertraut gemacht hatte – das Referat Friedensheer wurde bald aufgelöst –, fand Stauffenberg schnell zu einem ihm gemäßen Arbeitsstil. Unter großzügiger Auslegung der Dienstvorschriften arbeitete er höchst effizient, und obwohl er streng auf Einhaltung der militärischen Hierarchie achtete, legte er Wert auf offenen, kameradschaftlichen Umgang mit seinen Mitarbeitern. »Ich habe die Tür von Claus nie geöffnet, ohne ihn am Fernsprecher anzutreffen. Vor ihm Stöße von Papier, die Rechte mit dem Bleistift bewaffnet, die Akten ordnend«, erinnerte sich Dietz von Thüngen, ein Regimentskamerad aus Bamberger Tagen, der als Reserveoffizier Anfang 1942 zum Generalstab kam. Neben Stauffenberg habe meist ein Sekretär gesessen, »der in Wartepausen in fliegender Eile Aktenvermerke, Briefe, Notizen aufnimmt, ohne dass Claus vergessen hätte, das so peinlich eingehaltene Beiwerk eines hohen Stabes (Briefkopf, Betreff, Bezug) pedantisch genau zu diktieren«. Stauffenberg sei in der Lage gewesen, mehrere Vorgänge parallel zu erledigen, habe sich hervorragend zu konzentrieren gewusst und Wesentliches schnell von Unwesentlichem zu trennen verstanden. Nach besonders arbeitsintensiven Tagen habe er manchmal noch nach Mitternacht angerufen: »Kannst du noch einen Schnaps vertragen?«[62]

Stauffenbergs analytische Fähigkeiten beeindruckten selbst den Chef des Generalstabs des Heeres, Generaloberst Franz Halder. Stauffenberg war offenbar der einzige in der Abteilung, der außer dem Abteilungschef »von Zeit zu Zeit unmittelbar bei Halder vortrug und mit dem sich Halder persönlich unterhielt«.[63] Er habe sich immer gern das fachliche Urteil vielversprechender junger Mitarbeiter angehört, gab Halder nach dem Krieg zu Protokoll, und gelegentlich sei das Gespräch über rein Militärisches hinausgegangen. Die Offiziere hätten von sich aus »wohl keine weltanschaulichen oder politischen Fragen angeschnitten, wenn ich ihnen nicht das Stichwort dazu in der Aussprache unter vier Augen gegeben hätte«. Zwischen Stauffenberg und ihm sei schnell ein »Gleichklang« festzustellen gewesen, deshalb »bedurfte es keines Stichwortes meinerseits mehr, um ihn nach Erledigung seines militärischen Auftrages zu freimütiger Aussprache zu bringen. Dann bat er selbst, seine Gedanken vortragen zu dürfen.«[64]

Für Halder zählte Stauffenberg zu denjenigen Offizieren, »denen der Widerstand gegen den Geist Hitlers gewissermaßen im Blute saß … Stundenlang haben wir immer wieder die Möglichkeit geprüft, wie man den Unhold [sic] beseitigen könne, ohne die in Feindberührung stehende Armee in der Erfüllung ihrer Vaterlandsverteidigung empfindlich zu schädigen … Neben den Möglichkeiten und Mitteln eines Umsturzes stand daher der Zeitpunkt besonders zur Diskussion. Alles das sind Gedanken, die ich mit Claus Stauffenberg, soweit ich mich erinnere, besprochen habe.«[65] An Halders Erinnerungsvermögen sind Zweifel angebracht.[66] Denn anders als sein Vorgänger Beck konnte sich Halder zu einem aktiven Einschreiten gegen Hitlers militärische Abenteuer niemals durchringen: weder während der Sudetenkrise im Herbst 1938 noch im Jahr darauf, als Hitler unmittelbar nach dem Polenfeldzug den Angriff auf Frankreich verlangte, noch zu einem späteren Zeitpunkt. Nach dem Krieg hat er seine Kontakte zu Stauffenberg in umso hellerem Licht strahlen lassen.

Das erste belegbare Gespräch der beiden fand am 8. Dezember 1940 statt. Zu diesem Zeitpunkt war Stauffenberg jedoch noch weit von einer kritischen Einstellung zu Hitler entfernt. Nach dem Überfall auf die Sowjetunion teilte er dann den Optimismus des Generalstabschefs, der am 3. Juli 1941, keine zwei Wochen nach dem Angriff, ins Kriegstagebuch eintragen ließ, dass der Feldzug gegen Russland wohl entschieden sei. Vier Wochen später kamen Halder zwar erste Bedenken, man habe den Gegner offenbar unterschätzt. Aber selbst ein Jahr später, im September 1942, als er wegen Meinungsverschiedenheiten mit Hitler abgesetzt wurde, glaubte er noch an eine Wende im Osten. Um diese Zeit war Halder längst nicht mehr im »Gleichklang« mit Stauffenberg. Während der Generalstabschef daran glaubte, dass durch Erfahrung, Beweglichkeit und Wille ausgeglichen werden könne, was die Russen an schierer Masse aufzubieten hatten, sah Stauffenberg die unüberwindlichen strategischen Probleme.

In einem Punkt waren der Chef des Generalstabes und der Gruppenleiter aus der Organisationsabteilung allerdings stets einer Meinung. Beide wünschten sich eine straffere, zentralistische Kriegsspitzengliederung. Zu diesem Thema, das in sein Ressort fiel, arbeitete Stauffenberg einen Vortrag aus, den er das erste Mal Anfang 1941 vor Generalstabsanwärtern an der Kriegsakademie hielt. Die Kriegsspitzengliederung sei »noch blöder«, als man es sich vorstellen könne – so habe er seine Ausführungen eröffnet. Das war ein geschickter Einstieg, um die Aufmerksamkeit des Publikums zu wecken, aber dass die Kriegsspitzengliederung der Wehrmacht ein großes Durcheinander war, entsprach auch der Überzeugung des Vortragenden. Stauffenberg habe die Namen diverser Kommandostellen an die Tafel geschrieben, erinnerte sich ein Zuhörer, sie alle untereinander mit Linien und Pfeilen verbunden und schließlich gefragt, ob irgendjemand im Auditorium glaube, dass sich mit einer solchen Befehlsstruktur ein Krieg gewinnen lasse.[67]

Stauffenberg stieß sich vor allem an der seit Jahren bestehenden Rivalität zwischen dem Oberkommando des Heeres (OKH) und dem Oberkommando der Wehrmacht (OKW), einer mächtigen Behörde, die über ihren Chef, Feldmarschall Keitel, direkten Zugang zu Hitler hatte und mit der es viel Ärger gab. Die fortwährenden Begehrlichkeiten des OKW verursachten viele Reibungsverluste, die vor allem zu Lasten des Nachschubs für die Ostfront gingen. Als nicht weniger schlimm empfand Stauffenberg »das Durcheinander der sich überschneidenden Zuständigkeiten in der militärischen Spitzengliederung« des Heeres selbst.[68] Zwischen dem OKH und den Heeresgruppenkommandos einerseits sowie zwischen diesen und den Armeeoberkommandos andererseits kam es ununterbrochen zu Auseinandersetzungen, wer bei operativen Entscheidungen das letzte Wort hatte.

Häufig vermisste Stauffenberg das konsequente Durchgreifen eines obersten Kriegsherrn, vieles erschien ihm zu zaghaft, zu vorläufig, zu widersprüchlich im Ansatz. Er bedauerte dies umso mehr, als er eine Reihe wichtiger militärischer Erfolge seit dem Frühjahr 1940 Hitler persönlich zuschrieb. Der Mann habe viel »Gespür für Militärisches«, das habe er in Norwegen und beim Durchbruch der französischen Linien bewiesen; einen Fehler wie den von Dünkirchen werde er gewiss nicht wiederholen. Stauffenbergs Bewunderung für das militärische Genie des Obersten Befehlshabers gipfelte in dem allerdings nur mündlich überlieferten Satz: »Der Vater dieses Mannes war kein Kleinbürger. Der Vater dieses Mannes ist der Krieg.«[69]

Hitlers Entscheidung vom 19. Dezember 1941, Generalfeldmarschall von Brauchitsch zu entlassen und persönlich den Oberbefehl über das Heer zu übernehmen, stieß im Generalstab auf breite Zustimmung. Brauchitsch sei in letzter Zeit ja kaum mehr als ein »Briefträger« gewesen, mokierte sich Halder,[70] der besonders darunter litt, dass Hitler über das OKH hinweg direkt mit den Oberbefehlshabern der Heeresgruppen verkehrte. Auch aus Sicht Stauffenbergs war »der Abgang Brauchitschs nur folgerichtig«. Hitler habe sich seit Langem die Entscheidung über fast alle strategischen und operativen Fragen *de facto* selbst vorbehalten. »Das liegt in der Natur einer derartig überragenden und willensstarken Persönlichkeit. Die Zwischenschaltung eines Oberbefehlshabers ... musste unter diesen Umständen erschwerend, hemmend, verzögernd wirken u. oft zu Missverständnissen u. Reibungen führen.« Die Propaganda habe die Vorgänge leider »nicht geschickt gesteuert«. Es zeichne sich jedoch bereits ab, so Stauffenberg im Januar 1942, dass es dank der neuen Lösung gelinge, »die ganzen Kräfte der Nation einzufangen und für den Entscheidungskampf des Heeres einzuspannen. Und das ist entscheidend!«[71]

8 Auf dem Weg in die Katastrophe

Dezember 1941 bis Februar 1943

Drei Wochen nach Beginn des Unternehmens »Barbarossa« flog Stauffenberg Mitte Juli 1941 vom Hauptquartier des Generalstabs in Ostpreußen zu einem ersten Besuch an die Front. Gespräche führte er auf drei Kommandoebenen der Heeresgruppe Mitte: mit dem Kommandeur der 10. Infanteriedivision (mot.), Generalleutnant von Loeper, seinem Kommandeur im Polenfeldzug; mit dem Kommandierenden General des XXIV. Panzerkorps, General der Panzertruppe Geyr von Schweppenburg, der ihn 1936 als Militärattaché in London empfangen hatte; und mit dem Befehlshaber der Panzergruppe 2, Generaloberst Guderian, den er wohl bei dieser Gelegenheit persönlich kennenlernte. Die Heeresgruppe Mitte hatte kurz zuvor eine Offensive auf Smolensk eröffnet, die Anfang August erfolgreich abgeschlossen werden konnte. Mit Verbänden des XXIV. Panzerkorps machte Stauffenberg den Übergang über den Dnjepr mit.

Nach seiner Rückkehr ins Hauptquartier hielt Stauffenberg am 17. Juli Vortrag bei Halder. »Sehr aufschlussreich«, notierte der Chef des Generalstabs hinterher. Besonders die Schilderungen der schnellen Durchbrüche scheinen ihn interessiert zu haben. Stauffenberg versäumte es allerdings nicht, auch auf die »starke Beanspruchung der Truppe« hinzuweisen. Diesen Teil des Stauffenberg'schen Berichts fasste Halder mit einer Formulierung zusammen, die das Denken der obersten militärischen Führung während der nächsten Wochen und Monate geradezu gespenstisch vorwegnahm: »Gefechtskraft nimmt allmählich ab, Überlegenheitsgefühl wächst.«[1] Das »zentrale Axiom« des operativen Denkens, das den Generalstab seit den Tagen Schlieffens bestimmt hatte, war damit außer Kraft gesetzt: »dass sich mit überlegenem Gefechtswert zahlenmäßige Unterlegenheit ausgleichen lasse.«[2]

In welch bedenklichem Zustand sich die Divisionen bereits vier Wochen nach Beginn des Feldzugs befanden, gab der Erste Generalstabsoffizier (Ia) der 10. Infanteriedivision Stauffenberg am 25. Juli noch einmal schriftlich. Die Division trete wegen Erschöpfung und Munitionsmangels nicht mehr in Kampfgruppen oder Brigaden an, sondern nur noch bataillonsweise; auf höheren Befehl jage man »ohne Kraft, ohne Reserven, ohne Panzer von einem Gefecht zum andern«. Der Brief endete mit einem verzweifelten Appell: »Helfen Sie, bevor es zu spät ist!« Handschriftlich fügte Divisionskommandeur Loeper hinzu: »Lieber Stauff! Man ist auf dem besten Wege, unsere Panzer-Korps – jedenfalls unseres bestimmt zu Tode zu hetzen wie Murat 1812 seine prachtvolle Kavallerie.«[3]

Stauffenberg legte Wert darauf, ein möglichst umfassendes Bild der Lage zu gewinnen. Deshalb war es ihm wichtig, sich von Frontoffizieren direkt berichten zu lassen. Diese wiederum nutzten den Kontakt zu ihm in der berechtigten Hoffnung, dass ihre Sorgen und Probleme auf diesem Weg ins Hauptquartier gelangten und dort Gehör fanden. Zu denen, die sich an Stauffenberg wandten, weil ihre Berichte an die vorgesetzten Kommandobehörden wirkungslos blieben, gehörte der Erste Generalstabsoffizier der 10. Panzerdivision, Major i. G. Bürker; nach dem Polenfeldzug hatte er drei Monate im Stab der 6. Panzerdivision mit Stauffenberg zusammengearbeitet. Anfang November 1941 wurde die 10. Panzerdivision im Rahmen der Panzergruppe 4 bei der Wiederaufnahme der Schlacht um Moskau eingesetzt.

In mehreren Brandbriefen an das XXXX. Armeekorps, die er in Kopie an Stauffenberg schickte, wies Bürker auf erhebliche Versorgungslücken hin. Die Männer seien so erschöpft, »dass sie dem Geschehen vollkommen apathisch gegenüber stehen [und] weder durch gute Worte noch durch hartes Anfassen, noch durch noch härtere Mittel zu einem richtigen Angriff zu bringen«.[4] Als die 10. Panzerdivision am 4. Dezember schließlich aus der Front genommen wurde, waren von den 180 Panzern, mit denen das Panzerregiment der Division zwei Monate zuvor angetreten war, noch 16 übrig. Einheiten, die noch einigermaßen brauchbar waren, wurden anderen Verbänden zugeteilt.

Ein Jahr später, nach ihrer Auffrischung in Frankreich, wurde die
10. Panzerdivision nach Tunesien verlegt, Anfang Februar 1943 übernahm Claus von Stauffenberg dort den Posten des Ia – als Nachfolger
Bürkers. Auch den Ersten Generalstabsoffizier der 20. Panzerdivision, Major
i. G. Staedke, kannte Stauffenberg aus gemeinsamen Tagen beim Stab
der 6. Panzerdivision. Staedkes Division war ebenfalls beim Angriff
der Panzergruppe 4 auf Moskau zum Einsatz gekommen und hatte
sich nach schweren Abwehrkämpfen Ende Dezember auf die Ru-
sa-Wolokolamsk-Linie, eine Auffangstellung gut hundert Kilometer
westlich von Moskau zurückgezogen. »Es passierte mir zum ersten
Male in meinem militärischen Leben«, schrieb Staedke am 5. Januar
1942 aus Rusa an Stauffenberg, »dass mir, der ich wohl die Kampfkraft
des vor Kälte zitternden und vor Überanstrengung apathisch gewordenen Soldaten aus nächster Nähe miterlebte und richtig einschätzte,
zu wenig Härte gegenüber der Truppe vorgehalten wurde. Diese Tage
ließen in mir sehr ernste Zweifel an der Arbeit des Generalstabes entstehen.« Die Vorwürfe waren die immer gleichen: schlampige Versorgung, falsche Einschätzung der gegnerischen Kräfte, völlige Überfor-
derung der Truppe. »Der Zustand meiner Division ist erschütternd.«[5]

Offiziere des Generalstabs erhielten ihre Informationen normaler-
weise aus den Stäben der Heeresgruppen, Armeen und Korps, nicht
bei den Divisionen. Als wichtigste Drehscheibe zur Umsetzung der
strategischen Weisungen in operative Vorgaben galten die Armeeoberkommandos (AOK). Im Ostheer gab es neun, nach Umwandlung der
Panzergruppen in Panzerarmeen 13 AOKs, denen jeweils drei bis vier
Armeekorps mit bis zu zwanzig Divisionen unterstanden, anfangs
mindestens 200 000 Soldaten. Wertvolle Hinweise aus der Frontlinie,
insbesondere Hilfsuchen der Divisionen, blieben oft schon bei den
Armeekorps hängen. Indem Stauffenberg alte kameradschaftliche
Verbindungen nutzte und den direkten Kontakt zur Front suchte, erlangte er zu einem sehr frühen Zeitpunkt Kenntnis vom wahren Ausmaß der Probleme an der Front. Offiziere wie Loeper, Bürker, Staedke
und andere, die ihn im Hauptquartier besuchten, machten keinen

Hehl aus ihrer Einschätzung, dass das Potenzial des Gegners in jeder Hinsicht verkannt worden war.

Stauffenberg hörte sich alles an, diskutierte und konnte wohl auch hier und da einmal Abhilfe schaffen. Insgesamt aber ließ er sich nicht von seiner Überzeugung abbringen, dass die Wehrmacht der Situation bald Herr werde und spätestens im Frühjahr das Gesetz des Handelns wieder an sich reiße. Das neue Jahr beginne nicht gerade vertrauenerweckend, räumte Stauffenberg am 11. Januar 1942 in einem Brief an seine Schwiegermutter ein. Die Lage an der Front sei »zur Zeit zweifellos sehr schwierig« und könne nur »durch die Anspannung der letzten Kräfte und Mittel überwunden werden«. Die Russen hätten »militärisch vor dem Zusammenbruch« gestanden, beim Einsetzen der Schlammperiode aber genügend Zeit gefunden, neue Verbände heranzuführen. »Ein voller Sieg lag so nah, dass man eben alles auf eine Karte setzen musste. Umso größer war natürlich auch das Risiko.« Zurzeit bereiteten vor allem die Verkehrs- und Nachschubschwierigkeiten erhebliche Sorgen. »Aber letzten Endes hat es noch keinen Krieg ohne Rückschläge und schwierige Situationen gegeben. Sie müssen in Gottes Namen überwunden werden.«[6]

Das Unternehmen »Barbarossa« war gescheitert. »Wir sind am Ende unserer personellen und materiellen Kraft«, hatte der Generalquartiermeister des Heeres bereits am 27. November 1941 festgestellt.[7] Nicht nur, dass der deutsche Vormarsch kurz vor Moskau wegen Auszehrung der Truppe stecken blieb, bei der ersten großen Gegenoffensive der Roten Armee geriet die Heeresgruppe Mitte auch dermaßen stark unter Druck, dass ihre vollständige Einkesselung drohte. Erst Ende Januar, nachdem Hitler einen Teilrückzug in die »Winterstellung« genehmigt hatte, konnte die zerstückelte Front stabilisiert werden. Die Verluste waren verheerend: Von 162 Infanteriedivisionen konnten noch elf für echte Angriffsoperationen verwendet werden; 47 standen nur noch für begrenzte Angriffsunternehmen zur Verfügung. 102 Infanteriedivisionen waren lediglich für Verteidigungsaufgaben geeignet, davon 29 mit Einschränkungen; 2 Divisionen fielen ganz aus. Die 16 Panzerdivisionen besaßen insgesamt noch

140 einsatzfähige Panzer, das heißt weniger als die normale Ausstattung einer einzigen Division. Die Luftwaffe meldete 2591 verlorene und 1997 beschädigte Maschinen. Die Gesamtzahl der Getöteten, Vermissten, Verwundeten und Gefangenen belief sich am 30. April 1942 auf 1167835 Mann, das entsprach gut einem Drittel des am 22. Juni angetretenen Ostheeres.[8]

Es war Aufgabe der Organisationsabteilung des Generalstabs, die Bestände bis zum geplanten Beginn der Sommeroffensive aufzufüllen. Dieses Ziel konnte nur mit radikalen Maßnahmen und unter Anwendung bürokratischer Tricks erreicht werden. Um den Divisionsrahmen aufrechtzuerhalten, wäre es richtig gewesen, stark dezimierte Divisionen aufzulösen und auf andere Divisionen zu verteilen, aber das war politisch nicht erwünscht. Also wurde die durchschnittliche Sollstärke der Divisionen von neun auf sechs Bataillone herabgesetzt. Man kürzte das Personal bei den Oberkommandos, den Generalkommandos und der Militärverwaltung um zehn Prozent; man reduzierte die Ausbildungszeiten der Rekruten von sechs auf zwei Monate, und man stellte das OKH vor die Alternative, sich entweder mit der Hälfte der angeforderten Fahrzeuge zu begnügen oder die Anzahl der motorisierten Verbände zu halbieren. Verstärkt wurden jetzt Streitkräfte der Verbündeten einbezogen. Und immer wieder kam es zu Auseinandersetzungen mit dem Rüstungsamt, weil sowohl die Waffen-SS als auch die Luftwaffe bei der Zuteilung von Gerät nach Meinung Stauffenbergs offensichtlich bevorzugt wurden. Mit der Aufstellung von Bodentruppen durch die Luftwaffe ab September 1942 wurden dem Heer etwa 200000 Mann entzogen.

Ende Mai, drei Wochen vor dem Stichdatum, hielt das Kriegstagebuch der Organisationsabteilung fest, »dass die Verbände der Heeresgruppe Süd mit Angriffsbeginn in der Masse als ausreichend beweglich bezeichnet werden können«. Auch personell sei »eine ausreichende bis volle Auffüllung« gewährleistet. Bei allen Operationen müsse jedoch berücksichtigt werden, hieß es einschränkend, »dass die materielle Durchhaltefähigkeit der Verbände nicht mehr auf den Stand des Sommers 41 gebracht werden kann«.[9] Für eine planmäßige Auffüllung

der Verbände der Heeresgruppen Mitte und Nord, die rein defensive
Aufgaben übernehmen sollten, reichten die Mittel ohnehin nicht
mehr. Mit anderen Worten: Die Deutschen hatten im Osten noch
einen Wurf. Als der Sommer zu Ende ging, zeichnete sich ab, dass die
Entscheidung entweder am Kaukasus fallen würde, der vor allem wegen der Erdölförderung von strategischer Bedeutung war – oder im
Wolgaknie bei Stalingrad.

Bei einem nüchternen Blick auf die Zahlen bestand wenig Aussicht, das Blatt noch einmal wenden zu können. Stauffenberg verbreitete dennoch Optimismus. Er wandte sich gegen Kleinmut und
Schwarzseherei und ließ aufkeimende Kritik an Hitler nicht unwidersprochen. Gegenüber unteren Diensträngen versuchte er auf diese
Weise wohl auch seiner Vorbildfunktion als Offizier gerecht zu werden. An Operationskarten habe Stauffenberg damals die riesigen Zan-
genbewegungen erklärt, mit denen die Wehrmacht im Sommer durch
den Süden Russlands und gleichzeitig von Nordafrika her über Irak
und Iran zum Kaspischen Meer vorstoßen werde, erinnerte sich ein
junger Ordonnanzoffizier, Richard von Weizsäcker, und erkannte in
solchen Darlegungen »eine phantastische Überschätzung der deutschen Kräfte«.[10] Strategische Entlastung erhoffte sich Stauffenberg dabei vom Kriegseintritt Japans, der in seinen Augen den Kriegseintritt
der USA wettmachte – was auf eine eklatante Verkennung sowohl
der japanischen Interessen als auch der globalen Machtverhältnisse
hinauslief.

Berthold von Stauffenberg gab sich zu diesem Zeitpunkt nicht
weniger kühnen Hoffnungen über den weiteren Kriegsverlauf hin als
sein Bruder. Als Mitte August 1942 erste Erfolge beim Vorstoß in den
Kaukasus gemeldet wurden und das Afrikakorps bei El Alamein zum
entscheidenden Durchbruch nach Ägypten ansetzte, wagte er eine
weitreichende Prognose. Zwar fehlten für größere Operationen im
Osten vorerst wohl die Mittel, »wenn wir aber das ganze Kaukasusge-
biet in unserer hand haben und es ausserdem gelingt sich in Ägypten
festzusetzen – wann das sein wird kann ich zur zeit nicht übersehen,
es wurde hier immer bedauert dass Rommel nicht stärkere kräfte

zugeführt wurden, dann wäre er heute schon am Suezkanal – und dann die möglichkeit besteht auch gegen den Nahen Osten zu operieren und die verbindung zu den Japanern herzustellen, dann erhält die gesamtlage ein völlig anderes bild, und auch die gegner werden dann kaum noch eine möglichkeit sehen die deutsche stellung zu erschüttern.«[11] Auch Berthold glaubte also nicht mehr an einen Sieg. Genau wie sein Bruder war er jedoch davon überzeugt, dass der Gegner, wenn er von der Wehrmacht genügend unter Druck gesetzt werde, zu einem Verhandlungsfrieden bereit sei. Wer so dachte, übersah, dass es eine politische Lösung dieses Krieges längst nicht mehr gab. Wenn ein Frieden mit Hitler überhaupt je möglich war.

Als nach dem Krieg die Frage nach der Verantwortung für das Debakel vor Moskau gestellt wurde, war der Schuldige schnell gefunden: Adolf Hitler. Sowohl der Chef des Generalstabs Halder als auch die Frontbefehlshaber strickten mit Erfolg an der Legende, alle unsinnigen Befehle seien auf den Oberbefehlshaber der Wehrmacht zurückgegangen, der am 19. Dezember 1941, auf dem Höhepunkt der Krise, in vollkommener Selbstüberschätzung auch noch den Oberbefehl über das Heer übernommen hatte. *Verlorene Siege*, der Titel der 1955 erschienenen Memoiren von Erich von Manstein, brachte das angebliche Dilemma der deutschen Generalität auf den Punkt: Befehlshaber, Kommandierende Generale und geniale Truppenführer hatten Sieg für Sieg errungen, aber von dem Dilettanten an der Spitze war alles verspielt worden.

Richtig ist: Hitler hatte die Gesamtstrategie vorgegeben und bereits in der Planungsphase eigene operative Ideen entwickelt, die vom Generalstab zu berücksichtigen waren. Auf sein Konto ging auch der Zeitverlust, der entstand, als er Anfang August gegen das Votum des OKH und der Heeresgruppe Mitte entschied, den Vormarsch Richtung Moskau anzuhalten und zunächst auf Kiew und Leningrad vorzustoßen. Richtig ist zuletzt auch, dass er ab Sommer 1942 Fehler auf Fehler häufte und seine Entscheidung, am südlichen Frontabschnitt gleichzeitig zum Kaukasus und nach Stalingrad vorzustoßen,

die deutsche Offensivkraft halbierte. Aber es waren nicht Differenzen
zwischen Hitler und dem OKH, die jene schwere Führungskrise vor
Moskau verursachten, in deren Folge es »auf zehn der insgesamt
16 Oberkommandos des Ostheeres zu Veränderungen« kam.[12] Ausgelöst wurde die Krise vielmehr durch die Tatsache, dass keiner der militärisch Verantwortlichen einen Plan B parat hatte für den Fall, dass
der Angriff zum Erliegen kam oder gar eine Gegenoffensive den eigenen Truppen schwer zusetzte. Als dieser Fall Anfang Dezember eintrat, zeigten sich sowohl das OKH als auch der Oberbefehlshaber
der Heeresgruppe Mitte, Generalfeldmarschall von Bock, restlos über-
fordert.

Die Armeeoberbefehlshaber drängten auf sofortige Rücknahme
der Front, aber Brauchitsch, Halder und Bock konnten sich dazu
nicht durchringen. Hitlers Weisung vom 8. Dezember »zu sofortiger
Einstellung aller größeren Angriffsoperationen und zum Übergang
zur Verteidigung« hätte ihnen genügend Spielraum gelassen, zumal es
ausdrücklich dem Oberbefehlshaber des Heeres vorbehalten blieb,
die Fronten festzulegen.[13] Aber angesichts der drohenden Vernichtung
der Heeresgruppe wirkten die obersten Befehlshaber wie gelähmt.
Brauchitsch und Bock verloren die Nerven und baten um Ablösung.
Was das Richtige sei, Rückzug oder Halten, lasse sich jetzt nur noch
an den Knöpfen abzählen, ließ Bock bei dieser Gelegenheit Hitler be-
stellen und gab die Verantwortung für mehr als eine Million Soldaten
zurück. »Angesichts der pessimistischen und entschlusslosen Haltung
der militärischen Führer und der Auflösungserscheinungen der deutschen Truppen vor Moskau war der Eingriff Hitlers nur konsequent.«[14]
Die Mehrheit der Armeeoberbefehlshaber versprach sich von der
Übernahme des Oberbefehls über das Heer durch Hitler ein Ende der
»Stümperei« (Guderian) und eine neue strategische Zielvorgabe. Als
Hitler umgehend befahl, die Truppe »zum fanatischen Widerstand in
ihren Stellungen zu zwingen« und keinen Meter zurückzuweichen,[15]
war das Entsetzen allerdings groß. Einige der Generale, die eben noch
klare Richtlinien vermisst hatten, opponierten jetzt, allen voran der
Oberbefehlshaber der 2. Panzerarmee, Generaloberst Guderian. Er sei

bereit,»diese Befehle entgegenzunehmen und zu den Akten zu legen«,
teilte er dem Heeresgruppenkommando mit, aber er werde sie nicht
weitergeben,»selbst auf die Gefahr hin, dass ich vor ein Kriegsgericht
gestellt werde«. Diese Einstellung, so Johannes Hürter,»kam einer
Befehlsverweigerung aus Gewissensgründen gleich«.[16] Er führe seine
Armee so, wie er es vor sich selbst verantworten könne, bekräftigte
Guderian am Weihnachtstag gegenüber dem neuen Oberbefehlshaber
der Heeresgruppe, Generalfeldmarschall von Kluge. Daraufhin wurde
er, von Kluge angeschwärzt, noch in der Nacht von Hitler abgesetzt.
Zwei Wochen später wurde auch der Oberbefehlshaber der 4. Panzerarmee, Generaloberst Hoepner, seines Postens enthoben – und aus
der Wehrmacht ausgestoßen.

Der Generalstabschef behielt sein Amt. Halder zog längst am selben Strang wie Hitler und hatte sich inzwischen auch dessen Mantra
zu eigen gemacht, dass am Ende der härtere Wille siegen werde. Drei
Tage vor Weihnachten behauptete er mit dem ihm eigenen Optimismus, in zwei Wochen sei alles überstanden. Indem er von den Oberbefehlshabern der Heeresgruppen und Armeen unbedingten Gehorsam verlangte und Hitlers Haltebefehl rigoros durchsetzte, stärkte er
in der Stunde der Not die Autorität des OKH und seines neuen Oberbefehlshabers.»Selbst die höchsten Truppenbefehlshaber wurden in
der Winterkrise von 1941/42 zu Befehlsempfängern, die nur noch im
taktischen Bereich selbständig führen konnten.«[17] Von der persönlichen Nähe zu Hitler, dem er jetzt direkt unterstand, war Halder so geblendet, dass er seinen Einfluss vollkommen überschätzte –»er könne
ganz frei mit dem Führer sprechen, stundenlang, sogar mit der Hand
in der Hosentasche«, prahlte er.[18] In Wahrheit war er zu einem Erfül-
lungsgehilfen geworden, der sich immer wieder massive Eingriffe in
die operativen Planungen gefallen lassen und am 24. September 1942
gehen musste.

Halder war der ranghöchste General, mit dem Stauffenberg 1941/42
regelmäßig zu tun hatte und der sich mit ihm auch über Dienstliches
hinaus unterhielt. Wenn Stauffenberg nach den Aussagen mehrerer
Offiziere aus dieser Zeit länger an den Sieg glaubte als andere und

»kolossal positiv zu Hitler eingestellt« war,[19] dann auch, weil ihn der
Chef des Generalstabs in seinen Illusionen bestätigte. Gerade weil er
Halders militärisches Urteil schätzte, war es für ihn umso enttäu-
schender, dass er bei ihm wenig Verständnis fand für das Thema, das
ihn während des Jahres 1942 am meisten beschäftigte: die Aushebung
sogenannter Hilfswilliger in den besetzten Gebieten der Sowjetunion.
Dafür war die Organisationsabteilung zuständig. Mitte Februar war
ein Fehlbestand von 340 000 Mann zum 1. Juni berechnet worden,
und Stauffenberg hoffte, mit der Aufstellung »landeseigener« Kampfverbände die entstandenen Verluste wenigstens teilweise ausgleichen
zu können.

Den Generalstabschef interessierte das Thema nicht. »Halder denkt
nur militärisch«, meinte Stauffenberg resigniert.[20] Vielleicht spürte
Halder aber auch, dass es klüger war, sich in dieser Frage nicht allzu
sehr zu engagieren. Hitler hatte zu Beginn des Feldzugs nämlich
grundsätzlich entschieden – »Nie darf erlaubt werden, dass ein anderer Waffen trägt als der Deutsche!«[21] – und am 10. Februar bekräftigt,
dass die Aufstellung ukrainischer und baltischer Kampfverbände zu
unterbleiben habe. Diese Richtlinie konnte allerdings immer wieder
unterlaufen werden, und das war nicht zuletzt dem Geschick Stauffenbergs zu verdanken.

Gleich nach dem deutschen Überfall hatten sich in den baltischen
Staaten sowie im Westen der Ukraine Milizen gebildet, aus denen
dann Hilfspolizei rekrutiert wurde, die teilweise der SS, teilweise der
Militärverwaltung unterstand. Parallel suchte die Wehrmacht in den
Kriegsgefangenenlagern nach Personen, die sich freiwillig für die
Arbeit beim Heer meldeten, wobei »das Ausmaß an Freiwilligkeit
durchaus unterschiedlich« war. Der Dienst bei den Deutschen versprach zumindest bessere Verpflegung und »bald auch den Schutz vor
der Deportation zur Zwangsarbeit ins Reich«. Ende 1942 gebot das
Heer über etwa 200 000 ausländische Helfer, von denen die meisten
jedoch hinter der Front eingesetzt waren. »Insgesamt nahm die Re-
krutierung von einheimischen Hilfskräften in der besetzten Sowjetunion Ausmaße an wie in keinem anderen Land von Hitlers Europa.

Geschätzte 1 bis 1,2 Millionen Mann arbeiteten für Wehrmacht und
Polizei, weitere Hunderttausende in Kommunalverwaltung und Wirt-
schaftsapparat.«[22]
Der Gedanke, die einheimische Bevölkerung für den Kampf gegen
Stalin zu mobilisieren, war weder eine Form verdeckter Opposition
gegen Hitlers Kriegführung noch Ausdruck besonderer germanischer
Humanität. Wie überall, wo es unter der Herrschaft des Nationalsozialismus etwas zu holen gab, stellte sich auch bei den »Ostfreiwilligen« sofort die Frage der Zuständigkeit. Mehrere Instanzen wollten
profitieren. Außer dem Heer und Rosenbergs Ministerium für die besetzten Ostgebiete erhoben auch das Reichskommissariat Ukraine,
der Wirtschaftsstab Ost und der Generalbevollmächtigte für den Ar-
beitseinsatz Ansprüche, die SS ohnehin. In der Diskussion ging es immer auch um Absurditäten der nationalsozialistischen Rassenpolitik:
Waren die Kosaken tatsächlich, wie Himmler behauptete, Nachfahren
untergegangener Gotenstämme und also gar keine slawischen Unter-
menschen, dann bestand geradezu eine Pflicht, zu ihrer Befreiung aus
sowjetischer Herrschaft beizutragen und kosakische Verbände in die
Wehrmacht einzugliedern. Ähnlich skurril argumentierte man mit
Blick auf die Turkvölker, insbesondere die Krimtataren.
    Die Mitte August erlassene »Verfügung über landeseigene Hilfs-
kräfte im Osten«, die Stauffenbergs Organisationsabteilung ausarbeitete, sah eine Unterteilung in vier Gruppen vor: Turk- und Kosakeneinheiten, die als kämpfende Verbände eingesetzt werden durften,
Sicherungsverbände für die rückwärtigen Gebiete und den Partisa-
nenkampf, einen Ordnungsdienst zur Unterstützung lokaler militärischer Dienststellen und zuletzt die Hilfswilligen, die für technische
Dienste heranzuziehen waren. Stauffenberg setzte sich dafür ein, die
Angehörigen der Kampfverbände den deutschen Soldaten gleichzu-
stellen und genauso auszustatten, zu verpflegen und zu besolden wie
diese; in besonderen Fällen sollte ihnen auch das Eiserne Kreuz verliehen werden können. Auf seine Initiative wurde der ehemalige Militärattaché in Moskau, General Köstring, unter dem klingenden Titel
»Beauftragter General der Kaukasustruppen« vom OKH zu der im

Kaukasus operierenden Heeresgruppe A entsandt, um den Einsatz der Turk- und Kosakeneinheiten zu koordinieren. Stauffenberg selbst besuchte im September und Oktober die 162. Infanteriedivision, die wegen hoher Verluste Ende Dezember 1941 aufgelöst worden war und jetzt mit »landeseigenen« Bataillonen aufgefüllt wurde. Armenier, Georgier, Aserbaidschaner und Turkestaner bildeten jeweils eine »Legion«. Das Kommando über die aserbaidschanische Legion übernahm auf Wunsch Stauffenbergs sein Onkel, Oberst Nikolaus von Üxküll.

Zwar konnte Stauffenberg erreichen, dass in der Organisationsabteilung Ende des Jahres eine eigene Dienststelle für die »landeseigenen« Kampfverbände eingerichtet wurde. Aufgrund der unterschiedlichen Interessen der beteiligten Instanzen gelang es aber zu keinem Zeitpunkt, einheitliche Richtlinien für den Umgang mit den »Ostfreiwilligen« festzulegen. Während sich die Organisationsabteilung in weitgehender Übereinstimmung mit dem Ostministerium für eine generelle Humanisierung der Besatzungspolitik aussprach, um in der Bevölkerung die Bereitschaft zur Zusammenarbeit zu wecken, beharrten die mächtigen Vertreter von Görings Wirtschaftsstab Ost auf rigoroser Ausplünderung. Auch die SS unterlief alle Versuche, das Schicksal der russischen Bevölkerung erträglicher zu gestalten. Stauffenberg empfand die Auseinandersetzungen mit den nichtmilitärischen Dienststellen zunehmend als bedrückend. Je länger er sich mit den praktischen Fragen der Eingliederung der »Hilfswilligen« befasste, desto mehr durchschaute er die menschenverachtenden Prinzipien der deutschen Eroberungs- und Vernichtungspolitik. Zugleich erkannte er die engen Grenzen, die ihm durch seine Dienststellung gesetzt waren. Er klagte wiederholt, wie unbefriedigend die Arbeit sei und wie wenig man erreichen könne. Entsprechend erleichtert war er, als ihm der neue Chef des Generalstabs, Generaloberst Zeitzler, im Herbst 1942 eröffnete, dass er turnusmäßig demnächst mit Frontverwendung rechnen dürfe.

Am 16. September 1941, auf dem Rückflug von seinem zweiten Besuch bei der Panzergruppe Guderian, die zu diesem Zeitpunkt etwa 200 Kilometer östlich von Kiew stand, hatte Stauffenberg seit Langem

wieder einmal Gelegenheit gefunden, an Frank Mehnert zu schreiben.
»Während dieses ganzen Feldzugs hab ich Sehnsucht nach Dir. Das
liegt wohl am Krieg dass Sehnsucht zur beherrschenden Empfindung
wird. Bei mir teilt sie sich in 3 Richtungen: nach meiner alten Division
und meinen dortigen Männern, nach Frau und Kindern und nach
Dir.« Dann gab er einen Rückblick über die letzten drei Monate:
»Drei Eindrücke haben sich besonders eingeprägt: die unerhörte Güte
und Leistung des deutschen Soldaten, die Trostlosigkeit – vor allem
des mittleren und nördlichen Teils – der eroberten Gebiete und die satanische Barberei [sic] des bolschewistischen Spuks. Es ist wohl kaum
möglich diese Irrlehre im ganzen Umfang ihrer Menschenunwürdig-
keit zu erfassen wenn man nicht mit eigenen Augen die erschrecken-
den Ergebnisse gesehen hat. Dass die Auseinandersetzung mit der
Waffe früher oder später unumgänglich war, wird heut kaum einer
mehr bezweifeln. Wie gross die von dort drohende Gefahr war, zeigt
sich erst jetzt nach der Kenntnis des Umfangs und der Beschaffenheit
der russischen Rüstung. In wenigen Jahren wären sie materiell so weit
gewesen, dass sie Europa hätten überrennen können, dass sie das
Abendland hätten vernichten können. Da ist es so schon besser!«[23]

»Da ist es so schon besser!« – das klang nicht eben begeistert. Obwohl Stauffenberg die Notwendigkeit eines Feldzugs gegen die Sowjetunion aus strategischen Gründen nicht nachvollziehen konnte und
die weltanschauliche Dimension dieses Krieges ihm fremd blieb, war
er nach knapp drei Monaten offenbar doch zu der Ansicht gelangt,
dass die UdSSR eine Bedrohung des Abendlandes darstellte. Welche
Erlebnisse und Eindrücke ihn veranlassten, vom »bolschewistischen
Spuk« zu reden, geht aus dem Brief nicht hervor. Ähnlich wie in Polen
dürften ihn die primitiven Zustände auf dem Land, das Fehlen von
Infrastruktur und das Ausmaß an Armut schockiert haben. Aber
rechtfertigten solche Eindrücke die Formulierung »satanische Barbarei«? In militärischen Befehlen, Erlassen und Richtlinien wurde der
Bolschewismus seit Wochen als schrecklichste Geißel der Menschheit
apostrophiert, und diese Dauerpropaganda scheint ihre Wirkung
auch auf Claus von Stauffenberg nicht verfehlt zu haben. Je klarer sich

das Scheitern des Unternehmens »Barbarossa« im Herbst 1941 abzu-
zeichnen begann, desto häufiger war von der europäischen Zivilisation die Rede, die gegen die Russen jetzt verteidigt werden müsse.
»Stärker denn je tragen wir in uns den Glauben an eine Zeitenwende, in der dem deutschen Volke kraft der Überlegenheit seiner
Rasse und seiner Leistungen die Führung Europas übertragen ist«,
hieß es in einem Armeebefehl des Oberbefehlshabers der 17. Armee,
Generaloberst Hoth, vom 17. November 1941. Die Truppe sollte für
eine letzte Kraftanstrengung vor Einbruch des Winters noch einmal
angespornt werden: »Ich verlange, dass jeder Soldat der Armee, stolz
auf unsere Erfolge, durchdrungen ist von dem Gefühl unbedingter
Überlegenheit. *Wir sind die Herren dieses Landes*, das wir erobert haben.« Stauffenberg hätte diese Sätze im November 1941 zweifellos
gutgeheißen, deckten sie sich doch mit seiner Vorstellung von »Herrentum«; auch die Diktion entsprach weitgehend seiner Denkweise.
Und wahrscheinlich befürwortete er zu diesem Zeitpunkt auch
»die Notwendigkeit harter Maßnahmen gegen volks- und artfremde
Elemente«, um deren Verständnis Hoth drei Absätze weiter warb:
»Jede Spur aktiven oder passiven Widerstands oder irgendwelcher
Machenschaften bolschewistisch-jüdischer Hetzer ist sofort erbar-
mungslos auszurotten ... Ihre Ausrottung ist ein Gebot der Selbst-
erhaltung.«[24]

Bereits Monate vor Eröffnung des Feldzugs hatte Hitler das OKW
beauftragt, schärfere Richtlinien für den Fall »Barbarossa« auszuarbei-
ten, die vorliegenden Entwürfe genügten ihm nicht. Der bevorste-
hende Feldzug sei »mehr als nur ein Kampf der Waffen«; es handele
sich um eine »Auseinandersetzung zweier Weltanschauungen«, die,
wie er Mitte März gegenüber Generalstabschef Halder betonte, unter
»Anwendung brutalster Gewalt« ausgetragen werden müsse.[25] Ende
des Monats stimmte Hitler knapp hundert der ranghöchsten Offiziere
der Wehrmacht in einer zweieinhalbstündigen Rede in der Reichskanzlei auf den bevorstehenden ideologischen Krieg ein. Alle soldatischen Normen wurden über Bord geworfen: »Der Kommunist ist
vorher kein Kamerad und nachher kein Kamerad. Es handelt sich um

einen Vernichtungskampf.«Politische Kommissare verdienten »keine
Schonung«; sie seien nicht an ein Kriegsgericht zu überstellen, sondern »sofort durch die Truppe [zu] beseitigen«. Keiner unter den Zuhörern kann die Intention der Rede missverstanden haben, »die Tendenz war klar ausgesprochen, ohne dass schon jetzt alle Einzelheiten
genannt werden mussten«.[26] Anschließend verließ Hitler sofort den
Raum. Irgendwelcher Widerspruch regte sich nicht, nicht einmal Empörung ist glaubhaft überliefert. Andreas Hillgruber nannte die Ver-
sammlung an diesem Sonntagmittag, dem 30. März 1941, mit Recht
die »Schicksalsstunde des deutschen Heeres«.[27]

Drei Erlasse sorgten dafür, dass das Ostheer in einem weitgehend
rechtsfreien Raum operieren konnte: der Kriegsgerichtsbarkeitserlass,
der bei »Angriffe[n] feindlicher Zivilpersonen gegen die Wehrmacht«
die sofortige Liquidierung der Täter und, falls diese nicht festgestellt
werden konnten, »kollektive Gewaltmaßnahmen« gegen die jeweilige
Ortschaft anordnete, ohne dass hinterher ein Kriegsgericht eingeschaltet zu werden brauchte; der Kommissarbefehl, der die Politoffi-
ziere der Roten Armee zu hasserfüllten, heimtückischen Trägern der
bolschewistischen Weltanschauung erklärte, die keinerlei Schonung
verdienten und »grundsätzlich sofort mit der Waffe zu erledigen«
seien; und schließlich die Bestimmungen über das Kriegsgefangenen-
wesen, mit denen die Genfer Konvention von 1929 in wesentlichen
Punkten außer Kraft gesetzt wurde.[28] Zahlreiche Verordnungen und
Richtlinien, in denen die »Arbeitsteilung« zwischen Wehrmacht, Zivilverwaltung und den Polizei- und Sicherheitskräften der SS im rückwärtigen Armee- und Heeresgebiet detailliert geregelt wurde, ergänz-
ten die drei Erlasse.

Auf besonderen Wunsch einiger Heerführer, die sich um die »Man-
neszucht« sorgten, sollten Erschießungen nur »außerhalb der eigentlichen Kampfzone unauffällig auf Befehl eines Offiziers« durchgeführt
werden dürfen.[29] Dies änderte nichts daran, dass Hitlers Erlass zur
Kriegsgerichtsbarkeit vom 13. Mai 1941, das Schlüsseldokument, auf
das sich viele der späteren Verfügungen stützten, praktisch jedem
Deutschen, der Uniform trug, das Recht gab, jeden Russen, bei dem

ein vermeintliches Flugblatt gefunden wurde, auf der Stelle zu erschießen. Dies wurde auch außerhalb der Wehrmacht schnell erkannt.
Bereits in der zweiten Juniwoche, also noch vor Beginn des Unternehmens »Barbarossa«, waren die verbrecherischen Befehle Thema im
Kreis der bürgerlichen Opposition. Er habe mit Carl Goerdeler,
Johannes Popitz und Hans Oster längere Gespräche darüber geführt,
notierte Ulrich von Hassell in seinem Tagebuch. Dabei sei die Frage
aufgekommen, ob diese Befehle »nicht endlich ausreichen, um der
militärischen Führung über den Geist des Regimes, für das sie fech-
ten, die Augen zu öffnen. Man kam zu dem Ergebnis, dass auch diesmal wieder nichts zu erwarten sei.« Brauchitsch und Halder, die versucht hätten, durch einige »den Schein wahrende Zusätze« ihr Gesicht
nicht zu verlieren, seien »hoffnungslose Feldwebel«. Wahrscheinlich
werde sich aber auch auf der Ebene darunter niemand widersetzen.[30]

Die Deutschen betrachteten die eroberten Gebiete als ein riesiges
Reservoir, das sie materiell und personell ausplündern konnten, ohne
Rücksicht auf die einheimische Bevölkerung nehmen zu müssen.
Federführend war der Wirtschaftsstab Ost. Die Sicherung des rückwärtigen Armee- und Heeresgebiets und die Partisanenbekämpfung
übernahm die SS, die »mit rücksichtsloser Schärfe« gegen alle »Elemente« vorging, die eine Gefahr darstellten. Kaum einem der höheren
Truppenführer konnte allerdings verborgen bleiben, »dass der Ver-
nichtungscharakter des Partisanenkrieges keine unvermeidliche und
ungewollte Begleiterscheinung war, sondern dass diese großflächi-
gen Mordaktionen dem eigentlichen ideologischen Ziel des Krieges
entsprachen«.[31] Immer häufiger diente die sogenannte Bandenbe-
kämpfung als Vorwand für Maßnahmen, die sich ausschließlich gegen
Juden richteten. Ende September, Anfang Oktober gingen die Einsatzgruppen, die hinter den kämpfenden Verbänden vorrückten, zur
systematischen Ausrottung sämtlicher Juden einschließlich Frauen
und Kindern über.

Die gewaltigen Räume, die man erobere, seien nur kontrollierbar,
hatte der Chef des OKW, Keitel, das OKH im Juli wissen lassen,
»wenn die Besatzungsmacht denjenigen Schrecken verbreitet, der

allein geeignet ist, der Bevölkerung jede Lust zur Widersetzlichkeit zu nehmen«.[32] Dass die entsprechenden Maßnahmen im Verantwortungsbereich der SS lagen, wurde beim Heer mit Erleichterung registriert; man revanchierte sich, indem man eine reibungslose Zusammenarbeit sicherstellte. Auch wenn Wehrmachtsangehörigen empfohlen wurde, sich fernzuhalten, sprach sich schnell herum, was im Rücken der Truppe vor sich ging.

Stauffenberg scheint früh im Bilde gewesen zu sein über das Ungeheuerliche der Befehle und das Ausmaß des Terrors, den sie begründeten. Zum einen wusste er dank seiner zahlreichen und regelmäßigen Kontakte zu Frontoffizieren, welche »Gerüchte« bei der Truppe in Umlauf waren. Zum anderen vermittelte ihm seine Tätigkeit als OKH-Beauftragter für die Freiwilligenverbände eine Vorstellung davon, wie die verbrecherischen Befehle von den betroffenen Instanzen interpretiert und in Verwaltungsakte umgesetzt wurden. Bereits im Sommer 1941 scheint er Kenntnis von den »Ereignismeldungen« erhalten zu haben, in denen die Einsatzgruppen die Zahlen der von ihnen in der Sowjetunion getöteten Juden nach Berlin rapportierten.[33] Im Mai 1942 berichtete ihm erstmals ein Frontoffizier, der Augenzeuge geworden war, von einer Massenerschießung in der Ukraine.[34]

Mitte Oktober 1942 bekam die Organisationsabteilung einen neuen Chef, Oberst i. G. Hellmuth Stieff, der zuvor die Stelle des Ersten Generalstabsoffiziers beim Armeeoberkommando 4 eingenommen hatte. Stieff gehörte zu den wenigen Offizieren, die schon früh über die Brutalität empört waren, mit der die Deutschen ihre Besatzungsherrschaft ausübten.[35] Nicht weniger verbrecherisch war in seinen Augen allerdings die Kriegführung Hitlers, der aus Prestigegründen ganze Armeen dem Risiko der Vernichtung aussetzte. »Es vergeht ja jetzt hier kein Tag, an dem man nicht in der Ablehnung dieses größenwahnsinnig gewordenen Proleten bestärkt wird«, schrieb er bereits am 23. August 1941, damals noch Leiter der Gruppe III im Generalstab. Genau wie Stauffenberg war er während der ersten Phase des Russlandfeldzugs überzeugt, »dass es die höchste Zeit war, diese ganz Europa bedrohende Gefahr auszuräumen«, denn die Sowjets hätten

erkennbar die Absicht gehabt, früher oder später »die Weltrevolution
mit Waffengewalt über das Abendland herüberzutragen«.[36] Die Vorstellung vom drohenden Untergang der Zivilisation, dem man mit der
Invasion gerade noch rechtzeitig zuvorgekommen war, machte im
Sommer 1941 unter den Generalstäblern im Hauptquartier offenbar
die Runde. Je mehr man zu der Einsicht gelangte, dass man das sowjetische Rüstungspotenzial falsch eingeschätzt hatte, desto mehr redete man sich ein, dass die Russen etwas geplant haben mussten.

Stieffs Briefe belegen eindrucksvoll, dass für einen Offizier, der sich
das Gefühl für menschlichen Anstand bewahrt hatte, nicht viel dazu
gehörte, den Zusammenhang von Krieg und Verbrechen zu erkennen.
Hitler sei »ein wahrer Teufel in Menschengestalt«, der einem den
Glauben an die eigene Sache nehme. Im November kommentierte
Stieff die Einführung des Judensterns und die beginnenden Deportationen aus dem Reich: »Es *muss* sich das alles mal an uns rächen – und
mit *Recht*! Es ist schamlos, dass um einiger Halunken willen ein so
braves Volk ins Unglück gestürzt wird.« Er fühle sich inzwischen »als
Werkzeug eines despotischen Vernichtungswillens«. Ob man ein paar
Kilometer mehr oder weniger vorrücke, sei vor diesem Hintergrund
völlig belanglos: »Ich bin so maßlos verbittert geworden!«[37] Als Anfang
Januar 1942 die Front im Bereich der 4. Armee zusammenzubrechen
drohte, sah er darin einen Ausgleich der Gerechtigkeit: »Wir alle haben so viele Schuld auf uns geladen – denn wir sind ja *mit*verantwortlich, dass ich in diesem einbrechenden Strafgericht nur eine gerechte
Sühne für alle die Schandtaten sehe, die wir Deutschen in den letzten
Jahren begangen bzw. geduldet haben.«[38]

Stauffenberg war weit davon entfernt, die drohende militärische
Katastrophe als eine gerechte Strafe für deutsche Barbarei anzusehen.
Aber auch bei ihm setzte im Frühjahr 1942 – etwa ein halbes Jahr später als bei Stieff – ein Bewusstwerdungsprozess ein, der ihn über die
soldatische Verantwortung und die Bedingungen dieses Krieges nachdenken ließ. Hellmuth Stieff formulierte das moralische Dilemma, in
dem er steckte, Ende August dieses Jahres so: »Wenn jemand größenwahnsinnig wird und auf *keinen* Rat mehr hört, dann muss er eben

verdorben werden. Nur schade, dass so viele unschuldige, anständige
Menschen darunter leiden müssen. Und um dieser Menschen wegen
muss man seine Pflicht erfüllen.« Der Starrsinn Hitlers sei »*so* verbrecherisch«, bekräftigte er Ende des Jahres, »dass man manchmal ein
schiefes Ende herbeisehnen könnte«. Ein schiefes Ende bedeutete
nichts anderes als eine deutsche Niederlage. Sich eine solche zu wünschen oder durch Beseitigung Hitlers daran mitzuwirken, widersprach
jedoch der vornehmsten Pflicht des Offiziers, für die ihm anvertrauten Truppen »das Schlimmste abzuwenden.«[39] Also musste man wei-
terkämpfen.

Vergleichbare Briefe Stauffenbergs, an denen sich die Gewissens-
konflikte des Jahres 1942 nachvollziehen ließen, gibt es bedauerlicher-
weise nicht. Gegenüber Nachkriegszeugnissen, die helfen könnten,
seine ersten Zweifel an der Gehorsamspflicht zu verstehen, ist besondere Vorsicht geboten. Die Behauptungen Major i. G. Bergers, Stauffenberg habe im Sommer 1942 »fast bei jedem gemeinsamen Ausritt
vom Tyrannenmord« gesprochen, sind ebenso wenig in Einklang zu
bringen mit den zeitgenössischen Dokumenten wie die Erinnerungen
seines damaligen Vorgesetzten Oberstleutnant Mueller-Hillebrand,
der angab, von Stauffenberg bei einem sommerlichen Morgenritt über
ukrainische Felder gefragt worden zu sein, warum sich denn im Führerhauptquartier niemand finde, »der das Schwein mit der Pistole um-
legt«.[40] Nach einer Diskussion im Herbst, in der es wieder einmal
darum ging, wer denn nun dem »Führer« die Wahrheit sage, soll
Stauffenberg nach der Erinnerung eines weiteren Zeugen gerufen haben: »Es kommt nicht darauf an, ihm die Wahrheit zu sagen, sondern
es kommt darauf an, ihn umzubringen, und ich bin dazu bereit.«[41] In
fast allen diesen Fällen dürfte es sich – wissentlich oder unwissent-
lich – um retrospektive Projektionen handeln.

Umso größere Bedeutung kommt einem Dokument zu, das Ende
1997 aus dem Zentralarchiv des russischen Geheimdienstes (FSB)
auftauchte: »Eigenhändige Aussage des Kriegsgefangenen Major der
deutschen Wehrmacht Joachim Kuhn«, datiert auf 2. September 1944.[42]
Kuhn war von Mai 1942 bis März 1944 Referent der Gruppe II der

Organisationsabteilung, bis Januar 1943 also Stauffenberg direkt unterstellt; im Frühjahr 1943 war er vorübergehend mit einer Cousine Stauffenbergs verlobt gewesen. Kuhn hatte bei der Beschaffung des Sprengstoffs für das Attentat am 20. Juli 1944 eine zentrale Rolle gespielt und sich sieben Tage später seiner Verhaftung entzogen, indem er sich an der Front bei Bialystok zu den Russen absetzte. In der Lubjanka, dem Moskauer Gefängnis des NKWD, machte er Ende August, Anfang September seine Aussagen zu den Hintergründen des Attentats, soweit sie ihm bekannt geworden waren.

Ausführlich berichtete Kuhn über ein Gespräch, das er im August 1942 im Hauptquartier in Winniza in der Ukraine mit Stauffenberg geführt hatte. Zwei Aspekte dieses Gesprächs verdienen besonders hervorgehoben zu werden: die politische Verantwortung des Generalstabs, auf der Stauffenberg schon immer bestanden hatte und die er jetzt erst recht einforderte, und die Komplexität der Motivlage, die sich kaum in ihre einzelnen Bestandteile zerlegen lässt. Jedenfalls waren es weder ausschließlich militärische noch ausschließlich moralische Gründe, die Stauffenberg im Sommer 1942 zum Nachdenken brachten. Nicht zuletzt der Duktus, der adäquat sowohl Stauffenbergs Selbstbewusstsein als auch seine eigenwillige Dialektik wiedergibt, unterstreicht die Authentizität dieses nur fünf Wochen nach dem missglückten Anschlag entstandenen Dokuments. Nach der Erinnerung Kuhns sagte Stauffenberg:

»Wenn man überhaupt einem Angriffskriege einen Sinn geben kann, so ist es der, dass er einer Politik den Weg bahnen soll, die fruchttragend für einen möglichst großen Teil der Menschen ist. Die täglichen Berichte von Stäben über die Behandlung der Bevölkerung durch die deutsche Zivilverwaltung, der Mangel an politischer Zielgebung für die besetzten Länder, die Judenbehandlung beweisen, dass die Behauptungen Hitlers[,] den Krieg für eine Umordnung Europas zu führen, falsch sind. Damit ist dieser Krieg ungeheuerlich[;] wenn er nun noch so geführt wird, dass er aus operativen und organisatorischen Gründen nicht einmal gewonnen werden kann, so ist er als sinnloses Verbrechen zu bezeichnen, ganz abgesehen davon, dass dieser Krieg vom Augenblick, wo wir den Fehler machten[,] Russland anzugreifen, personell und materiell für Deutschland auch bei bester Führung gar nicht durchzustehen ist. Solche Feststellung allein genügt aber nicht. Man hat erstens nach der letzten Ursache und zweitens nach der Konsequenz zu fragen. Letzte Ursache liegt, darüber bin ich mir nun vollkommen im Klaren, in der Person des Führers und im Nationalsozialismus. Konsequenz ist, zu fragen, was hat der deutsche Generalstab infolge dieser Lage für eine Aufgabe. Als Generalstabsoffizier und Soldat, der sich schon einen gewissen Namen gemacht hat (Stauffenberg galt im OKH als ›der kommende Mann‹) glaube ich das Recht und die Pflicht zu haben, gerade hiernach zu suchen. Der Generalstab ist nicht die Congregation geschulter Handwerker, sondern er ist an der Führung maßgeblich beteiligt. ›Führen‹ heißt auch Verantwortung tragen und seinen tätigen Einfluss geltend machen. Einfluss worauf? Wenn der Krieg nicht mehr zu gewinnen ist, so kann das nur noch der Einfluss auf die Erhaltung des deutschen Volkes sein. Das ist nur möglich durch schnellsten Abschluss eines Friedens, und zwar jetzt wo wir im Besitz unserer Kräfte sind. Haben wir unseren Einfluss bisher anders als durch Kritik und Worte geltend gemacht? Nein! So hat Tag und Nacht unser Denken dieser unserer einzige[n] Pflicht heute – solange es noch nicht zu spät ist – zu gelten.«[43]

Er sei von diesem nächtlichen Gespräch tief beeindruckt gewesen, gab Kuhn zu Protokoll, zumal es *vor* Stalingrad stattfand und er die Zusammenhänge bis zu diesem Zeitpunkt nicht so gesehen habe – »vor allem hatte mich bis dahin niemand vor die Konsequenz gestellt«. Ein halbes Jahr später kam Stauffenberg auf ihre Unterhaltung zurück. Kuhn lag in einem Berliner Lazarett, Stauffenberg besuchte ihn. Es war der 3. Februar 1943. Die Rundfunk-Sondermeldung des OKW wurde an diesem Tag mit dumpfem Trommelwirbel eröffnet: »Ihrem Fahneneid bis zum letzten Atemzug getreu ist die 6. Armee unter der vorbildlichen Führung des Generalfeldmarschalls Paulus der Übermacht des Feindes und der Ungunst der Verhältnisse erlegen.« Im Anschluss an die Stalingrad-Sondermeldung, die auf die Bevölkerung wie ein Schock wirkte, erklang der zweite Satz aus Beethovens 5. Symphonie.

Es wurde eine dreitägige Staatstrauer verhängt. Er wisse inzwischen, was zu tun sei, sagte Stauffenberg an Kuhns Krankenbett. »Die Konsequenz, nach der wir oft fragten, heißt Errichtung einer, allerdings vorübergehenden Militärdiktatur.«[44]

Acht Tage zuvor hatte Stauffenberg Generalfeldmarschall Erich von Manstein in dessen Hauptquartier in Taganrog am Asowschen Meer aufgesucht. Manstein war seit gut zwei Monaten Oberbefehlshaber der neu gebildeten Heeresgruppe Don, der die im 350 Kilometer Luftlinie entfernten Stalingrad eingekesselte 6. Armee unterstellt worden war. Anders als Generalfeldmarschall Weichs, der ursprünglich die Verantwortung für die 6. Armee getragen hatte, erschien Manstein deren Lage Ende November keineswegs aussichtslos, und so riet er zunächst, ganz im Sinne Hitlers, von einem Ausbruch ab. Schon nach wenigen Tagen musste er jedoch erkennen, dass er die Versorgungsmöglichkeiten der rund 300 000 eingeschlossenen Soldaten falsch eingeschätzt hatte. Manstein hoffte jetzt auf eine Zustimmung Hitlers zum Ausbruch der 6. Armee, schlug gleichzeitig aber die Bitte von Paulus aus, selbständig handeln zu dürfen: »Der Befehl des Führers entlastet Sie von der Verantwortung.«[45] Nach dem Scheitern einer kräftemäßig unzureichenden Entsatzoffensive entwarf er am 18. Dezember eine Weisung für einen Ausbruch aus dem Kessel, der von Hitler jedoch abgelehnt wurde. Damit war das Schicksal der 6. Armee besiegelt.

Stauffenberg hatte mit dem Stab Mansteins über Truppenersatz und Freiwilligenverbände zu sprechen. Sein Besucher habe anschließend noch um eine persönliche Unterredung gebeten, erinnerte sich der Feldmarschall zwanzig Jahre später, und dabei »seinem Herzen Luft über die Fehler der militärischen obersten Führung, also Hitlers« gemacht. Er, Manstein, habe ihm beigepflichtet und betont, dass auch aus seiner Sicht »eine Änderung der militärischen Führung dringend erwünscht sei«.[46] Manstein hätte die Ernennung eines gesamtverantwortlichen Generalstabschefs der Wehrmacht begrüßt, zumindest die Ernennung eines Oberbefehlshabers Ost. Dafür setzte er sich seit

Langem ein, und niemand bezweifelte, dass er selbst der geeignete
Kandidat für eine solche Stelle gewesen wäre.

Folgt man Mansteins persönlichem Tagebuch, gab es an diesem
26. Januar kein Vieraugengespräch mit Stauffenberg. Demnach kam
Stauffenberg am Nachmittag in Begleitung von Hitlers Wehrmachtsadjutant, Generalmajor Schmundt, und General Fellgiebel, dem Chef
der Nachrichtentruppen. »Lange Unterhaltungen in denen ich die
Notwendigkeit klar zu machen suche, dass eine einheitliche Wehr-
machtsführung geschaffen wird.« Hitler könne es sich nicht leisten, so
scheinen die drei Besucher mit Blick auf den bevorstehenden Verlust
der 6. Armee argumentiert zu haben, eine Tragödie solchen Ausmaßes
persönlich zu verantworten, deshalb müsse man jetzt die Gelegenheit
nutzen und ihn dazu bringen, die Führung des Heeres abzugeben.
Manstein nannte das »völlig abwegig ... einmal weil er es nie tun
würde, des weiteren weil alles auf das Vertrauen in seine Person eingestellt ist«. Der Grund des ganzen Schlamassels sei, dass »der Führer
eben das Vertrauen, dass auch die Generale etwas könnten, verloren
habe«. Deshalb werde er, Manstein, sich auch nicht aufdrängen. Seine
Verwendung im Hauptquartier habe »nur Sinn, wenn ich gerufen
werde, mir also das nötige Vertrauen geschenkt wird«.[47]

Die Eintragungen in Mansteins persönlichem Tagebuch decken
sich nicht mit den Eintragungen im Kriegstagebuch der Heeresgruppe
Don. Dort sind die drei Besucher hintereinander aufgeführt:
15.30 – 17.50 Uhr Schmundt, 18.15 Uhr Fellgiebel, 18.25 – 19.10 Uhr
Stauffenberg. Wie auch immer diese Abweichung zu erklären sein
mag: 1962 stellte Manstein ein Vieraugengespräch nicht in Frage. Der
Stauffenberg-Biograph Joachim Kramarz hatte ihn danach gefragt
und ihn zugleich mit einem schweren Vorwurf konfrontiert.

Als Stauffenberg Mitte Februar auf seiner neuen Stelle bei der 10.
Panzerdivision in Tunesien eintraf, fasste er schnell Vertrauen zum
Kommandeur, Generalmajor Friedrich von Broich, dem er alsbald
von seiner Begegnung mit Manstein berichtete. Nach Broichs späterer
Erinnerung gab Stauffenberg den Generalfeldmarschall mit folgenden
Worten wieder: »Wenn Sie nicht sofort mit diesen Sachen aufhören,

lasse ich Sie sofort verhaften!«[48] Welchen Grund hätte Broich gehabt, nach dem Krieg etwas Derartiges zu erfinden und damit einen der renommiertesten Generale zu belasten? Selbst wenn der Satz so nicht gefallen ist und nur die aus Stauffenbergs Sicht unbefriedigende Gesprächsatmosphäre zusammenfasste, so dürfte er doch der Verbitterung entsprochen haben, die Stauffenberg hinterher empfand. Im Juni 1962 vertraute Broich den Satz Joachim Kramarz an, ohne ihn jedoch eindeutig Manstein zuzuschreiben. Der Biograph konfrontierte den Feldmarschall mit der Aussage, und dieser nahm im November Stellung:»Dass ich Stauffenberg mit einer Verhaftung gedroht hätte, ist völlig unzutreffend. Ich habe mich bemüht, ihm, als einem wertvollen, jüngeren Kameraden, durch Anhören seiner berechtigten Sorgen zu helfen. Es wäre allenfalls denkbar, dass ich ihm zur Vorsicht in seinen Äußerungen in seinem eigenen Interesse geraten hätte, da wohl nicht jeder O. B.[Oberbefehlshaber] sich seine Kritik an Hitler so anhören würde, wie ich.«[49]

Ein Feldmarschall braucht sich von einem Oberstleutnant nicht erklären zu lassen, was er zu tun hat. Als begründe der höhere Dienstrang auch ethisch-moralisch einen höheren Grad an Einsicht, sah Manstein selbst nach dem Krieg keinen Grund, sein Gewissen zu belasten:»Wenn ich einen Staatsstreich gegen Hitler im Hinblick auf die Frontlage im Osten für möglich und unumgänglich gehalten hätte, dann würde ich … selbst gehandelt haben.« Sein Hochmut ließ ihn noch im Nachhinein den Stauffenberg'schen Vorstoß befremdlich finden. Da gefiel er sich schon besser in der Rolle des väterlichen Ratgebers. Weil Stauffenberg ihm den Eindruck vermittelt habe, dass er »verzweifelt darüber war, was er alles im OKH mit ansehen musste«, habe er, Manstein, ihm empfohlen,»sich mal in eine Frontgeneralstabsstelle versetzen zu lassen, um aus dem unerfreulichen Milieu im Führerhauptquartier herauszukommen«. Im Übrigen hätten sie gar nicht über Politik gesprochen. Nicht einmal ansatzweise sei für ihn zu erkennen gewesen, dass Stauffenberg ihn zu einem mit anderen Oberbefehlshabern abgestimmten gemeinsamen Vorgehen gegen Hitler habe bewegen wollen. Auch nach dem Krieg war Manstein davon überzeugt, dass ein Komplott gegen Hitler nichts anderes als den Zusammenbruch der Ostfront und in der Heimat einen Bürgerkrieg zur Folge gehabt hätte.[50] Es war allgemein bekannt, dass der Feldmarschall unangenehmen Themen aus dem Weg ging. Eine ähnliche Situation wie Stauffenberg hatte ein Dreivierteljahr zuvor der Vertreter des Auswärtigen Amtes beim Armeeoberkommando 11, Werner Otto von Hentig, erlebt. Als Hentig Anfang April 1942 auf die Krim kam, stellte er sehr bald fest, dass die rund 28 000 Juden auf der Halbinsel spurlos verschwunden waren und Manstein als Armeeoberbefehlshaber nicht entgangen sein konnte, was mit ihnen geschehen war. Er berichtete darüber voller Entsetzen nach Berlin und stellte Manstein zur Rede: »Herr v. Manstein hörte sich alles an; wenn es aber zu dem Punkte kam, wo er selbst hätte Stellung nehmen oder mich verhaften lassen müssen, vertagte er die Fortsetzung des Gesprächs.«[51] Ähnliche Erfahrungen machte Oberstleutnant von Gersdorff, der im Sommer 1943 im Auftrag Henning von Tresckows Manstein aufsuchte, um dessen Haltung im Fall eines erfolgreichen Anschlags auf Hitler zu erkunden. Das Gespräch, das ähnlich verlaufen zu sein scheint wie das mit Stauffenberg – er sei in allem »völlig der gleichen Ansicht«, betonte Manstein, aber nicht der Richtige, um es Hitler beizubringen –, gipfelte in dem später oft zitierten Satz: »Preußische Feldmarschälle meutern nicht!«[52]

Es bedurfte nicht des gut gemeinten Rates von Manstein, um in Stauffenberg den Wunsch nach neuerlicher Frontverwendung zu wecken; eine entsprechende Zusage des Generalstabschefs hatte er längst in der Tasche. Fast alle Zeugen stimmen darin überein, dass er in der zweiten Hälfte des Jahres 1942 oft niedergeschlagen wirkte. Die Arbeit in der Organisationsabteilung war zermürbend und bereitete ihm wenig Freude, die bürokratischen Abläufe verstärkten sein Gefühl, nicht viel bewirken zu können. Zu Beginn des Russlandfeldzugs war der Generalstab zusammen mit dem OKH von Zossen ins Lager Mauerwald in der Nähe von Angerburg gezogen, etwa eine Fahrstunde entfernt von Hitlers Wolfschanze; von Mitte Juli bis Ende Oktober 1942 waren Führerhauptquartier und OKH nach Winniza in der Ukraine

verlegt. Stauffenberg empfand die Atmosphäre in zunehmendem
Maße als bedrückend und wartete ungeduldig auf die ihm im Herbst
von Zeitzler angekündigte Versetzung zur Front.

Wie unwohl er sich im Hauptquartier fühlte, geht aus einem Dan-
kesbrief an General Paulus vom Juni 1942 hervor. Paulus war Ober-
quartiermeister I und Stellvertreter Halders gewesen, bevor er im
Januar 1942 den Oberbefehl über die 6. Armee übernommen hatte.
Ende Mai, unmittelbar nach Abschluss der Schlacht um Charkow, besuchte Stauffenberg einige der an den Kämpfen beteiligten Divisionen
im Bereich des Armeeoberkommandos 6. Das Schlachtfeld muss ein
grauenhaftes Bild geboten haben. Nach Beendigung der 16 Tage dauernden Kämpfe, bei denen 240000 Russen in deutsche Gefangenschaft geraten waren, meldete Generalfeldmarschall Kleist am 29. Mai:
»An den Brennpunkten ist der Boden, soweit das Auge blickt, mit Ka-
davern von Menschen und Pferden so dicht bedeckt, dass man nur
mit Mühe eine Gasse für seinen PKW findet.«[53] Stauffenberg war von
der deutschen Offensivkraft beeindruckt. Erneut wurde ihm bewusst,
dass hier, an der Front, das eigentliche Geschäft des Krieges verhan-
delt wurde.

Am 12. Juni entschuldigte sich Stauffenberg in einem Brief aus dem
Hauptquartier bei Paulus, dass er sich nicht ordnungsgemäß habe ab-
melden können. Er bitte »insbesondere meinen gehorsamsten Dank
für die Gastfreundschaft, die ich als persönlicher Gast von Herrn General genießen durfte, aussprechen zu dürfen. Die Tage in und um
Charkow mit der Berührung mit all den besuchten Divisionen war
[sic] eine große Freude und hat wieder ›viel Auftrieb gegeben‹. Freilich
kam auch wieder in besonderem Maße zum Bewußtsein, was man
fern der Truppe versäumt. Was kann schöner sein, als dies unmittelbar
sorgen und sich auswirken dürfen! Demgegenüber bleibt alle Befriedi-
gung, die in gewissem Sinn natürlich auch hier zu finden ist, ein kläg-
liches Surrogat.« Allzu oft sehe er von vornherein die »Grenzen jeder
Aktion«, aber natürlich wisse er, »dass trotzdem gekämpft werden
muss, und ich versuche, dies auch allen Mitspielern immer wieder klar
zu machen. Dabei aber selbst den inneren Schwung nicht zu verlieren,

fällt nicht immer leicht. Herr General werden am besten verstehen, wie erquickend ein Besuch aus solcher Luft dann dort ist, wo bedenkenlos der höchste Einsatz gewagt wird, wo ohne Murren das Leben hingegeben wird, während sich die Führer und Vorbilder um das Prestige zanken oder den Mut, eine das Leben von Tausenden betreffende Ansicht, ja Überzeugung zu vertreten, nicht aufzubringen vermögen.«[54]

Am 2. oder 3. Februar 1943 wurde Stauffenberg seine neue Verwendung mitgeteilt: Erster Generalstabsoffizier der 10. Panzerdivision in Tunesien. Vor Antritt des neuen Dienstes hätte dem Oberstleutnant – Stauffenberg wurde rückwirkend zum 1. Januar befördert – eigentlich ein dreiwöchiger Urlaub zugestanden. Der Urlaub wurde jedoch auf acht Tage verkürzt. Major i. G. Bürklin, der die Stelle des Ia erst Anfang Januar übernommen hatte, war zusammen mit dem Divisionskommandeur am 1. Februar auf eine Mine gefahren; beide wurden dabei so schwer verletzt – der Kommandeur starb an den Folgen –, dass ihre Stellen neu besetzt werden mussten: Generalmajor von Broich übernahm die Division, Stauffenberg den Posten des Ersten Generalstabsoffiziers.

Am Morgen des 3. Februar traf Stauffenberg aus Mauerwald kommend in Berlin ein. Am Mittag war er in der Bendlerstraße mit Hauptmann Kaiser verabredet, einem Mitarbeiter im Stab von Generaloberst Friedrich Fromm, dem Chef der Heeresrüstung und Befehlshaber des Ersatzheeres. Hauptmann Kaiser war eine wichtige Verbindungsfigur zwischen der Militäropposition um Tresckow und Olbricht und dem bürgerlichen Widerstand um Goerdeler, Hassell und Beck. Gleichwohl stand Stauffenbergs Besuch nicht in Beziehung zu den Umsturzvorbereitungen; laut Kaisers Tagebuch ging es um gemeinsame Freunde – »langes Gespräch über Familie Graf Ingelheim« – und um die Ankündigung Bulgariens, Truppen zu entsenden.[55]

Am Abend oder am nächsten Mittag waren Stauffenberg und seine Frau mit Oberst i. G. Bürker und Frau bei Kempinski zum Essen verabredet. Bürker, mit dem Stauffenberg seit über drei Jahren in Verbindung stand, war bis Dezember Ia der 10. Panzerdivision gewesen. Offenbar hatte Stauffenberg die Verabredung kurzfristig getroffen, um sich von Bürker über die Division berichten zu lassen. Außerdem standen Krankenbesuche an. Stauffenberg besuchte zwei Kameraden aus seinem alten Bamberger Regiment, Peter Sauerbruch und Roland von Hößlin, die beide in der Charité lagen, sowie Joachim Kuhn im Reservelazarett in Tempelhof. Hößlin sagte im Gestapo-Verhör 1944 aus, Stauffenberg habe seine Versetzung nach Tunis damals als »Flucht an die Front« bezeichnet, ein Ausdruck, an den sich auch Sauerbruch nach dem Krieg erinnerte.[56] Im Herbst 1942 hatte Stauffenberg Frontversetzung noch als »feiges Ausweichen« vor der Verantwortung bezeichnet. Ein Offizier, der sich an die Front wünsche, um sich aus falsch verstandenem Heroismus totschießen zu lassen, verhalte sich nicht anders als ein Feldmarschall, der sich damit entschuldige, dass er nur Soldat sei und zu gehorchen habe.[57]

Am 4. Februar fuhr Stauffenberg mit seiner Frau nach Bamberg, von dort am 6. weiter nach Lautlingen, wo er bis 10. Februar noch vier Tage Urlaub genießen konnte. Dann flog er von München vermutlich über Neapel nach Tunis, wo er seinen Vorgänger, Major i. G. Bürklin, im Lazarett besuchte. Im Winter 1941/42 hatte er gegenüber Bürklin noch die Ansicht vertreten, dass mit der Übernahme des Oberbefehls über das Heer durch Hitler die Wende herbeigeführt werde. War Stauffenberg damals der Auffassung gewesen, unfähige Berater trügen die Schuld an der verfahrenen Situation, so hatte er inzwischen erkannt, dass nicht die unzulängliche Spitzengliederung, sondern Hitler selbst das Verhängnis war. Die Katastrophe von Stalingrad hatte den letzten Ausschlag gegeben. Ein Jahr hatte es gedauert, bis aus der Erkenntnis, dass der Krieg militärisch nicht mehr zu gewinnen war, die Einsicht erwuchs, dass Hitler entmachtet werden musste. Die Frage nach dem Wie sollte Stauffenberg von nun an nicht mehr loslassen.

9 Flucht an die Front

Februar 1943 bis August 1943

Besorgnis, Entsetzen, Widerspruch – überall in der Wehrmacht regte sich im Laufe des Jahres 1942 Unmut sowohl über unsinnige militärische Befehle als auch über die brutalen Formen der Kriegführung. Dass man den Kerl erschießen müsste, der für all das verantwortlich war, wurde zu einer stehenden Wendung – zumindest da, wo man sich sicher sein konnte, dass man es mit Gleichgesinnten zu tun hatte. Eine militärische Opposition aber, die diesen Namen verdiente, bildete sich nur an einem einzigen Ort: beim Generalstab der Heeresgruppe Mitte unter Leitung des Ia, Oberstleutnant Henning von Tresckow. Tresckow hatte diese Stelle ungewöhnlich lang inne – von Dezember 1940 (damals noch Heeresgruppe B) bis Juli 1943 (Beförderung zum Oberst April 1942). Seine vielfachen Kontakte konsequent nutzend schuf er von Herbst 1941 an ein oppositionelles Netzwerk, auf das Stauffenberg im Herbst 1943 zurückgreifen konnte. Ohne die intensive und zielgerichtete Vorarbeit Tresckows wäre die Durchführung des Staatsstreichs in der am 20. Juli erfolgten Form nicht möglich gewesen. Wenn ein Name aus den Reihen der Militäropposition unmittelbar neben dem von Stauffenberg zu stehen verdient, dann der von Henning von Tresckow. Am Mittag des 21. Juli 1944 wird er sich bei Bialystok von Major Kuhn in das Niemandsland vor der Front fahren lassen und sich mit einer Gewehrsprenggranate den Kopf vom Rumpf trennen.

Zu Tresckows Vertrauten beim Generalstab der Heeresgruppe Mitte zählten der Nachrichten- und Abwehroffizier (Ic/AO) Major (später Oberst) i. G. Rudolf-Christoph von Gersdorff, die beiden Ordonnanzen Major (zuletzt Oberstleutnant) d. R. Carl-Hans Graf von Hardenberg und Leutnant (zuletzt Oberleutnant) d. R. Heinrich Graf von Lehndorff sowie Tresckows persönlicher Ordonnanzoffizier Leutnant d. R. Fabian von Schlabrendorff. Letzterer legte 1946 unter dem Titel *Offiziere gegen Hitler* Erinnerungen vor, die das Bild des militärischen Widerstands auf Jahre bestimmten; es wurde bestätigt und ergänzt durch diverse Schilderungen Gersdorffs, die er später für seinen Lebensbericht *Soldat im Untergang* zusammenfasste. In der Gruppe um Tresckow war man sich demnach von Anfang an darüber im Klaren, dass an der Spitze des Staates ein Verbrecher stand, der gestürzt werden musste, wenn Deutschland zurück in den Kreis der zivilisierten Völker finden wollte. Diese heroische Darstellung blieb weitgehend unwidersprochen, bis Mitte der neunziger Jahre der Historiker Christian Gerlach im Umfeld der Wehrmachtausstellung Dokumente ausfindig machte, die belegten, dass man im Stab von Tresckow nicht nur früh Kenntnis der zu Beginn des Russlandfeldzugs im Sommer 1941 ergangenen verbrecherischen Befehle besaß, sondern auch aktiv an deren Weitergabe und Umsetzung beteiligt gewesen war. Die Legende, dass der Widerstand der Gruppe um Tresckow auf das Entsetzen über diese Befehle zurückgegangen sei, die man, wo es nur ging, abzumildern und zu umgehen versucht habe, war gründlich zerstört.[1]

Um einen Staatsstreich erfolgreich durchzuführen, genügte es nicht, Hitler zu entmachten. So präzise die Ausschaltung des Staatsoberhaupts und Obersten Befehlshabers der Wehrmacht vorbereitet werden musste, so präzise war auch die im unmittelbaren Anschluss notwendige Übernahme der wichtigsten Schlüsselstellungen durch Vertrauensleute zu planen. Wer sollte welche Funktion übernehmen, wen würde die Bevölkerung, wen würden vor allem die Oberbefehlshaber als Autorität akzeptieren? Wie ließ sich verhindern, dass Himmler oder Göring das entstehende Machtvakuum füllten? Und wie konnte man sicherstellen, dass die Front im Osten hielt, während gleichzeitig die Aufnahme von Verhandlungen mit dem Westen angestrebt werden musste?

Ein Umsturz konnte nur gelingen, wenn die militärische Opposition an der Front eng mit einflussreichen Hitler-Gegnern in Berlin zusammenarbeitete. Ende September 1941 schickte Tresckow seinen Emissär Schlabrendorff in die Hauptstadt, »um herauszufinden, ob es in der Heimat brauchbare Kristallisationspunkte gebe«. Er sollte vertrauenswürdige Personen ermitteln und ihnen versichern, dass die Heeresgruppe Mitte »zu allem bereit« sei.[2] Auf Empfehlung von Karl Ludwig von und zu Guttenberg, einem begabten Netzwerker im Amt Ausland/Abwehr – und einem Verwandten Stauffenbergs –, kam Schlabrendorff in Kontakt mit Ulrich von Hassell. Der Diplomat, Ex-Botschafter in Rom und Schwiegersohn des kaiserlichen Großadmirals Alfred von Tirpitz, der »zu den bestinformierten Männern im Dritten Reich« zählte,[3] erteilte dem jungen Reserveleutnant erst einmal ein bisschen Nachhilfe. Eine Garantie, dass Großbritannien nach einem Systemwechsel Frieden schließen werde, gebe es nicht. Die Deutschen dürften daher ihrerseits keinen Frieden anbieten, sondern müssten »im Gegenteil die Fortsetzung des Krieges mit allen Mitteln proklamieren … unter Betonung unserer Bereitschaft zu einem annehmbaren Frieden«. Hassell war an einer Fortsetzung des Gesprächs mit den Verschwörern in der Heeresgruppe Mitte interessiert und bat Schlabrendorff, seinen Auftraggebern auszurichten, sie sollten »nach Abschluss der Angriffsoperationen in Russland einen geeigneten ›höheren‹ Mann zu weiterer Erörterung herschicken«.

Für Hassell, der darüber verzweifelte, dass Generale wie Brauchitsch und Halder sich von Hitler alles mehr oder weniger widerspruchslos gefallen ließen, markierte Schlabrendorffs Besuch im September 1941 – also *vor* dem Scheitern des Unternehmens »Barbarossa« – eine Zäsur. Offenbar gab es beim Heer doch Offiziere, die sich Gedanken machten, jedenfalls nannte Hassell die Initiative der Front »erfreulich«. Seinem Besucher habe er allerdings klarmachen müssen, »dass es kein Mittel gibt, um die ›Dreckslinie‹ zu vermeiden, nämlich eine Periode, in der das enttäuschte Volk behaupten kann, Hitler sei um den ›zum Greifen nahen Sieg‹ gebracht worden und die neuen Leute brächten den Frieden auch nicht. Es ist das alte Dilemma: wartet man, bis das Ausbleiben des Sieges aller Welt klar ist, hat man die Chance auf einen guten Frieden verloren.«[4] Damit rührte Hassell an die entscheidende Frage nach dem richtigen Zeitpunkt zum Losschlagen.

Wenn man dem deutschen Widerstand insgesamt vorhält – wie es nach dem Krieg aus guten Gründen immer wieder geschehen ist –,

dass er ja leider erst spät zu seiner Bestimmung gefunden habe, darf
man die von Hassell so genannte Dreckslinie nicht außer Acht lassen.

Eine Entmachtung Hitlers *vor* der von den Deutschen als Kriegs-
wende empfundenen Niederlage von Stalingrad wäre kaum zu vermitteln, geschweige denn mehrheitsfähig gewesen. Dies kann sicher nicht
als Rechtfertigung dafür dienen, dass es von der Bildung der Wider-
standszelle um Henning von Tresckow im Herbst 1941 bis zum ersten
Erfolg versprechenden – und belegbaren! – Anschlagsversuch im
März 1943 etwa anderthalb Jahre dauerte. Das Beispiel des Einzeltäters
Georg Elser, dessen Höllenmaschine im Bürgerbräukeller Hitler am
8. November 1939 mit knapper Not entging, verfängt allerdings ebenso
wenig wie der Hinweis auf Aktivitäten anderer Oppositionskreise jenseits der Militärfronde. Sie alle brauchten sich weder über die Akzep-
tanz ihres Tuns noch über das Hinterher Gedanken zu machen. Das
schmälert ihren Mut und Einsatz nicht im Geringsten. Pflicht der Militäropposition aber war es – unabhängig davon, ob der Krieg verloren
war oder nicht –, die Planungen über den Tag X hinaus anzulegen und
dafür zu sorgen, dass die Situation nach der Ausschaltung Hitlers nicht
außer Kontrolle geriet und es im schlimmsten Fall zur Auflösung der
Front kam.

Wenn Hassell seinem Besucher am Ende ihrer Unterhaltung deutlich zu verstehen gab, er erwarte für die nächste Gesprächsrunde einen
»höheren« Mann, sprach er ein weiteres Grundproblem des militärischen Widerstands an. Ein Unternehmen, das darauf zielte, im Hand-
streich den Obersten Befehlshaber der Wehrmacht abzusetzen, war
nur durchzuführen, wenn an der Spitze der Verschwörung hochran-
gige Generale standen, möglichst der Oberbefehlshaber einer Heeresgruppe, der im Einvernehmen mit weiteren Oberbefehlshabern handelte und über die Truppe hinaus auch bei der Bevölkerung populär
war. Tresckow bearbeitete einen Feldmarschall nach dem andern: erst
seinen Onkel Fedor von Bock, dann dessen Nachfolger an der Spitze
der Heeresgruppe Mitte, Günther von Kluge, parallel dazu vor allem
den angesehenen Erich von Manstein. Keiner von ihnen war um eine
Ausflucht verlegen. In einer Mischung aus Opportunismus, falsch

verstandener Berufsehre und mangelndem Mut fanden sie immer neue Gründe, der Entscheidung auszuweichen. Bezeichnend war die Antwort Mansteins, als Gersdorff ihn im Auftrag Kluges fragte, ob er bereit wäre, im Falle eines Staatsstreichs Chef des Generalstabs der Wehrmacht zu werden: »Der Feldmarschall v. Manstein wird stets der legalen Staatsführung loyal zur Verfügung stehen.«[5]

Während sich die sogenannten Honoratioren um Hassell, Goerdeler, Beck weiterhin vor allem mit der politischen Ausgestaltung Deutschlands nach dem Tag X befassten und den Spielraum für Verhandlungen mit den Alliierten auszuloten suchten, konzentrierte sich Tresckow im Laufe des Jahres 1942 auf Details der »technischen« Abwicklung des Attentats. Die Initialzündung zum Umsturz würde vom Hauptquartier der Heeresgruppe ausgehen müssen, denn dort bot sich am ehesten Gelegenheit, an Hitler heranzukommen. Die Frage, ob man ihn isolieren, festsetzen, unter Arrest stellen und später vor Gericht bringen oder ob man ihn auf der Stelle töten sollte, entschied Tresckow mit dem ihm eigenen Pragmatismus: Nur ein toter Hitler bot ausreichend Gewähr für ein Gelingen des Staatsstreichs. Solange Hitler am Leben war, würde jedem an seiner Stelle installierten Nachfolger die Legitimität abgesprochen werden, zumal von denen, die das Risiko seiner Rückkehr fürchteten. Die mitunter mühsamen Diskussionen mit Vertretern der Opposition, die vor allem aus christlicher Überzeugung eine Tötung Hitlers ablehnten, zogen sich bis in den Sommer 1944 – selbst Beck sprach sich noch Anfang Juni gegen die Tötung Hitlers aus.

Zur Klärung der »technischen« Voraussetzungen gehörte vor allem die Frage, mit welchen Mitteln man Hitler beseitigen wollte. Ihn aus unmittelbarer Nähe mit einer Pistole zu erschießen, wurde als Möglichkeit alsbald verworfen. Selbst erfahrene Schützen konnten ein Misslingen nicht ausschließen, sei es aus Nervosität oder wegen der hohen Sicherheitsvorkehrungen. Außerdem wurde behauptet, dass Hitler eine kugelsichere Weste trage, ein Gerücht, das Yorck von Wartenburg mit dem bösen Satz quittierte: »Schließlich hat das Schwein doch eine Fresse, in die man hineinschießen kann!«[6] Auch ein Überfall auf Hitler durch ein Stoßtruppunternehmen erschien als schwer durchführbar, zumal im Vorfeld zu viele Personen hätten eingeweiht werden müssen. Einmal planten angeblich alle entschlossenen Offiziere zusammen ein Kollektivattentat im Kasino der Heeresgruppe, das jedoch unterblieb, weil Kluge fand, eine solche Störung des gemeinsamen Essens mit dem Führer gehöre sich nicht. Blieb als einzige Möglichkeit ein Sprengstoffanschlag beziehungsweise ein Selbstmordattentat. Vorbereitungen für beide Varianten wurden im März 1943 kurz hintereinander eingeleitet. Nach zahlreichen Anläufen war es endlich gelungen, Hitler zu einem Besuch im Hauptquartier der Heeresgruppe Mitte bei Smolensk zu bewegen. Tresckow richtete es so ein, dass auf dem Rückflug nach Rastenburg in Hitlers Maschine ein kleines Paket mitgenommen wurde, in dem sich angeblich zwei Cointreau-Flaschen für Oberst Stieff befanden.[7] In Wirklichkeit waren es zwei Paare englischer Haftminen, deren chemische Zünder auf dreißig Minuten eingestellt waren. Die Zünder versagten, wahrscheinlich wegen zu großer Kälte.

Tresckow hatte Sprengstoff und Zünder über Gersdorff beschafft, ihm jedoch nicht gesagt, wofür er die Sachen brauchte. Er sei wenig überrascht gewesen, so Gersdorff in seinen Erinnerungen, als Tresckow ihn wenige Tage nach dem gescheiterten Versuch eingeweiht und bei dieser Gelegenheit gleich gefragt habe, ob er denn bereit wäre, demnächst selbst ein Attentat auszuführen. Der angebliche Anschlagsversuch Gersdorffs am 21. März 1943 im Berliner Zeughaus ist als Glanznummer der Widerstandsliteratur ein ums andere Mal nacherzählt worden. Dabei gab es schon früh erhebliche Zweifel.

In der ersten Fassung der im Sommer 1945 entstandenen Schlabrendorff-Erinnerungen hatte es geheißen, dass am Morgen des 21. März passende Zünder fehlten und das geplante Selbstmordattentat deshalb nicht stattfand. Für die Taschenbuchausgabe 1959 änderte Schlabrendorff den Passus entscheidend ab: Die Beschaffung eines Zünders habe »große Schwierigkeiten« bereitet, aber »Gersdorff fand eine Lösung«. Da war der Erinnerung wohl ein wenig nachgeholfen worden. Dabei hatte Gersdorff selbst bis in die fünfziger Jahre einen funktionierenden Zünder stets geleugnet.[8] Hätte sich an jenem 21. März im

Berliner Zeughaus wirklich alles so zugetragen wie in seiner letzten
Version, dann wäre die Mine, die Gersdorff in der linken Mantel-
tasche trug, der sichere Tod Hitlers gewesen. Dieser habe bei seinem
Rundgang jedoch plötzlich zum Aufbruch gedrängt, woraufhin es
Gersdorff zum Glück gerade noch gelungen sei, den Sprengsatz auf
der nächsten Toilette zu entschärfen: Spannender kann man sich
Widerstand gar nicht vorstellen![9] Auch in den Monaten danach kam immer irgendetwas dazwischen.
Entweder verließ Hitler vorzeitig den Raum, oder er nahm einen an-
deren Weg, oder die Aktion wurde im letzten Augenblick abgeblasen –
von wem eigentlich? –, weil zu viele Unschuldige in Mitleidenschaft
gezogen worden wären. Zur Glaubwürdigkeit des Widerstands insgesamt trugen die nach dem Krieg in bester Absicht verbreiteten Heldengeschichten jedenfalls nicht bei. So nahm die Militäropposition
angeblich mehrfach Anlauf, um Hitler bei einer Vorführung neuer Uniformen in die Luft zu sprengen. Beim ersten Mal Ende November 1943
sei der Termin nicht zustande gekommen, weil die neuen Uniformen
bei einem Luftangriff kurz zuvor zerstört wurden. Axel von dem Bussche, der sich gründlich auf das Selbstmordattentat vorbereitet haben
will, fiel zwei Monate später schwer verwundet aus. »Der kleine Kof-
fer mit der ›Bombe‹« – so endete die traurige Geschichte bei Peter
Hoffmann – »begleitete ihn durch die deutschen Lazarette, bis er das
Mordgerät im Herbst 1944 in einen See werfen konnte.«[10] Einen belas-
tenden Brief will von dem Bussche am Tag nach dem fehlgeschlage-
nen Attentat sicherheitshalber gleich verschluckt haben.[11]

Am abenteuerlichsten ist wohl die Reitergeschichte der Brüder
Boeselager. Im Frühjahr 1943 bekam die Heeresgruppe Mitte ein eigenes Kavallerieregiment. Der Pferdenarr Georg von Boeselager, der
sich gegen das Verschwinden der Kavallerie stemmte, hatte die Aufstellung durchgesetzt und Tresckow versichert, Reiter seien bei einem
Umsturz besonders wertvoll. Der Oberbefehlshaber der Heeresgruppe,
Generalfeldmarschall Kluge, erwähnte im Oktober 1943 im Gespräch
mit Major Kuhn, Boeselagers Kavallerieregiment stehe bereit, Hitler
zu verhaften, falls dieser noch einmal zu Besuch an die Front käme.

Am 19. Juli 1944 sollen dann sechs Schwadronen – 1200 Mann (davon etwa die Hälfte Kosaken!) – direkt aus der Front gezogen und westlich von Brest-Litowsk zum Abflug nach Berlin bereitgestellt worden sein, allerdings wohl ohne die Pferde! Kurz vor dem Start habe man aber erfahren, dass das Attentat gescheitert war, und so seien alle wieder zurück an die Front geritten. Auch dieses Märchen erzählte Peter Hoffmann noch 1992 so, dass mancher Leser sicher Donnerwetter! rief.[12] Die Sache hat allerdings auch eine weniger skurrile, fast schon tragische Seite. Da alle von der Heeresgruppe Mitte ausgehenden Planungen, wie konkret auch immer sie gewesen sein mögen, sich auf mehr oder weniger dramatische Weise kurz vor Vollendung zerschlugen, liegt über der Gruppe um Tresckow die Melancholie des Scheiterns. Man sollte jedoch vorsichtig sein und die Aussichtslosigkeit nicht zum Prinzip erheben, so als wäre es den Verschwörern am Ende gleichgültig gewesen, ob der Anschlag glückte oder nicht. Das Pathos der Vergeblichkeit basiert im Wesentlichen auf der Interpretation von Überlebenden, die damit auch für sich selbst ein unangreifbares ethisches Narrativ entwickelten.

In der Erinnerungsliteratur gibt es auffallend viele »letzte Worte«, die nicht immer in den jeweiligen Kontext passen, aber als Vermächtnis an die Nachlebenden umso eindrucksvoller formuliert sind. Dazu zählt auch die Antwort, die Tresckow gegeben haben soll, als Stauffenberg nach der Invasion der Alliierten in Nordfrankreich Zweifel überkamen, ob ein Attentat überhaupt noch einen Sinne habe: »Das Attentat auf Hitler muss erfolgen, um jeden Preis. Sollte es nicht gelingen, so muss trotzdem der Staatsstreich versucht werden. Denn es kommt nicht mehr auf den praktischen Zweck an, sondern darauf, dass die deutsche Widerstandsbewegung vor der Welt und vor der Geschichte unter Einsatz des Lebens den entscheidenden Wurf gewagt hat.« Oft zitierte Sätze, die zweifellos Tresckows Entschlossenheit entsprechen und die er so oder ähnlich gesagt haben könnte.[13] Aufgeschrieben aber wurden sie hinterher, im Sommer 1945, als es nicht mehr darum ging, die Kühnheit der geplanten Tat zu rechtfertigen, sondern dem Scheitern nachträglich einen Sinn zu geben.

Das angebliche Tresckow-Zitat erwies sich als ideale »Brücke über den Epochenbruch hinweg«. Aus einer unmittelbar nach Kriegsende formulierten Hoffnung, so hat es Peter Steinbach formuliert, wurde Mitte der fünfziger Jahre »rasch ein Anspruch, schließlich eine Behauptung«, die niemand mehr genauer zu hinterfragen wagte. Dabei bedeutete der Satz nichts weniger als die Pervertierung des militärischen Grundauftrags, »denn welcher Offizier wäre bereit, in einer kritischen Phase militärischer Auseinandersetzung seinem Staat eher die Niederlage als den Sieg zu wünschen, um das Gemeinwesen vor weiterem Verderben zu bewahren?« Als Schlabrendorff seinen Satz im Sommer 1945 unter amerikanischer Obhut auf Capri formulierte, hatte er weniger die Situation des Juli 1944 vor Augen als vielmehr die Zukunft eines neuen deutschen Staates: »Dieses Zitat lud zur Identifikation mit dem Widerstand ein und erleichterte die Verdrängung.«[14]

Konservativ-bürgerliche und adelige Kreise griffen die entsprechenden Stichworte dankbar auf. Fünfzig Jahre lang setzte sich Marion Gräfin Dönhoff als Redakteurin, später Herausgeberin der *Zeit* publizistisch dafür ein, dass der 20. Juli nicht nur als Synonym für den gesamten Widerstand gegen Hitler gesehen wurde, sondern obendrein als Vermächtnis des preußischen Adels. *Um der Ehre willen* nannte sie ihre »Erinnerungen an die Freunde vom 20. Juli«. »Alle großen Namen der preußischen Geschichte: Yorck, Moltke, Dohna, Schulenburg, Lehndorff, Schwerin sind in diesem letzten und wohl schönsten – weil der Macht so fernen, dem Wesentlichen so nahen – Kapitel noch einmal verzeichnet.« Es habe sich um Menschen gehandelt, die seit Generationen »erzogen waren, sich für das Ganze verantwortlich zu fühlen«. Nicht-Preußen wie Claus von Stauffenberg billigte sie das gleiche Pflichtbewusstsein, das gleiche Anstandsgefühl zu und erhob sie »gleichsam zu Ehren-Preußen«.[15] Selbstredend zählte zu diesem erlauchten Kreis auch sie selbst: »Ich konnte in einem Raum voller Menschen sofort sehen, wer ein Nazi war und wer nicht.«[16]

Das Scheitern als eine Frage der Ehre. Am konsequentesten in dieser Hinsicht verfuhr der Publizist Joachim Fest, der zum 50. Jahrestag des Attentats den Widerstand als ein hochspekulatives Selbstgespräch

bezeichnete, das sich »ohne das Hinzutreten des zu allem entschlossenen Oberst von Stauffenberg im Glück seiner gedankenschweren Aus-
weglosigkeiten ganz und gar verloren hätte«.[17] Er konstatierte eine
»eigentümliche Tatschwäche« und wollte selbst den 20. Juli nur als
»eine symbolische Tat« gelten lassen, die allerdings gerade aufgrund
ihrer Vergeblichkeit eine besondere Größe auszeichne. Vorwürfe, das
Ganze sei unzulänglich geplant und stümperhaft durchgeführt worden, zielten »an den Intentionen der Verschwörer im wesentlichen
Punkt vorbei. Ohne Übertreibung kann man sagen, dass die Entscheidung auf nichts weniger als den Entschluss zu einem Opfergang
hinauslief … Ein Fehlschlag tat der Idee, die dahinterstand, keinen
Abbruch, und mitunter scheint es sogar, als hätten die Frondeure im
Gegenteil geglaubt, dass ein Scheitern ihre Tat nur in noch reinerem
Licht hervortreten lasse.«[18]

Eine solche Lesart ist aberwitzig. Sie vernachlässigt die politischen
Motive der Verschwörer, und sie verkennt, dass die Militäropposition
aus Verantwortung handelte, nicht aus Gesinnung. Nicht das Entsetzen über die Verbrechen des Nationalsozialismus, sondern die Entschlossenheit, den Krieg möglichst rasch zu einem für Deutschland
einigermaßen glimpflichen Ende zu bringen, gab ihrem Denken die
Richtung. Auch wenn uns die militärische Disposition heute weitgehend fremd geworden ist, sollten wir die Trennlinie zwischen Regime-
gegnern, die ihrem Gewissen folgten, und Offizieren, die in Vorbereitung eines Staatsstreichs unter enormem Erwartungsdruck standen,
nicht verwischen. »Es mag wohl sein, dass viele mit Empörung auf
die brutalen Vorgänge reagierten, die sich außerhalb des militärisch-
beruflichen Bereichs ereigneten«, schrieb Hans Rothfels schon 1949,
aber aus dem, was sie dort hörten und sahen, erfolgte »keine unmittelbare Gegenwehr oder Auflehnung.«[19] Dass die Offiziere fast durch-
gängig erst aus der militärischen Notwendigkeit der Jahre 1942/43 heraus den Entschluss zum Sturz Hitlers fassten, bedeutet nicht, dass sie
unempfindlich waren für die Untaten des Systems. Nur sollte man ihr
stark von Beruf und Klasse geprägtes Handeln nicht mit dem viel
zitierten Aufstand des Gewissens gleichsetzen.

Einer im Kern pazifistisch orientierten Gesellschaft wie der unseren
ist Ethos grundsätzlich leichter zu vermitteln als Verantwortung.
»Der sittliche Wert eines Menschen beginnt erst dort, wo er bereit ist, für
seine Überzeugung sein Leben hinzugeben.«[20] Das Vermächtnis des
deutschen Widerstands lässt sich nicht knapper zusammenfassen als
in den berühmten letzten Worten Tresckows wenige Stunden vor seinem Selbstmord am Tag nach dem gescheiterten Attentat. Eine ähnliche Sinnstiftung für die Nachgeborenen hinterließ Berthold von
Stauffenberg: »Das Furchtbarste ist, zu wissen, dass es nicht gelingen
kann und dass man es dennoch für unser Land und unsere Kinder tun
muss.«[21] Weil solche Sätze weit über den Juli 1944 hinaus ihre Strahl-
kraft behauptet haben, will es fast unerheblich scheinen, ob sie tatsächlich so oder ähnlich gefallen sind. Nur sollte man daraus kein Un-
tergangspathos ableiten, so als hätten die Verschwörer den freiwilligen
Opfergang als höchste Stufe des Protests angesehen. Nur wer den
Tyrannen überlebt, kann über den Tyrannen triumphieren.

Als Oberstleutnant i. G. Claus von Stauffenberg am 14. Februar 1943
auf dem Gefechtsstand seiner Division in Tunesien eintraf, standen
die Deutschen in Nordafrika bereits mit dem Rücken zur Wand.
Zweimal war Rommel von der Großen Syrte durch die Cyrenaika
nach Ägypten vorgestoßen. Beim ersten Mal, im Frühjahr 1941, war er
bis an die ägyptische Grenze gelangt, hatte bei der britischen Gegenoffensive im November 1941 das gesamte Gebiet aber wieder räumen
müssen. Rommels zweiten Feldzug, der Anfang Februar 1942 zur neuerlichen Inbesitznahme der Cyrenaika führte und am 21. Juni 1942 mit
der Eroberung von Tobruk seinen Höhepunkt erreichte, hatten die
Briten erst bei El Alamein, gut hundert Kilometer vor Alexandria,
zum Stehen gebracht. Theoretisch hätte die Deutsch-Italienische Panzerarmee drei Tage später am Sueskanal sein können. Aber die gleichen Probleme, die sich um diese Zeit zwischen dem unteren Don
und dem Kaukasus auftaten, verhinderten auch hier weitere Angriffsoperationen: Die Entfernungen waren zu groß, die Transportkapazitäten zu gering, und überall fehlte es an Nachschub, vor allem an

Betriebsstoff. Stauffenberg gehörte aufgrund seiner früheren Verwendung als Logistiker (Ib der Division) und nach zweieinhalbjähriger Tätigkeit in der Organisationsabteilung zu den wenigen, die solche strategischen Defizite wahrnahmen. Rommel setzte hingegen wie alle Generale der Panzertruppe darauf, Versorgungsmängel durch schnelle operative Erfolge ausgleichen zu können.

Ende Oktober 1942 übernahm die 8. britische Armee unter ihrem neuen Befehlshaber General Montgomery die Initiative und zwang Rommel nach einer zweimal vier Tage dauernden Schlacht bei El Alamein zum Rückzug. Auf der anschließenden Verfolgungsjagd mehr als zweitausend Kilometer Richtung Westen konnten die Deutschen lediglich einmal Atem schöpfen, Ende November für zweieinhalb Wochen bei Marsa el Brega, und zum Jahreswechsel eine Zeit lang die Buerat-Stellung behaupten. Aber aufhalten ließen die Briten sich nicht mehr, am 23. Januar rückten sie in Tripolis ein, der Hauptstadt Libyens. Churchill, der nach dem Fall von Tobruk politisch stark unter Druck geraten und selbst von ehemaligen Weggefährten aufgefordert worden war, die militärische Führung abzugeben, ergriff die Chance, nach Tripolis zu fliegen, wo Montgomery ihm zu Ehren eine Parade mit Dudelsackkapelle veranstaltete. Alan Brooke, der Chef des Empire-Generalstabs, der auf der improvisierten Tribüne neben ihm stand und sich selber der Tränen nicht erwehren konnte, sah den Premierminister weinen. In diesem denkwürdigen Moment habe er zum ersten Mal begriffen, vertraute Brooke seinem Tagebuch an, dass mit der Wende von El Alamein der Endsieg der Alliierten wahrscheinlich geworden sei.

Churchill war aus Casablanca gekommen, wo er mit dem amerikanischen Präsidenten Roosevelt die weitere Strategie und die Kriegsziele der Alliierten abgestimmt hatte, war anschließend in Adana gewesen, um die Türkei zum Kriegseintritt an der Seite der Alliierten zu bewegen, und flog von Tripolis am 4. Februar weiter nach Kairo. Am selben Tag überschritt die 8. Armee die Grenze nach Tunesien. Die Deutsch-Italienische Panzerarmee hatte sich in die Mareth-Stellung gut 120 Kilometer hinter der Grenze zurückgezogen. Italienische und deutsche Infanterie hielt diese vor dem Krieg von den Franzosen

gegen einen italienischen Angriff aus Libyen errichtete Verteidigungs-
anlage im Süden Tunesiens bis Ende März.

Unterdessen war den Achsenmächten jedoch eine zusätzliche Bedrohung in ihrem Rücken entstanden. Anfang November 1942 hatten
Amerikaner und Briten unter dem Oberbefehl von General Eisen-
hower entlang den Küsten von Marokko und Algerien eine gemeinsame Invasionsstreitmacht gelandet, die auf breiter Front tief in den
Westen Tunesiens eingedrungen war. Die Hauptstreitkräfte der Achse,
die im Norden operierende 5. deutsche Panzerarmee unter Generaloberst von Arnim und die 1. italienische Armee im Süden, drohten
voneinander getrennt zu werden. Um dem zuvorzukommen, unternahmen die Deutschen am 14. Februar einen massiven Gegenstoß:
Über die Pässe der Hochebene, die Tunesien von Norden nach Süden
durchzieht, wollten sie in den Rücken des Gegners einbrechen. Ziel
war es, die Bereitstellungen der Alliierten im Südwesten zu zerschlagen und anschließend die Amerikaner nach Algerien zurückzudrän-
gen. Damit wollte sich Rommel den Rücken für die bevorstehenden Kämpfe an der Mareth-Linie freihalten. Angesichts der haus-
hohen Überlegenheit der Alliierten war den Unternehmen »Frühlings-
wind« und »Morgenluft« von vornherein wenig Aussicht auf Erfolg
beschieden.

Am Morgen des 14. Februar stießen die 21. und Teile der 10. Panzerdivision noch bei Dunkelheit mit zweihundert Panzern aus Norden
und Osten auf Sidi bou Zid vor. Die dort liegende 1. amerikanische
Panzerdivision wurde vollkommen überrascht und erlitt nicht zuletzt
wegen fehlender Kampferfahrung erhebliche Verluste. Am Abend war
die Kleinstadt in deutscher Hand. Stauffenberg, der im Laufe des Tages
auf dem Gefechtsstand der 10. Panzerdivision am Faid-Pass eingetroffen war, hatte sich sofort in das Kampfgeschehen eingeschaltet. Am
nächsten Tag wurden die Panzerduelle auf kurze Entfernung Richtung
Sbeitla fortgesetzt, und wieder konnten die Deutschen die Material-
überlegenheit des Gegners durch jahrelange Erfahrung in der Praxis
des Wüstenkriegs wettmachen; an zwei Tagen verloren die Amerikaner
mehr als hundert Panzer.

Ermutigt durch die klaren Siege drängte Rommel jetzt auf eine
Entscheidung. Er selbst war mit den letzten motorisierten Verbänden
des Deutschen Afrikakorps überraschend schnell aus Süden vorgestoßen und stand am 17. Februar am Fuß des Kasserine-Passes, etwa dreißig Kilometer westlich von Sbeitla. Nachdem ihm die beiden Panzerdivisionen der 5. Panzerarmee in der Nacht zum 19. Februar unterstellt
worden waren, entschied er sich für einen gleichzeitigen Angriff auf
zwei Pässe. Die aus den Resten des Afrikakorps zusammengestellte
Kampfgruppe sollte den Übergang über den Kasserine-Pass erzwingen, die 21. Panzerdivision von Sbeitla aus gegen die Enge von Sbiba
vorrücken. Die 10. Panzerdivision hielt sich als Eingreifreserve bereit.
Das Ziel, den Zugang in die Ebenen freizukämpfen, wurde nicht erreicht. Erst am Abend des darauf folgenden Tages gelang am Kasserine-Pass der Durchbruch – dank der Unterstützung durch die 10. Panzerdivision, die ihren Gefechtsstand am Morgen in den Bahnhof von
Kasserine verlegt hatte.

Die Panzerschlacht am Kasserine-Pass am 19. und 20. Februar 1943
war Rommels letzter Triumph. Viereinhalb Wochen später erschien in
der *Frankfurter Zeitung* unter dem Titel »Tunesische Panzerschlacht«
ein ausführlicher Bericht des Redakteurs Eberhard Schulz, der atmo-
sphärisch dicht den Mythos des Deutschen Afrikakorps herauf-
beschwor und keinerlei Zweifel an der deutschen Überlegenheit
aufkommen ließ. »Es hörte die ganze Nacht nicht auf, das dunkle
dröhnende Geräusch, das schon der Anfang der Schlacht war. Die
Panzer waren die ersten. Dann kamen die Zugmaschinen der Artillerie, dann wir, die ersten Panzergrenadiere, dann alle anderen. Es dauerte ganze vier Stunden und ging weiter, bis sich das schwarze Tuch
der Nacht blähte und der Morgenwind blies ... Gegen halb acht standen wir in dem Passe. Weiße Fähnchen rechts und links zeigten die
Minengasse an. Es war sehr hell jetzt, und viele Wagen standen hintereinander. Es war der Augenblick, der gut war für feindliche Flieger – wenn sie gekommen wären, und gut für feindliche Artillerie,
wenn sie hinter den Klippen der Berge auf der Lauer gelegen hätte.
Aber weder Kanonen noch Bomber belästigten uns. Und langsam

rückte der Bandwurm der Gespanne weiter vor, zog sich zusammen, wand und krümmte sich.«Am Abend des ersten Tages wurden die Verluste bilanziert:»ein Beinbruch bei einem unglücklichen Absprung vom Mannschaftswagen, ein Streifschuss, vielleicht gar nicht aus einem feindlichen Lauf, sondern abgeprallt aus der Detonation abbrennender verlassener Lager. Keine Verwundung eigentlich, mehr ein Verkehrsunfall der Schlacht – wo hat es so etwas vorher gegeben?« Der nächste Morgen überrascht»mit der Idylle eines lang vergessenen Lagerlebens«: Wasserträger laufen mit Tonkrügen über den Markt, überall dringt der Dampf von Ölgebrutzeltem aus den Häusern. Dann plötzlich»gegen drei Uhr kommt Alarm. In die amorphe Ruhe des orientalischen Mittags ist ein elektrischer Schlag gefallen. Der Marktplatz ist leergefegt. Die Zigaretten rauchenden Landser vor der Haustür sind verschwunden. Feilschende Araber sind – wir wissen nicht wie – mit einem Windhauch von den Häusern, an denen sie wie Kletten hefteten, weggepustet, Geschirr, Wasserkanister, ausgebreitete Teppiche, die herausgestellten Primuskocher, die wie Samoware summend das Kaffeewasser wärmten, sind weg, vielleicht schon verstaut, Gewehre, Maschinengewehre kommen wieder zum Vorschein; die ersten Lastwagen mit aufgesetzten Panzergrenadieren jagen auf die Chaussee hinaus.« Dann – so endet der Bericht – klettern wieder überall die riesigen grauen Schildkröten über den Horizont herauf, von denen man erst beim Blick durch das Fernglas sagen kann, ob es sich um eigene oder gegnerische Panzer handelt. Am Abend säumen die Kolosse brennend, glühend oder bereits erloschen das sechs Kilometer lange Schlachtfeld.[22]

Rommel konnte sich seines Sieges gerade einmal 48 Stunden erfreuen. Bereits am Abend des 22. Februar musste er die Verfolgung des Gegners einstellen und in der Nacht den Rückzug zum Kasserine-Pass antreten; die 10. Panzerdivision setzte sich in den folgenden Tagen Richtung Küste ab. Die Hoffnung, das Blatt in Nordafrika noch einmal wenden zu können, hatte Rommel bereits nach der Schlacht von El Alamein aufgegeben. Am 8. März übergab er den Oberbefehl über die

verbliebenen, jetzt Heeresgruppe Afrika genannten Kampfverbände
an Generaloberst von Arnim und verließ Tunesien am nächsten Tag.
Die Deutschen wussten, welchen Respekt Rommel aufgrund seiner
Wendigkeit bei den Briten genoss, und hielten seine Abberufung deshalb lange Zeit geheim.

Stauffenberg hatte Rommel am frühen Abend des ersten Tages der
Schlacht von Kasserine auf dem Divisionsgefechtsstand bei Sbeitla
kennengelernt. Der Generalfeldmarschall – Hitler hatte ihm diese
Ehre noch am Tag der Eroberung von Tobruk zukommen lassen – und
sein Generalstabschef Bayerlein besprachen mit dem Kommandeur,
Generalmajor von Broich, und dem Ia Stauffenberg die bevorstehenden Operationen. Der Erfolg hänge einzig und allein von der Schnelligkeit ab, erklärte Rommel; deshalb müsse grundsätzlich von vorn geführt werden, nur so ließen sich die notwendigen Anpassungen schnell
ausführen. Die Vorgaben überzeugten Broich und Stauffenberg nicht
weniger als Rommels kühnes Ziel, mit einem Angriff auf den Ver-
kehrsknotenpunkt Tebessa »die ganze englische Front in Tunis zum
Einsturz« zu bringen.[23]

Betrachtet man auf einer Karte den Zickzackkurs der 10. Panzerdivision durch Tunesien von Mitte Februar bis Anfang April 1943, erfasst man schnell, dass ein Konzept für die Verteidigung des tunesischen Brückenkopfs schlechterdings nicht vorlag. Da die Alliierten in
der Passage zwischen Sizilien und Tunis die absolute See- und Luftho-
heit besaßen – die Royal Air Force flog von Malta aus Dauereinsätze –,
gelangte kaum noch Nachschub über das Meer. Das Desaster zeichnete sich für jedermann sichtbar ab. Hitler war jedoch so kurz nach
der Katastrophe von Stalingrad nicht bereit, den prestigeträchtigen
Kriegsschauplatz Nordafrika zu räumen. Mehr als 250 000 kampfer-
probte italienische und deutsche Soldaten saßen in der Falle.

Stauffenberg war mit großem Enthusiasmus an seine neue Aufgabe
gegangen. »Alles, was man auf der Kriegsakademie gelernt hat, kommt
hier in 14 Tagen zur Anwendung«, sagte er bald nach der Ankunft
zu seinem Kommandeur. Der Erste Generalstabsoffizier, so Broich
nach dem Krieg, sei bei der Division nach kurzer Zeit »wegen seiner

Tüchtigkeit, Zuverlässigkeit und Einsatzbereitschaft und nicht zuletzt wegen seiner herzlichen und offenen Art und seiner Hilfsbereitschaft« sehr beliebt und geschätzt gewesen. Aufgefallen ist vor allem der unbürokratische, besondere Stil der von Stauffenberg verfassten Befehle: nüchtern und gleichzeitig lebendig. »Die Truppe hatte immer das Gefühl, gut geführt zu werden«, erinnerte sich Oberst Reimann, Kommandeur einer Kampfgruppe. »Es gab auch bei Absetzbewegungen keine Unordnung, weil der Divisionskommandeur und sein Ia alle Friktionen mit ruhiger Gelassenheit überwanden und diese ruhige Stetigkeit auf die Truppe übertrugen.« Stauffenberg seinerseits sei »von dem gesunden Selbstbewusstsein der Truppe höchst beeindruckt« gewesen, wusste Oberst Schmid, Kommandeur des Panzerartillerieregiments 90. »So soldatisch gut habe er sich das vorher gar nicht vorgestellt.«[24]

Drei Tage, bevor Rommel Afrika verließ, hatte er noch versucht, Montgomerys Aufmarschvorbereitungen an der Mareth-Stellung nachhaltig zu stören. Stauffenberg hatte hierzu gemeinsam mit Broich eigene Ideen entwickelt, die darauf hinausliefen, sich mit sämtlichen noch verfügbaren 160 Panzern und den Kampfgruppen der drei Panzerdivisionen auf die linke Flanke der 8. Armee zu konzentrieren. Rommel wollte davon nichts wissen. Am Morgen des 6. März ließ er drei getrennte Panzerkeile konzentrisch auf das schwer befestigte Städtchen Medenine vorstoßen. Das Feuer der britischen Panzerabwehrkanonen und Geschütze war derart heftig, dass die Deutschen die Operationen einstellen mussten. In der Nacht hatte Stauffenberg den Absetzbefehl zu formulieren. »Der Absetzbefehl kam so gegen 3.00 Uhr«, erinnerte sich Stauffenbergs Ordonnanzoffizier, »die Befehlsstränge funktionierten, und als die Sonne aufging, waren wir weg!«[25]

Den Briten erging es zwei Wochen später zunächst nicht anders. Am 20. März eröffnete Montgomery nach wochenlangen Vorbereitungen die Offensive an der Mareth-Linie. Aufgrund des beharrlichen Widerstands der Italiener musste er nach drei Tagen aufgeben und konnte erst am 6. April etwas weiter nördlich erneut zum Angriff übergehen. Die 10. Panzerdivision war zu diesem Zeitpunkt bereits zur Verteidigung gegen die Amerikaner im Südwesten Tunesiens eingesetzt, wo sie fast täglich schwere Angriffe abzuwehren hatte. Am 7. April traf nicht weit von Stauffenbergs Gefechtsstand eine Patrouille der 4. indischen Division, die zur 8. Armee Montgomerys gehörte, auf die Angriffsspitze des amerikanischen II. Korps: Der Ring um die im tunesischen Brückenkopf eingeschlossenen italienisch-deutschen Verbände hatte sich geschlossen.

Am 6. April, dem Tag des Beginns der neuen britischen Offensive, musste sich ein junger Oberleutnant, der eben erst nach Afrika gekommen war und bei der 10. Panzerdivision eine Kompanie übernehmen sollte, bei Stauffenberg melden. Der damals 22-jährige Friedrich Zipfel verfasste nach dem Krieg einen eindrücklichen Bericht: »Als ich mich dem Divisionsgefechtsstand näherte, lag dieser unter Artilleriefeuer. Ich wartete den Überfall ab und fuhr dann zur Meldung beim Ia. Als ich den Befehlsbus betrat, sah ich mich einem jugendlich wirkenden, großen, schlanken Offizier gegenüber, der sich damit beschäftigte, Glassplitter und Schmutz von den Karten zu schütteln. Er trug eine amerikanische Hose und das Hemd der Afrikauniform mit den Schulterstücken eines Oberstleutnants. Es war Graf Stauffenberg. Sofort nach der Meldung führt mich der Ia an ein Fenster, wies auf zwei Deckungslöcher und sagte: ›Wenn das wieder losgeht, dann nehmen Sie das rechte, ich das linke Loch.‹ Dann habe ich etwa 40 bis 45 Minuten in dem Bus gesessen … Ununterbrochen trafen Meldungen … ein. Die verzweifelten Bitten seiner Truppenkommandeure um Zurücknahme oder Verstärkung musste der Ia abschlägig beantworten. Reserven waren nicht vorhanden, und die Stellungen mussten bis zum Abend gehalten werden, sollten nicht die im Süden ringenden Italiener im Rücken gefasst werden … Mit höflicher Bestimmtheit und einem ganz unkonventionellen, kameradschaftlichen Ton tröstete und vertröstete Stauffenberg, hin und wieder scherzhaft einflechtend, dass er selbst eben auch im Dreck gelegen hätte. Er führte die Gespräche in einer Weise, dass – nach meinem Empfinden – am anderen Ende der Leitung auch die abschlägige Antwort als Aufrichtung empfunden wurde … [Am Ende] richtete er ziemlich unvermittelt und mit einem Unterton, der nur eine ehrliche Antwort zuließ, an mich die Frage: ›Was meinen Sie wohl, zu welchem Zweck Sie *jetzt noch* nach Tunis gekommen sind?‹ Ich antwortete: ›Doch wohl zur Gefangennahme.‹ Lachend erwiderte er: ›Ja, ja, dann haben wir Glück, für uns ist der Krieg zu Ende.‹ Darauf verabschiedete er mich.«[26]

Am frühen Morgen des 7. April, noch im Schutz der Nacht, begann sich die 10. Panzerdivision über den El-Hafay-Pass Richtung Osten abzusetzen. Stauffenberg machte sich im Laufe des Vormittags im Kübelwagen auf den Weg zum neuen Gefechtsstand. Als er sich von Broich verabschiedete, der eine Stunde später hinter dem letzten Bataillon folgen wollte, warnte ihn dieser noch, sich vor den Fliegern in Acht zu nehmen. Nach Überquerung des Passes ließ Stauffenberg anhalten, um mit Hilfe der Panzerfunkstellen Ordnung in den Rückzug zu bringen. Wenig später befand er sich inmitten eines Infernos. In niedriger Höhe griffen etwa zwanzig Jagdbomber die Kolonne an, drehten ab, kamen wieder und zielten auf alles, was sich zwischen den explodierenden und brennenden Fahrzeugen bewegte. Als sein Kübelwagen ins Visier der Bordkanonen geriet, warf sich Stauffenberg aus dem Wagen – und wurde am Boden liegend getroffen.

Ein zufällig in der Nähe vorbeifahrender Arzt einer anderen Einheit legte ihm einen Verband an, dann wurde Stauffenberg zum Hauptverbandsplatz und von dort ins Feldlazarett gebracht. Dort wurden ihm die rechte Hand über dem Gelenk, die beiden letzten Finger der linken Hand und das linke Auge amputiert. An Bord eines der letzten Lazarettschiffe, die Tunis verlassen konnten, transportierte man ihn nach Livorno und von dort auf dem Lazarettzug nach München, wo er am 21. April 1943 eintraf.

Am 16. April 1943, neun Tage nach seiner schweren Verwundung, wurde Claus von Stauffenberg von seinem Bruder Berthold als Nacherbe Stefan Georges eingesetzt. Robert Boehringer, der Haupterbe in Genf, den Berthold um Rat bat, gab zu bedenken, dass ein Erbe jederzeit erreichbar und dass er handlungsfähig sein müsse. Berthold blieb bei seiner Entscheidung. Getroffen hatte er sie, noch bevor das

Lazarettschiff aus Tunis in Livorno vor Anker ging. Das Leben seines Bruders hing an einem seidenen Faden: Ihn in diesen schweren Stunden in Georges Testament einzusetzen, bedeutete für Berthold nichts weniger, als zur Rettung von Claus die Manen des Meisters anzurufen.[27] Die Testamentsergänzung war nötig geworden, weil zwei Monate zuvor, am 26. Februar, Frank Mehnert als Unteroffizier eines Infanterieregiments bei Staraja Russa im Kessel von Demjansk gefallen war. Dass Claus jetzt bald an der Spitze einer Panzerdivision stehe, stimme ihn hoffnungsvoll, hatte Mehnert Ende Januar in seinem letzten Brief an Berthold geschrieben. Er sehe darin ein Zeichen, dass der Krieg »eines tages auch einmal ein ende findet. Übrigens erzählen rückkehrende urlauber dass die am Ladogasee sehr zahlreichen überläufer aussagen dass Iwan dieses frühjahr zusammenklappt.« Für ihn sei es befreiend, an der Front zu stehen, weil »man die menschlich erfreulichen wirkungen des kriegs am ehesten hier kennen lernt, der *kleinen* unannehmlichkeiten und niedrigkeiten hier am meisten enthoben ist«. Berthold sei wahrscheinlich sehr niedergeschlagen, schließlich habe er immer vor einer zweiten Front im Westen gewarnt, aber die Landung der Alliierten in Nordafrika habe auch ihr Gutes, weil man jetzt »diese leute einmal vor den lauf bekommt«.[28]

Die Nachricht, dass ihr Sohn gefallen war, erreichte die Mutter dreieinhalb Wochen später, am 22. März. Ob Claus von Stauffenberg noch in Tunesien vom Tod seines besten Freundes erfuhr, ist fraglich, ein Beileidschreiben ist nicht überliefert. Wahrscheinlich hätte er der Mutter einen ähnlichen Brief geschrieben wie ein Vierteljahr zuvor Ruth von Blomberg, der Witwe des ehemaligen Adjutanten seiner Wuppertaler Division. Alle würden sagen, »es sei ein Schicksal unter Tausenden gleicher. Und doch mildert dies Wissen nichts. Jedes Mal stürzt von neuem eine Welt zusammen … Als Soldat weiß ich, dass Er, der an der Spitze seiner Mannschaft im Element seines Soldatentums, im Kampf den Tod fand, am wenigsten zu beklagen ist, erfüllte er doch sein Leben in einem Höhepunkt des Lebens. Und als Mensch glaube ich, dass der Himmel denen gnädig ist, die in der Erfüllung ihrer Aufgabe alles opfern.«[29]

Der Soldatentod Mehnerts bedeutete für Stauffenberg sehr viel
mehr als die Vollendung eines Schicksals. Frank war für ihn nach dem
Tod Georges derjenige unter den Freunden geworden, durch den er
sich der meisterlichen Welt am nächsten fühlte. Cajo Partsch, der
Jüngste im Bund, schrieb am Abend, an dem er von Berthold die To-
desnachricht erhielt, er rätsele, was es bedeute, »wenn nun auf einmal
geschieht, was nicht geschehen darf. Dass die Götter ihre schützende
Hand von diesem Land genommen, ist mir noch nie so klar gewesen
und geworden wie in diesem Augenblick. Mehr als wehmütiges Zu-
rückdenken an gemeinsame Stunden ... wiegt das, was wir von ihm
und damit für uns erwarteten. Es ist nicht nur dies ungeheure Stück
Leben, das mir nun so jäh ausgebrochen ist, es ist die Hoffnung auf
die Zukunft, die ich mir nun nicht einmal mehr vorstellen kann ... Ich
kenne im ganzen Kreis der Freunde von damals keinen Menschen, der
bei so unbeschränkter Hingabe ... so das eigene Wesen wahrte, keinen,
bei dem auch später jede Lebensäußerung noch so völlig von der Welt
des Dichters bestimmt war und in diese passte, ohne dass je von Servi-
lität die Rede sein konnte ... Die Welt wird dürr und klein und wir
stehen immer einsamer darin. Wie werden wir das tragen können?«[30]
    Zur Erinnerung an den gefallenen Freund wollten Claus und Bert-
hold von Stauffenberg das ein Jahr zuvor in einem Akt von Vandalis-
mus in die Elbe gestürzte Denkmal an der Magdeburger Brücke neu
aufstellen lassen. Ein junger Bildhauer aus dem weiteren Freundeskreis, Urban Thiersch – der von Stauffenberg ein Jahr später in die
Bendlerstraße geholt wurde – sollte die Arbeiten übernehmen. »Es
findet sich vielleicht nun doch eine Möglichkeit, den Pionier zu er-
neuern«, teilte Berthold seinem Bruder Anfang August 1943 mit. »Ich
habe Urban bereits dafür vorgeschlagen ... Es wird versucht werden,
aus den geretteten Resten des Pionier einen Abguss herzustellen. Das
Gipsoriginal ist von Frank selbst zerstört worden.«[31] Die Pläne ließen
sich nicht realisieren.
    »Er ging zugrunde / Weit entfernt von der Heimat, und ich war
nicht da, ihm ein Wehrer des Unheils zu sein«, sagt Achill, als er vom
Tod des Patroklos erfährt (*Ilias*, XVIII, 100). Achill beschließt, den

Tod des Freundes zu rächen und ihn nicht zu bestatten, ehe er nicht seinen Verderber Hektor getötet hat. Mit dem Tod des Patroklos wird der Bann des Achill gebrochen, greift der Held, der das Schicksal Trojas besiegeln wird, endlich in das Geschehen ein. Die Patroklie, die zu den Höhepunkten der Homerischen Dichtung zählt, war Stauffenberg und Mehnert gegenwärtig. Den Soldatentod Mehnerts im Februar 1943 empfand Stauffenberg als tiefen Einschnitt, und so erscheint es nicht abwegig, eine Parallele zur *Ilias* herzustellen. Mit Sicherheit spielte der Verlust des Freundes in den folgenden Monaten, in denen Stauffenberg sich zu einem aktiven Vorgehen gegen Hitler entschloss, eine nicht zu unterschätzende Rolle. Von Carl Goerdeler, Friedrich Olbricht und Hans Oster wird berichtet, dass der Verlust ihrer Söhne an der Front sie maßgeblich in ihrem Kampf gegen Hitler bestimmte.[32]

Als derjenige, der dem Meister in dessen letzten Lebensjahren am nächsten stand, hatte Mehnert im Freundeskreis eine Sonderstellung eingenommen. Stauffenberg verehrte in ihm darüber hinaus den künstlerischen Menschen als solchen. Zwar dilettierte Mehnert viel – als Bildhauer und Homer-Übersetzer ebenso wie bei seinen Bemühungen, die George-Schrift weiterzuentwickeln –, aber in den Augen Stauffenbergs erfüllte er kongenial den Auftrag Georges, die Kunst über dunkle Zeiten hinweg zu retten.

An Weihnachten 1939 hatte Stauffenberg den Freund ermutigt, einer Einladung Rudolf Fahrners zu folgen und für ein paar Monate nach Griechenland zu gehen. »Du könntest gewiss das Neue und zweite kriegsjahr nicht besser eröffnen, als wenn du die stätten hellenischer vergangenheit und Deutscher gegenwart besuchst.« Gerade dort an den Homer-Übersetzungen weiterzuarbeiten, sei »eine aufgabe, die Du selbst vielleicht nicht sehr wichtig nimmst, die aber doch für uns auch höchst bedeutend ist, da sie so vieles am leben erhält, was in diesen zeiten der völligen vergessenheit zuzufallen droht. All dies ist heute wichtiger denn je. Ich rechne Dich zu den wenigen unter einem glücklichen stern geborenen, die aus sich heraus etwas zu schaffen wissen … Inzwischen ist das meiste was geschehen kann, dass die schönheit dieses landes erhalten bleibt, dass in den langen vor uns liegenden jahren eines herben und gewiss recht eintönigen kampfes der reichtum dieses volks nicht verloren geht, dass das ›Deutsche Wunder‹ weiter dies land behütet. Selbst das Meisterliche Werk würde uns nichts mehr helfen können wenn es nicht in einigen weiterlebte, so aber kann es und wird es noch wunder wirken.«[33]

Im April 1940 schickte Mehnert aus Griechenland über den Kurierdienst des Auswärtigen Amtes drei Gesänge der *Odyssee*; die sorgfältigen Abschriften hatte er in eine ziegenlederne Mappe gelegt, die mit einem C gestempelt war, das ein Krönchen trug. Das sei die Lektüre, schrieb er in einem Begleitbrief, »die wie die geschichte lehrt jungen kriegsheroen besonders adäquat ist«.[34] Mit Mehnerts Übersetzungen befasste sich Claus von Stauffenberg in den folgenden Jahren immer wieder, besonders intensiv in den Monaten seiner Genesung 1943, als er sich an der Überarbeitung des Achten Gesangs durch seinen Bruder Alexander und Rudolf Fahrner beteiligte. Dass man den Homer einmal neu übersetzen müsse, galt im Freundeskreis als einer der unausgesprochenen Aufträge Georges. Die Versuche Mehnerts blieben jedoch hinter den Erwartungen zurück; häufig wurde die alte Voss-Übersetzung, die man ja eigentlich ersetzen wollte, vorgezogen.[35]

Übersetzungen zu prüfen gehörte zu den Lieblingsbeschäftigungen Stauffenbergs während seiner Rekonvaleszenz. Fahrner schickte ihm eine Schrift des romantischen Dichters Dionysios Solomos, der zu Beginn des 19. Jahrhunderts unter dem Eindruck des griechischen Freiheitskampfs gegen die Türken versucht hatte, die einfache Volkssprache der Griechen in eine dichterische Form zu überführen. Stauffenberg kritisierte Fahrners Hang zum Gespreizten: »Obwohl ich den griechischen text nicht kenne, scheint mir, dass Sie häufig zu wörtlich übersetzt haben, eine treue zum text, die sich an manchen stellen auch auf den satzbau auszudehnen scheint. So richtig nun das streben zur wörtlichkeit beim vers sicherlich ist, so gefährlich scheint sie mir in der prosa, wenn sie allzu weit getrieben wird. Denn was in der fremdsprache eine ganz natürliche, alltägliche, ja banale satzkonstruktion sein kann, kann im deutschen leicht gesucht, prätentiös, zumindest aber ungewöhnlich wirken. Ich gebe selbstverständlich zu, dass eine

ungewohnte Konstruktion als Kunstmittel in der dichterischen prosa
sehr angemessen sein kann, sofern es bewusst angewendet wird. Es
dürfte aber nur in seltenen fällen gerechtfertigt sein, derartige beson-
derheiten als durchgehendes *stil*mittel anzuwenden.«

Stauffenberg störten vor allem die häufige Verwendung des Parti-
zips Präsens anstelle eines eigenen Nebensatzes und die ungewöhnliche Stellung der Verben.»Ich hoffe, Sie schelten mich nicht über-
nüchtern und phantasielos, dass ich nur die alltägliche und banale
form gelten lasse. Ich glaube nur, dass die als kunst- oder stilmittel ge-
rechtfertigten abweichungen umso wirksamer sind, je sparsamer sie
verwendet werden.« Auf zwei beigelegten Notizzetteln listete er Korrekturen auf – krakelig mit den drei verbliebenen Fingern der linken
Hand.[36] Zwei Wochen später schickte Stauffenberg aus Lautlingen
Fahrner drei große maschinenschriftliche Blätter mit Korrekturen
und Änderungsvorschlägen zum *Rolandslied*, das von zwei Freunden
Fahrners übertragen worden war.

Um die literarischen Produktionen des Freundeskreises autark, in
ästhetisch ansprechender Weise veröffentlichen zu können, war auf
Initiative Mehnerts der Delfinverlag gegründet worden. 1941 bis 1943
erschienen hier in drei schmalen Bändchen der Fünfte, Sechste und
Siebente Gesang der *Odyssee*. Das Verlagsprogramm sollte alles abde-
cken, was in der Welt Georges unter abendländischem Erbe verstanden wurde: Lebensbeschreibungen antiker Heroen nach dem Muster
des Plutarch, Pindar-, Sappho-, Aischylos-Übertragungen, Darstellungen der großen Kaiser des Hochmittelalters, Auswahlbände deutscher Klassik. Realisiert wurden bis zum Kriegsende lediglich drei
Vorhaben: 1941 eine Parzifal-Nacherzählung, im Jahr darauf die Gneisenau-Biographie von Fahrner und zuletzt *Agis und Kleomenes*, eine
Neufassung der Doppelbiographie des Plutarch, die Mehnert und
Partsch bereits vor dem Krieg als Maschinenschrift hatten vervielfälti-
gen lassen. Bei Berthold von Stauffenbergs Verhaftung am 21. Juli
1944 stellte die Gestapo in der Schreibtischschublade seines Dienst-
zimmers Manuskripte einer Homer-Übersetzung und des *Agis und
Kleomenes* sicher.

Der eigentliche Motor des Delfinverlags war Rudolf Fahrner, der mit seiner Lebensgefährtin Gemma Wolters-Thiersch von Überlingen aus seit Mitte der dreißiger Jahre einen eigenen George-Nachfolge-kreis aufgebaut hatte. Ältere Freunde warnten vor dem in ihren Augen allzu beflissenen Philologen. »Man fragt sich ob D[er] M[eister] dazu gelebt hat dass seine menschen sich öffentlich als anonyme literaten eines aufgewärmten Aesthetentumes von anno oo gerieren die totzu-schlagen D. M. zu schlecht waren«, schrieb Albrecht von Blumenthal nach Erhalt der Vorankündigung des Delfinverlages empört an Bert-hold von Stauffenberg.[37] Sein Zorn richtete sich nicht nur gegen Fahr-ner, sondern ebenso gegen Mehnert, und das ohnehin gestörte Ver-hältnis der Stauffenbergs zu dem Freund, der sie 1923 zum Dichter gebracht hatte, ging daraufhin vollends in die Brüche.

Auch Ludwig Thormaehlen wetterte gegen den Takte klopfenden Epigonen, der um jeden Preis dazugehören wollte. Der Meister habe Typen wie Fahrner »Pfaffen« genannt; man müsse aufpassen, dass er sich nicht Teile des George-Nachlasses unter den Nagel reiße.[38] Aber weder Mehnert noch die Brüder Stauffenberg wollten den Kontakt zum »Effendi« einstellen; so nannten sie ihn liebevoll scherzend, und als Helfer leistete er ihnen stets gute Dienste – bis hinein in den Juli 1944. Leider sind seine Anfang der sechziger Jahre entstandenen, stark stilisierten Aufzeichnungen als Quelle weitgehend wertlos; an-ders als Fahrner suggerieren wollte, haben Claus und Berthold ihn nämlich nicht in konspirative Zusammenhänge eingeweiht.[39] Eine en-gere Beziehung konnte Fahrner nur zu Alexander von Stauffenberg aufbauen, dem die Brüder allerdings noch weniger anvertrauten als dem »Effendi«.

Im Frühjahr 1943 hatte Fahrner Versuche in die Wege geleitet, Ale-xander von Stauffenberg vor einem weiteren Fronteinsatz zu bewah-ren. Gegenüber Alexanders Frau Melitta berief er sich dabei auf die Zustimmung von Berthold und Claus. Letzterer verwahrte sich ge-gen die Vereinnahmung: »In dieser allgemeinen form trifft dies für mich nicht ganz zu«, schrieb er an Fahrner, »da ich meine dass der weg auf welchem solches erreicht wird nicht unwesentlich ist.« Zu

»Protektionsmachenschaften« könne er so wenig die Hand reichen wie Alexander selbst.[40] Als Cajo Partsch 1941 wegen seines jüdischen Groß-vaters in Schwierigkeiten geriet, hatten ihm Berthold und Claus emp-fohlen, sich um einen Eintritt ins Heer zu bewerben; Partsch gelang es, als Marionettenspieler bei der Wehrbetreuung unterzukommen.

Frank Mehnert, der im Dezember 1940 eingezogen worden war und beim Einmarsch in die Sowjetunion vergeblich darauf speku-lierte, unter Hinweis auf seinen Geburtsort Moskau freigestellt zu werden, hatten die Brüder geraten, einen höheren Rang anzustreben. »In manchen äusseren dingen ist es leichter und mit dem gefühl einer gewissen verantwortung kommt man sich nicht ganz so unnütz vor.«[41] Zu »Protektionsmachenschaften« waren Claus und Berthold von Stauffenberg nicht einmal gegenüber dem engsten Freund bereit. Ihre Fürsorge zeigten sie auf andere Weise. Am Abend des 10. Januar 1942 hörte Frank Mehnert vor der Tür seines Quartiers im pommerschen Groß Born jemanden seinen Namen rufen. Draußen stand Claus. Er hatte eine seiner vielen Reisen zwischen Berlin und dem in Ostpreu-ßen stationierten Hauptquartier des Generalstabs genutzt, um den Freund zu sehen. Es war ihre letzte Begegnung gewesen.

Am 10. Mai 1943 besuchte Berthold seinen Bruder im Reservelaza-rett I in München. Er befand sich auf Dienstreise in die Schweiz, wo er für das Oberkommando der Marine über freie Routen für Getreide-schiffe zur Versorgung der notleidenden griechischen Bevölkerung zu verhandeln hatte. Auf der Rückreise von der Schweiz war Berthold am 19./20. Mai »nochmals bei Claus den ich ganz gut vorfand. Aller-dings hatte er inzwischen wieder einen kleinen rückfall mit fieber da die eiterung beim ohr immer noch nicht ganz behoben ist … Mit Rostbert [d. i. Robert Boehringer] verlief alles nach wunsch.«[42] Mit ihm hatte Berthold in Genf nicht nur George-Nachlassfragen gere-gelt, sondern auch über den Stand der historisch-kritischen Hölder-lin-Ausgabe gesprochen, deren erster Band 1941 unter den Auspizien Boehringers erschienen war. Im Reich des Geistigen wogen Hölder-lin-Handschriften mindestens so schwer wie Getreideschiffe.

10 Die Würfel rollen

August 1943 bis Oktober 1943

Henning von Tresckow, bis Herbst 1943 der Kopf des militärischen Widerstands, und Claus von Stauffenberg, der im September dieses Jahres von ihm die Planungsleitung übernahm, waren sich ein einziges Mal begegnet – im Sommer 1941 während Stauffenbergs Besuch bei der Heeresgruppe Mitte in Borissow. Es scheint sich um eine flüchtige Bekanntschaft gehandelt zu haben, jedenfalls hinterließ der Besucher aus der Organisationsabteilung beim Ersten Generalstabsoffizier der Heeresgruppe nicht den Eindruck, dass die Opposition auf ihn zählen konnte. Anderthalb Jahre später kreuzten sich ihre Wege bei dem Versuch, Generalfeldmarschall Erich von Manstein zum Einschreiten gegen Hitler zu bewegen. Aber während Stauffenberg zu diesem Zeitpunkt – Ende Januar 1943 – noch auf eine Ablösung Hitlers setzte, die von angesehenen Oberbefehlshabern wie Manstein notfalls erzwungen werden müsse, war Tresckow längst zu der Überzeugung gelangt, dass die Tötung Hitlers *conditio sine qua non* aller weiteren Planungen zu sein hatte.[1]

So wenig es bis zum Sommer 1943 eine Verbindung zwischen Tresckow und Stauffenberg gab, so wenig gab es eine Verbindung zwischen Stauffenberg und Friedrich Olbricht. Der General der Infanterie, der zu den engen Vertrauten Tresckows gehörte, saß als Chef des Allgemeinen Heeresamts (AHA) beim Befehlshaber des Ersatzheeres an der wichtigsten Berliner Schaltstelle, an der nach erfolgtem Attentat der Umsturz organisiert werden sollte. Im Frühjahr hatte sich der Chef seines Stabes, Oberst Reinhardt, zur Front abgemeldet, und bei der Suche nach einem Nachfolger stieß Olbricht auf Stauffenberg,[2] der ihm als ehemaliger Gruppenleiter der Organisationsabteilung bekannt war. Er wusste, dass er mit ihm einen Spitzenmann bekommen würde. Zugleich verband er mit seiner Anfrage wohl die Hoffnung, dass sich Stauffenberg der Konspiration gegenüber aufgeschlossener zeigen werde als der Vorgänger.

Anfang Mai ließ Stauffenberg Olbricht mitteilen, dass er für die Position zur Verfügung stehe, aufgrund seines langwierigen Heilungsprozesses jedoch nicht vor August mit ihm zu rechnen sei. Insgeheim hoffte er auf neuerliche Frontverwendung. Zum wirklichen Soldaten gehöre nun einmal der wirkliche Krieg – so hatte er seine Erfahrungen nach dem Polenfeldzug in einem Brief an Frank Mehnert zusammengefasst, und diesen »wirklichen Krieg« erlebte man auf dem Gefechtsstand zweifellos unmittelbarer als in den komfortablen Schreibstuben des Generalstabs, in denen es 1943 nur noch den Mangel zu verwalten gab. Der Chef des Generalstabs Zeitzler, der ihn im Mai im Münchner Lazarett besuchte und ihm zusammen mit einer Flasche Wein das Verwundetenabzeichen in Gold überreichte, wollte Stauffenbergs Wünschen jedoch nicht entsprechen; er solle erst einmal wieder richtig auf die Beine kommen, vorerst sei ein Posten beim Ersatzheer genau das Richtige für ihn. Obwohl es sich um eine Oberstenstelle handelte und Stauffenberg erst Oberstleutnant war, wurde er zum 15. September als Chef des Stabes in das AHA kommandiert.

Nach zehn Wochen Lazarettaufenthalt wurde Stauffenberg am 3. Juli entlassen. In der zweiten Augustwoche sollte ihm am rechten Arm eine Prothese angelegt werden, eine sogenannte Sauerbruch-Hand, bis dahin wollte er sich im Kreis der Familie in Lautlingen erholen. »Meine Kräftigung schreitet rüstig voran«, schrieb er am 20. Juli an Rudolf Fahrner. »Die weniger hohen Berge habe ich schon bestiegen und Stock brauche ich keinen mehr.«[3] Als Stauffenberg am Montag, dem 9. August, nach München zurückkehrte, stellte sich heraus, dass der Arm wieder zu eitern begonnen hatte, sodass die Operation verschoben werden musste. Für die linke Augenhöhle wurde ein Glasauge angefertigt; da es ihn drückte, trug er es in einer Schatulle bei sich und setzte es nur zu gesellschaftlichen Anlässen ein oder, wenn er mit Vorgesetzten zu tun hatte, von denen bekannt war, dass der Anblick einer Augenklappe sie irritierte – Adolf Hitler zum Beispiel.

Mitte der Woche fuhr Stauffenberg über Bamberg, wo er seine Frau und die Kinder besuchte, für einige Tage nach Berlin. Olbricht, sein künftiger Vorgesetzter, wollte ihn sehen. Es gibt lediglich Indizien, die auf den Inhalt ihrer Gespräche schließen lassen, aber es besteht kein Zweifel, dass Claus von Stauffenberg in diesen Tagen, das heißt Mitte August 1943, von Olbricht und Tresckow – der eine mehrwöchige Freistellung nutzte, um von Potsdam aus die Netze der Opposition neu zu knüpfen – in die Konspiration eingeweiht und über den Stand der Staatsstreichplanungen unterrichtet wurde. Im Ergebnis liefen die Gespräche auf die Frage hinaus, ob Stauffenberg mitmache.

Die Militäropposition hatte in den zurückliegenden Monaten eine Reihe von Rückschlägen zu verkraften gehabt. Im März, bei dem missglückten Versuch, Hitlers Maschine auf dem Flug von Smolensk nach Rastenburg zum Absturz zu bringen, war deutlich geworden, dass es zwischen denen, die bei der Heeresgruppe Mitte den Anschlag vorbereitet hatten, und denen, die in Berlin den Staatsstreich in Gang setzen sollten, an der nötigen Abstimmung fehlte. Nicht einmal in der Frage, ob Hitler beseitigt werden musste, herrschte Einigkeit. Die Zivilisten um Carl Goerdeler hingen mehr oder weniger der Illusion an, wenn eine Handvoll höherer Generale die Ablösung Hitlers forderte, würde sich alles Weitere schon finden. Im Vertrauen auf die Papiere, die für den Tag danach in ihren Schubladen lagen, drängten sie und warfen den Militärs Untätigkeit vor.

Zu den wenigen entschlossenen Offizieren, die Hitler schon vor dem Krieg in den Arm hatten fallen wollen, gehörte Generalmajor Hans Oster im Amt Ausland/Abwehr. Mit seinen Mitarbeitern Hans von Dohnanyi und Dietrich Bonhoeffer koordinierte er seit Langem den Nachrichtenfluss zwischen militärischen und zivilen Vertretern der Opposition, streckte über Josef Müller seine Fühler bis in den Vatikan aus und zeigte sich unermüdlich bei der Herstellung neuer Kontakte. Seit April 1943 stand Oster jedoch nicht mehr zur Verfügung. Bei der Aufdeckung von Devisenvergehen durch Angehörige der Abwehr war Dohnanyi ins Fadenkreuz der Ermittler geraten. Bei dessen Verhaftung am 5. April in den Räumen der Abwehr am Tirpitzufer

scheint Oster versucht zu haben, belastendes Material verschwinden
zu lassen. Oberkriegsgerichtsrat Roeder, der die Untersuchungen an
sich gezogen hatte und Dohnanyis Verhaftung persönlich vornahm,
verfügte umgehend, dass Oster unter Hausarrest gestellt wurde. Wenige Tage später erhielt er vom Heerespersonalamt seine Entlassung.

Ein schwebendes Verfahren wegen Begünstigung, sich über Monate hinziehende Vernehmungen durch den für seine Hartnäckigkeit
berüchtigten Roeder und höchstwahrscheinlich verschärfte Überwachung durch die Gestapo – jeder Kontakt zu Hans Oster barg von
nun an ein erhebliches Risiko. Vorsicht war schon deshalb geboten,
weil niemand wissen konnte, welche Namen bei den weiteren Ermittlungen gegen Dohnanyi und die gleichzeitig verhafteten Dietrich
Bonhoeffer und Josef Müller noch ans Licht kämen. Roeder förderte
jedoch nichts wirklich Belastendes zu Tage. Die konspirativen Tätig-
keiten im Amt Ausland/Abwehr unter Leitung von Hans Oster blieben einstweilen unentdeckt und konnten erst im Sommer und Herbst
1944 durch die Sonderkommision 20. Juli ein Stück weit aufgeklärt
werden.

Nicht nur der Ausfall von Hans Oster schwächte die Opposition
im Sommer 1943 nachhaltig. Generaloberst Ludwig Beck, der die teilweise heftig sich bekämpfenden Oppositionsgruppen mit leiser Autorität wiederholt miteinander auszusöhnen verstand, hatte sich im
Frühjahr mehreren schweren Krebsoperationen unterziehen müssen.
Als er Anfang August aus der Charité entlassen wurde, schien es fraglich, ob er noch einmal zu alter Kraft zurückfinden oder – wie es
Goerdeler unumwunden direkt formulierte – jemals »wieder aktions-
fähig« werden würde.[4] Am 14. Juli musste auch der gesundheitlich
schon länger angeschlagene Generalfeldmarschall Erwin von Witzleben,
der nach geglücktem Anschlag den Oberbefehl über die Wehrmacht
übernehmen sollte, erneut einen zweiwöchigen Klinikaufenthalt antreten.

Weder Beck, der Oster in der Fritsch-Krise kennengelernt und Vertrauen zu ihm gefasst hatte, noch Witzleben, der mit ihm seit den
gemeinsamen Tagen beim Grenzschutz in Schlesien befreundet war,

befolgten im Übrigen die Mahnungen Olbrichts und anderer, den Verkehr mit dem vom Dienst suspendierten und im Visier der Gestapo stehenden Generalmajor einzustellen. Auch Ulrich von Hassell wollte auf die gemeinsamen Ausritte mit Oster im Grunewald nicht verzichten. Ein solches Maß an Unbekümmertheit mag erstaunen, begegnet aber gerade in den Reihen der »Honoratioren« häufiger und legt den Schluss nahe, dass sie die Brutalität und Effizienz des nationalsozialistischen Verfolgungs- und Unterdrückungsapparats nicht wirklich erfassten. Zwar ersetzte Hassell in seinem Tagebuch die Namen der meisten Mitverschwörer durch Pseudonym – »Hase« für Oster, »Pfaff« für Goerdeler oder »Geißler« für Popitz. Daran hätte die Gestapo möglicherweise ein wenig zu knabbern gehabt, aber wie lange wäre einem nur mittelmäßig ausgebildeten Kriminalbeamten wohl verborgen geblieben, dass es sich bei »Roggenmüller« um Eugen Gerstenmaier, bei »Kurzfuß« um den Rechtsanwalt Carl Langbehn und bei »Zollerntal« um Stauffenberg handelte?

Die empfindlichste Lücke in die Reihen der Verschwörer riss Tresckows eigene Abberufung als Erster Generalstabsoffizier der Heeresgruppe Mitte. Aufgrund seiner Leistungen sollte er zum Generalmajor und Chef des Generalstabs einer Armee befördert werden. Da mit diesem Schritt eine vorübergehende Verwendung als Regimentskommandeur verbunden war, wurde Tresckow zum 25. Juli 1943 in die Führerreserve versetzt, wo er sich für den Fronteinsatz bereithalten musste. Genau wie Stauffenberg schien er sich darauf zu freuen: Für ihn sei »diese ganze Büroarbeit mit gelegentlichen Frontausflügen ja doch immer etwas beschämend, wenn man an den Dreck und das Blut da vorn denkt«.[5]

Die zwei Monate bis zur Übernahme eines Grenadierregiments im Südabschnitt der Ostfront Anfang Oktober nutzte Tresckow, um der Opposition in Berlin neues Leben einzuhauchen. Anknüpfend an die ernüchternden Erkenntnisse aus dem Fehlschlag im März konzentrierten er und Olbricht sich auf zwei Fragen. Wie konnte eine engere Abstimmung hergestellt werden zwischen dem Zentrum der Verschwörung in Berlin und der Front, von der das Signal zum Umsturz kommen musste? Wie ließen sich die in Berlin und Umgebung stationierten Truppen am Tag X im Sinne der Verschwörung in Marsch setzen? Tresckow und Olbricht standen umso mehr unter Druck, als die Gelegenheit für einen Staatsstreich im Sommer 1943 günstig schien. Nachdem im März die Chance vertan worden war, das Stimmungstief in der Bevölkerung nach der Niederlage von Stalingrad für einen Coup gegen Hitler zu nutzen, zeichnete sich Ende Juli politisch wie militärisch eine Entwicklung ab, die schnelles Handeln nahelegte. Am 10. Juli, nur knapp zwei Monate nach der Kapitulation des deutsch-italienischen Heeres in Tunesien, waren die Alliierten auf Sizilien gelandet, vierzehn Tage später wurde Mussolini entmachtet und verhaftet. Mitte Juli war das Unternehmen »Zitadelle« abgebrochen worden; in der größten Panzerschlacht der Geschichte hatten die Deutschen mit dreieinhalb Armeen gut eine Woche lang vergeblich versucht, sowjetische Kräfte bei Kursk einzuschließen und sich eine günstige Ausgangsposition für den zu erwartenden sowjetischen Großangriff zu verschaffen. Am 17. Juli übernahm die Rote Armee ihrerseits die Initiative – und gab sie bis zum Ende des Krieges nicht mehr aus der Hand.

Das dritte einschneidende Ereignis, das im Juli 1943 die sich abzeichnende Katastrophe erahnen ließ und zu wachsender Nervosität in der Bevölkerung beitrug, waren die in der Nacht zum 25. Juli einsetzenden mehrtägigen Luftangriffe auf Hamburg, deren apokalyptische Ausmaße sich im Land rasch herumsprachen. Um der Fluchtpanik der Berliner Bevölkerung zu begegnen, ließ Goebbels Anfang August Evakuierungen vorbereiten. Ulrich von Hassell glaubte erste Anzeichen von Kopflosigkeit in den Reihen des Regimes zu erkennen: »Man hat bei uns oben offenbar die Sinne nicht mehr richtig zusammen.« Umso mehr erboste ihn das Versagen der obersten militärischen Befehlshaber, »die in ihrer Subalternität und ihrem Mangel an höherem Verantwortungsgefühl alle Erwartungen übertreffen … Alle diese Leute machen sich nicht klar, dass Hitlers Parole ist, Deutschland mit sich in den Abgrund zu reißen, wenn ihm der Erfolg versagt bleibt.«[6]

Auf der Suche nach einer militärischen Führungspersönlichkeit, von der er sich den entscheidenden Impuls versprach, richteten sich Tresckows Hoffnungen im Sommer 1943 noch einmal auf Günther von Kluge, den Oberbefehlshaber der Heeresgruppe Mitte. Im Herbst zuvor hatte er ihn vergeblich bearbeitet, aber nicht einmal angesichts der Stalingrad-Katastrophe war Kluge zum Mitmachen bereit gewesen – er beteilige sich nicht an einem »Fiasko-Unternehmen«, stehe allerdings auch »nicht im Wege, wenn Handlung beginnt«.[7] Auf Drängen Tresckows und Olbrichts kam der Generalfeldmarschall Anfang September nach Berlin und ließ sich bei einem Treffen in Olbrichts Wohnung von Goerdeler und Beck über die politischen Konzepte für einen Neuanfang nach erfolgtem Machtwechsel unterrichten.

Kluge zeichnete zunächst ein düsteres Bild der Lage an der Ostfront und fragte Goerdeler dann nach den Optionen, die sich den Deutschen eröffneten, falls es zu einer Verständigung mit den Briten käme. Noch jetzt, im Lichte der sich abzeichnenden Niederlage, hing Goerdeler der Illusion an, dass Deutschland im Osten auf den Grenzen von 1914 bestehen könne, dass Österreich und die Sudetengebiete beim Reich verblieben, dass über Elsass-Lothringen zu verhandeln wäre, dass den Deutschen keine Reparationen aufgebürdet würden und dass ihnen beim gemeinsamen Wiederaufbau Europas eine wichtige Rolle zukäme. Diese völlig unrealistische Position vertrat der ehemalige Leipziger Oberbürgermeister und Reichspreiskommissar, seit Jahren der unermüdliche Antreiber der bürgerlichen Opposition, in zahlreichen Denkschriften bis zuletzt.

In Verkennung der tatsächlichen Gewichte innerhalb der Anti-Hitler-Koalition, die sich längst zugunsten der USA und der Sowjetunion verschoben hatten, hielt Goerdeler London immer noch für die ausschlaggebende Macht. Das lag auch daran, dass die intensivsten Auslandskontakte der Opposition von jeher nach Großbritannien bestanden. Er sei zuversichtlich, dass eine Einigung möglich sei, versicherte Goerdeler Kluge nicht ohne Stolz, da er »die Engländer, ihre Interessen, ihre Politik und ihre Methoden durch ihre Geschichte hindurch sehr genau kennte und beste persönliche Beziehungen zu führenden

englischen Politikern fast aller Parteien hätte«.[8] Anschließend erläuterte er dem Feldmarschall auf dessen Bitte seine innenpolitischen
Vorstellungen. Dann baten ihn Kluge und Beck, das Zimmer zu verlassen, und führten ein Vieraugengespräch.

Beck scheint Kluge deutlich gemacht zu haben, dass es höchste Zeit
sei, etwas zu unternehmen, dass aber nichts passieren werde, solange
Hitler im Wege stehe. Als Goerdeler wieder hinzugezogen wurde,
übernahm Kluge die Gesprächsführung, äußerte Zweifel an Goerdelers optimistischer Einschätzung und nannte eine Verständigung mit
den Briten schon deshalb aussichtslos, weil die für Verhandlungen
notwendige Voraussetzung, eine Stabilisierung der Fronten durch ge-
ordneten Rückzug, niemals Hitlers Zustimmung fände. »Das Interesse des Volkes erfordere also ein selbständiges Handeln des Militärs«,
so Kluges Schlussfolgerung, »dies sei aber nur möglich, wenn die Person des Führers, notfalls mit Gewalt, ausgeschaltet würde.« Diese
Kühnheit verblüffte Goerdeler – umso mehr, als er wusste, dass die
meisten Verschwörer »den klugen Hans«, wie sie ihn seines fortgesetz-
ten Lavierens wegen nannten, eigentlich schon abgeschrieben hatten.
Folgt man dem, was Goerdeler später in den Gestapo-Verhören zu
Protokoll gab, nahm das Gespräch jetzt eine geradezu groteske Wendung, so als hätten er und Kluge die Rollen getauscht:

»Als von Kluge auf meine Frage andeutete, dass man auch vor der
äußersten Gewalt nicht zurückschrecken dürfe, erklärte ich ihm, dass
ich diesen Weg für falsch hielte, es sei notwendig, mit dem Führer
ganz offen zu sprechen; dazu seien die Oberbefehlshaber und der Generalstabschef verpflichtet … Da Herr von Kluge nicht zu überzeugen war, sagte ich ihm schließlich, ich könne ihn nur politisch beraten … ob er mir sagen könne, dass ich als Politiker eine Möglichkeit
hätte, die Initiative zu ergreifen. Diese Frage musste er verneinen, worauf ich sagte, dann müssten die militärischen Führer, die es durch
mangelnde Offenheit gegenüber Hitler so weit hätten kommen lassen, selbst den rechten Weg finden, um statt eines verlorenen Krieges
einen guten Frieden zu erhalten. Herr von Kluge erkannte das an und
sagte, er würde mit seinen Kameraden das Weitere besprechen. Ich

solle nur dafür sorgen, dass die Angelsachsen sich später richtig ver-
hielten, und damit schloss die Unterhaltung.«[9]

Die Szene lässt ermessen, wie schwer eine Verständigung zwischen
den Zivilisten in Berlin und hochrangigen Generalen noch immer
war. Den selbstbewussten Goerdeler muss es einige Überwindung ge-
kostet haben, einzuräumen, dass die Militärs über die aus ihrer Sicht
erforderlichen Schritte selbst zu entscheiden hätten. Damit machte
sich die Opposition, was Zeitpunkt und Durchführung des Staatsstreichs anging, von Männern abhängig, denen er kein wirkliches politisches Urteil zutraute. Möglicherweise fielen dem autoritätsfixierten
Goerdeler solche Zugeständnisse gegenüber einem unentschlossenen
Feldmarschall leichter als gegenüber Tresckow oder Olbricht. Sein
Biograph berichtet, Goerdeler habe die Unterredung mit Kluge »immer als die eigentliche Geburtsstunde des Anschlags vom 20. Juli 1944
betrachtet«.[10] Dies sagt wohl mehr über Goerdelers starke Ichbezogen-
heit als über die tatsächliche Bedeutung des Gesprächs und bedarf
schon deshalb der Korrektur, weil Kluge Ende Oktober einen schweren Autounfall erlitt, mehrere Monate ausfiel und am 20. Juli in seiner
letzten Funktion als Oberbefehlshaber West gegenüber den Verschwörern in Paris auf der ganzen Linie versagte.

Indem Goerdeler fast schmollend erklärte, selbst gar nicht initiativ
werden zu können und sich deshalb auf die Rolle eines politischen
Beraters beschränken zu wollen, gab er den Führungsanspruch der
bürgerlichen Opposition scheinbar auf. Aber sein grundsätzlicher
Argwohn gegen das Militär blieb und brach besonders stark immer
dann hervor, wenn die Rede auf den Ausnahmezustand kam, der unmittelbar nach der Ausschaltung Hitlers zwangsläufig eintreten würde.
Das entstehende Vakuum musste ja irgendwie gefüllt werden. Bis die
ersten Maßnahmen einer neuen Regierung griffen, hätte vorübergehend das Militär die vollziehende Gewalt zu übernehmen, andernfalls
drohten bürgerkriegsähnliche Zustände und eine Auflösung der Fronten. Mit einem solchen Szenario, das den Ruch – und das Risiko –
eines Militärputsches trug, wollte man sich in bürgerlichen Kreisen nicht
arrangieren. Vielleicht hatte das Militär ja doch eigene Ambitionen!

Vor allem mit Stauffenberg, den er in diesen Septembertagen über Tresckow kennenlernte und der die militärischen Planungen zum Umsturz jetzt an sich zog, stieß Goerdeler in den folgenden Monaten einige Male heftig zusammen.[11] In seinen Augen hielt sich der ungestüme junge Mann nicht an die geltende Arbeitsteilung, nach der die Offiziere allein für die technische, die Zivilisten vor allem für die politische Vorbereitung zuständig zu sein hatten. Für Stauffenberg stand die politische Verantwortung des Generalstabsoffiziers jedoch niemals zur Diskussion. Wäre er nicht tief vom Geist Scharnhorsts und Gneisenaus durchdrungen gewesen, hätte er den entscheidenden Schritt in die aktive Mitwirkung an der Konspiration kaum getan. »Wir können es uns nicht leisten, uns in den rein soldatischen, soll heißen rein fachlich beruflichen Bereich zurückzuziehen«, hatte er 1939 an General Sodenstern geschrieben. »In den eigentlichen Schicksalaugenblicken wird uns keine politische oder sonstige Organisation auch nur ein Jota der Verantwortung abnehmen können.«[12] Dieser Schicksalsaugenblick war für ihn jetzt gekommen.

Stauffenberg sei ein »Querkopf« gewesen, der geglaubt habe, etwas von Politik zu verstehen, schimpfte Goerdeler in nachgelassenen Papieren: Er »hat mir durch überheblichen Eigensinn das Leben sehr schwer gemacht«.[13] Bereits Ende November 1943 gerieten sie das erste Mal aneinander, als Stauffenberg darauf bestand, Einsicht in die Liste der »Politischen Beauftragten« zu erhalten, an der Goerdeler seit Längerem arbeitete. Die Politischen Beauftragten sollten nach Auslösung des Staatsstreichs als Vertrauensleute der Berliner Zentrale die Maßnahmen und Ziele der neuen Regierung erläutern; für jeden der 17 Wehrkreise war ein eigener Beauftragter vorgesehen. Weil Fritz-Dietlof von der Schulenburg Druck machte und Ludwig Beck sich hinter die Forderung stellte, legte Goerdeler nach einigem Hin und Her die Liste schließlich vor.

Obwohl die Umsturzplanungen Carl Goerdeler als künftigen Reichskanzler vorsahen, war seine Person, zumal in den Reihen der Jüngeren, keineswegs unumstritten. Mit seiner Manie, fortwährend Denkschriften zu produzieren, präsumtive Kabinettslisten zu erstellen und eigenmächtig höchst abenteuerliche Initiativen in Gang zu setzen, verunsicherte er nicht nur die eigenen Leute, sondern auch manch einen, den er gewinnen wollte. Seine Neigung, immer viel Wind zu machen, war für die Konspiration nicht weniger gefährlich als sein durch nichts zu erschütternder Optimismus und seine Leutseligkeit. Eines war Goerdeler mit Sicherheit jedenfalls nicht: ein Verschwörer. Für jemanden wie ihn hätte Stauffenberg niemals garantiert. Die beiden waren konträre Typen, und hier lag – jenseits aller Gegensätze aufgrund des Alters und der politischen Erfahrung – die eigentliche Ursache ihrer abgrundtiefen gegenseitigen Antipathie.

Stauffenberg zog es zu Jüngeren, Entschlosseneren, zu einem wie Fritz-Dietlof von der Schulenburg. In der Diskussion mit Goerdeler über die Politischen Beauftragten war der ehemalige Regierungspräsident unversehens an die Seite des Oberstleutnants gerückt, der seiner Ansicht nach zu Recht darauf bestand, die Vertrauensleute in den Wehrkreisen zu kennen. Von ähnlichem Temperament, von gleicher Hartnäckigkeit und virtuos in der Beherrschung konspirativer Techniken, wurde der fünf Jahre ältere Schulenburg im Herbst 1943 zu Stauffenbergs wichtigstem Verbindungsmann in die Kreise der zivilen Opposition und zu einem seiner Hauptgesprächspartner. Vier Jahre zuvor, nach dem Polenfeldzug Ende Oktober 1939, hatten sie sich darüber unterhalten, wie das eroberte Land sinnvoll zu verwalten sei – und sich seither vermutlich nicht mehr gesehen. Bei ihrer Wiederbegegnung dürften sie ziemlich schnell festgestellt haben, dass sie in den vergangenen vier Jahren einen sehr schmerzhaften Lernprozess durchgemacht hatten. Aus anfänglicher Begeisterung war Entsetzen geworden. Die Zuneigung, die sie jetzt spontan füreinander empfanden, hatte viel mit ihrer Enttäuschung über das Regime zu tun. Beide fühlten sich gleichermaßen in ihrem Idealismus missbraucht und von Hitler schlicht verraten.

Wohl kein anderer unter den Verschwörern war so tief von der Richtigkeit des Nationalsozialismus überzeugt gewesen wie Schulenburg. Lange vor der Machtübernahme hatte er große Hoffnungen in die NSDAP gesetzt. Inspiriert von der Agrarromantik der zwanziger

Jahre und den Stichworten der »konservativen Revolution«, träumte er von einer neuen Epoche deutscher Geschichte, von einem »kommenden Reich«, in dem Großstädte abgeschafft, Industriebetriebe aufgelöst und Land und Scholle wieder zu Bezugsgrößen des Zusammenlebens werden sollten. Familienverbände und Dorfgemeinschaften würden ihre ursprüngliche Bedeutung zurückerlangen, das Handwerk wieder zu alter Geltung gebracht. Korporative Verwaltungseinheiten, die alle Kräfte zur Selbsthilfe mobilisierten, machten den Sozialstaat, das Krebsgeschwür des Massenzeitalters, überflüssig. Obwohl Selbstverwaltung groß geschrieben wurde und möglichst viele Aufgaben nach dem Subsidiaritätsprinzip von Bürgermeistern und Landräten geregelt werden sollten, zielten Schulenburgs Überlegungen letztlich auf einen starken Zentralstaat. Hinter sämtlichen Plänen und Gutachten, die er ab 1934 als Landrat, später als Regierungspräsident und im Auftrag verschiedener Ministerien und Reichsbehörden vorlegte, stand die Vision einer durch Effizienz und Rationalität sich auszeichnenden, »perfekt durchorganisierten, aber zugleich unbürokratischen Beamtenherrschaft«.[14]

Die Rolle, die Stauffenberg sich für das Offizierkorps dachte, fiel in der Vorstellungswelt Schulenburgs der Beamtenschaft zu: Sie war für ihn der eigentliche Träger des Staates. Wie einen Orden wollte er sie organisieren. Davon überzeugt, dass Führung auf natürlicher Autorität beruhte und die Führerauslese automatisch die Besten an die Spitze brachte, glaubte er auf Kontrollinstanzen weitgehend verzichten zu können. Legislative und Judikative spielten in seinem Denken eine untergeordnete Rolle. Umso größer war seine Enttäuschung über die Herrschaftspraktiken des nationalsozialistischen Staates. Statt des revolutionären Neubeginns beobachtete er durchweg Kompetenzverfall, Bestechlichkeit und Machtmissbrauch. Das waren keineswegs, wie er anfangs noch glaubte, unschöne Begleiterscheinungen. Die »polykratische Struktur« des Nationalsozialismus (Hans Mommsen), das Nebeneinander der Instanzen, die sich gegenseitig ihre Befugnisse streitig machten, entsprach dem Wesen eines Regimes, das in seinem Kern korrupt war.

Die zahlreichen Reformvorschläge, mit denen Schulenburg bis in den Herbst 1943 hinein versuchte, »die ständigen Spannungen zwischen Staatsapparat und Parteibehörden zu überwinden«,[15] gingen mehr oder weniger unverändert in seine Neuordnungspläne für die Zeit nach dem Umsturz ein. Warum sollte er seine Ideale aufgeben, nur weil der Nationalsozialismus sich als unfähig erwiesen hatte, ihnen zu entsprechen? Stauffenberg dachte nicht anders. So wenig ein verbrecherisches Regime das hohe Bild des preußischen Beamten beschädigen konnte, so wenig kompromittierten Feldmarschälle und Generale, die ihrer politischen Verantwortung nicht gerecht wurden, das Ideal des Offiziers. Auch Stauffenberg glaubte an eine »natürliche Ordnung«, zu der die Menschen zurückkehren müssten, an von Gott gegebene Rangunterschiede und die Herrschaft der Besten. Die höchste Form der Führerschaft lag für ihn in einem »selbstverständlichen Herrentum, das niemals zum Befehl greifen muss ... weil sich ihm ohnehin niemand entziehen kann«.[16]

In der Beziehung zu Schulenburg spielte der aristokratische Habitus eine stärkere Rolle als in allen anderen konspirativen Verbindungen Stauffenbergs. Gleichzeitig widersetzten sich beide jedoch Tendenzen, die alten, vorrepublikanischen Verhältnisse wiederherzustellen, insbesondere den restaurativen Bestrebungen Goerdelers, der nicht einmal vor der neuerlichen Einführung der Monarchie zurückzuschrecken schien. Die Gefahr, dass die Bevölkerung einen Staatsstreich als Versuch der Reaktion zur Etablierung alter Privilegien ablehnen würde, war ohnehin nicht zu unterschätzen. Schulenburg suchte deshalb seit einiger Zeit das Gespräch mit Sozialdemokraten und Gewerkschaftern, die er in ein möglichst breites Bündnis gegen Hitler einzubinden hoffte.

Am 22. November läutete er in der Kohlenhandlung von Julius Leber in Berlin-Schöneberg. Der ehemalige SPD-Reichstagsabgeordnete, der von den Nationalsozialisten 1933 verhaftet worden war und mehrere Jahre Gefängnis- und Konzentrationslagerhaft hinter sich hatte, war kurz zuvor mit Carl Goerdeler in Kontakt getreten, als dessen Vertrauensmann Schulenburg sich jetzt vorstellte. Weder mit

Goerdeler noch mit Helmuth James von Moltke, mit dem er seit dem
Sommer ebenfalls in Verbindung stand, hatte Leber eine gemeinsame
Basis finden können. Beide legten seiner Meinung nach viel zu viel
Gewicht auf die Diskussion von Programmen und Grundsätzen, statt
ideologische Differenzen erst einmal zurückzustellen und planvoll auf
den Sturz Hitlers hinzuarbeiten.

Durch Schulenburg vermittelt, kam es noch im Dezember zu
einem ersten Treffen zwischen Stauffenberg und Leber.[17] Die beiden
verstanden sich auf Anhieb. Als ehemaliger Frontoffizier und späterer
Wehrexperte der SPD-Reichstagsfraktion, der seine Partei vergeblich
mit der Reichswehr und diese dadurch ein Stück weit mit der Republik
zu versöhnen versucht hatte, besaß Leber viel Gespür für Militärisches.
Dass seine »ausgeprägt nationale Grundhaltung« in der historischen
Perspektive von 1813 stand und er in Analogie zu den Befreiungskriegen gegen Napoleon darauf setzte, auch den Sturz Hitlers »mit einer
nationalen Volkserhebung verknüpfen zu können«,[18] machte ihn
Stauffenberg umso sympathischer. Warum sollte man nicht versuchen,
die Arbeiterschaft als den »vierten Stand« an die Seite der Armee zu
bringen und noch einmal eine so weitgehende Übereinstimmung der
Ziele von Armee und Volk zu erreichen, wie es seinerzeit im Kampf
gegen die Franzosen möglich gewesen war?

Stauffenberg war überzeugt, dass in der organisierten Arbeiterschaft ein harter antifaschistischer Kern erhalten geblieben war. 1939,
wenige Wochen vor Kriegsausbruch, hatte ihn sein Freund Cajo
Partsch gefragt, »ob es jetzt nicht an der Zeit sei, im Heer Zellen für
den Widerstand zu bilden. Er antwortete mir darauf, das sei wohl in
der Arbeiterschaft möglich, wo in einem alten Stamm eine fest begründete Ablehnung des Regimes bestehe, den Offizieren seien jedoch über den unerwarteten Beförderungsbedingungen die Augen
noch nicht aufgegangen«.[19] Der Glaube an etwas Unzerstörbares in jenen Volksschichten, die sich als resistent erwiesen hatten, bildete die
Grundlage der Gespräche mit Leber.

Leber scheint schnell erkannt zu haben, dass Stauffenbergs Interesse
an ihm nicht taktischem Kalkül entsprach – wie er es wohl Goerdeler

und Moltke unterstellte –, sondern von großer Empathie für die Sache des Volkes getragen war. Mit einem entschlossenen Generalstabsoffizier über eine Volkserhebung aus dem Geist Gneisenaus zu reden, schien Leber jedenfalls verlockender als mit Carl Goerdeler über Verfassungspläne und Kabinettsposten zu streiten. Stauffenberg war ein Mann von klarem Verstand, der im Hinterkopf immer schon den nächsten Tagesbefehl zu formulieren schien. Und den, anders als Goerdeler und Moltke, offensichtlich nur eines umtrieb: Wie kriegen wir Hitler weg? Diese Leidenschaft faszinierte Leber. Mehr als zehn Jahre nach seiner Verhaftung, mit der im März 1933 seine politische Tätigkeit jäh beendet worden war, ließ er sich von Stauffenberg jetzt gewissermaßen reaktivieren.

Julius Leber wurde nicht nur Stauffenbergs wichtigster Gesprächspartner auf der Linken. Stauffenberg sah in ihm auch eine ideale Führergestalt: pragmatisch, zupackend und obendrein mit beachtlichen rhetorischen Fähigkeiten gesegnet. Von einem solchen Mann würde sich das Volk am Tag der Erhebung mitreißen lassen, davon war Stauffenberg überzeugt. Mit Sicherheit fände er mehr Rückhalt in der Bevölkerung als Carl Goerdeler. Den Reichskanzlerposten, auf dem Stauffenberg ihn gern gesehen hätte, lehnte Leber jedoch ab, weil er nicht riskieren wollte, dass man die Sozialdemokratie ähnlich wie 1918 noch einmal für einen »Dolchstoß« verantwortlich machte. Diesmal sollte es umgekehrt sein. Leber rechnete damit, dass eine Regierung Goerdeler bald abgewirtschaftet hätte, und dann fiele die Macht von allein der Linken zu. Auf Betreiben Stauffenbergs wurde Leber ab Januar 1944 in den Goerdeler-Listen als Innenminister geführt, der ursprünglich für diesen Posten vorgesehene Schulenburg als sein Staatssekretär.

Durch sein Eintreten für Julius Leber verscherzte es sich Stauffenberg endgültig mit Goerdeler. Der Graf paktiere mit den »Roten« und baue insgeheim an einer »Einheitsfront«, warnte er; am Ende schrecke Stauffenberg wahrscheinlich nicht einmal davor zurück, das Reich den Russen auszuhändigen. Die üble Nachrede verfing erst nach dem Krieg.[20] Anfang 1944 musste Goerdeler einsehen, dass von der Achse

Schulenburg–Stauffenberg–Leber eine neue Dynamik ausging, die es ihm ratsam erscheinen ließ, vorsichtig zu sein.

Als General Friedrich Olbricht in der zweiten Augustwoche 1943 seinen künftigen Ersten Generalstabsoffizier nach Berlin bat, um auszuloten, wie weit dieser sich auf eine Verschwörung gegen Hitler einlassen würde, waren die militärischen Planungen für den Umsturz in ihr entscheidendes Stadium getreten. Am 31. Juli hatte der Chef der Heeresrüstung und Befehlshaber des Ersatzheeres, Generaloberst Fromm, neue Durchführungsbestimmungen für die Operation »Walküre« herausgegeben. Ursprünglich wurden unter diesem Codewort Maßnahmen zur raschen Auffüllung des Feldheeres verstanden; in der Winterkrise vor Moskau 1941 hatte man der Front durch Auslösung von »Walküre« erstmals frische Kräfte zugeführt. Inzwischen waren die Befehle dahingehend erweitert worden, dass im Mittelpunkt nicht mehr die Bereitstellung zusätzlicher Reserven stand, sondern der Auftrag, im Fall »innerer Unruhen« zu deren sofortiger Niederschlagung die Ersatz- und Ausbildungseinheiten einzusetzen. Unter »inneren Unruhen« stellte man sich vor: Aufstände von Zwangsarbeitern, Sabotageakte in großem Stil, gegnerische Luftlandeunternehmen im Heimatkriegsgebiet.

Die dem Befehlshaber des Ersatzheeres zur Verfügung stehenden Verbände wurden über den Chef des AHA in Bewegung gesetzt – das war Olbricht. Den entsprechenden Befehl konnte jedoch nur der Befehlshaber selbst geben, also Fromm. Bei mehreren Besuchen in Berlin Anfang 1943 hatte Tresckow das Patt zwischen dem zum Handeln entschlossenen, aber entscheidungsschwachen Amtschef und seinem zögernden Vorgesetzten aufzulösen versucht. Hermann Kaiser, der das Kriegstagebuch der Dienststelle führte, kommentierte die Situation in der Bendlerstraße Ende Februar 1943 so: »Der eine will handeln, wenn er Befehle erhält. Der andere befehlen, wenn gehandelt ist.«[21] Das Dilemma des Zauderns und Zögerns in Tateinheit mit fehlender Entschlusskraft, das einen Großteil der Opposition gegen Hitler charakterisierte, lässt sich präziser kaum auf den Punkt bringen.

Olbricht gehörte zu jenen Bürogeneralen, die grundsätzlich Bedenken tragen und ungern die Initiative ergreifen. Aber er war bereit, auf Befehl seines Vorgesetzten zu handeln. Generaloberst Fromm blieb unterdessen in allen Planungen der Verschwörer der entscheidende Unsicherheitsfaktor – bis zum Nachmittag des 20. Juli. Ende September 1942 war Fromm bei Hitler in Ungnade gefallen; in einer dem Führer persönlich im Stehen vorgetragenen Denkschrift hatte er die materielle und personelle Unterlegenheit der Wehrmacht offengelegt und Hitler empfohlen, den Oberbefehl einem militärischen Fachmann zu übertragen, Friedensverhandlungen einzuleiten und den Krieg baldmöglichst zu beenden. Obwohl Fromm von diesem Tag an mit seiner Ablösung rechnen musste, hielt er sich bis zum letzten Augenblick sämtliche Optionen offen – ein Opportunist, der auf seinen Opportunismus offenbar noch stolz war: Einer wie er liege immer richtig, soll er sich gebrüstet haben. Hassell nannte ihn eine »Wetterfahne«.[22]

Am Nachmittag des 12. März – genau 24 Stunden, bevor in Smolensk der Sprengstoff an Bord von Hitlers Flugzeug gebracht wurde – war Schulenburg zu einer Unterredung mit Fromm in die Bendlerstraße gekommen. Fromm stehe stark unter dem Eindruck der Fliegerangriffe der letzten Tage, meinte Schulenburg in dem anschließenden Gespräch mit Olbricht, und sei »daher jetzt empfänglich u[nd] einsichtig für die Kuriergepäcksache«.[23] Aber der Schein trog: Fromm machte weder jetzt noch zu einem späteren Zeitpunkt irgendwelche Zusagen. Olbricht, Schulenburg, Tresckow, sie alle konnten nur darauf hoffen, dass Fromm im entscheidenden Augenblick springen würde. Sollte er sich weigern, müsste der zwar nie schwankende, aber stets unsichere Olbricht an seiner Stelle die Befehle unterzeichnen.

»Das Ersatzheer war der einzige bewaffnete Machtfaktor im Heimatkriegsgebiet, der dem unmittelbaren Zugriff des Regimes entzogen war.«[24] Die strengen Geheimhaltungsvorschriften rund um die Operation »Walküre« schufen eine zusätzliche Sicherheitszone. Die entsprechenden Befehle wurden als »Geheime Kommandosache« unter Verschluss gehalten und durften nur per Sonderkurier befördert

werden. Die Vorstellung innerer Unruhen, bei denen Truppen eingesetzt werden sollten, hätte die Bevölkerung zu unnötigen Spekulationen verleiten können. Am Ende trug das Misstrauen des Regimes gegenüber der Bevölkerung paradoxerweise dazu bei, dass das Ersatzheer
zum idealen Instrument der Verschwörung wurde. Wenn man die Befehle ein wenig manipulierte, ließ sich über »Walküre« nämlich leicht
der Staatstreich organisieren: Das war der ingeniöse Einfall Tresckows.

Wahrscheinlich hatte Olbricht die von ihm bearbeitete Neufassung
der »Walküre«-Befehle vom 31. Juli bereits so angelegt, dass er und
Tresckow anschließend nur noch die für die Auslösung des Staatsstreichs erforderlichen Zusatzbefehle zu formulieren brauchten. Der
Erfolg hing davon ab, dass die bei der Auslösung von »Walküre« ange-
gebenen Gründe eine der Befehlslage entsprechende Situation sugge-
rierten, in sich schlüssig waren und keinen Verdacht weckten, der zu
Rückfragen führte. Der Befehl ging an sämtliche Wehrkreiskommandos und betraf rund 1,7 Millionen Mann. Die im Wehrkreis III (dem
erweiterten Standortbereich von Berlin) zur Verfügung stehenden
Truppen sollten die wichtigsten Einrichtungen so schnell besetzen, dass
dem Regime – ihre mächtigsten Gegenspieler vermuteten die Verschwörer in Himmler, Göring und Goebbels – keine Zeit blieb, die
Auslösung von »Walküre« als Fanal eines Staatsstreichs zu erkennen.

Tresckows Konzept sah vor, »Walküre« mit der Begründung auszulösen, dass nach dem Tod Adolf Hitlers – der in allen Planungen der
Militäropposition jetzt als gegeben vorausgesetzt wurde – Machtkämpfe ausgebrochen seien, die den Bestand des Reiches gefährdeten.
Deshalb habe die neue Regierung (Goerdeler) den militärischen Ausnahmezustand verhängt und dem neuen Oberbefehlshaber der Wehrmacht (Witzleben) die vollziehende Gewalt übertragen. Zwar wurden
die einzelnen Planungsstufen in den folgenden Wochen und Monaten
immer wieder überarbeitet, aber die Stoßrichtung war von Anfang an
klar. In der Fassung, die am 20. Juli ab 18.30 Uhr als Geheime Kommandosache über die Fernschreiber der Bendlerstraße lief, lauteten
die ersten Sätze des Befehls: »Der Führer Adolf Hitler ist tot! Eine ge-
wissenlose Clique frontfremder Parteiführer hat es unter Ausnutzung

dieser Lage versucht, der schwerringenden Front in den Rücken zu fallen und die Macht zu eigennützigen Zwecken an sich zu reißen.«[25] Eine solche Argumentation musste sich jedem Wehrkreisbefehlshaber sofort erschließen. Mit dem Hinweis auf die »frontfremden Parteiführer« als Drahtzieher wurden zudem geschickt die im Heer vorhandenen Aversionen gegen die Partei- und SS-Bonzokratie wachgerufen. »Walküre«, angelegt als Operation zur Niederschlagung von inneren Unruhen, würde im Sinne der vorliegenden Befehle genau zu diesem Zweck ausgelöst. Weil die Unruhen nach Befehlslage von Partei und SS ausgingen, wäre es zwingend, gegen deren Einrichtungen zuerst vorzugehen. Dass die Verschwörer den konspirativen Verwendungszweck von »Walküre« auf diese Weise bis zum letzten Augenblick erfolgreich zu tarnen wussten, nötigte selbst der Gestapo Respekt ab.

Es ist nicht anzunehmen, dass Olbricht und Tresckow bereits Mitte August mit Stauffenberg über Details sprachen. Aus den Erläuterungen der beiden ging klar genug hervor, dass im AHA unter Hochdruck an Umsturzplänen gearbeitet wurde und dass dem neuen Ersten Generalstabsoffizier dabei eine Schlüsselstellung zukam. Da Stauffenberg »Walküre« aus seiner Zeit in der Organisationsabteilung bekannt war, dürfte er verstanden haben, wie sich die entsprechenden Befehle im Handumdrehen zu konspirativen Zwecken nutzen ließen. Die Notwendigkeit zu handeln bestand für ihn seit Anfang des Jahres, jetzt präsentierte man ihm ein Komplott, das Hand und Fuß hatte. Es trug die Handschrift eines Generalstäblers und war von anderer Qualität als die zum Teil recht wunderlichen Phantasien der »Bombenschmeißerles«.[26] Stauffenberg scheint sich noch in Berlin zum Mitmachen bereit erklärt zu haben.

Nachdem er Professor Sauerbruch konsultiert hatte, der ihm empfahl, zwei weitere Operationen durchführen zu lassen und sich noch für längere Zeit zu schonen – so viel Zeit habe er nicht mehr, soll er dem Chirurgen lachend erklärt haben –, fuhr Stauffenberg wiederum über Bamberg zurück nach Lautlingen. Dorthin kam spätestens Anfang September auch sein Bruder Berthold.[27] Auf langen Spaziergängen, bei denen Claus übte, weite Entfernungen mit nur einem Auge richtig einzuschätzen, unterhielten sich die Brüder über Fragen einer künftigen Gesellschaftsordnung: Wie sollte das neue Deutschland aussehen, das mit einem Mal in greifbare Nähe zu rücken schien? Für Claus waren die Unterhaltungen mit Berthold in diesen Tagen von ausschlaggebender Bedeutung. Zum ersten Mal sprachen sie nicht über die krankhaften Auswüchse des Regimes und darüber, dass etwas unternommen werden müsste, um das Land vor dem drohenden Untergang zu retten. Zum ersten Mal zeichnete sich auf der Grundlage solider Planung ein Ende der nationalsozialistischen Herrschaft ab. Claus suchte jetzt den Rat seines Bruders, um sich mit ihm darüber zu verständigen, was anschließend werden sollte.

Rudolf Fahrner stieß am ersten Septemberwochenende dazu, wurde aber von den Brüdern nicht eingeweiht, sodass ihm der aktuelle Bezug in den Gesprächen fehlte. Es sei um ethische, politische und soziale Fragen allgemeiner Art gegangen, um Grundsätzliches, erinnerte er sich nach dem Krieg. 1962 legte er einen dermaßen pathetischen Bericht vor, dass es kaum möglich ist, den Inhalt der Gespräche zu rekonstruieren und kohärente Aussagen daraus abzuleiten. Sie hätten darüber gesprochen, »wie menschliche Existenz auch im Staat ohne Bindung an Göttliches nicht gedeihen könne … wie man gewachsene Lebensformen und Lebenssitten nicht durch auf Vorteile berechnete Konstruktionen ersetzen könne … inwiefern Einigungen unter den Völkern schon in den Völkern vorgegeben seien … wie man geeignete Kräfte aus allen Schichten zu Regierenden gewinnen könne: ob und wie es möglich sei, eine Volksvertretung in Deutschland vielleicht auf ganz andere Weise als durch politische Parteien bisheriger Art zu begründen, etwa aus den politischen Realitäten von Gemeinden, Berufsgruppen und Interessengemeinschaften.« Diskutiert habe man »über das Verhältnis von Technik, Industrie und Wirtschaft zum Staat … über die Kraft, die von freiwilligen Verzichten ausgeht, wie eine freiwillige Teilung des Großgrundbesitzes« und darüber, »wie vorsichtig man mit Fixierungen und Dogmatisierungen sein müsse, da es immer darum ginge, in gegebenen Verhältnissen und mit gegebenen Menschen Möglichkeiten der Entfaltung zu eröffnen und offenzuhalten«.[28]

In so gestelztem Ton können sich nicht einmal die Brüder Stauffenberg unterhalten haben. Wischt man das Pathos ab, lassen sich unter der
Oberfläche jedoch einige der Stichworte erkennen, um die der Gedankenaustausch der Brüder in den kommenden Wochen und Monaten
kreisen wird. Tastend und unsicher, versuchten sie auf ihren Lautlinger
Spaziergängen, das politisch Wünschenswerte mit der Ethik Stefan Georges
zu verbinden. Die Grundideen, auf die sie sich dabei verständigten, wurden weiterentwickelt und fanden schließlich ihren Niederschlag in den
sieben Leitsätzen des »Eids«, den sie Anfang Juli 1944 verfassten.

Wichtig waren ihnen: die Freiheit der Religion; das Festhalten an
gewachsenen Strukturen, die jenseits von »Stellung, Besitz und Ansehen«[29] für Recht und Gerechtigkeit sorgten; eine paternalistische Lösung der sozialen Frage; die Teilhabe breiter Schichten an politischen
Entscheidungsprozessen, ohne dass alle Bürger gleiches Mitsprache-
recht hätten; eine Direktvertretung der Volksinteressen auf korporati-
ver Basis, ohne Zwischenschaltung von politischen Parteien; keine
Rückkehr zur Parteiendemokratie von Weimar, aber auch keine Restauration der Verhältnisse vor 1914 – »keine Revolution der Greise!«[30]
Betrachtet man diesen Katalog aus heutiger Perspektive, springt einem
der Mangel an demokratischem Bewusstsein ins Auge. Aber wo hätten
die Stauffenbergs, die 1918, als die Republik gegründet wurde, Kinder
waren und das Ende von Weimar in erster Linie als Scheitern des Par-
lamentarismus verstanden, sich über Grundlagen der Demokratie in-
formieren sollen? Beim Bamberger Reiterregiment 17? In der juristi-
schen Fakultät der Berliner Universität, wo Berthold die Vorlesungen
des Deutschnationalen Rudolf Smend oder des später bei den Nationalsozialisten hoch angesehenen Viktor Bruns besuchte? Demokratie
war nach dem Verständnis der Brüder das kapitalistische Herrschafts-
modell der angelsächsischen Welt. Und die galt ihnen als das Letzte,
woran sich die Deutschen beim Neuaufbau orientieren sollten.

Am 10. September stand für Claus von Stauffenberg ein weiterer La-
zaretttermin in München an. Noch bevor die Ärzte mit den Vorbereitungen für eine Operation zum Anlegen einer Handprothese begonnen

hatten, erhielt er einen Anruf von Olbricht, der seinen neuen Ia umgehend nach Berlin beorderte. Mit Wirkung vom 15. September trat Stauffenberg die Stelle vorzeitig an (offizieller Dienstantritt am 1. Oktober, Versetzung zum 1. November). Wie immer, wenn er in Berlin war, wohnte er bei seinem Bruder Berthold in Wannsee. Als bei den schweren Bombenangriffen auf die Hauptstadt Ende November 1943 die Dienstgebäude der Marine am Tirpitzufer ausbrannten, verlegte man das Marineoberkommando in eine Kaserne nach Eberswalde, dann in die Bunkeranlage Koralle bei Lobetal im Nordosten Berlins. Weil er für die Fahrt von Wannsee im äußersten Südwesten der Stadt bis über die Endstation der S-Bahn in Bernau hinaus anderthalb bis zwei Stunden benötigte, richtete sich Berthold in der Koralle eine provisorische Schlafstätte ein und kam nur an den Wochenenden. Claus war bis zum Juli 1944 Hauptnutzer der Mietwohnung im ersten Stock der Tristanstraße 8 in Wannsee. Onkel »Nux« nutzte die Wohnung ebenfalls als Berliner Quartier; eine Nichte von Peter Yorck, die zwanzigjährige Annabel Siemens, besorgte den Haushalt.

Von Wannsee stadtauswärts sind es nur zwei S-Bahn-Stationen bis Potsdam-Babelsberg. Dort hatte sich Anfang August Henning von Tresckow im Haus seines Schwagers Dietloff von Arnim einquartiert. Bis zu seiner Abkommandierung Anfang Oktober dürften zwischen Wannsee und Babelsberg zahlreiche Einzelheiten der Umsturzplanung besprochen worden sein. Kurz bevor Tresckow zur Übernahme eines Regiments an die Front flog, ließ er seine Frau das gesamte konspirative Material Stauffenberg aushändigen.

Stauffenbergs erste Aufgabe war es, die von Olbricht überarbeiteten »Walküre«-Befehle auf die in Berlin und Umgebung zur Verfügung stehenden Truppen zuzuschneiden. Dabei stützte er sich vor allem auf die Einheiten der Heeresschulen in Krampnitz und Döberitz sowie auf das Berliner Wachbataillon. An Feuerkraft und Gerät waren diese Truppen den Berliner SS-Einheiten deutlich unterlegen, außerdem kontrollierte die SS strategisch wichtige Punkte. Um zu verhindern, dass sie Verstärkung nach Berlin ziehen konnte, sollten 24 Stunden vor dem Attentat sämtliche SS-Transporte durch das Reich unterbun-

den werden. Drei Tage bearbeite Stauffenberg gemeinsam mit Major
i. G. Hans-Ulrich von Oertzen, einem Vertrauten Tresckows bei der
Heeresgruppe Mitte, der dafür nach Berlin beordert worden war, »die
Pläne zur Besetzung der Berliner SS-Kasernen, der obersten Reichsbehörden, der Rundfunk- und Nachrichtenanlagen«. Die unter Tresckows Leitung durchgeführten Planungen seien an Gründlichkeit
»kaum zu übertreffen« gewesen, urteilte Peter Hoffmann, eine ähnlich
Perfektion habe man »nie wieder« erreicht.[31] Nur das Attentat ließ
Woche um Woche auf sich warten.

Bis Ende des Jahres lernte Stauffenberg die wichtigsten Vertreter
der konservativ-bürgerlichen Opposition in Berlin kennen. Mittels-
mann war in den meisten Fällen Fritz-Dietlof von der Schulenburg.
Auch Stauffenbergs Verbindung zu dem als Staatsoberhaupt vorgesehenen Ludwig Beck dürfte über Schulenburg geknüpft worden sein,
dessen Vater im Ersten Weltkrieg Becks Vorgesetzter in der Heeresgruppe Kronprinz gewesen war. Obwohl der ehemalige Chef des Generalstabs nach langer Krankheit erschöpft wirkte und gelegentlich
zur Resignation neigte, war Beck für Stauffenberg unbestritten die
Nummer eins der Konspiration. Er verehrte in ihm nicht nur den Ar-
chitekten der Aufrüstung; auch Becks Auffassung von der politischen
Führungsrolle des Offizierkorps deckte sich seit den ihn prägenden
Jahren an der Kriegsakademie weitgehend mit der seinen. Dass Beck
ein halbes Jahr vor der Begegnung mit Stauffenberg in einem Gespräch über die mangelnde Initiative der Generalität zu einem jungen
Oberleutnant, der ihn im Krankenhaus besuchte, gesagt haben soll:
»Die Not der Zeit wird einen gebären, der sein Herz über die Hürde
wirft«, ist als Poesie gut.[32] Falls Beck es tatsächlich gesagt hat, dachte er
bestimmt nicht an einen Oberstleutnant.

Zu Stauffenbergs neuen Kontakten in diesen Wochen zählten der
amtierende preußische Finanzminister Johannes Popitz, der in enger
Abstimmung mit Hassell und Goerdeler bereits 1940 an Verfassungs-
entwürfen gearbeitet hatte, der Staats- und Wirtschaftswissenschaftler
Jens Peter Jessen, der als Hauptmann d. R. im Stab des Generalquartiermeisters die Passierscheinhauptstelle leitete und die erforderlichen

Reisebewilligungen beschaffte, und der ehemalige Botschafter Ulrich
von Hassell. Diese sogenannten Honoratioren bildeten den harten
Kern des konservativen Lagers. Meist lagen sie auf einer Linie mit dem
nicht weniger konservativ gesinnten Goerdeler, aber häufig widersetzten sie sich ihm auch, so zum Beispiel in der Frage der Einbeziehung
von Gewerkschaftern wie Wilhelm Leuschner oder Jakob Kaiser.
Die erste Begegnung mit Stauffenberg im Hause Jessen hielt Hassell in seinem Tagebuch fest. Der Eintrag lässt erahnen, wie kompliziert
die Beziehungen der Zivilisten untereinander waren. Stauffenberg
habe auf ihn »einen ausgezeichneten Eindruck« gemacht, so Hassell.
»Er meinte, man müsse unerhört vorsichtig sein, in Äußerungen und im
Verkehr, letzteres besonders auch mit Popitz, der scharf beobachtet
werde. (Wie?) Gegen mich, glaubte er, liege im Augenblick nichts Be-
sonderes vor. Unsere Unterhaltung wurde durch Alarm, der uns in
den Keller zwang, gestört, noch mehr dadurch, dass Jessen gegen unsere Verabredung (das erste Mal allein mit Stauffenberg zu sein) Popitz
dazu bestellt hatte, der dann nach dem Alarm geholt wurde. Dieser ist
infolge seiner an sich begreiflichen Bitterkeit gegen Goerdeler, der ihn
unglaublich behandelt, nervös und gereizt ... Stauffenberg war recht
geschickt, konnte aber die sachlichen Bedenken (die er mindestens
teilweise innerlich teilt) nicht zerstreuen. Des Pudels Kern ist die Tatsache, dass Beck selbst im Grunde politisch ahnungslos ist und sich
ganz in Goerdelers Hand begeben hat.«[33] Die hier angedeuteten Rivalitäten sollten Stauffenbergs Geduld in den folgenden Monaten immer wieder strapazieren.

Verliefen die Auseinandersetzungen zwischen Stauffenberg und der
Goerdeler-Gruppe großenteils entlang den Mustern eines üblichen
Generationenkonflikts, so waren seine Fehden mit dem gleichaltrigen
Helmuth James von Moltke sehr viel grundsätzlicherer Art. Hier prall-
ten zwei Sichtweisen des Widerstands gegen Hitler aufeinander, die
sich gegenseitig die Deutung streitig machten und bis zum heutigen
Tag unvereinbar blieben. Zu einer ersten Begegnung kam es am
17. September 1943 bei Peter Yorck, einem Vetter Stauffenbergs, in
dessen Reihenhaus in Lichterfelde der Moltke-Kreis seinen Berliner

Treffpunkt hatte; Tresckow war an diesem Tag ebenfalls anwesend.[34] Über eine weitere Begegnung bei Yorck am 16. November hat Annabel Siemens berichtet. Während sich die Herren im Wohnzimmer unterhielten – auch Eugen Gerstenmaier und Werner von Haeften waren zugegen –, habe sie mit ihrer Tante Pflaumenmus eingekocht, als Stauffenberg plötzlich »weiß im Gesicht« in die Küche stürzte und zum Aufbruch drängte. Im Auto sagte er dann: »Kann diesen Menschen nicht ertragen, diesen Helmuth Moltke.«[35] Am 30. Dezember 1943 kam es zu einem dritten und letzten Treffen der beiden. Claus mache auf ihn einen besseren Eindruck als Berthold, urteilte Moltke, »männlicher und mit mehr Charakter«.[36] Berthold von Stauffenberg, der als Gutachter für Völkerrechtsfragen beim Oberkommando der Marine tätig war, und Helmuth James von Moltke, der die gleiche Funktion beim Oberkommando der Wehrmacht bekleidete, hatten gelegentlich dienstlich miteinander zu tun.

Über Moltkes Aktivitäten waren die Brüder durch seinen engsten Mitstreiter Peter Yorck im Bilde. Seit Sommer 1940 leitete Moltke Diskussionsrunden, in denen es um Themen wie Völkerverständigung, sittliche Neuordnung und soziale Gerechtigkeit ging und die stark von religiösen Fragestellungen bestimmt wurden. Bereits im Frühjahr 1941 hatten die »Kreisauer« – wie die Gruppe nach dem Gut der Moltkes in Niederschlesien später genannt wurde – eine erste Denkschrift zu den Chancen eines politisch-moralischen Neuanfangs vorgelegt. Nach den Verheerungen des Krieges werde man in Europa »eine Bereitschaft zu Einkehr und Buße finden wie noch niemals seit dem Jahre 999, als das Ende der Welt erwartet wurde«. Das als ein »europäisches Glaubensbekenntnis« angelegte Programm der Kreisauer stellte »einen umfassenden Zukunftsentwurf dar, dessen Kühnheit und innere Stringenz« von keinem anderen Reformkonzept dieser Jahre übertroffen worden sei, urteilte der Historiker Hans Mommsen. Im Mittelpunkt der Kreisauer Denkmodelle standen die »kleinen Gemeinschaften« – Familie, Berufsverbände, Dorf und Kirche. Mit Hilfe historisch gewachsener »Selbstverwaltungskörper« ließe sich nicht nur nationalstaatliches Machtdenken überwinden, die Rückbesinnung auf christlich-soziale Wurzeln würde auch dazu führen, dass »Parteiungen und Entzweiungen unter den Menschen des Erdballs nur sekundäre Bedeutung haben«, weil alle Menschen dann in einer einzigen Partei zusammengefasst wären.[37] Mit seinen fundamentalistischen Visionen deckte der Kreisauer Kreis ein breites gesellschaftliches Spektrum ab. Es reichte von den Grafen Moltke und Yorck über Vertreter der Kirchen wie den Jesuitenpater Alfred Delp und den Konsistorialrat Eugen Gerstenmaier oder den aus der Jugendbewegung kommenden Reformpädagogen Adolf Reichwein bis hin zu den Sozialdemokraten Carlo Mierendorff und Theodor Haubach. Moltke gelang es, diese zum Teil stark divergierenden Kräfte zu integrieren. Weil ihm jedoch das Programm als solches wichtiger war als die Frage seiner Umsetzung, kam es mit zunehmender Kriegsdauer zu Spannungen; ein Umsturz, so Moltkes Überzeugung, dürfe nur »auf der Grundlage der inzwischen entwickelten Grundsätze« erfolgen. Unnachgiebig verteidigte er seine Position, »dass wir eine Revolution brauchen, nicht einen Staatsstreich«.[38] Bei einer auf Betreiben Schulenburgs zustande gekommenen Aussprache zwischen der Moltke- und der Goerdeler-Gruppe im Januar 1943 war es trotz der Vermittlungsbemühungen Becks zu keiner Annäherung gekommen, im Gegenteil: Das Klima zwischen Moltke und Goerdeler war eisig bis aggressiv. Bei einem zweiten Anlauf zu Pfingsten führten die unterschiedlichen Auffassungen über die zukünftige staatliche Ordnung zum Eklat. Für Moltke war die Verabschiedung von jeder Form nationalstaatlichen Denkens die wesentliche Voraussetzung für einen Neuanfang.

Das war mit Stauffenberg nicht zu machen. Der Satz, der im Auto fiel – »Kann diesen Menschen nicht ertragen, diesen Helmuth Moltke« –, muss ihm aus tiefstem Herzen gekommen sein. Was glaubte dieser ländliche Intellektuellenzirkel eigentlich bewirken zu können, wenn er fortwährend über die beste aller Welten nachdachte? Stand er, Stauffenberg, moralisch auf einer niedrigeren Stufe, nur weil er daran erinnerte, dass ein Regime erst einmal gestürzt werden musste, bevor man ein besseres an seine Stelle setzen konnte? Und dann diese fast

schon pietistische Frömmigkeit, dieses ständige Verweisen auf Bibel-
worte! Auch Schulenburg war davon ziemlich genervt. Für ihn zählte
insbesondere Peter Yorck zu denjenigen,»die vor lauter Christentum
sich nicht entschließen konnten, das Rechte zu tun«.[39] Für die Stauffenbergs war die Religion etwas Selbstverständliches;
insbesondere maßen sie ihr einen hohen Wert»für das Verhalten der
Untertanen« bei, die sie zu regelmäßigem Kirchgang ermahnten.
Auch wenn seine Familie»traditionsgemäß stark mit der katholischen
Kirche verwurzelt« sei und man stets Wert darauf gelegt habe,»dass
die Kinder katholisch werden«, sagte Berthold vor der Gestapo, so
seien doch er und sein Bruder»nicht das, was man im eigentlichen
Sinne gläubige Katholiken nennt. Wir gingen nur selten zur Kirche
und nicht zur Beichte. Mein Bruder und ich sind der Meinung, dass
aus dem Christentum heraus kaum noch etwas Schöpferisches kommen könnte.«[40] Dennoch gehörten Glaubensfragen zu den Themen, die Claus von
Stauffenberg regelmäßig beschäftigten. So gestand er Anfang 1944 Annabel Siemens bei einem der seltenen Abendessen zu zweit, wie sehr es
ihn bedrücke,»morgen wieder Tausende junger deutscher Männer an
die Front abkommandieren« zu müssen,»in einen sinnlosen Krieg
und fast sicheren Tod«. Dann sei er in ein langes Schweigen verfallen
und habe sie schließlich gefragt:»Was sagt euch euer Protestantismus
in einer solchen Lage?«Sie habe ihm damals nichts antworten können,
so Siemens Jahrzehnte später,»aber Zustimmung hätte ihm in seiner
Einsamkeit gutgetan«.[41] Einer der Offiziere, die Stauffenberg um diese
Zeit für die Verschwörung zu gewinnen suchte, machte geltend, dass er
gläubiger Katholik sei und sein Glaube ihm verbiete, einen Eid zu brechen. Als gläubiger Katholik, so Stauffenbergs Antwort, sei man»schon
gewissensmäßig verpflichtet, gegen diesen Eid zu handeln«.[42] Für den Abend des 19. Januar 1944 war Stauffenberg mit Peter
Yorck in Lichterfelde verabredet, Moltke sollte dazustoßen. Dieser
wurde jedoch am Vormittag wegen einer Nachlässigkeit – er hatte
einen Bekannten vor Überwachung durch die Gestapo gewarnt – in
seinem Büro verhaftet. Ein Jahr später erinnerte Moltke in einem

Brief aus dem Gefängnis Tegel seine Frau an den Tag seiner Verhaftung. Gott habe es damals wunderbar gefügt:»In dem Augenblick, in dem die Gefahr bestand, dass ich in aktive Putschvorbereitungen hineingezogen wurde – Stauffenberg kam am Abend des 19. zu Peter –, wurde ich rausgenommen, damit ich frei von jedem Zusammenhang mit der Gewaltanwendung bin und bleibe.«[43]

Wäre Stauffenberg nicht konsequent geblieben: Die visionären Denkmodelle der Kreisauer hätten später in der Bundesrepublik wohl deutlich weniger Beachtung gefunden. Ohne den 20. Juli wäre nämlich gar nicht erst die Frage aufgekommen, wie Deutschland nach einem gelungenen Attentat ausgesehen hätte. Dass in der Diskussion um die gesellschaftlichen und politischen Ziele des Widerstands ausgerechnet die in Kreisau entwickelten Vorstellungen von einer neuen deutschen Zivilgesellschaft in einem postnationalen Europa in den Mittelpunkt des Interesses rückten, gehört zu den Paradoxien der Rezeptionsgeschichte. Schließlich spielten Moltke und seine Leute in der entscheidenden Phase der Konspiration nicht nur keine Rolle, sie lehnten auch deren Ziel, die Tötung Hitlers, aus ethischen Motiven grundsätzlich ab. Diese Einstellung machte die Kreisauer in den Augen vieler Nachgeborener moralisch nur umso unangreifbarer. Der Mann, ohne dessen Tat der Widerstand gegen Hitler niemals im kollektiven Gedächtnis der Bundesrepublik hätte verankert werden können, wurde dabei immer mehr an den Rand gedrängt.

11 Im Zentrum der Verschwörung

Oktober 1943 bis Juli 1944

Wer würde es tun? Das war über alle politischen und persönlichen Differenzen hinweg die entscheidende Frage. Wer brachte die nötige Entschlossenheit mit, wer hatte Zugang zu Hitler, wem würde sich eine Gelegenheit eröffnen? Die Erwartungen Tresckows richteten sich auf den Chef der Organisationsabteilung im Generalstab des Heeres, Oberst Hellmuth Stieff, der sich Ende Juli 1943 ihm gegenüber bereit erklärt hatte mitzumachen. »Ich stelle fest, dass meine Auffassung, zu der ich mich in den letzten Tagen durchgerungen habe, die richtige ist«, schrieb Stieff am 6. August an seine Frau. Er habe »geistig Inventur« gemacht und sei zu dem Ergebnis gelangt, dass er sich vor sich selbst schämen würde, »wenn ich nicht in dem Augenblick, wo es not tut, meine wahre Pflicht erfülle«. Um seine Frau zu beruhigen, fügte er den merkwürdigen Satz hinzu: »Ich werde mich dabei nicht beflecken.«[1] Deutete er damit an, dass die Ausübung eines Attentats auf Hitler, also Mord, für ihn nicht in Frage kam?

Stauffenberg kannte Stieff seit Oktober 1942, als dieser sein direkter Vorgesetzter in der Organisationsabteilung wurde.[2] Er scheint ihn nicht besonders geschätzt zu haben. Mit seinen 1,82 Metern war Stauffenberg mehr als einen Kopf größer als der schmächtige, klein gewachsene Stieff, aus dessen geringer Körpergröße Stauffenberg Rückschlüsse auf den Charakter zog. Stieff gehöre zu jenen nervösen Rennreitertypen, die im entscheidenden Moment versagten, meinte er abfällig.[3] Im Gestapo-Verhör sagte Stieff später aus, er habe Stauffenberg im Oktober 1943 zwar grundsätzlich zugestimmt, dass etwas passieren müsse, dessen Ansinnen, den Anschlag selbst auszuführen, aber »rund heraus abgelehnt«.[4] Auch wenn Stieff aus nachvollziehbaren Gründen in den Verhören alles unternahm, um seine Rolle herunterzuspielen, ließ sich schwer leugnen, dass die Planungen zwischen Herbst 1943 und Anfang Juli 1944 auf eine Aktion im Führerhauptquartier zugeschnitten waren, die von ihm ausgehen sollte.

Alles deutet darauf hin, dass Stieff innerlich bereit war zur Ausführung des Attentats und es ihm am Ende nur an der nötigen Kaltblütigkeit fehlte. Sein Beispiel zeigt, dass tief empfundene Empörung über die Untaten des Regimes und die Entschlossenheit, aktiv gegen Hitler vorzugehen, nicht unbedingt in einem kausalen Zusammenhang stehen und getrennt voneinander zu bewerten sind. Als Stieff im Sommer 1943 Stauffenberg im Münchner Lazarett besuchte, schimpfte er dermaßen über die militärische Lage, dass sich der auf demselben Zimmer liegende Offizier noch ein halbes Jahrhundert später erinnerte. Aber Stieff fehlte es an Entschlusskraft. Sein »Zögern und Schwanken mag in seinem Wesen begründet sein: Rasch begeistert und überschwänglich, dann wieder sehr nüchtern, nachdem er die Lage genauer geprüft hatte«.[5] Als er feststellen musste, dass die ihm von Tresckow als mögliche Initiatoren genannten Oberbefehlshaber – Kluge, Manstein, Guderian – gar nicht daran dachten zu putschen, wurde er rückfällig.

Tresckow hielt es für machbar, Hitler während einer Lagebesprechung zu töten. Deshalb war er an Stieff herangetreten, der als Chef der Organisationsabteilung Zugang zu den »Lagen« im Führerhauptquartier hatte. Ende Oktober brachte Stauffenberg von Tresckow beschafften Sprengstoff zu Stieff ins OKH nach Ostpreußen. Bei der Übergabe ließ dieser durchblicken, dass er möglicherweise nicht imstande sei, das Attentat auszuüben, jedenfalls bat er, ihm einen zweiten Mann an die Seite zu stellen. Stauffenberg, der auf Nummer sicher gehen wollte, dass der Anschlag gelang, intensivierte daraufhin die Suche nach einem weiteren Attentäter. Zu den Offizieren, die er ansprach, zählten Oberst i. G. Meichßner, der ausweichend reagierte, Major i. G. Kuhn, der aus Prinzip ablehnte, und sein neuer Ordonnanzoffizier Oberleutnant d. R. Werner von Haeften, der sich auf das Fünfte Gebot berief.

Hauptmann Axel von dem Bussche, ein Freund Schulenburgs aus dem Infanterieregiment 9, erklärte zwar seine grundsätzliche Bereitschaft, sich bei einer für Ende November angesetzten Vorführung neuer Uniformen mit Hitler in die Luft zu sprengen, aber die Sache verlief im Sande.[6] Zweieinhalb Monate später, beim nächsten Vorführtermin, stand Leutnant Ewald Heinrich von Kleist bereit, der ebenfalls über Schulenburg mit Stauffenberg in Kontakt gekommen war. Dieser Termin wurde in letzter Minute wohl von Stieff mit dem Hinweis abgeblasen, dass Himmler, den einige Verschwörer gleich mit beseitigen wollten, nicht anwesend sei. Danach tat sich im Hauptquartier des OKH monatelang nichts mehr, und am wenigsten unglücklich über diese Entwicklung war Hellmuth Stieff.

Die Frage liegt auf der Hand, warum Stauffenberg sich nicht bereits Anfang 1944 selbst für die Ausführung des Attentats zur Verfügung stellte. Ein Vorwand, in die Nähe Hitlers zu gelangen, hätte sich für den Chef des Stabes im AHA mindestens ebenso leicht finden lassen wie für Bussche oder Kleist. Ludwig Beck als militärisches Oberhaupt der Opposition soll ein entsprechendes Angebot Stauffenbergs abgelehnt haben. Wer von der Bendlerstraße in Berlin aus den Staatsstreich leite, könne nicht gleichzeitig in dem bei Berchtsgaden oder in Ostpreußen stationierten Führerhauptquartier – also mindestens zwei Flugstunden entfernt – das Attentat durchführen, das sei logistisch Unsinn. Falls Stauffenberg eine solche Möglichkeit tatsächlich mit Beck durchgespielt hat, könnte dieser noch aus einem anderen Grund gezögert haben. Beck war zunächst nämlich keineswegs von der Richtigkeit des Attentats überzeugt; erst Anfang Juni sah er ein, dass es keine Alternative gab.[7]

In den Gesprächen mit potenziellen Mitverschwörern, die es zu überzeugen galt, lief Stauffenberg zu Hochform auf. Dem 21-jährigen Kleist erläuterte er am 30. Januar 1944 sechs Stunden lang, warum jetzt die letzte Gelegenheit sei, zu handeln. Schulenburg, der Kleist an diesem Samstagmittag zu Stauffenberg nach Wannsee gebracht hatte, schaute ab und zu ins Zimmer und setzte sich kurz dazu. Er wolle ihn nicht drängen, so Stauffenberg zu Kleist, aber er müsse ihn fragen, ob er sich eine Tat zutraue, die in etwa zehn Tagen zu erfolgen habe und die wahrscheinlich mit seinem Tod ende. Der junge Kleist rettete sich, indem er darauf verwies, dass er am nächsten Tag seinen Vater besuche, den er fragen wolle, bevor er sich endgültig entscheide.

Schwieriger gestaltete sich das Gespräch mit Axel von dem Bussche, der die Art, wie Stauffenberg mit ihm redete, als belehrend empfand. »Bussche gefiel das Dozieren nicht.«[8] Zunächst widersprach er der Behauptung, Katholiken hätten mit dem Tyrannenmord weniger Probleme als Protestanten. Dann belehrte er seinerseits Stauffenberg über den Soldateneid: Dieser sei von Hitler gebrochen worden, deshalb müsse sich kein Soldat mehr daran gebunden fühlen. Dies entsprach seit Längerem Stauffenbergs eigener Argumentation, und so könnte Bussche entweder entgangen sein, dass sein Gegenüber gern dialektisch dachte und den Advocatus diaboli spielte. Oder das Gespräch verlief in Wirklichkeit anders, als Bussche sich erinnerte.[9] Auch an diesem Tag hielt sich Schulenburg im Hintergrund bereit.

Die Gesinnung der »Kandidaten« war meist im Vorfeld ermittelt worden und konnte nicht selten über verwandtschaftliche Beziehungen geklärt werden. Aus welcher Familie, aus welchem Regiment kam einer, wie sah seine Karriere aus, gab es jemanden, der für ihn bürgte? »Der Verschwörerkreis war durch vielfältige sippenmäßige, verwandtschaftliche, dienstliche und berufliche, gesellschaftliche und andere Bindungen und Beziehungen stärkstens verknüpft«, konstatierte die Gestapo. »Auf dieser Basis ist eine zielbewusste Personalpolitik innerhalb des OKH betrieben worden.«[10] Der Dienstgrad seines Gegenübers interessierte Stauffenberg dabei viel weniger als die Frage, in welcher Funktion und an welcher Stelle der Mann sich beim Staatsstreich am ehesten verwenden ließ. Dann tastete er sich langsam heran: Was glauben Sie, wie wohl der Krieg ausgeht? Die wachsenden Spannungen mit der SS oder der Luftwaffe waren immer ein Thema, bei dem man schnell Übereinstimmung feststellen konnte. Irgendwann kam es dann zu dem Punkt, an dem ein klares Ja oder Nein unumgänglich wurde. Auf diesen Punkt steuerte Stauffenberg zielstrebig zu. Erkannte er, dass er sich in einem Gesprächspartner getäuscht hatte, trat er den Rückzug an.

Stauffenberg sei stets nach dem gleichen Muster verfahren, um neue Mitglieder für die Verschwörung zu gewinnen, hieß es im

Ermittlungsbericht der Gestapo nicht ohne Bewunderung. »Er ließ meist jüngere Offiziere, die ihm in der Regel von irgendeiner Seite als geeignet bezeichnet worden waren, unter einem dienstlichen Vorwand nach Berlin kommen.« Dann habe er sie mit einer dramatischen Schilderung der politischen und militärischen Lage überfallen. »Durch die faszinierende Persönlichkeit, durch die Stellung, die mitgeteilten Tatsachen und die Atmosphäre des Hauses [die Räume des OKH im Bendlerblock] waren die Offiziere in der Regel derart beeindruckt, dass sie Stauffenberg ohne weiteres glaubten.« Kritische Fragen oder Einwendungen habe er mit großer Bestimmtheit vom Tisch gewischt. Sei er einmal in seinem Temperament gewesen – so die Zeugenaussage von Oberst i. G. Eberhard Finckh, einem Kameraden aus der Zeit an der Kriegsakademie, zu dem Stauffenberg Ende Juni 1944 Kontakt suchte –, sei eine solche Faszination von ihm ausgegangen, »dass man kaum zum Denken, geschweige denn zu einer überlegten Antwort kam«.[11]

Stauffenbergs methodisches Vorgehen lässt sich besonders gut bei der Auswahl der Verbindungsoffiziere in den Wehrkreisen erkennen. Auf einer von ihm selbst geführten Liste trug er die Namen von Vertrauensleuten zusammen, die bei einem Staatsstreich den Weisungen der Verschwörer in der Bendlerstraße Folge leisten und sich in den Wehrkreiskommandos für die Durchsetzung der Befehle starkmachen sollten. Ein Offizier, dem eine solche Aufgabe in einem bestimmten Wehrkreis zuzutrauen war, wurde von Stauffenberg gezielt angesprochen. Bei der »Stellenbeschreibung« hielt er sich mit Details jedoch bedeckt, Mitwisserschaft wurde auf ein Minimum reduziert. »In gewisse Dinge wurden nur ganz wenige Personen eingeweiht, z. B. Sprengstofffrage. Ein größerer Kreis wurde in den Attentatsplan eingeweiht, aber auch dieser Kreis war noch sehr klein. Wieder ein etwas weiterer Kreis [war] über die Tatsache unterrichtet, dass ein gewaltsames Unternehmen gestartet werden sollte, wobei die Frage offenblieb, inwieweit der Führer ausgeschaltet werden sollte. Endlich der Kreis von Personen, mit denen nur über den Ernst der Lage ... gesprochen wurde.«[12]

Es war das Prinzip der militärischen Opposition, dass jeder Einzelne von den Zusammenhängen nur so viel verstehen musste, wie zur Durchführung der ihm übertragenen Aufgabe unbedingt erforderlich war. Man hielt sich an den bewährten Grundsatz, niemanden mit Wissen zu belasten, das er nicht brauchte – und das im Moment seiner Verhaftung für ihn selbst wie auch für andere gefährlich werden konnte. Die von Stauffenberg angeworbenen Verbindungsoffiziere erfuhren daher meist nicht sehr viel mehr, als dass beim OKH der militärische Ausnahmezustand vorbereitet werde und ihnen bei der Durchführung eine Art Vermittlerrolle zufalle. Unter dieser Prämisse konnten bis Juli 1944 in fünfzehn von siebzehn Wehrkreisen Vertrauensleute benannt werden. Es gehörte zu den Gesetzmäßigkeiten der Verschwörung, dass auf den Listen auch Namen standen, deren Träger nichts von ihrer künftigen Bestimmung ahnten. Am Abend des 20. Juli erwies sich die Liste der militärischen Verbindungsoffiziere ebenso wie die der Politischen Beauftragten als vollkommen bedeutungslos.

Zum Jahresende 1943 holte Stauffenberg seinen sechs Jahre jüngeren Regimentskameraden Peter Sauerbruch ins AHA. Der Sohn des berühmten Chirurgen war 1932 in das Reiterregiment 17 eingetreten und hatte sich alsbald mit Stauffenberg angefreundet; er gehörte zu den wenigen, die mit ihm per Du waren. 1941/42 hatte er als Ordonnanzoffizier beim Chef des Generalstabs des Heeres hin und wieder dienstlich mit Stauffenberg zu tun. Nach Frontverwendung war er Ende 1943 als Verbindungsoffizier zum General der Schlachtflieger in Rangsdorf bei Berlin kommandiert worden, aber Stauffenberg erwirkte umgehend seine Versetzung in das AHA. Anknüpfend an ihre letzte Unterhaltung im Lazarett der Charité im Februar 1943 zeichnete er dem Freund ein düsteres Bild der militärischen Lage und thematisierte dabei immer wieder das Führungsproblem: Nur durch einen Wechsel an der obersten Spitze sei eine Katastrophe noch abzuwenden.

Durch beharrliches Nachfragen habe Stauffenberg ihn gleichsam gezwungen, schrieb Sauerbruch rückblickend, das Offensichtliche konsequent zu Ende zu denken. Der humane Aspekt habe dabei eine zentrale Rolle gespielt. Da weitere Opfer nicht zu rechtfertigen seien –

»Ich könnte den Frauen und Kindern der Gefallenen nicht in die Augen sehen« –, müsse alles getan werden, diesen Krieg zu beenden.[13] Stauffenberg habe auf ihn den Eindruck eines Mannes gemacht, der seine Absicht bis zur letzten Konsequenz durchdacht und alle »Zweifel seit langem hinter sich gelassen« habe. »Es gab für ihn keine Umkehr mehr.« Keiner unter den Verschwörern, die er in den vier Monaten seiner Tätigkeit im AHA kennengelernt habe, so Sauerbruch, »erreichte dasselbe Maß einer aus großer innerer Kraft entspringenden Gelassenheit wie er«.[14] Aber Sauerbruch konnte sich nicht durchringen. Vielleicht sei es ein Wink des Schicksals, dass er jetzt wieder an die Front gehe, meinte Stauffenberg beim Abschied Ende März versöhnlich, und Sauerbruch zog daraus den Schluss, dass der Ältere seine Entscheidung akzeptierte.

Auf Anregung Sauerbruchs suchte im Frühjahr 1944 der gemeinsame Regimentskamerad Roland von Hößlin das Gespräch mit Stauffenberg.[15] Er und Hößlin hatten sich ebenfalls zuletzt Anfang 1943 im Lazarett der Charité gesehen; ein Jahr später übernahm der Major die Leitung einer Offiziersbewerberabteilung in Ostpreußen. Bei der Auslösung von »Walküre« – so dachte es sich Stauffenberg – sollte Hößlin mit seinen Leuten das Wehrkreiskommando und weitere zentrale Gebäude und Einrichtungen im frontnahen Königsberg besetzen. Über ihr Gespräch am 1. April sagte Hößlin im Gestapo-Verhör aus: »An Hand von Zahlen stellte er mir die ungünstige personelle Nachschublage dar. Die Verluste seien erheblich größer als der Ersatz, der von der Heimat nachgeschoben werden könne. Die Stärke des Feldheeres vermindere sich monatlich um die Stärke eines Armeekorps.« Man treibe auf einen militärischen Zusammenbruch zu, es drohten chaotische Zustände. »Das Offizierkorps dürfe dann nicht wieder versagen und sich die Initiative aus der Hand nehmen lassen wie 1918, sondern müsse aus eigener sittlicher Verantwortung heraus handeln.«[16]

Der Appell an die Offiziersehre und die Erinnerung an den Zusammenbruch 1918 hätten auf ihn stärker gewirkt als alle Zahlen, gab Hößlin zu Protokoll. Die Ereignisse des November 1918 waren auch für Offiziere, die die Tage der Selbstauflösung der Armee nicht persönlich erlebt hatten, zum Trauma geworden. Nie wieder wollte ein deutscher Offizier die Schande erleben, sich bei der Heimkehr von aufgebrachten Arbeiter- und Soldatenräten die Schulterstücke herunterreißen lassen zu müssen – schon gar nicht die »17« der Bamberger Reiter.[17] Mit Ausnahme Axel von dem Bussches, der Ende Januar 1944 schwer verwundet wurde und ein Bein verlor, wurden die auf den letzten Seiten genannten Offiziere nach dem 20. Juli allesamt verhaftet: Kleist noch in derselben Nacht in der Bendlerstraße (Verfahren im Dezember eingestellt), Sauerbruch im September in Kurland (Verfahren ebenfalls eingestellt). Kuhn entzog sich der Verhaftung, indem er auf die russische Seite wechselte. Stieff, Meichßner, Haeften, Finckh und Hößlin wurden hingerichtet. Wer sich beim Jahreswechsel 1943/44 auf ein außerdienstliches Gespräch mit dem Chef des Stabes beim AHA, Oberstleutnant Claus von Stauffenberg, einließ, riskierte sein Leben. Genannt werden sollen hier Oberstleutnant i. G. Robert Bernardis, Major Hans-Jürgen Graf von Blumenthal, Oberleutnant Albrecht von Hagen, Major i. G. Egbert Hayessen, Major i. G. Bernhard Klamroth sowie Stauffenbergs Ordonnanzoffizier Friedrich Karl Klausing. Vor dem Volksgerichtshof mussten sie schildern, wie sie sich von Stauffenberg für die Verschwörung hatten gewinnen lassen. Sie alle wurden zum Tod durch den Strang verurteilt.

Aus neuen Ermittlungen zum 20. Juli werde ersichtlich, notierte Joseph Goebbels am 31. August 1944, »dass Stauffenbergs Persönlichkeit für die Vorbereitung des 20. Juli eine ungeheure Rolle gespielt hat. Stauffenberg ist mit einer großen Beredsamkeit ausgestattet gewesen, die er in durchaus negativer Weise zur Anwendung gebracht hat. Er hat monatelang nur an der Vorbereitung des Putsches gearbeitet und hat in seiner Dienststelle das weitaus größte Benzinkontingent. Er fuhr von einem Verräter zum anderen und bearbeitete sie unentwegt.«[18] Goebbels bezog sich auf einen zusammenfassenden Bericht der Gestapo über die »Lebensführung der Verschwörer«, in dem Stauffenbergs Benzin- und Treibgasverbrauch genau aufgelistet war: »So ergibt sich z. B. aus dem Fahrtenbuch für die Zeit vom 10. 12. 43 –

30. 1. 44 eine Fahrtstrecke von 5 846 km, das sind täglich mehr als 100 km, er verbrauchte dafür 190 Ltr. Benzin, 8 Flaschen Treibgas, 9 Ltr. Öl. Die Fahrten Stauffenbergs dienten zum großen Teil seinen privaten Zwecken, insbesondere der Vorbereitung der Verschwörer [Verschwörung], nur zu einem kleinen Teil den wirklich notwendigen Dienstgeschäften.«[19]

Nach Tresckows Abberufung an die Front hatte Stauffenberg sämtliche Planungen konsequent an sich gezogen und niemanden darüber im Zweifel gelassen, dass die Fäden jetzt bei ihm zusammenliefen. Über Personalien verlangte er ebenso auf dem Laufenden gehalten zu werden wie über wichtige Informationen aus dem Ausland und neue Denkansätze, die in den Kreisen der Opposition diskutiert wurden. Dieser Anspruch erstreckte sich auch auf die »Zivilisten«, unter denen Carl Goerdeler nach wie vor zu Stauffenbergs erbittertsten Widersachern zählte. Goerdeler drängte die Militärs unablässig, endlich tätig zu werden, lehnte aber ein Attentat auf Hitler nicht nur aus christlicher Überzeugung, sondern auch aus politischen Erwägungen ab: Der Neubeginn, der auf das Recht gegründet sein müsse, dürfe nicht durch einen politischen Mord herbeigeführt werden.

Belastet war das Gespräch zwischen Stauffenberg und Goerdeler vor allem, weil dieser sich weigerte, aus den dramatischen Verlusten an Menschen und Material die notwendigen Schlüsse zu ziehen. Eine Denkschrift für die Generalität vom Frühjahr 1943, in der es hieß, Deutschland werde seine führende Stellung auf dem Kontinent erhalten können (lediglich der Zeitpunkt zum Erwerb von Kolonien sei inzwischen verpasst!), und der Elf-Punkte-Plan, den Goerdeler ein Jahr später Stauffenberg als Grundlage für Friedensgespräche vorlegte (Reichsgrenze von 1914 im Osten!), unterschieden sich lediglich in Nuancen.[20] In dem Irrglauben, die Deutschen könnten sich den Interessengegensatz zwischen Großbritannien und Russland zunutze machen, überschätzte Goerdeler bis zum Schluss den eigenen Verhandlungsspielraum. Man müsse die Westmächte davon überzeugen, dass »nur Deutschland den Bolschewismus ... aufhalten« könne – die Losung laute: »Europa mit deutscher Stärke gegen Russland«.[21]

Stauffenberg hegte im Grunde ähnliche Hoffnungen, vertrat aber die Auffassung, dass die Deutschen sich sämtliche Optionen offenhalten und deshalb die Fühler nach beiden Seiten ausstrecken müssten. Im Kreis um den ehemaligen Botschafter Ulrich von Hassell, den erfahrensten Außenpolitiker in den Reihen der Opposition, war im Sommer 1943 erstmals die Möglichkeit erörtert worden, direkt mit den Russen zu verhandeln. Man müsse den Kontaktleuten im Westen klarmachen, »dass ein völliges Chaos in Deutschland nicht im Interesse Englands und Amerikas liegt, vor allem im Hinblick auf Russland … und dass der einzige Ausweg eine neue anständige Regierung in Deutschland ist«. Da man jedoch »alle Chancen ausnutzen« müsse, seien auch Gespräche mit den Russen in Erwägung zu ziehen. »Es gibt eigentlich nur noch diesen einen Kunstgriff: *entweder* Russland *oder* den Angloamerikanern begreiflich zu machen, dass ein erhalten bleibendes Deutschland in ihrem Interesse liegt. Ich ziehe bei diesem Mühlespiel das westliche Ziel vor, nehme aber zur Not auch die Verständigung mit Russland in Kauf. Eva ganz mit mir einig.«[22]

»Eva« war Hassells Deckname für den Legationssekretär (ab November 1943 Legationsrat) im Auswärtigen Amt, Adam von Trott zu Solz. Trott, der aus altem oberhessischen Adel stammte und zu den charaktervollsten Köpfen in den Reihen des Widerstands zählte, unterhielt seit seinem Rhodes-Stipendium in Oxford Anfang der dreißiger Jahre hervorragende Verbindungen nach Großbritannien. Um einen Krieg zu verhindern, hatte er im Juni 1939 in London kurz hintereinander Gespräche geführt mit Außenminister Halifax, dem designierten britischen Botschafter in den USA Lord Lothian, den Herausgebern der beiden wichtigsten Zeitungen des Landes, *Times* und *Observer*, und zuletzt mit dem Premierminister selbst – für einen jungen Ausländer von nicht einmal dreißig Jahren ohne Mandat eine beachtliche Liste. Anschließend sorgte er dafür, dass der Bericht, den er über seine Reise anfertigte, auf Hitlers Tisch landete. Im April 1940 war Trott von einer ausgedehnten Reise in die USA und nach Ostasien nach Deutschland zurückgekehrt und wenig später in das Auswärtige Amt eingetreten. Den Staatsdienst verstand er in der Tradition seines

Vaters, des ehemaligen preußischen Kultusministers, als »Dienst an dem Staat, *wie er sein soll*«.[23]

Stauffenberg lernte Trott Ende 1943 über seinen Ordonnanzoffizier Werner von Haeften kennen, dessen Bruder Hans-Bernd mit Trott befreundet war. Hans-Bernd von Haeften war stellvertretender Leiter der Informationsabteilung des Auswärtigen Amtes, zu deren rund 250 Mitarbeitern auch einige Oppositionelle zählten; Trott leitete dort das Referat USA / Ferner Osten. Beide, Haeften und Trott, beteiligten sich seit Langem an den Diskussionen, die unter Leitung von Helmuth James von Moltke im Berliner Haus Peter Yorcks stattfanden. Bei der letzten Pfingsttagung auf Schloss Kreisau im Juni 1943 hatte Trott einen Vortrag über die Grundlagen künftiger Außenpolitik gehalten; während er Gespräche mit den Westmächten wegen deren Forderung nach bedingungsloser Kapitulation zurzeit wenig aussichtsreich nannte, wollte er Gespräche mit den Russen nicht grundsätzlich ausschließen. Obwohl er mit Moltkes Art nur schwer zurechtkam und oft ähnlich gereizt auf ihn reagierte wie Stauffenberg, fühlte sich Trott nach der Verhaftung Moltkes im Januar 1944 isoliert. In den folgenden Wochen intensivierte er den Kontakt zu dem knapp zwei Jahre älteren Stauffenberg, der seinerseits dringend einen in den Außenbeziehungen versierten Gesprächspartner suchte.

Trott war literarisch interessiert, hatte sich als junger Mann in Hölderlin und Jean Paul vertieft – wie Stauffenberg zählte er den *Titan* zeitlebens zu seinen Lieblingsbüchern – und war 1931 mit einer Arbeit über Hegels Staatsphilosophie und das Internationale Recht promoviert worden. Einerseits ging er Probleme gern vom Grundsatz her hegelianisch an, andererseits zeigte er sich früh aufgeschlossen für soziale Fragen. Während in der Demokratie Freiheit nur als Deckmantel für ausbeuterische Politik benutzt werde, appellierten autoritäre Systeme allzu stark an die niederen Instinkte. In beiden Fällen handele es sich um das gleiche Phänomen: die mangelnde Integrationsfähigkeit moderner Gesellschaften. Über solche Themen konnte er sich mit Stauffenberg schnell verständigen. Nicht zuletzt war Trott von der gleichen politischen Leidenschaft und einem ähnlich jugendlichen Schwung beseelt wie Stauffenberg. Zum Frühjahrsbeginn 1944 entwickelte sich zwischen den beiden eine enge Freundschaft. Nach Fritz-Dietlof von der Schulenburg und Julius Leber wurde Adam von Trott zu Solz für Stauffenberg zum wichtigsten Mitstreiter in der Verschwörung. Im Zentrum ihrer Gespräche standen die außenpolitischen Optionen, die von Monat zu Monat schwanden.

Seine Verbindungen zur politischen Klasse in Großbritannien hatte Trott nach Kriegsausbruch über Kontaktleute in Schweden und der Schweiz fortgeführt. Mitte März 1944 war er für eine Woche in Stockholm gewesen, vier Wochen später reiste er für sechs Tage nach Genf und Bern. Während von den Russen »dauernd konstruktive Ideen und Pläne« für die Nachkriegsordnung in Mitteleuropa kämen, ließ er den Schweizer Repräsentanten des US-Geheimdiensts Allen Dulles wissen, hätten die westlichen Kriegsgegner »nichts zu bieten«.[24]

Trott verwies beispielhaft auf das »Nationalkomitee Freies Deutschland«(NKFD), eine Vereinigung deutscher Offiziere in russischer Gefangenschaft. Mit seiner Zustimmung zur Gründung des NKFD im vergangenen Sommer habe Stalin seine Bereitschaft zu einem Separatfrieden mit einer neuen deutschen Regierung erkennen lassen. So jedenfalls interpretierten Trott und andere die Gründung des NKFD, und dieser Auslegung konnte man sich in London und Washington nicht ganz verschließen. Der Versuch, die Westmächte damit unter Druck zu setzen, trug jedoch nicht zur Glaubwürdigkeit der Emissäre bei, sondern verstärkte im Gegenteil bei Amerikanern und Briten die Zweifel an der Aufrichtigkeit der deutschen Opposition.

Stauffenberg unterlag – in diesem Punkt nicht weniger illusionär als Goerdeler – bis in den Juli hinein dem Irrtum, es gäbe noch irgendetwas, worüber sich mit den Westmächten verhandeln ließe, gar die Möglichkeit, eine »Westlösung« gegen eine »Ostlösung« auszuspielen. Die zunehmend deprimierenden Nachrichten, die Trott von seinen Reisen mitbrachte, waren für ihn ein wichtiges Korrektiv. Sie bestärkten ihn zugleich in seiner Überzeugung, dass umgehend gehandelt werden musste, wenn Deutschland sich auch nur eine winzige Chance erhalten wollte, den Folgen einer bedingungslosen Kapitulation zu entgehen. Eine Gesamtkapitulation auf Basis der von Roosevelt und Churchill im Januar 1943 in Casablanca verabschiedeten Formel der »Unconditional Surrender«, die auch einen Waffenstillstand mit einer deutschen Nachfolgeregierung ausschloss, kam für Stauffenberg nicht in Betracht. Solange die Fronten hielten, ließ sich seiner Meinung nach aus einer Position der Stärke verhandeln – notfalls eben auch mit den Russen. Mit der Landung der Alliierten in der Normandie am 6. Juni schien eine »Westlösung« in greifbare Nähe zu rücken: Würde man die Stellungen im Westen kampflos räumen, die Verbände bis an die Reichsgrenze zurückziehen und alle Kräfte nach Osten werfen, ließe sich die vollständige Niederlage womöglich noch abwenden. Voraussetzung war eine Art Stillhalteabkommen an der Invasionsfront. Unter dem Eindruck der gewaltigen Verluste, die der Ausbau ihrer Brückenköpfe sie kostete, wären die Oberbefehlshaber der alliierten Expeditionsstreitkräfte möglicherweise doch zu Verhandlungen bereit. Direkte Gespräche auf der Ebene der Heerführer, so Stauffenbergs Kalkül, könnten schnell zu einer Einigung führen.

Am Abend des 18. Juni besuchte Stauffenberg Trott in Dahlem. Trott flog am nächsten Tag nach Stockholm, um ein weiteres Mal die Verhandlungsbereitschaft der Alliierten zu erkunden. Er müsse von den Westmächten vor allem Zusicherungen verlangen, betonte Stauffenberg. Seine Forderungen reduzierten sich inzwischen auf drei Punkte: dass der Kern des deutschsprachigen Territoriums unangetastet bliebe, dass bei der Versorgung der Bevölkerung Mindeststandards eingehalten würden und dass sowohl die Demobilisierung der Truppen als auch die Bestrafung von Kriegsverbrechern in deutscher Verantwortung lägen. Trott sah das ähnlich und machte seinen Gesprächspartnern in Stockholm noch einmal klar, dass eine neue deutsche Regierung zuallererst erträgliche Friedensbedingungen vorweisen müsse. Aber auch diese letzte Mission blieb erfolglos. Trotts Versuch, über Willy Brandt mit der russischen Botschafterin Alexandra Kollontai in Verbindung zu treten, scheiterte bereits im Vorfeld.

Als Trott am 26. Juni aus Schweden zurückkam, hatte die Rote Armee mit 1,25 Millionen Mann ihre lang erwartete Großoffensive gestartet. Auf einer Breite von mehr als vierhundert Kilometern wurden die Deutschen förmlich überrollt. Ihren 118 Panzern und 377 Sturmgeschützen standen mehr als 4000 Panzer und Sturmgeschütze der Roten Armee gegenüber. Die täglichen Verluste der Wehrmacht im weißrussischen Frontbogen übertrafen die Opferzahlen an der Invasionsfront um ein Vielfaches, drei der vier Armeen der Heeresgruppe Mitte brachen zusammen. Die Gesamtverluste zwischen 22. Juni und 29. August beliefen sich auf annähernd 400000 Mann – die höchsten Verluste der deutschen Militärgeschichte seit der Schlacht an der Somme 1916.[25] Dass es den Deutschen Ende August gelang, die Front auf der Linie Riga–Warschau noch einmal zu stabilisieren, grenzte an ein Wunder.

Im Kreis der Verschwörer verknüpfte man mit dem Debakel an der Ostfront eine letzte Hoffnung: dass das rasche Vordringen der Russen die Westmächte doch noch zu einem Umdenken bewegen könnte. Die entscheidende Frage jedoch, wer auf deutscher Seite die nötigen Gespräche führen und die Öffnung der Westfront veranlassen könnte, blieb unbeantwortet. Der zur Verteidigung der Kanalküste eingesetzte Oberbefehlshaber der Heeresgruppe B, Generalfeldmarschall Rommel, war aus eigener Initiative zu einem solchen Schritt ebenso wenig bereit wie sein Vorgesetzter, der Oberbefehlshaber West Generalfeldmarschall Rundstedt, der Anfang Juli von Hitler durch Generalfeldmarschall Kluge ersetzt wurde. Noch bei ihrer letzten großen Zusammenkunft am 16. Juli in Stauffenbergs Wohnung erörterten die Verschwörer die Möglichkeit, die Invasionsfront zu öffnen, und setzten dabei auf Rommel. Dieser habe ihm vor wenigen Tagen erklärt, dass er keine sechs Wochen mehr durchhalten werde, berichtete Stauffenbergs Vetter Oberstleutnant d. R. Cäsar von Hofacker, der als Verbindungsmann der Opposition im Stab des Militärbefehlshabers Frankreich fungierte. Aber Rommel weigerte sich, den Krieg abzukürzen: »Führer großer Mann, hat politischen Instinkt, müsste von sich aus auf die richtige Lösung kommen«.[26] Da Rommel am 17. Juli bei einem Tieffliegerangriff schwer

verwundet wurde und ausfiel, ist die Frage, ob es Hofacker in letzter
Minute doch noch gelungen war, ihn von einem Seitenwechsel zu
überzeugen, bis heute umstritten.

Zum 1. Juli 1944 wurde Stauffenberg unter gleichzeitiger Beförderung
zum Oberst zum Chef des Stabes beim Befehlshaber des Ersatzheeres
ernannt. Generaloberst Fromm hatte ihn bei der Personalabteilung
angefordert und Mitte Juni Einzelheiten seiner neuen Verwendung
mit ihm besprochen. Stauffenberg hielt mit seiner Einschätzung nicht
hinterm Berg. Er habe Fromm mitgeteilt, »dass er den Krieg seit zwei
Jahren für verloren halte, und dabei hinzugefügt, politisch sei er nicht
zuverlässig, er wolle, falls bis zum Herbst kein Wunder geschehe,
selbst eine Änderung herbeiführen. Generaloberst Fromm habe das
aber bagatellisiert.«[27] Die drei Vorgänger Stauffenbergs als Chef des
Stabes bei Fromm waren ebenfalls aus dem AHA gekommen, insofern
war an der Beförderung nichts Ungewöhnliches. Dennoch bleibt rät-
selhaft, warum Fromm ausgerechnet den Kopf der militärischen Verschwörer auf diese Schlüsselposition holte.

Der Chef des AHA, General Olbricht, hatte Fromm wohl im
Herbst darüber ins Bild gesetzt, dass die »Walküre«-Befehle auch Einsatzmöglichkeiten gegen das Regime eröffneten; dass die geheimen
Zusatzbefehle bereits ausgearbeitet waren, verschwieg er ihm wohl-
weislich. Fromm muss jedoch geahnt haben, dass sich in seiner wichtigsten Dienststelle etwas zusammenbraute und dass Stauffenberg die
treibende Kraft war. Er beschloss, ihn »stärker seiner Kontrolle zu unterstellen«. Hätte Fromm lediglich nach opportunistischen Gesichtspunkten entschieden, so sein Biograph Bernhard Kroener, wäre es für
ihn einfacher gewesen, Stauffenberg bei Olbricht zu belassen und sich
im Moment der Entscheidung auf die richtige Seite zu schlagen.
Fromm habe es jedoch vorgezogen, ihn zu seinem engsten Mitarbeiter
zu machen, um auf diese Weise »Einfluss auf den geplanten Staatsstreich zu nehmen«.[28] Stauffenberg seinerseits scheint sich sicher gewesen zu sein, dass von Fromm, von dem er menschlich und fachlich
nicht viel hielt, keine Gefahr ausging.

Stauffenberg konnte erreichen, dass ein guter Freund, mit dem er
an der Kriegsakademie im gleichen Hörsaal gesessen und 1941/42 lange
in der Organisationsabteilung zusammengearbeitet hatte, Oberst i. G.
Albrecht Ritter Mertz von Quirnheim, seine bisherige Stelle bei
Olbricht übernahm. Er hatte Mertz Anfang Dezember 1943 zum letzten Mal gesehen, aber offenbar keinerlei Andeutungen gemacht, dass
ein Umsturz geplant sei. Jedenfalls war Mertz, als er Mitte Mai von
seiner bevorstehenden Versetzung erfuhr, wie vor den Kopf gestoßen.
»Ich bin wütend und sehr enttäuscht über diese neue Verwendung«,
schrieb er an seine zukünftige Frau: »In dieser Phase des Krieges ausgerechnet ich zu Hause!« Mertz war Chef des Stabes des XXIV. Panzerkorps im Bereich der Heeresgruppe Süd, ein Mann der Front. »Erst
an den sichtbaren Erscheinungen des Kriegs wird mir langsam der
letzte Inhalt meines Berufes klar«, schwärmte er wie einst Stauffenberg
in seinen Briefen aus dem Polenfeldzug: »Menschen zu führen in den
Augenblicken, in denen wir an den Grenzen des Diesseits und Jenseits
stehen.«[29]

Am 23. Mai empfingen Stauffenberg und Olbricht den neuen Chef
des Stabes beim AHA in der Bendlerstraße und klärten ihn auf: zunächst über seine Illusionen hinsichtlich des Kriegsausgangs, anschließend über den Zweck seiner Versetzung ins AHA. Mertz begriff auf
der Stelle, was die beiden von ihm erwarteten. Am 14. Juni zog er zu
Stauffenberg in die Tristanstraße, drei Tage später trat er seinen Dienst
an: »Heute um 14.00 Uhr setzte ich mich mit einem hörbaren Ruck
und allem mir zur Verfügung stehenden Selbstvertrauen auf Stauff's
Stuhl. Der Kopf raucht mir nach den kurzen 6 Tagen der ›Einarbei-
tung‹ gewaltig.«[30] Von diesem Tag an zählte der zupackende, nerven-
starke Albrecht Mertz von Quirnheim zu Stauffenbergs wichtigsten
Verbündeten im Bendlerblock. Sollte Stauffenberg das Attentat selbst
ausführen müssen – und darauf deutete Ende Juni manches –, war
»Ali« der Einzige, dem er zutraute, falls er selbst ausfiel, den Staatsstreich von Berlin aus zu organisieren.

Am 7. Juni 1944, also gut drei Wochen vor seinem offiziellen
Dienstantritt, hatte Stauffenberg als Begleiter Fromms erstmals an

einer Lagebesprechung im Führerhauptquartier auf dem Obersalzberg teilgenommen. Die Beratungen dauerten eine Stunde, Thema war »die Aufstellung einer operativen Reserve im Westen, für die von allen Kriegsschauplätzen und unter Einbeziehung der im Heimatkriegsgebiet vorhandenen Urlauber 20 Divisionen zum Teil aus der Front herausgezogen, zum Teil neu aufgestellt werden sollten«.[31] Fromm nahm Stauffenberg mit, weil er als Chef des Stabes im AHA Auffrischungen und Neuaufstellungen koordinierte und den besten Überblick hatte. Stauffenberg trug sich an diesem Tag nicht mit der Absicht, ein Attentat auszuüben. Das wäre schon rein logistisch gar nicht möglich gewesen, denn von dem Termin hatte er erst am Vorabend erfahren und in Bamberg gerade noch den Nachtzug erreicht, um rechtzeitig in Berchtesgaden einzutreffen. Aber der Besuch auf dem Berghof war für ihn wichtig, weil er sich erstmals selbst ein Bild von der Umgebung des Diktators machen konnte. Er sei verblüfft gewesen, meinte er einige Tage später zu Generalmajor Stieff, und ließ dabei wohl einen leisen Vorwurf anklingen, »dass man in unmittelbarer Nähe des Führers recht zwanglose Bewegungsmöglichkeiten habe«.[32]

Nach Aussage seines Bruders Berthold im Gestapo-Verhör vom 21. Juli fasste Stauffenberg den Entschluss, das Attentat selbst auszuführen, »erst vor etwa vier Wochen«, also Ende Juni.[33] Die erste Möglichkeit hätte sich demnach am 6. Juli geboten, als er in seiner neuen Funktion als Chef des Stabes beim Befehlshaber des Ersatzheeres auf den Berghof bestellt wurde; in zwei jeweils etwa einstündigen Besprechungen musste Stauffenberg vortragen. Der Sprengstoff, den er an diesem Tag in einer Aktenmappe mitbrachte, war jedoch aller Wahrscheinlichkeit nach für Stieff bestimmt, dem er die Mappe mit den Worten zeigte: »Ich habe das ganze Zeug mit.«[34] Stieff sollte am nächsten Tag im nahe gelegenen Schloss Kleßheim Hitler neue Uniformen präsentieren – und sich dabei zusammen mit Hitler in die Luft sprengen.[35]

Für Stauffenberg gab es am 6. Juli keinen Grund, an der Entschlossenheit des Mitverschwörers zu zweifeln. Bei der Gestapo sagte Stieff allerdings etwas anderes aus. Die Uniformvorführung sei von ihm

wiederholt auf die lange Bank geschoben worden, weil er einen Anschlag auf den Führer grundsätzlich abgelehnt habe. Als Stauffenberg
ihm am 6. Juli auf dem Obersalzberg den Sprengstoff zeigte, habe er
ihn barsch zurechtgewiesen: »Lassen Sie die Finger gefälligst davon.«[36]
Er tat so, als habe Stauffenberg selbst das Attentat ausführen wollen.
Stieff wollte seinen Kopf retten, deshalb ließ er den Verdacht, der
Sprengstoff könnte für ihn bestimmt gewesen sein, bei der Gestapo
gar nicht erst aufkommen; auf Schloss Kleßheim wäre ein Attentat im
Rahmen einer Uniformvorführung technisch gar nicht möglich gewesen, behauptete er. Wie auch immer Stieffs Aussagen im Verhör zu bewerten sind: Alles deutet darauf hin, dass es an diesem Donners-
tag – zwei Wochen vor dem 20. Juli – zwischen ihm und Stauffenberg
zu einem Dissens kam.

Fünf Tage später, am 11. Juli, flog Stauffenberg wieder nach Berchtesgaden – diesmal zur Morgenlage, die kurz nach 13.00 Uhr begann –, und wieder hatte er Sprengstoff bei sich. Auch dieses Mal will
Stieff »ihn beschworen haben, den Anschlag nicht durchzuführen«.[37]
Im Kreis der Verschwörer war verschiedentlich darüber diskutiert
worden, dass bei einem Attentat auf Hitler möglichst auch die beiden
mächtigsten Männer des Reiches, die den Staatsstreich gefährden
konnten, Himmler und Göring, getötet werden sollten. Stauffenberg
hatte sich diese Sicht zu eigen gemacht. Als er nach der Landung in
Berchtesgaden erfuhr, dass der Reichsführer-SS entgegen der Ankündigung nicht an der Besprechung teilnehmen werde, geriet er offenbar
in Versuchung, das Sprengmaterial dennoch zu zünden. Die Frage, die
er in diesem Moment an Stieff richtete – »Herrgott, soll man nicht
doch handeln?« –, ist nur vor diesem Hintergrund zu verstehen.[38]
Stieff, der bereits das im Februar geplante Attentat mit dem Hinweis
auf den nicht anwesenden Himmler hatte platzen lassen, scheint
Stauffenberg überzeugt zu haben, dass er es besser bleiben ließ.

Vier Tage später, am 15. Juli, verlor Stieff offenbar die Nerven. Zum
dritten Mal war Stauffenberg mit Sprengstoff ins Führerhauptquartier
geflogen – diesmal in die Wolfschanze nach Ostpreußen, die Hitler
mit seinem Tross am Vortag von Berchtesgaden kommend bezogen

hatte. Die Kuriermaschine landete um 9.35 Uhr. Im Kasino des Lager-
kommandanten gab es für Fromm, Stauffenberg und dessen Ordonnanzoffizier Hauptmann Klausing ein zweites Frühstück. Stauffenberg ließ sich mit dem Hauptquartier des OKH im nahe gelegenen
Mauerwald verbinden und sprach mit dem für die fernmeldetechni-
sche Abschirmung des Staatsstreichs verantwortlichen General Erich
Fellgiebel und mit Stieff. Sie deuteten ihm offenbar an, dass es Probleme gebe und die Anwesenheit Himmlers auf jeden Fall gewährleistet
sein müsse.

Für 11.00 Uhr war eine Vorbesprechung beim Chef des OKW Keitel im Sperrkreis I anberaumt, die knapp zwei Stunden dauerte. Anschließend gingen Keitel, Fromm und Stauffenberg gemeinsam zur
Lagebaracke. Dort warteten Keitel und Stauffenberg im Gespräch mit
dem General der Flieger Karl Bodenschatz auf Hitler. Hitler kam aus
dem gegenüberliegenden Gästebunker, dem einzigen Bau neben dem
Nachrichtenbunker, der mit einer sieben Meter dicken Betonplatte
ausreichend armiert war, begleitet von seinem Marineadjutanten,
Konteradmiral Karl Jesko von Puttkamer. Es war jetzt 13.00 Uhr. Im
Moment der Begrüßung entstand das einzige Foto, das Stauffenberg
und Hitler gemeinsam zeigt: Hitler geht schleppend, leicht gebückt
auf General Bodenschatz zu und reicht ihm die Hand. Rechts steht lässig Keitel, links hoch aufgerichtet, in kerzengerader Haltung, die Ha-
cken zusammengeschlagen, Stauffenberg. Er scheint Hitler zu fixieren.
Auch er wird von ihm gleich mit Handschlag begrüßt werden.

Erst nach Beginn der Lage bei Hitler um 13.10 Uhr fand Stauffenberg Gelegenheit, in einem Nebenraum mit der Bendlerstraße zu tele-
fonieren. Himmler sei wieder nicht dabei, was er tun solle, wollte er
von Mertz wissen. Nach langem Hin und Her und zahlreichen Quer-
telefonaten musste ihm Mertz eine halbe Stunde später mitteilen, dass
sich die Verschwörer in Berlin mehrheitlich gegen die Ausführung des
Attentats ausgesprochen hätten. Mertz hielt das Argument Himmler
inzwischen jedoch für vorgeschoben, er gewann an diesem Mittag den
Eindruck, dass das Attentat nicht erwünscht war und Stauffenberg
hingehalten werden sollte. »Ali Du weißt, dass es letztlich nur eine

Angelegenheit zwischen Dir und mir ist, was sagst Du?«, fragte Stauffenberg den Freund. Mertz antwortete:»Tu's.«[39]

Die Berichte darüber, was anschließend geschah und warum es nicht zur Ausführung kam, weichen erheblich voneinander ab. Ob es möglich gewesen wäre, die Bombe noch rechtzeitig scharf zu machen, oder nicht: Nach dem zweiten Telefonat mit Mertz stellte sich die Gesamtsituation für Stauffenberg völlig anders dar als am Morgen. Er war jetzt auf sich allein gestellt. Und er fühlte sich verraten. Als er am nächsten Abend Generaloberst Beck in Berlin Bericht erstattete – auch am Abend des 11. Juli hatte er nach der Rückkehr vom Berghof Beck die Gründe für den Fehlschlag erläutert –, gab er ihm eine so einleuchtende wie ungeheuerliche Erklärung für das Scheitern: Während seines Telefonats mit der Bendlerstraße habe ihm Stieff die Tasche mit dem Sprengstoff entwendet.[40]

Aber nicht nur Stieff, dem er am 6. Juli noch vertraut und dessen Argumenten er auch am 11. Juli noch geglaubt hatte, war ihm in den Rücken gefallen. Auch die Verantwortlichen in der Berliner Zentrale kniffen. Am späten Abend des 15. Juli ließ Mertz im Gespräch mit seiner Frau die Vorgänge dieses Tages Revue passieren und fasste zusammen:»Dass man letztlich, wenn es den unbedingten Mut u. Willen zur allerletzten Konsequenz gilt – sich alleine sieht«.[41] Fünf Tage später, am Abend des 20. Juli, als sich abzeichnete, dass der Staatsstreich definitiv gescheitert war, wird sich Stauffenberg gegenüber der Sekretärin von Fromm im gleichen Sinne äußern:»Sie haben mich ja alle im Stich gelassen!«[42]

Was geht in einem Menschen vor, der nach monatelangen sorgfältigen Planungen eines Komplotts im Moment der Ausführung feststellt, dass denen, mit denen gemeinsam er auf diesen Tag hingearbeitet hat, die Nerven versagen? Welches Loch tut sich vor ihm auf, wenn diejenigen, ohne die er vielleicht niemals in die Rolle des Attentäters gefunden hätte, ihn im entscheidenden Augenblick von der Tat abzuhalten suchen? Wie kommt jemand aus einer solchen Situation heraus, ohne den Glauben an die gemeinsame Sache zu verlieren, woher nimmt er die Kraft, es noch einmal zu versuchen?

Entscheidend für die Standfestigkeit Stauffenbergs in den zwei Wochen zwischen dem 6. und 20. Juli war die vollkommene Übereinstimmung mit Ludwig Beck. Der Generaloberst, für den es jetzt keine Alternative zur Ermordung Hitlers mehr gab, habe »die revolutionäre Dynamik und geradezu metaphysisch gegründete Entschlossenheit Stauffenbergs« erkannt und ihm deshalb vertraut, so der Beck-Biograph Klaus-Jürgen Müller.[43] Ein Dreivierteljahr zuvor hatte Beck im Gespräch mit Ulrich von Hassell erklärt, »dass er nur eine Sache unternehmen würde, bei der er vernünftiger Weise einen Erfolg erhoffen könne«. Ein solcher Erfolg schien ihm im Juli 1944 durch Stauffenberg möglich.

Im November 1943 war Beck von Hassell gefragt worden, ob es »nicht schon zu spät sei, so dass es richtiger wäre, die Katastrophe ablaufen zu lassen«. Becks Antwort registrierte Hassell mit Zustimmung: »Trotz allem ist es schon aus *sittlichen* Gründen für die deutsche Zukunft *erforderlich*, wenn auch nur irgendwelche Möglichkeit und Aussicht besteht, noch vorher den Versuch zu machen.«[44] Dieser Aspekt des Sittlichen gewann jetzt auch für Stauffenberg zunehmend an Bedeutung: Wenn es den Deutschen gelang, sich aus eigener Kraft von Hitler zu befreien – wenn sie zumindest einen ernsthaften Versuch unternahmen –, konnten sie auf eine bessere Behandlung durch die Sieger hoffen. Gegenüber Beck soll er Anfang 1944 seine Sorge zum Ausdruck gebracht haben, »wie das deutsche Volk sich von der Schuld reinigen könne, die es durch seine Identifizierung mit einer verbrecherischen Regierung auf sich geladen hatte«.[45]

Wenige Tage nach der Invasion hatte sich Stauffenberg bei Tresckow erkundigt, ob ein Attentat überhaupt noch sinnvoll sei. Die Antwort muss jenseits des berühmten Satzes gesucht werden, den Schlabrendorff 1945 als Albumblatt für die Überlebenden formulierte – *coûte que coûte*.[46] Die Antwort ist so passgenau, dass fast auch die Frage konstruiert wirkt. Aber Stauffenberg hat sie nicht gestellt, weil ihm Zweifel an Tresckows Haltung oder an der Ausführung des Attentats gekommen wären. Das stand zwischen den beiden nicht zur Diskussion. Zu entscheiden war vielmehr, ob die Verschwörer jetzt, da es für die Deutschen nichts mehr zu verhandeln gab, Verantwortung an sich ziehen sollten – mit allen damit verbundenen Risiken, auch dem, eine neue Dolchstoßlegende zu schaffen – oder ob sie nicht doch besser das Regime seinem selbst verschuldeten Untergang überließen. Julius Leber war bereits am 15. Mai zu der Überzeugung gelangt, »dass sich eine Totalbesetzung Deutschlands nicht mehr abwenden lässt, ganz gleich, ob vorher noch ein Regierungswechsel erfolgt oder nicht«.[47] In der ersten Junihälfte zeichnete sich auch in Stauffenbergs Denken eine Verschiebung ab. Immer häufiger wurde er jetzt getrieben von der Vorstellung, dass es für einen Anschlag zu spät sein könnte.[48] Es ging für ihn nicht mehr um Details des Staatsstreichs oder Grundlagen der politischen Neuordnung, sondern – als Folge des enormen Zeitdrucks, unter dem die Verschwörung jetzt stand – nur noch um den Akt der Erhebung als solchen. »Der Wille zum Handeln wurde absolut gesetzt, er war nicht mehr an militärische und politische Bedingungen geknüpft.« Gleichwohl war »der absolute Wille zur Tat nicht völlig frei von Hoffnungen, die sich an diese Tat knüpften«.[49]

Man hat im Zusammenhang mit Stauffenbergs Anschlag am 20. Juli 1944 von einem Ethos der Tat gesprochen.[50] Das Ethos der Tat lässt sich weder mit politischen noch mit moralischen Kriterien angemessen beschreiben; es ist wertfrei und unterscheidet sich kategorial von allem, was wir unter Haltung und Gesinnung verstehen. Es kann ebenso zur Charakterisierung von Tyrannenmord wie zur Begründung von Anarchie hilfreich sein. Brutus kümmerte es nicht, ob die Welt den Mord an Caesar mit Abscheu oder Bewunderung aufnahm, er sah die Freiheit Roms in Gefahr und erfüllte seine Pflicht als Bürger. Das Ethos der Tat sucht weder Ruhm noch Ehre, sein einziger Zweck ist die Tat um ihrer selbst willen.

Um zu verstehen, bis zu welchem Grad an Abstraktion Stauffenberg im Juni 1944 vorstieß, muss man ein letztes Mal jene Gedankenwelt aufrufen, die ihn jetzt, kurz vor dem Ende, auf geradezu unheimliche Weise in ihren Bann zog. »Wenn es einen geistigen Urheber des Attentats auf Adolf Hitler am 20. Juli 1944 gegeben hat, dann war es

Stefan George. Niemand sonst hat Claus Schenk Graf von Stauffenberg so geprägt, intellektuell geformt wie jener Dichter, der die Tat forderte, um das Neue Reich zu verwirklichen.«[51]

George verstand sich von Anfang an als ein Dichter der Tat. Verschwörung und Umsturz gehörten zu den zentralen Vorstellungen seines Weltbilds, die »Tat« wurde zu einer entscheidenden Metapher seines Dichtens. »Wer niemals am bruder den fleck für den dolchstoss bemass / Wie leicht ist sein leben und wie dünn das gedachte«.[52] George sei, schrieb einer der frühen Weggefährten, »eine ins Künstlerische geratene, um nicht zu sagen entgleiste Täternatur«.[53] Nicht weniger radikal als Karl Marx, der verlangte, die Philosophen dürften die Welt nicht nur interpretieren, sie müssten sie auch verändern wollen, sprach George von der Dichtung als einer revolutionären Kraft, die das Potenzial habe, bestehende Verhältnisse umzustoßen.

»Alles was George sinnt und singt, ist tat und geschieht um der tat willen«,[54] hatte Friedrich Gundolf 1910 im *Jahrbuch für die geistige Bewegung* deklariert und damit das Selbstverständnis Georges und seiner Gruppe auf den Punkt gebracht. Diejenigen, die von Georges Dichtung erfüllt seien, sekundierte Karl Wolfskehl, lebten heute schon in der Gewissheit einer Zeitenwende. In diesem Kontext war erstmals die Rede von einem »geheimen Deutschland«, das bereitstehe, in die geschichtliche Wirklichkeit zu treten.[55] Im *Stern des Bundes*, den George in diesen Jahren als Erziehungsprogramm für seine jungen Freunde konzipierte, wurden Tat und Täter immer wieder ins Bild gesetzt: »Ihr sollt das morsche aus dem munde spein / Ihr sollt den dolch im lorbeerstrausse tragen / Gemäss in schritt und klang der nahen Wal.«[56] Wer den Geist dieser Dichtung verinnerlicht hatte, lebte in dem Bewusstsein, dass es zu den Privilegien der Auserwählten gehörte, die Entscheidung auch unter Einsatz des eigenen Lebens zu suchen.

Seit seinem 16. Lebensjahr war Claus von Stauffenberg in dieser Welt zu Hause. Er habe viel im *Jahr der Seele* gelesen, hatte er im Oktober 1924 an den Dichter geschrieben, »und je klarer das Lebendige vor mir steht, je höher das Menschliche sich offenbart und je eindringlicher die tat sich zeigt, umso dunkler wird das eigene blut, umso

ferner wird der klang eigener worte und umso seltener der sinn des
eigenen lebens … Meister, ich habe zu viel gelernt aus jenem gedicht:
Ihr seid die gründung wie ich jetzt euch preise.«[57] Das Gedicht, dessen
erste Zeile Stauffenberg hier zitierte, um seinem Meister zu zeigen, wie
weit er sich auf dem Weg in den innersten Bezirk bereits vorgearbeitet
hatte, eröffnet die letzte Gedichtgruppe im *Stern des Bundes*. Es feiert
die neue Gemeinschaft, die den Gesetzen von Raum und Zeit enthoben ist:»Ihr seid die Widmenden ihr tragt das reich / So ganz wie
ungewusst auf andrem stern / Bald vor- bald nachher irdischer auftritt
spielt.« Was wir für Wirklichkeit halten, hat möglicherweise längst
stattgefunden; dann wieder nehmen wir Geträumtes nur vorweg, indem wir es zur Wirklichkeit erklären. Weil sich die kosmischen Zusammenhänge nicht ergründen lassen, bleibt als einziger Bezugspunkt
das Hier und Jetzt. Hier und jetzt habt ihr euch zu bewähren, so die
in der letzten Zeile komprimierte Botschaft des Gedichts:»Und was
ihr heut nicht leben könnt wird nie.«[58]

Zwanzig Jahre später suchte Stauffenberg sich dieser Ursprünge zu
vergewissern. Die Wirklichkeit wurde immer unübersichtlicher, die
Parameter zur Beurteilung der politischen und militärischen Entwicklung verschoben sich jetzt fast wöchentlich. Anfang September 1943
hatten er und sein Bruder Berthold mit Hilfe von Rudolf Fahrner erstmals versucht, Kerngedanken der George'schen Ethik in die Konzepte
für eine Nachkriegsordnung zu integrieren und so den Staatsstreich
sittlich zu begründen. Zehn Monate später baten die Brüder Rudolf
Fahrner noch einmal, nach Berlin zu kommen. Er sollte helfen, diverse Aufrufe, die für den Tag des Staatsstreichs vorbereitet in den
Schubladen lagen, der aktuellen Lage anzupassen und auf das Wesentliche zu reduzieren. Am 29. Juni traf Fahrner in Berlin ein, wo er sechs
Tage blieb und zwischen der Wohnung in Wannsee und Bertholds
Koje bei Bernau hin und her pendelte.

Fahrner kam direkt aus Athen und brachte Manuskripte mit, die
zur Veröffentlichung im Delfinverlag vorbereitet werden sollten: die
noch von Frank Mehnert gemeinsam mit Cajo Partsch besorgte Nach-
erzählung *Agis und Kleomenes,* einen weiteren Gesang der *Odyssee,* den

Fahrner und Alexander von Stauffenberg übertragen hatten, und eine umfangreiche Dichtung Alexanders, *Der Tod des Meisters*. Es war vor allem dieses Werk ihres Bruders, mit dem sich Claus und Berthold Anfang Juli intensiv beschäftigten. In der Nacht vom 4. auf den 5. Juli lasen sie es zur Verabschiedung Fahrners noch einmal zu dritt.

Die zum zehnten Todestag Georges entstandene Dichtung, die bald nach Kriegsende im Delfinverlag erschien, beschwört in sieben hermetischen Gesängen die Empfindungen der Freunde, die sich Anfang Dezember 1933 in Minusio versammelt hatten, um den Dichter zu Grabe zu tragen. »Uns die verderben wenn dies leben endet / Die fassungslosen kommt ein fragen an: / Hob schon ein andrer kreis des lebens an?« Geht mit George eine Epoche zu Ende oder beginnt mit ihm etwas Neues? Fahrner schenkte Claus von Stauffenberg in diesen Tagen einen goldenen Ring, auf dem in erhabenen Buchstaben die Worte umliefen: »FINIS INITIUM«. Das Ende als Anfang? Den Trauernden in Alexanders Dichtung blieb vorerst nichts als die Pflicht, das Erbe zu bewahren und weiterzutragen: »Und scheidend wussten wir: in unserem leben / Ein jeder atemzug und schmerzlich beben / Bleibt dienst an diesem grab mit geist und blut.«[59]

Er habe »vor ein paar Stunden« den *Tod des Meisters* erhalten, schrieb Ernst Kantorowicz am 11. Oktober 1947 aus Berkeley an den Verfasser. »Was Sie geschaffen haben, ist ein ganz überraschend grosser Wurf. Sie haben etwas fertig gebracht das noch keinem gelungen ist von den Freunden, nämlich episch zu sein. Ist's der Historiker in Ihnen, ist's der Homerübersetzer – vom Dichter hier nicht zu reden – Sie haben einen ›epischen Tatsachenbericht‹ geliefert, ohne rhetorische Aufhöhung, ohne ungefüllte Worte oder Bilder, und dennoch Tatsachen, die zum Mythos geraten sind und mythisch schon waren, als sie geschahen. Doch Sie haben es hinzustellen vermocht und haben dem Ausdruck gegeben, was wir alle damals fühlten und wahrnahmen, bis zum Schrieken [sic] des schmiedeeisernen Tores in den Angeln.«

Und dann wünschte sich Kantorowicz von Alexander von Stauffenberg etwas Ähnliches auch über den 20. Juli: »Ich könnte mir denken, dass Sie, als einziger, auch den Juli 1944 als Dichter behandeln könnten, besser vielleicht denn als prosaschreibender Historiker. Denn auch dieses ist wahrlich ›Epos‹ und es wäre wünschenswert, dass erstmals nach vielen saeclen eine ›primäre Quelle‹ wieder in gebundener Form erscheint und gelesen und ›ausgelegt‹ werden muss.«[60] Diese Anregung hat der überlebende Bruder nicht umsetzen können; er überließ das »Epos« dem mit ihm und Fahrner befreundeten Arzt Eberhard Zeller, der 1952 unter dem Titel *Geist der Freiheit* eine auf reichem Quellenmaterial basierende Darstellung des 20. Juli vorlegte, die in Teilen noch heute fasziniert.

Die Entwürfe zu den Aufrufen, die beim Staatsstreich verbreitet werden sollten, sind durch viele Hände gegangen. Die ersten Fassungen datierten aus dem Herbst 1943; inhaltliche Vorgaben kamen im Wesentlichen von Goerdeler, Hassell und Beck, auch die »Kreisauer« und die Vertreter der Gewerkschaften hatten Stichworte beigesteuert. Überliefert sind ein »Aufruf an das deutsche Volk« und eine »Regierungserklärung«, der Entwurf für eine Rundfunkansprache Goerdelers, der deutlich die Handschrift Stauffenbergs trägt, und zuletzt ein »Aufruf an die Wehrmacht«, der wohl auf gemeinsame Überlegungen Becks, Tresckows und Stauffenbergs zurückgeht. Wie die Texte im Einzelnen zustande kamen und wer welche Anteile daran hatte, ist nicht mehr rekonstruierbar.[61]

Die Fülle der teilweise höchst disparaten Argumente, die zur Begründung des Staatsstreichs angeführt werden, lässt erahnen, wie schwer es gewesen sein muss, einen gemeinsamen Nenner zu finden. Die Regierung Hitler habe »unter dem Deckmantel einer Neuordnung Europas die Unterwerfung fast des ganzen Erdteiles betrieben«, hieß es etwa in dem geplanten Aufruf an die Wehrmacht. »Die besiegten Völker wurden unterjocht und ausgebeutet«; besser wäre es gewesen, »Brücken zu einer dauerhaften Verständigung zu schlagen«. Die Notwendigkeit einzugreifen ergab sich jedoch erst aus den unvorstellbaren Opferzahlen – »Hunderttausende braver Soldaten büßten für Vermessenheit und Eitelkeit eines einzelnen« – sowie aus der rapide fortschreitenden Zerstörung der deutschen Städte: »Niemals vorher hat sich so Furchtbares im deutschen Vaterland zugetragen.« Im letz-

ten Teil wendete sich der Aufruf direkt an die Soldaten: »So darf es
nicht weitergehen! … Wollt ihr, dass die Jugend uns einst dafür ver-
dammt, weil wir den Mut zur Verantwortung, zur Rettung des Vaterlandes nicht rechtzeitig aufgebracht hätten? Vielleicht haben wir
schon zu lange gezögert … Wir müssen handeln, weil – und das wirkt
am schwersten – in Eurem Rücken Verbrechen begangen wurden, die
den Ehrenschild des deutschen Volkes beflecken und seinen in der
Welt erworbenen guten Ruf besudeln.«[62]

Berthold und Claus von Stauffenberg hätten zahlreiche Formulierungen als Kompromisse empfunden, berichtete Fahrner nach dem
Krieg. Deshalb seien sie die Entwürfe Ende Juni, Anfang Juli 1944 re-
daktionell mit ihm durchgegangen. Vor allem hätten sich die Brüder
einen neuen eigenen Text gewünscht, der nur für sie und den innersten
Kreis der Verschwörer bestimmt sein sollte. Der Text, den sie »Eid«
oder »Schwur« nennen wollten, bestand aus drei Glaubensartikeln –
»Wir glauben«, »Wir wissen«, »Wir bekennen« – und drei Postulaten,
die jeweils mit einem »Wir wollen« anhoben. Bei der heroischen
Schlussformel, die den kleinen Trupp zusammenschweißen sollte, fällt
einem unwillkürlich das berühmte Gemälde von Jacques-Louis David
ein, »Der Schwur der Horatier«, das zu einem Emblem der Französischen Revolution wurde: »Wir verbinden uns zu einer untrennbaren
Gemeinschaft, die durch Haltung und Tun der Neuen Ordnung dient
und den künftigen Führern die Kämpfer bildet, derer sie bedür-
fen. / Wir geloben / untadelig zu leben, / in Gehorsam zu dienen, /
unverbrüchlich zu schweigen, / und füreinander einzustehen.«[63]

Der »Eid« ließ sich inhaltlich und sprachlich nur teilweise mit den
für den Tag des Staatsstreichs geplanten Aufrufen in Übereinstimmung
bringen. Obwohl die Stauffenberg-Brüder an deren Abfassung maßgeblich beteiligt gewesen waren, scheinen sie sich darin nicht wiederge-
funden zu haben. Bereits am ersten Satz der »Regierungserklärung«, in
dem »die Wiederherstellung der vollkommenen Majestät des Rechts« als
wichtigste Aufgabe des neues Staates bezeichnet wurde,[64] nahm Claus
von Stauffenberg Anstoß. Man müsse der allgemeinen Gleichmacherei
entgegentreten, lautete sein *Ceterum censeo*. Die Elitevorstellungen des

George-Kreises und adeliges Selbstbewusstsein gingen Hand in Hand,
wenn er in Diskussionen über die Nachkriegsordnung regelmäßig
mahnte, »dass die überkommenen Güter nicht einfach über Bord geworfen würden und dass man die geschichtlichen Leistungen des Adels berücksichtigen solle«.[65]

Entsprechend lautete die erste Forderung im »Eid«: »Wir wollen
eine Neue Ordnung die alle Deutschen zu Trägern des Staates macht
und ihnen Recht und Gerechtigkeit verbürgt, verachten aber die
Gleichheitslüge und beugen uns vor den naturgegebenen Rängen.«
Auch die beiden folgenden Abschnitte waren an den Idealen der Stän-
deordnung orientiert. Ein »Volk, das in der Erde der Heimat verwurzelt« ist und »im Wirken in den gegebenen Lebenskreisen sein Glück
und sein Genüge findet«, werde, stolz auf die eigene Scholle, »die niederen Triebe des Neides und der Missgunst« überwinden. Die Führer
aber, »die aus allen Schichten des Volkes« wachsen, sollen »durch grossen Sinn, Zucht und Opfer den anderen vorangehen«.[66]

Mit den drei Bekenntnissen, die sie an den Anfang stellten, setzten
sich die Brüder Stauffenberg noch deutlicher von den vorbereiteten
Entwürfen ab. Sie dachten weit über den Friedensschluss und seine
Bedingungen hinaus. Während in den meisten Konzepten der Opposition langfristig von einer europäischen Integration die Rede war, an
der die Deutschen verantwortungsvoll mitarbeiten sollten, betonten
die Stauffenbergs deren kulturelle Hegemonie. »Wir glauben an die
Zukunft der Deutschen« – so der erste Satz des »Eides«. Begründet
wurde dieser Anspruch mit jenen Leitbegriffen, die den Brüdern aufgrund ihrer Erziehung durch Stefan George selbstverständlich geworden
waren. »Wir bekennen uns im Geist und in der Tat zu den grossen
Überlieferungen unseres Volkes, das durch die Verschmelzung hellenischer und christlicher Ursprünge in germanischem Wesen das abendländische Menschentum schuf.« Dieser besonderen Konstellation
verdanke der Deutsche »die Kräfte, die ihn berufen, die Gemeinschaft
der abendländischen Völker zu schönerem Leben zu führen«.[67]

Als folgten sie anderen Gesetzen, als gälte für sie ein anderes Zeit-
maß, blieben die Brüder Stauffenberg bis in die letzten Stunden hin-

ein ihrer elitären Grundhaltung treu. Der »Eid« war ihr politisches Testament. In sieben Artikeln legten sie nieder, worauf es ihnen ankam. Bis in die letzten handschriftlichen Korrekturen Claus von Stauffenbergs atmete der Text den Geist Stefan Georges. Auch wenn es schwerfällt, sich heute in solche Phantasiewelten hineinzudenken, führt kein Weg daran vorbei, dass hier, auf diesen anderthalb Seiten, die Antwort auf die Frage zu finden ist, woher Stauffenberg im Juli 1944 die Kraft nahm, fünf Tage nach dem Debakel in der Wolfschanze das Unmögliche noch einmal zu wagen.

Als Claus von Stauffenberg am Mittag des 15. Juli im Führerhauptquartier in der Wolfschanze schlagartig begriff, dass seine Mitverschwörer vor dem letzten Schritt zurückschreckten, muss ihn tiefe Resignation überkommen haben. Dreimal war er mit einer Aktentasche voller Sprengstoff ins Führerhauptquartier geflogen, und jedes Mal hieß es, es gäbe noch dies und das zu berücksichtigen. Nach seinem zweiten Telefonat mit Mertz von Quirnheim war klar, dass die Entscheidung jetzt einzig und allein bei ihm lag. Dabei ging es um mehr als um die Frage, ob er das Attentat ausführen sollte oder nicht. In letzter Konsequenz musste Stauffenberg entscheiden, ob er sich dem Votum der Berliner Zentrale beugen oder ob er alle Skrupel ablegen und sich endgültig von denen emanzipieren sollte, die immer nur Bedenken vorbrachten.

Die beiden Telefonate, die Stauffenberg aus einem Nebenraum von Hitlers Lagebaracke nach 13 Uhr mit der Bendlerstraße führte, bestimmten nicht nur die Ereignisse dieses Tages. Die Erkenntnis, dass seine Mitverschwörer die Prioritäten anders setzten, nahm in Grundzügen auch den Verlauf des 20. Juli vorweg. Stauffenberg beschloss nämlich, niemanden mehr zu fragen, sondern die nächste Gelegenheit wahrzunehmen. Vermutlich fiel die endgültige Entscheidung am folgenden Abend im Vieraugengespräch mit Beck.

In diesem Gespräch wurde Stieff nicht zufällig zur tragischen Figur. Da nicht bekannt ist, zu welcher Uhrzeit dieser am 15. Juli in der Wolfschanze eintraf und ob er direkten Zugang zur Lagebaracke hatte, andererseits nur ein einziges Gespräch Stieffs und Fellgiebels mit

Stauffenberg nach Beendigung der Lage gegen 14.45 Uhr am Parkplatz überliefert ist, lässt sich der Verdacht, Stieff habe Stauffenberg die Tasche mit dem Sprengstoff entwendet, nicht überprüfen. Dass er aus Angst, Stauffenberg könnte gegen die Vorgaben das Attentat dennoch ausführen, den Sprengstoff beiseiteschaffte, ist gut denkbar – ob es so weit kam, letzten Endes unerheblich. Stauffenberg wollte ja nicht, wie Hans Bernd Gisevius nach dem Krieg unterstellte, die Schuld für das Scheitern auf Stieff abwälzen. Vielmehr zog sich für ihn in der Person Stieffs die ganze Problematik dieses Tages zusammen, jenes ewige Zaudern und Zögern, das am Ende nichts anderes war als die Kunst des Ausweichens vor dem letzten Schritt.

Der 15. Juli 1944 ist noch in anderer Hinsicht ein einschneidender Tag in der Geschichte des militärischen Widerstands gegen Hitler. Vieles von dem, was an diesem Tag in Berlin initiiert wurde, wird sich am 20. Juli in mehr oder weniger ähnlicher Weise wiederholen. Weil er jedoch befürchtete, mit den am 15. Juli ausgelösten Befehlen Verdacht erregt zu haben, ließ Olbricht fünf Tage später viel Zeit verstreichen. Der 15. Juli lähmte die Aktionen des 20. nachhaltig.[68]

Nach dem Start der Kuriermaschine in Rangsdorf, die Fromm, Stauffenberg und Klausing am 15. Juli kurz nach 7 Uhr Richtung Ostpreußen flog, hatte Mertz von Quirnheim als Chef des Stabes im AHA die zur Absicherung des Staatsstreichs vorgesehenen Einheiten in Alarmbereitschaft versetzt (»Walküre I«). So war es in den Plänen der Verschwörer vorgesehen: dass spätestens fünf Stunden vor Ausführung des Attentats die Vorbefehle auszulösen seien. Gegen 11 Uhr, etwa anderthalb Stunden nach Landung der Maschine in Rastenburg, bestätigte Olbricht als Chef des AHA die Befehle zur Einsatzbereitschaft.

Um die gleiche Zeit trafen Fromm und Stauffenberg zu der knapp zweistündigen Vorbesprechung in Keitels OKW-Baracke ein. Wichtigster Tagesordnungspunkt war die Aufstellung von 15 sogenannten Sperrdivisionen zur Sicherung der Ostfront durch den Befehlshaber des Ersatzheeres. In der anschließenden Morgenlage teilte Hitler in knappen Worten mit, dass die Ausbildung dieser Divisionen in den Verant-

wortungsbereich des Reichsführers-SS falle, dem sie auch dienstlich
unterstellt sein würden. Das war ein Schlag ins Gesicht von Fromm,
der bei Hitler ohnehin längst abgemeldet war, und ein weiterer Etap-
pensieg Himmlers auf dem Weg zur vollständigen Kontrolle über das
Ersatzheer, das er sich als mächtigste Institution zur Wahrung der inneren Sicherheit schon lange einverleiben wollte. Stauffenberg dürfte
die Ankündigung nicht nur als eine brutale Entmachtung seines Vorgesetzten, sondern auch als eine direkte Bedrohung der Konspiration
im Bendlerblock verstanden haben. Seit seinem Eintritt in den Generalstab im Sommer 1940 hatte er alles getan, um das Vordringen der
SS in den Hoheitsbereich des Heeres zu verhindern.

Da die Aufstellung der Sperrdivisionen den Reichsführer-SS unmittelbar betraf, war Stauffenberg davon ausgegangen, dass Himmler an
der Lagebesprechung teilnehmen werde. Aber Himmler dachte nicht
daran, sich mit Fromm über Kompetenzen auseinanderzusetzen. Er
hatte Hitler im Vorfeld davon überzeugt, dass die neuen Verbände bei
ihm am besten aufgehoben wären. Nach Abschluss der Besprechungen ließ Hitler Fromm und Stauffenberg kurz zu sich kommen, um
ihnen mitzuteilen, dass Himmler sie im Lager Hochwald erwarte, wo
er sie über Einzelheiten der getroffenen Vereinbarungen unterrichten
werde. Die Demütigung Fromms hätte vollständiger nicht sein können. »Der einstmals ›starke Mann im Heimatkriegsgebiet‹ war zu
einem Schatten verblasst.«[69]

Die Morgenlage hatte nur eine halbe Stunde gedauert, von 13.10 bis
13.40 Uhr. Im direkten Anschluss war eine Sonderbesprechung anberaumt worden, bei der es um Stellungsbau und die Gründung einer
Auffangorganisation ging, in der zur Verhinderung von Auflösungserscheinungen und zwecks restloser Erfassung aller Wehrtauglichen
(einschließlich der Deserteure) die militärpolizeilichen Organe im
rückwärtigen Gebiet zusammengefasst werden sollten; dieser Teil der
Beratungen endete um 14.20 Uhr. Wann genau Stauffenberg mit der
Bendlerstraße telefonierte, ist so wenig rekonstruierbar wie der Verlauf seiner beiden Gespräche mit Mertz. Anzunehmen ist, dass es bereits nach dem ersten Gespräch – das wahrscheinlich nach Abschluss

der Morgenlage um 13.40 Uhr zustande kam – keine Möglichkeit mehr gab, den Sprengstoff scharf zu machen.

Der einzige mittelbare Zeuge dieses Gesprächs, Generaloberst Hoepner, war von Olbricht am Morgen in die Bendlerstraße gebeten worden, wo Olbricht ihm eröffnete, dass Fromm und Stauffenberg ins Führerhauptquartier geflogen seien und sich möglicherweise etwas ereigne, was seine, Hoepners, Anwesenheit erfordere. Aus einem Gespräch zwischen Olbricht und Mertz, das er am Rande mitbekam, zog Hoepner den Schluss,»dass die Besprechung im Führerhauptquartier, aus der Stauffenberg kurz herausgegangen war, vorzeitig abgebrochen wurde«.[70] Von da an bewegt sich der Historiker im Bereich der Spekulationen. Ungeklärt ist vor allem die Frage, wo Stauffenberg die Aktentasche mit dem Sprengstoff abgestellt hatte. Stand sie tatsächlich, wie aus seinem von Gisevius überlieferten Gespräch mit Beck geschlossen werden kann, in der Lagebaracke? Warum trägt er sie dann auf dem berühmten Foto, das unmittelbar vor Betreten der Baracke aufgenommen wurde, nicht unter dem Arm? Seinem Ordonnanzoffizier Klausing kann er sie nicht anvertraut haben, da dieser keine Zugangsberechtigung zum Führersperrbezirk hatte. War Stieff inzwischen mit dem Triebwagen aus Mauerwald eingetroffen? Hatte eventuell er die Mappe mit dem Sprengstoff an sich genommen, um später gemeinsam mit Stauffenberg die Zünder einzustellen? Blieb dafür deshalb keine Zeit, weil Stauffenberg in der an die Morgenlage anschließenden Sonderbesprechung Vortrag halten musste?[71]

Eine halbwegs zufriedenstellende Antwort auf solche Fragen findet man, wenn man die lückenlos dokumentierten Abläufe in der Wolfschanze fünf Tage später zur Erklärung heranzieht. Stauffenberg hatte aus den Versäumnissen und Fehlern des 15. Juli gelernt und die Unwägbarkeiten am Mittag des 20. Juli auf ein Minimum reduzieren können. In diesem Licht erscheint der 15. Juli wie eine ungewollte Generalprobe – die gründlich misslang.

Das zentrale Problem bestand darin, dass nach dem Einstellen der Zünder höchstens dreißig Minuten bis zur Detonation verblieben. Die Zünder konnten also erst scharf gemacht werden, wenn sicher war, dass Hitler den Raum während der nächsten halben Stunde nicht verlassen würde. Es handelte sich um chemische Zünder, die keine Geräusche verursachten, deren Einstellung aber einen gewissen Aufwand erforderte und die bei den sommerlichen Temperaturen möglicherweise schneller als geplant auslösten. Eine Kupferhülse, in der eine Glasampulle mit Säure steckte, musste zusammengedrückt werden, die Säure lief aus und zerfraß einen Spanndraht. Anschließend musste der Zünder in die Halterung eingesetzt werden. Da Stauffenberg nur drei Finger zur Verfügung standen, nahm er eine kleine Flachzange mit.

Am 20. Juli passte Stauffenberg den richtigen Moment ab und ließ sich noch während der Vorbesprechung bei Keitel, wenige Minuten vor Beginn der Morgenlage um 12.30 Uhr, unter dem Vorwand entschuldigen, er wolle das Hemd wechseln und sich frisch machen. Zusammen mit seinem Ordonnanzoffizier Werner von Haeften, der die Tasche mit dem Ersatzhemd und dem Sprengstoff brachte, zog er sich in einen kleinen Nebenraum zurück und setzte dort einen Zünder in Gang. Dann ging er mit Keitel und zwei von dessen Mitarbeitern zu Hitlers Lagebaracke. Das waren etwa vierhundert Meter – eine endlose Strecke für jemanden, der einen präparierten Sprengsatz unter dem Arm trägt und nicht weiß, ob derjenige, für den er bestimmt ist, tatsächlich anwesend sein wird.

Weil er sich am 15. Juli ein genaues Bild des Terrains hatte machen können, die Wege kannte und die Abläufe überblickte, insbesondere auch mit dem Prozedere an den Kontrollpunkten vertraut war, konnte Stauffenberg fünf Tage später exakt planen. Die Erfahrungen des 15. Juli haben ihm die praktische Ausführung des Attentats in mancher Hinsicht erleichtert.

Für die Auslösung des Staatsstreichs stellte der Vorlauf hingegen ein erhebliches Manko dar. Nachdem Mertz am Morgen des 15. Juli erste vorbereitende Maßnahmen zur Auslösung von »Walküre« angeordnet hatte, waren im Laufe des späten Vormittags im Wehrkreis III (Berlin) Truppenteile und Dienststellen alarmiert worden. Als vorrangig galten die Sicherung des Regierungsviertels und oberster Reichsbehörden, des Rundfunks und der Nachrichtensender sowie die Zernierung der in Berlin stationierten SS-Einheiten, insbesondere der Ersatztruppenteile der Leibstandarte Adolf Hitler in Lichterfelde. Der Hauptzugriff mit motorisierten, teilweise gepanzerten Kräften sollte von zwei westlich der Stadt gelegenen Heeresschulen aus erfolgen: Die Panzertruppenschule in Krampnitz sollte mit zwei gepanzerten Bataillonen, die Infanterieschule Döberitz mit drei Bataillonen Richtung Stadtzentrum vorrücken. Zur Verstärkung war die in Cottbus stationierte Ersatzbrigade »Großdeutschland« heranzuführen, die zudem den Auftrag hatte, zwei Sendeanlagen im Süden Berlins und die Flughäfen Rangsdorf und Tempelhof zu besetzen. Die Möglichkeit länger anhaltender Kämpfe war in den Planungen berücksichtigt.

Bei ihren späteren Ermittlungen stellte die Gestapo fest, dass der Zweck der am 15. Juli eingeleiteten Maßnahmen aufgrund der raffinierten Tarnung niemandem weiter aufgefallen war. Die Verschwörer selbst fürchteten jedoch, mit der Auslösung der Vorbefehle eine Menge Wirbel verursacht zu haben, auch wenn noch keine Truppen in Marsch gesetzt worden waren. Als Olbricht gegen 14.30 Uhr erfuhr, dass das Attentat nicht stattgefunden hatte, ließ er sich umgehend nach Krampnitz, Döberitz und zur Fahnenjunkerschule der Infanterie in Potsdam fahren, um die Offiziere in einer kurzen Ansprache zu beruhigen. Wegen der angespannten Lage müssten Teile des Ersatzheeres jederzeit mit ihrem Einsatz rechnen, deshalb sei eine Übung notwendig gewesen.

Am 20. Juli zögerte Olbricht, »Walküre« zum zweiten Mal innerhalb von nur fünf Tagen anlaufen zu lassen. Mertz, der ihn vergeblich drängte, nahm die Dinge selbst in die Hand, alarmierte gegen 14.00 Uhr die Kommandeure in Krampnitz und Döberitz und setzte Olbricht dermaßen unter Druck, dass zwei Stunden später schließlich doch die zweite Stufe von »Walküre« in Gang gesetzt werden konnte. Anders als Olbricht und die Mehrheit der Mitverschworenen suchte Mertz während der entscheidenden Stunden in der Bendlerstraße die im Sinne der Konspiration einzig konsequente Auffassung durchzusetzen: Der Führer ist tot. Der Verlust an Zeit, der durch Olbrichts Zaghaftigkeit entstanden war, ließ sich freilich nicht mehr wettmachen.

Nachdem sie am 15. Juli um 14.25 Uhr in der Lagebaracke der Wolfschanze von Hitler entlassen worden waren, aßen Fromm und Stauffenberg im Speisewagen von Keitels Sonderzug zu Mittag und ließen sich anschließend, wie von Hitler befohlen, ins Lager Hochwald fahren. Himmler erläuterte ihnen dort, wie er sich die Unterstellung der 15 Grenadierdivisionen unter drei Generalkommandos der Waffen-SS dachte. Das »wertvolle junge Menschenmaterial« sei durch geeignete SS-Führer weltanschaulich so zu festigen, dass die »geforderte Standhaftigkeit im Abwehrkampf« mit allen Mitteln sichergestellt werde. Das Protokoll der Besprechung liest sich wie »die Kapitulationsurkunde des Befehlshabers des Ersatzheeres«.[72]

Als Fromm am nächsten Tag in Berlin erfuhr, dass Olbricht in seiner Abwesenheit die Alarmbereitschaft für »Walküre« angeordnet hatte, erfasste ihn Panik. Er fühlte sich jetzt von zwei Seiten in die Zange genommen und beschloss, allem, was für ihn bedrohlich werden konnte, aus dem Weg zu gehen. Für den 20. Juli, zu dem Stauffenberg erneut in die Wolfschanze bestellt war, meldete er sich vorsorglich zu einem Abendbesuch bei seiner Tochter im fernen Westpreußen an, sodass er nach Dienstschluss ab etwa 16.00 Uhr in seinem Wagen mehrere Stunden unerreichbar wäre. »Vermochte er das Unternehmen nicht zu verhindern, so wollte er doch wenigstens nicht in den Sog seines Scheiterns hineingezogen werden.«[73] Aber Fromm verrechnete sich. Als Olbricht gegen 16.00 Uhr unangemeldet in sein Zimmer trat, wusste Fromm, dass er aus der Bendlerstraße an diesem Tag nicht mehr fortkäme. Von Olbricht und Stauffenberg eine gute halbe Stunde später vor die Alternative gestellt, sich der Verschwörung anzuschließen oder verhaftet zu werden, ließ er sich nach kurzem Handgemenge festnehmen.

Fromm war am Abend des 15. Juli mit der Kuriermaschine nach Berlin zurückgeflogen, während Stauffenberg und Klausing, wie es für Offiziere üblich war, die für einen Tag aus Berlin ins Führerhauptquartier beordert wurden, den regulären Nachtzug nahmen. Der folgende Tag war ein Sonntag. Am Morgen kam Mertz zu einem späten Frühstück zu Stauffenberg in die Tristanstraße. Am Abend fuhr

Stauffenberg zu Beck nach Lichterfelde, anschließend traf er sich in Dahlem mit Mertz und dessen Frau zum Abendessen. Sowohl Mertz als auch Beck bestärkten ihn darin, dass das Attentat bei der nächsten Gelegenheit um jeden Preis ausgeführt werden musste. Stauffenberg wirkte angespannt, wie Hilde Mertz in ihrem Tagebuch festhielt, »dominierend in allem, aber in keiner guten Nervenverfassung«. Am meisten verwundert habe sie, dass während des gesamten Essens keine politischen Themen zur Sprache kamen.[74]

Nach dem Essen ließen sich Stauffenberg und Mertz in die Tristan-straße fahren, wo sich zu später Stunde der innerste Kreis der Verschwörer einfand: Berthold von Stauffenberg, des Bruders zweites Ich, Fritz-Dietlof von der Schulenburg, der unermüdliche Netzwerker und Antreiber, und Adam von Trott zu Solz, der Freund, dem Stauffenberg das gründlichste Urteil über die Reaktionen der Kriegsgegner bei einem Umsturz zutraute. Anwesend waren außerdem Peter Yorck von Wartenburg, der die in seinen Gesprächen mit Moltke entwickelten ethischen Bedenken gegen ein Attentat inzwischen überwunden hatte, Ulrich-Wilhelm Schwerin von Schwanenfeld, ein Vertrauter Becks, der wichtige Verbindungen zu zivilen Oppositionskreisen hielt, der Vetter Cäsar von Hofacker, der den Putsch in Paris koordinieren sollte, und Oberst Georg Hansen, Canaris' Nachfolger im Amt Ausland / Abwehr.[75] Keiner dieser neun Männer überlebte das Jahr 1944.

Aufgrund der aktuellen Mitteilungen Hofackers diskutierte man zunächst darüber, wie man auf die Entscheidungen der Oberbefehlshaber in Frankreich Einfluss nehmen und sie zu einer Einstellung der Kampfhandlungen bewegen könnte (»Westlösung«). In diesem Zusammenhang wurde erwogen, eine Zurücknahme der Front von Berlin aus zu veranlassen, indem man das Führerhauptquartier für 24 Stunden von der Außenwelt abschnitt und durch entsprechende Befehle eine unumkehrbare Situation schuf (»Berliner Lösung«). Das eine erschien als wenig erfolgversprechend, das andere als technisch schwer durchführbar. Blieb als einzige Option die »zentrale Lösung« – womit nichts anderes umschrieben wurde als die Ermordung Hitlers.[76]

Am Montag, dem 17. Juli, verbreitete sich im Kreis der Verschwörer die Nachricht, das Reichssicherheitshauptamt habe die Verhaftung Carl Goerdelers angeordnet. Am Tag darauf trafen sich Goerdeler und Stauffenberg im Bendlerblock zu einem letzten Gespräch, in dem noch einmal ihre unterschiedlichen Temperamente aufeinanderprallten, dann tauchte Goerdeler unter. Nach der Verhaftung Julius Lebers am 5. Juli, die jeden Tag weitere Verhaftungen nach sich ziehen konnte, war der Ausfall des als Reichskanzler vorgesehenen Goerdeler der zweite herbe Verlust, den die Opposition innerhalb von zwei Wochen wegstecken musste – und der Stauffenberg unter erheblichen Zugzwang stellte. Der Druck nahm jetzt von allen Seiten zu. Mit der Entmachtung Fromms, dessen Ablösung als Befehlshaber des Ersatzheeres durch Himmler offenbar kurz bevorstand, drohte die Konspiration ihre Machtbasis in der Bendlerstraße zu verlieren. Die Invasionsfront hielt nach Einschätzung Rommels bis etwa Mitte August. Im Osten standen die vordersten russischen Verbände Mitte Juli knapp hundert Kilometer vor dem Führerhauptquartier bei Rastenburg. Stauffenberg ließ sich von der allgemeinen Nervosität offenbar anstecken. Er habe sich »ständig in einer › Toresschluss-Panik‹ befunden«, sagte Adam von Trott vor der Gestapo, »wie sie bei Militärs in der Endphase des Krieges auch 1918 anzutreffen gewesen sei«.[77]

Am Nachmittag des 18. Juli erhielt Stauffenberg die Mitteilung, dass er für den 20. erneut zum Vortrag in die Wolfschanze bestellt sei. Die Nachricht wurde an diejenigen weitergegeben, die vorab eingeweiht sein mussten, jeder sollte wieder auf dem Posten sein. Am 19. Juli ließ Stauffenberg den Kommandeur der Ersatzbrigade »Großdeutschland« aus Cottbus kommen, um sich zu vergewissern, dass die 7 000 bis 8 000 Mann im »Walküre«-Fall rechtzeitig die vorgesehenen Ziele im Raum Berlin erreichten. Am Nachmittag leitete er eine Dienstbesprechung. Dann fuhr er ins Hauptquartier des OKH nach Zossen, wo er sich mit Generalquartiermeister Eduard Wagner besprach, der ihm für den nächsten Tag eine Heinkel He III für den Rückflug von der Wolfschanze nach Berlin zur Verfügung stellte. Im Anschluss an ihr Gespräch jagten Wagner und Stauffenberg zur Ablenkung noch eine halbe Stunde Hasen, die Wagners Ordonnanz mit der Schrotflinte erlegte.

Am Abend war Stauffenberg bei Trott. Auf der Heimfahrt ließ er an der Rosenkranz-Basilika in Steglitz halten und ging hinein.[78] Zu Hause in Wannsee empfing ihn Berthold, der aus Bernau gekommen war, um die Nacht bei seinem Bruder zu verbringen. Claus versuchte noch, seine Frau zu erreichen, aber es kam keine Verbindung zustande. Nina war am Vortag mit den Kindern von Bamberg nach Lautlingen gefahren. Darüber war es bei dem letzten Telefonat am 16. Juli, in dem Stauffenberg seine Frau dringend gebeten hatte, die Reise zu verschieben, offenbar zu einem Dissens gekommen. Auch am Abend des 20. Juli konnte keine telefonische Verbindung mehr hergestellt werden: Stauffenberg hat sich von seiner Frau und den Kindern nicht verabschieden können.

Wir wissen nicht, was die Brüder an diesem Abend gesprochen haben. Nicht auszuschließen ist, dass sie Gedichte lasen:

Denn morgen beim schrägen der strahlen ist es geschehn
Was unentrinnbar in hemmenden stunden mich peinigt
Dann werden verfolger als schatten hinter mir stehn
Und suchen wird mich die wahllose menge die steinigt.[79]

Am nächsten Morgen gegen 7 Uhr fuhr der Gefreite Schweizer, der Stauffenberg seit Oktober als Fahrer zugeteilt war, ihn und seinen Bruder zum Flughafen Rangsdorf. Dort wartete bereits Werner von Haeften, der Stauffenberg an diesem Tag als Adjutant begleitete. Auch Stieff flog mit. Die planmäßige Kuriermaschine, eine Ju-52, konnte wegen Nebel erst gegen 8 Uhr starten. Bei hochsommerlicher Wetterlage kündigte sich ein schwül-heißer, drückender Tag an, die relative Luftfeuchtigkeit am Morgen lag bei über 90 Prozent.[80] Es war gut, an einem solchen Tag ein frisches Hemd zum Wechseln dabeizuhaben. Es lag in der Aktentasche, die Schweizer ins Flugzeug stellte. Unter dem Hemd lagen die beiden jeweils ein Kilo schweren verschnürten Päckchen mit dem Plastiksprengstoff.

12 Der 20. Juli 1944

Ein deutsches Missverständnis

Kaum ein Tag der deutschen Geschichte des 20. Jahrhunderts ist so oft beschrieben, gedeutet, erinnert, bedichtet, verfilmt, dramatisiert, kurz: bis auf den letzten Grund ausgelotet worden wie der 20. Juli 1944. Trotzdem hinterlässt dieser Tag eine gewisse Ratlosigkeit. Heute, 75 Jahre nach den Ereignissen, fällt es uns schwerer denn je, den historischen Ort zu bestimmen, den der gescheiterte Anschlag auf Adolf Hitler in unserer jüngeren Geschichte einnimmt. Das liegt nicht an einer mangelhaften Kenntnis der Fakten, im Gegenteil. Die Unsicherheit rührt daher, dass der 20. Juli erinnerungspolitisch überfrachtet und symbolisch dermaßen aufgeladen ist, dass es fast unangemessen erscheinen will, ihn auf die bloßen Fakten zu reduzieren. Statt uns mit dem Scheitern abzufinden, spielen wir lieber alle Möglichkeiten durch, die sich hätten ergeben können, wären die Umstände andere gewesen. Aber so ist es nun einmal mit Schicksalstagen: Sie faszinieren uns, weil wir die vertanen Chancen stets mitdenken und uns auf diese Weise die Vorstellung möglicher Alternativen und damit letztlich das Ideal menschlicher Freiheit bewahren.

Man hat ausgerechnet, dass in den neuneinhalb Monaten vom gescheiterten Attentat bis zur Kapitulation mehr Deutsche ihr Leben verloren als in den knapp fünf Kriegsjahren zuvor.[1] Aber so wenig die Alliierten im Falle eines Regierungswechsels auf ihre Forderung nach bedingungsloser Kapitulation verzichtet hätten, so wenig wäre die Mehrheit des deutschen Volkes im Sommer 1944 bereit gewesen, die Niederlage zu akzeptieren. Ohne das Schreckensende der letzten neun Monate, sagte Carl Zuckmayer zum 25. Jahrestag des Attentats, »hätte der Sturz des Regimes keine volle Glaubwürdigkeit bei der wahllosen Menge besessen, die ihm damals noch hörig war, und ein ermordeter

Hitler wäre ein schwerer Ballast, eine fast untilgbare Hypothek auf
dem Gebäude eines neuen Deutschlands gewesen«.² Gleichwohl hat
der Gedanke, der Krieg wäre von den Deutschen im Sommer 1944 aus
eigener Kraft beendet worden, etwas Bestechendes.

Selbst Historiker können sich im Zusammenhang mit dem 20. Juli
der Suggestion des Kontrafaktischen nicht ganz entziehen. Das Wet-
ter, die Holzbaracke, der zweite Zünder, der zweite Sprengsatz, die
Liste der Versäumnisse in der Bendlerstraße, das Zögern Olbrichts,
das Versagen Fromms: In vielen Darstellungen schwingt mehr oder
weniger unterschwellig die Frage mit, warum es so und nicht anders
kam. Als könnte man das Ganze noch einmal von vorn durchspielen!
Was Stauffenberg selbst angeht, lassen sich sämtliche Zufälle und Unwägbarkeiten augenscheinlich auf ein technisches Problem reduzieren. Warum gelang es ihm und Haeften nicht, im Nebenraum der
OKW-Baracke kurz vor 12.30 Uhr einen zweiten Zünder scharf zu
machen, und warum unterließen sie es, die zweite Sprengladung auch
ohne Zünder mit in die Aktentasche zu packen? Sprengstoffexperten
stimmen darin überein, dass bei einer doppelten Ladung keiner der
Anwesenden in der Baracke überlebt hätte.

Peter Hoffmann, der beste Kenner der Abläufe des 20. Juli, hat die
Spekulationen in der ihm eigenen Prosa zusammengefasst:»Das Zu-
rücklassen der zweiten Sprengstoffpackung war eine Fehlleistung.«³
Darf man das als Erklärung akzeptieren? Muss es einem nicht wider-
streben, das Scheitern des Attentats darauf zurückzuführen, dass der
Attentäter – weil er durch einen Oberfeldwebel gestört wurde oder
aufgrund mangelnder Pioniererfahrung – im entscheidenden Moment einen kapitalen Fehler machte? Fällt die Geschichte des 20. Juli
nicht in sich selbst zusammen, wenn ausgerechnet derjenige, der sich
zur Ausführung des Attentats bereitfand, am Ende die Hauptverant-
wortung dafür tragen soll, dass die Sache schiefging?

Möglicherweise kommen wir weiter, wenn wir auf der Suche nach
dem letzten Grund für das Misslingen eine andere Frage in den Mittelpunkt rücken, eine Frage, die meist nur gestreift wird und der viele
lieber ganz aus dem Weg gehen. Seit islamistische Selbstmordattentate

regelmäßig auch Westeuropa heimsuchen, scheint sie fast unabweisbar. Warum hat sich Stauffenberg am Kartentisch nicht neben Hitler gestellt und sich mit ihm in die Luft gesprengt? Schon damals sorgte es insbesondere in den Reihen des Heeres und auch unter den Verschwörern selbst für Empörung, dass der Attentäter den Tod von »Kameraden« bewusst einkalkulierte, selbst aber »mit heiler Haut davonkam«.[4] Stauffenberg musste überleben, hieß es zur Begründung, weil er anschließend in Berlin zur Durchführung des Staatsstreichs gebraucht wurde. In Stauffenbergs Doppelfunktion als Attentäter und Organisator des Putsches sieht die Forschung bis heute die eigentliche Schwachstelle der gesamten Planung.

Unter ethisch-moralischen Gesichtspunkten ist dieser Befund wenig befriedigend. Er bringt vor allem diejenigen in Erklärungsnot, die Stauffenbergs Handeln am 20. Juli zu einem freiwilligen Opfergang um der Ehre willen stilisieren wollen. Wenn es ein Opfergang war, warum hat er dann die Wolfschanze um jeden Preis lebend verlassen wollen? Wenn es angeblich nur darum ging, vor der Welt ein Zeichen zu setzen, was wollte er dann noch in Berlin? Richtig ist, dass die Konspiration darauf zielte, Hitlers Herrschaft zu brechen, »um Deutschland vor namenlosem Elend zu bewahren«, wie Fritz-Dietlof von der Schulenburg in seinem Schlusswort vor dem Volksgerichtshof sagte.[5] Das Attentat war lediglich die Voraussetzung für alles Weitere. Insofern ist Marion Gräfin Yorck zuzustimmen, die 1984 im Gespräch mit Hans Mommsen meinte, Stauffenberg würde »den Schritt zum Attentat nicht getan haben«, wenn hinter der gesamten Umsturzplanung »nicht ein umfassendes Konzept der Alternative zu Hitler gestanden hätte«.[6] Nicht die Tötung Hitlers war das Ziel, sondern der dadurch erst möglich werdende Umsturz.

Als Stauffenberg und Haeften um 13.15 Uhr auf dem Flugplatz bei Rastenburg in die ihnen vom Generalquartiermeister bereitgestellte Maschine stiegen, waren sie sich sicher, den ersten Teil ihrer Mission erfolgreich abgeschlossen zu haben. Aus etwa zweihundert Metern Entfernung hatte Stauffenberg die Explosion in der Lagebaracke mitbekommen. »Diese Detonation war so, als ob eine 15-cm-Granate

hineingeschlagen hätte«, erklärte er den Mitverschwörern, als er gegen
16.30 Uhr in der Bendlerstraße eintraf, »da kann kaum noch jemand
am Leben sein.«[7] Als Stauffenberg diese Darstellung kurz darauf gegenüber seinem Vorgesetzten, Generaloberst Fromm, wiederholte, ließ er
sich offenbar sogar zu der Aussage verleiten, er habe mit eigenen Augen
gesehen, »wie man Hitler tot hinausgetragen hat«.[8] Längst lagen jedoch
anderslautende Nachrichten vor. Bereits kurz nach 13 Uhr hatte General Erich Fellgiebel, der die Nachrichtensperre zur Absicherung des
Putsches organisierte und neben Stauffenberg gestanden hatte, als die
Explosion erfolgte, telefonisch aus der Wolfschanze durchgegeben,
dass das Attentat erfolgt, Hitler aber am Leben geblieben sei.

Wann Stauffenberg zu der Erkenntnis gelangte, dass das Attentat in
der Wolfschanze misslungen war, ist schwer zu sagen. Sein Verhalten
am späten Nachmittag und frühen Abend legt den Schluss nahe, dass
er die Nachrichten vom Überleben Hitlers, die in immer dichterer
Folge eintrafen und ab 18.30 Uhr auch über Rundfunk verbreitet wurden,[9] nicht an sich herankommen lassen wollte. Nach dem vergeblichen Versuch, Fromm für den Putsch zu gewinnen, verbrachte Stauffenberg den Rest des Abends fast nur noch an den Telefonen. Er ließ
sich ein Wehrkreiskommando nach dem anderen geben – Königsberg,
Breslau, Münster, Kassel, Nürnberg –, drängte auf Ausführung der
»Walküre«-Befehle und redete unermüdlich auf die Vertrauensleute
ein, durchzuhalten. Wehrkreis-Befehlshaber, die unschlüssig waren
und sich bei Fromm rückversichern wollten, wurden zu ihm durchge-
stellt: Nein, Befehlen Keitels aus der Wolfschanze sei nicht Folge zu
leisten, nein, Keitels Behauptung, Hitler lebe, sei eine glatte Lüge.

»Für mich ist dieser Mann tot«, hatte Generaloberst Beck entschieden, der kurz nach Stauffenberg etwa um 16.45 Uhr mit seinem Vertrauten Graf Schwerin in der Bendlerstraße eingetroffen war. Solange
man an dieser Linie festhalte, bestehe eine Chance, den Staatsstreich
doch noch zum Erfolg zu führen.[10] Diejenigen, die sich diese Parole
zu eigen machten, bildeten jedoch die Minderheit. Insbesondere die
hochrangigen Generale, die immer schon eher am Rande der Verschwörung gestanden hatten – Generalfeldmarschall Witzleben, Gene-

raloberst Hoepner, General der Artillerie Wagner –, gaben die Sache alsbald verloren. »Schöne Schweinerei, das«, knurrte Witzleben, der den Oberbefehl über die Wehrmacht übernehmen sollte und dessen Name unter den entscheidenden »Walküre«-Befehlen stand. Er kam gegen 20.30 Uhr in die Bendlerstraße, hielt Beck und Stauffenberg eine Standpauke über die schlampige Ausführung der Operation und fuhr nach einer knappen Stunde wieder nach Hause.

Um die gleiche Zeit zerschlug sich im Schloss von La Roche-Guyon am Unterlauf der Seine die letzte Hoffnung der Verschwörer auf eine Wende. Am Nachmittag hatte der Militärbefehlshaber Frankreich, General Carl-Heinrich von Stülpnagel, in Paris die Verhaftung der SS-Führung und die Besetzung strategisch wichtiger Punkte in der Stadt angeordnet. Der entscheidende Mann, von dem das Gelingen der Aktion abhing, war jedoch der Oberbefehlshaber West, Generalfeldmarschall Günther von Kluge. Kurz nach 18.00 Uhr hatte Beck ihn auf seinem Gefechtsstand in La Roche-Guyon angerufen und gefragt, ob man jetzt, da Hitler tot sei, auf seine Mitwirkung zählen könne. Kluge standen in diesem Augenblick »alle Optionen offen – nichts und niemand konnte ihn hindern, mit einigen wenigen operativen Befehlen die Front aufzureißen und den Krieg im Westen zu beenden«.[11]

Aber Kluge traute der Sache nicht und rief beim OKH in Mauerwald an, um sich bei seinem ehemaligen Ia, Generalmajor Stieff, zu erkundigen. Von ihm bekam er die Antwort, die er sich wohl insgeheim erhoffte: dass Hitler überlebt hatte. Nach einigen weiteren Telefonaten – auch einem kurzen Gespräch mit Stauffenberg – beschloss Kluge, von Umsturzplänen nie etwas gewusst zu haben. Die im Rahmen von »Walküre« erlassenen Befehle seien sofort aufzuheben, teilte er dem nach La Roche-Guyon bestellten Stülpnagel beim Abendessen mit, und gab ihm anschließend den Rat, schleunigst unterzutauchen.

Da Stieff am Abend des 20. Juli davon ausgehen musste, ins Visier der Gestapo zu geraten, stellt sich umso drängender die Frage, warum er Kluge nicht einfach anlog und ihm den Tod Hitlers bestätigte. Dann hätte der ewige Opportunist möglicherweise eine Öffnung der

Front eingeleitet, die irreversibel gewesen wäre. Das Telefonat Kluges mit Stieff, in dem sich fast sinnbildhaft das Scheitern des 20. Juli konzentriert, unterstreicht ein weiteres Mal, wie stark der Ausgang dieses Tages vom Mut und von der Entschlossenheit Einzelner abhing.

Der Chronist darf sich von den dramatischen Szenen, die sich am Nachmittag und Abend des 20. Juli 1944 in der Berliner Bendlerstraße abspielten, nicht mitreißen lassen. Er hat Distanz zu wahren und sich an die Dokumente zu halten, vorzugsweise die zeitgleichen, und diese sprechen eine nüchterne Sprache. Sie decken sich oft nicht mit dem Bild, das sich die Mehrheit der Deutschen von den Männern des 20. Juli inzwischen gemacht hat, und werden deshalb gern marginalisiert. Zu diesen Dokumenten zählen das vermutlich letzte Manuskript Claus von Stauffenbergs und die Aussagen, die Berthold von Stauffenberg nach seiner Verhaftung am Morgen des 21. Juli in den Gestapo-Verhören machte.

Am Abend des 20. Juli verlor Claus von Stauffenberg auf den Gängen des Bendlerblocks eine sechsseitige Aufzeichnung, die weder Überschrift noch Datum trug und lediglich in einer kurzen Inhaltsangabe der Gestapo überliefert ist. Es scheint sich um eine Zusammenstellung der wichtigsten Argumente zur Begründung des Staatsstreichs gehandelt zu haben. Die Diktion lässt vermuten, dass Stauffenberg selbst der Verfasser war, zumal sich das Papier deutlich von den für diesen Tag vorbereiteten öffentlichen Aufrufen abhebt. Die Gestapo-Beamten paraphrasierten den Inhalt wie folgt:

»Bei Fortsetzung des gegenwärtigen Kurses sei eine Niederlage und Vernichtung der materiellen und blutsmäßigen Substanz unausbleiblich. Das drohende Verhängnis könne nur durch Beseitigung der jetzigen Führung abgewendet werden. Die vom Nationalsozialismus zunächst vertretenen Ideen seien großenteils richtig gewesen, nach der Machtergreifung jedoch ins Gegenteil verkehrt worden. Die neue Führerschicht stelle in der Voranstellung eigensüchtiger Interessen, im Aufkommen von Korruption und Bonzentum eine Herrschaft der Minderwertigen dar. Ein wesentliches Moment für die schlechte

Gesamtlage stelle die Behandlung der besetzten Länder dar. Den Anfang vom Ende der gesamten militärischen Entwicklung bilde der russische Feldzug, der mit dem Befehl zur Tötung aller Kommissare begonnen habe und mit dem Verhungernlassen der Kriegsgefangenen
und der Durchführung von Menschenjagden zwecks Gewinnung von
Zivilarbeitern fortgesetzt worden sei.«
     An dieser Stelle ist einzuhaken. Zunächst fällt auf, dass Stauffenberg
den »Anfang vom Ende« zurückdatiert, nämlich auf den Beginn des
Russlandfeldzugs, also nicht erst auf die Katastrophe vor Moskau oder
den Untergang der 6. Armee in Stalingrad.[12] Viel erstaunlicher ist aber,
dass die im Spätsommer 1941 im Osten einsetzende systematische Vernichtung der Juden – über deren Anfänge Stauffenberg früh im Bilde
war, deren brutale Durchführung ihm spätestens im Mai 1942 durch
einen Augenzeugenbericht bekannt wurde und über die er im August
1942 nachweislich zum ersten Mal sprach – von Stauffenberg nicht
einmal hier, im Kontext der deutschen Kriegsverbrechen in der Sowjetunion, erwähnt wird. Das verlangt nach einer Erklärung. Man
scheut sich, einen Bogen zu schlagen zu der Aussage Berthold von
Stauffenbergs, »er und sein Bruder hätten die Rassengrundsätze des
Nationalsozialismus an sich bejaht, hätten sie aber für überspitzt und
übersteigert gehalten«.[13] Andererseits gibt es kein einziges belastbares
Dokument, das die Behauptung Peter Hoffmanns stützen könnte, von
Stauffenberg seien »genug Verdikte über den Mord an den Juden überliefert«. Antisemitismus sei ja immer auch eine Frage des Zeitgeists – so
musste man Hoffmann wohl verstehen, als er sich Anfang der neunzi-
ger Jahre zu dem hanebüchenen Satz verstieg: »Die gegenwärtig ›kor-
rekte‹ sprachliche Scheu vor allem, was als abschätzige Äußerung über
Juden aufgefasst werden könnte, die kannte er nicht.«[14]
     Ein Blick in die Rezeptionsgeschichte des deutschen Widerstands
genügt, um festzustellen, dass die Vernichtung der Juden als Motiv der
Verschwörer bis weit in die sechziger Jahre keine Rolle spielte. Weder
Hans Rothfels noch Gerhard Ritter, weder Eberhard Zeller noch Margret
Boveri hielten das Thema für relevant. Erst als um 1980 der Holocaust
in den Fokus der westdeutschen Öffentlichkeit geriet, suchte man

auch in den Kreisen des Widerstands nach Antwort. Die Offiziere um Stauffenberg und Tresckow standen jetzt »für eine moralische Rigidität, die nicht aus ihrer militärischen Tradition allein zu erklären ist«. So formulierte es Peter Steinbach auf der Internationalen Konferenz zum 40. Jahrestag des 20. Juli 1984. Dabei verwechselte er allerdings Ursache und Wirkung. Nicht »die Reaktion auf die Verbrechen machte ... einen wesentlichen Bezugspunkt ihrer entschiedenen Gegnerschaft zum Nationalsozialismus aus«.[15] Vielmehr entdeckten die Historiker in Reaktion auf eine veränderte öffentliche Meinung die Verfolgung und Ermordung der europäischen Juden gleichsam über Nacht als ausschlaggebendes Motiv der militärischen Verschwörung.[16]

Zurück zu Stauffenbergs letzter Aufzeichnung, deren abschließende Gedanken die Gestapo so zusammenfasste: »Die Führung sei nicht in der Lage gewesen, den Zweifrontenkrieg zu vermeiden. Das derzeitige Regime habe kein Recht, das ganze deutsche Volk mit in seinen Untergang hineinzuziehen. Nach einem Regimewechsel sei es das wichtigste Ziel, dass Deutschland noch einen im Spiel der Kräfte einsetzbaren Machtfaktor darstelle und dass insbesondere die Wehrmacht in der Hand ihrer Führer ein verwendbares Instrument bleibe. In Ausnutzung der Gegensätze im feindlichen Lager bestünden verschiedene politische Möglichkeiten. Diese würden jedoch mit jeder weiteren militärischen Schwächung, insbesondere mit einem Wirksamwerden der Invasion, geringer. Daher sei rasches Handeln erforderlich.«[17]

Der innenpolitische Teil dieser Aufzeichnung, die Claus von Stauffenberg am Abend des 20. Juli verlor, wird ergänzt durch Aussagen, die sein Bruder Berthold in den folgenden Tagen vor der Gestapo machte. Sie hätten »die Grundideen des Nationalsozialismus zum größten Teil durchaus bejaht«, sagte er. Dann aber seien diese »in der Durchführung durch das Regime fast alle in ihr Gegenteil verkehrt worden«. Indem man »das Ressentiment des Kleinbürgers geweckt« und das Volk gegen »die oberen Schichten« aufgehetzt habe, seien statt »berufener Führer« überall »kleine Leute an die Spitze« gekommen, die jetzt »eine unkontrollierte Macht ausübten«.[18]

Ein letztes Mal weht uns aus diesen Dokumenten die elitäre Grundhaltung der Brüder Stauffenberg entgegen. Fast wortgleich beschreiben sie, was sie nach anfänglicher Begeisterung auf Distanz zum Nationalsozialismus hat gehen lassen. Eine große, auf soziale Verbesserungen und gesellschaftliche Solidarität zielende revolutionäre Idee sei den falschen Leuten überlassen und dadurch vollkommen verzerrt worden. Die Dokumente geben keinen Aufschluss darüber, ob die Brüder ihre Abwendung von der Ideologie des Nationalsozialismus im Rückblick auf eine bestimmte Phase datierten und eventuell mit einzelnen politischen Maßnahmen in Verbindung brachten oder ob sie den Prozess eher als eine schleichende Entfremdung begriffen.

Auch wenn die Brüder Stauffenberg in Erinnerung an ihren berühmten Vorfahren Neidhardt von Gneisenau gern von Erhebung sprachen, gaben sie sich doch keinen Illusionen hin, was die Haltung der Bevölkerung betraf. In den Augen der übergroßen Mehrheit der Deutschen war der Plan zur Beseitigung Hitlers schlicht Verrat. Zwar ist der Propagandaeffekt der nach dem gescheiterten Attentat von der Partei überall im Land organisierten »Treuekundgebungen« in Rechnung zu stellen und auch zu berücksichtigen, dass jede Beifallsbekundung zu sofortiger Verhaftung geführt hätte, aber unter dem Strich bleibt festzuhalten, dass Betroffenheit und Empörung über die »feige Tat« überwogen. Quer durch alle Schichten stieß der Anschlag auf Unverständnis, abgelehnt wurde er nicht zuletzt mit Blick auf den Zeitpunkt: »Es habe doch keinen Zweck, jetzt mit dem Krieg aufzuhören. Wir müssen durchhalten … Was haben sich die Attentäter nur gedacht, wie das weitergehen solle, wenn der Führer nicht mehr da wäre.«[19]

Im Offizierkorps wertete man den Anschlag vor allem als Angriff auf den eigenen Stand. Der Oberbefehlshaber der 3. Panzerarmee, Generaloberst Georg-Hans Reinhardt, der aufgrund unsinniger Haltebefehle Hitlers am 25. Juni noch um Ablösung von seinem Kommando ersucht hatte, notierte in sein Tagebuch: »Unfassbar! Was hat er [Stauffenberg] mit dieser Tat unserem Off[izier]Stande angetan? Wir können uns nur zutiefst schämen.« Er sei »völlig gebrochen«, aber »Gott sei

Dank« habe der Führer überlebt.[20] Nicht nur Offiziere, auch die
Mannschaften waren mehr oder weniger geschlossen der Meinung,
dass die Verschwörer in unpatriotischer Weise und ohne jedes Verantwortungsgefühl für die Truppe gehandelt hätten. An dieser Überzeugung hielten die meisten Wehrmachtangehörigen weit über das
Kriegsende hinaus fest.

Stauffenberg hätte in dieser Frage ein weiteres Mal auf den Vorfahren verweisen können, der im November 1807 in die Untersuchungs-
kommission berufen worden war, die das Fehlverhalten von Offizieren im soeben verlorenen Krieg klären sollte.»Der militärische Rang
und das Dienstalter gebieten dem untergebenen Offizier nur solange
blinden Gehorsam und ehrerbietiges Schweigen«, hieß es im Ab-
schlussbericht der Kommission, solange er überzeugt ist, dass Kommandeur oder Festungskommandant nicht durch»Alter, Schwäche,
Feigheit oder falsche Ansicht« Gefahr heraufbeschwören. In diesem
Falle sei der Offizier verpflichtet, sich mit anderen zusammenzutun
und sich gegebenenfalls tätlich zu widersetzen, bis der König benachrichtigt sei.[21] Die bis dahin geltenden Grundsätze militärischen Gehorsams waren damit aufgehoben, ja in ihr Gegenteil verkehrt – nicht
aus moralischen Erwägungen, wie man betonen muss, sondern im
Sinne einer effizienteren Kriegführung. Der von Stauffenberg überlieferte Satz, wenn die Generale versagten, müssten sich eben die
Obersten einschalten, hat hier seinen Ursprung.[22] »Die Kerle haben ja
die Hosen voll oder Stroh im Kopf.«[23]

Die Frage nach den Grenzen des militärischen Gehorsams hängt auf
das Engste zusammen mit der Frage nach der politischen Verantwortung des Offiziers. Den Willen der politischen Führung unterlaufen,
bedeutet, selbst Politik zu machen. Sind Offiziere dazu berechtigt?
Oder anders gefragt: Dürfen Soldaten politisch sein?»Es heißt, den
Soldaten überfordern, wenn man von ihm grundsätzlich und ganz allgemein verlangt, auch noch dafür zu sorgen, dass keine falsche Kriegs-
politik gemacht wird«, verteidigte der Goerdeler-Biograph Gerhard
Ritter all jene, die sich auf ihr traditionelles Berufsethos, ihren Eid,
Befehlsnotstand oder schlicht auf mangelhafte Kenntnisse beriefen.

»Politisierende Generale haben in den meisten Fällen nur Unheil ange-
richtet.«[24] Eine Armee, die Anspruch auf politische Mitgestaltung erhebt,
wird für den Staat zwangsläufig zu einer Bedrohung. Kein Staat kann
zulassen, dass die bewaffnete Macht das letzte Wort hat. Das gilt für
einen demokratisch verfassten Staat genauso wie für einen totalitären.
   Am Ende scheiterte der Putschversuch nicht an entschiedener Gegenwehr des Regimes, sondern am Widerstand aus den eigenen Reihen. Nachdem sich 1942/43 abgezeichnet hatte, dass die Verschwörer
innerhalb der Generalität keine wirkliche Unterstützung finden würden, fehlte es am Nachmittag und Abend des 20. Juli den maßgeblichen Generalen Fromm, Olbricht, Wagner, Kluge und Witzleben an
Nervenstärke. Als sich bald nach der ersten Rundfunkmeldung vom
Attentat und dem Überleben Hitlers Unruhe in der Bendlerstraße
breitmachte, rissen drei Oberstleutnants i.G., die fürchteten, in eine
Sache hineingezogen zu werden, deren Konsequenzen sie nicht über-
sahen, das Heft des Handelns an sich. Sie erklärten sich zu Wortfüh-
rern und verlangten Rechenschaft über das, was im Hause vorging.[25]
   Nach einigem Hin und Her, bei dem es auch zu einem kurzen
Schusswechsel kam, erreichten die drei Generalstabsoffiziere schließlich gegen 22.45 Uhr die Freilassung ihres Befehlshabers Fromm, der
in seiner über den Büroräumen liegenden Wohnung von den Verschwörern festgehalten wurde. Damit war das Ende der Erhebung besiegelt. Major Remer, der Kommandeur des Berliner Wachbataillons,
der sich nach dem Krieg von rechtsradikalen Kreisen als Held des Tages feiern ließ und bis heute als derjenige gilt, der nach einem Telefonat mit Hitler die Niederschlagung des Putsches organisierte, hatte
keinen Finger gerührt.[26]
   Wie viele Generale an diesem Tag setzte Fromm nach seiner »Befreiung« alles daran, Spuren zu verwischen und seine Haut zu retten.
Voller Empörung darüber, dass seine Untergebenen ihn am Nachmittag in seinem eigenen Haus entmachtet hatten, ließ er die Anführer
des Komplotts in seinem Dienstzimmer festsetzen und verkündete
ihnen, dass sie durch ein von ihm eingesetztes Standgericht – das es
nie gab – zum Tode verurteilt seien. Generaloberst Beck bat um das

Privileg, sich selbst erschießen zu dürfen; Olbricht erhielt die Erlaubnis, einen Abschiedsbrief an seine Frau zu schreiben. Um Mitternacht wurden Olbricht, Stauffenberg, Mertz und Haeften in den Hof geführt, in dem kurz zuvor die ersten Truppen von Remers Wachbataillon eingetroffen waren.

Zehn Unteroffiziere des Wachbataillons bildeten das Erschießungspeloton, das im grellen Licht der Autoscheinwerfer, die den Hof des Bendlerblocks gespenstisch erleuchteten, die Hinrichtung vornahm. Olbricht, Stauffenberg, Mertz und Haeften mussten ihrem Dienstrang nach einzeln vor einen Sandhaufen an der Wand treten. Während nach dem Krieg aufgekommene Gerüchte, Mertz (oder Haeften) habe sich vor Stauffenberg geworfen, um die ihm geltende Salve abzufangen, ins Reich der Legende gehören, dauert der Streit um die letzten Worte Stauffenbergs bis heute an. Eines waren sie mit Sicherheit nicht: Chiffre für ein politisches Programm. Welches Deutschland auch immer Stauffenberg vor Augen stand: Sein letzter Ruf ist nicht als Botschaft an die Nachlebenden zu verstehen, sondern als Beschwörung der Welt, aus der er kam.

Am Ende von *Dantons Tod* sitzt Lucile auf den Stufen der Guillotine, auf der man an diesem Tag ihren Mann Camille Desmoulins, Danton und andere Deputierte des Konvents enthauptet hat, und sinniert über den Blutrausch der Revolution. Plötzlich, wie unter Eingebung, macht sie mit einem einzigen Ruf die Revolution zunichte und bewirkt zugleich ihre Festnahme: »Es lebe der König!« – So, im metaphorischen Sinn, ließe sich auch die mitternächtliche Szene im Hof des Bendlerblocks deuten: als eine letzte Evokation der Macht des Wortes, der einzig denkbaren Alternative zur herrschenden Barbarei: »Es lebe das geheiligte Deutschland!«[27]

Nachwort zur Neuauflage

Am 26. März 2019, zwei Wochen nach Erscheinen dieses Buches, veröffentlichte die *Frankfurter Allgemeine Zeitung* einen bis dahin unbekannten Brief des Historikers Ernst Kantorowicz, den dieser am 23. Juli 1944, drei Tage nach dem missglückten Anschlag auf Hitler, geschrieben hatte. Fernab im kalifornischen Exil und auf nichts anderes gestützt als die bruchstückhaften, teilweise irrigen Informationen des amerikanischen Rundfunks, versuchte Kantorowicz einer in England lebenden Freundin die Ereignisse in einem größeren Zusammenhang zu deuten. Was ihn elektrisierte, war der Name des Attentäters – Oberst Stauffenberg. Kantorowicz zweifelte keinen Moment, dass es sich um denselben Offizier handelte, der Ende der zwanziger Jahre im Kreis um Stefan George aufgetaucht war. Er erinnerte sich, ihn zweimal persönlich getroffen zu haben (die letzte Begegnung bei Georges Beerdigung war ihm offenbar nicht präsent).

Nur einer der »Ihren« konnte eine solche Tat vollbracht haben! Diese Gewissheit ließ das Attentat vom 20. Juli für den im Dezember 1938 aus Deutschland entkommenen Juden zu einem Déjà-vu werden. »In gewisser Weise haben wir alle Anteile an dieser Bombe«, hieß es in Kantorowiczs Brief. Das Attentat rechtfertige nicht nur, was George ihnen beigebracht habe, es entschuldige auch diejenigen unter den Freunden, die sich, wie Woldemar von Uxkull oder Alexander von Stauffenberg, auf den Nationalsozialismus eingelassen hätten. Die letzten anständigen Deutschen würden jetzt vom Regime vernichtet werden; danach sei von Deutschland nichts mehr zu retten.

Die entscheidenden Abschnitte des wegen der Zensur auf Englisch
geschriebenen Briefes an Lucy von Wangenheim lauten (in der Übersetzung von Eckhart Grünewald):

»… mir gefror das Blut in den Adern, als ich im Radio den mir so vertrauten Namen Stauffenberg hörte, und mir war sofort klar, dass es
kein anderer als Klaus (›Klaos kalos‹ – der ›schöne Klaus‹ war sein Kosename) gewesen sein kann, den ich nur einmal getroffen habe, als er
noch ein Junge war, und dann später noch einmal im Achilleion. Die
Nachrichten brachten heute, was zu erwarten war: dass auch Berthold
Stauffenberg und seine Frau getötet worden sind, und wohl nur durch
ein Wunder kann Alexander Stauffenberg vorm Tod bewahrt werden. Dass ein Mann, der in demselben Umkreis wie ich und als Freund
Stefan Georges groß geworden ist, der sein würde, der die erste Bombe
werfen und so der Eckpfeiler der Revolte gegen dieses Monster sein
würde; dass der Erbe und Testamentsverwalter Georges von der deutschen SS-Bestialität ermordet würde; dass der erste Schuss aus dieser
Gruppe fiel – all das ist nicht überraschend und ist genau so, wie es
sein sollte. Deswegen hat diese Tat eine ganz hohe symbolische Bedeutung, die weder vergessen noch übertroffen werden kann. In gewisser Weise erscheint sie wie eine Rechtfertigung von uns allen, in erster
Linie von Stefan George. Und in gewisser Weise haben wir alle Anteil
an dieser Bombe: Sie rechtfertigt meine Vergangenheit und auch
Deine und die der ›Jungs‹, Woldi und Alexander eingeschlossen. Das
Leben und der Tod sind wohlfeil heutzutage, aber hier wurde ein Leben wirklich einmal für ein lohnendes Ziel geopfert, und so wurde das
Wort wahr: ›Wer adel hat erfüllt sich nur im bild / Ja zahlt dafür mit
seinem untergang.‹
    Ich ›freue‹ mich, wenn ich an diesen Mann denke, obwohl ich zu-
gleich wie gelähmt bin, wenn ich an die Schrecken denke, die unvermeidlich über all die noch verbliebenen anständigen Deutschen
hereinbrechen werden. Sie sind alle der Vernichtung und dem Tod
ausgeliefert … Über Berthold müssen sie die Spur zum Verleger
gefunden haben, und von seinem Büro führt ein direkter Weg zu den

wenigen, die eigentlich das Ende von Sodom und Gomorrha überleben sollten. Das Land wird durch Terror all der anständigen Deutschen beraubt werden, und nur das gemeinste Gesindel wird am
Leben gelassen. In diesem Fall habe ich nichts gegen die Auslöschung
dieser Nation. Ich wäre so gerne bei Dir, um das alles mit Dir zu
besprechen. Ich fühle mich wie erschlagen und beneide diese Männer.
Das ist alles, was ich dazu sagen kann, und ich habe es satt und bin mit
dieser Welt fertig.«

Als ich diesen Brief zwei Wochen nach der Publikation meines Buches
zum ersten Mal las, war ich aufgewühlt. Hätte ich ihn gekannt, hätte
ich ihn vermutlich an den Anfang gestellt – so mein erster Gedanke.
Doch wäre ich damit womöglich in eine Falle gelaufen, denn ich habe
ja kein Buch über einen George-Jünger geschrieben, der eine Bombe
legte, sondern über einen Attentäter, der aus politisch-militärischen
Gründen handelte. Obwohl Stauffenberg in den entscheidenden Tagen in der George'schen Welt letzte Gewissheit suchte, eignet sich der
20. Juli nicht zu einer Ehrenrettung Georges. Stauffenberg hatte sich
Anfang Juli 1944 nicht zur Ausübung des Attentats entschlossen, weil
es dazu irgendwo in Georges Werk einen Auftrag gegeben oder der
Dichter ihn gar persönlich darauf vorbereitet hätte. Im George-Kreis
kam den Gedichten jedoch eine eigene Realität zu. Einer der entscheidenden Faktoren ihrer magischen Wirkung war die Überzeugung,
auserwählt zu sein. Auch die Brüder Stauffenberg lebten in der Gewissheit, einer geistigen Elite anzugehören, von der eines Tages, wie
sie glaubten, das Schicksal des Abendlandes abhängen könnte. Vor
diesem Hintergrund habe ich die Tat des 20. Juli auszuleuchten versucht.

Nichts anderes hatte Kantorowicz drei Tage nach dem gescheiterten Attentat unternommen: eine Deutung, die über das Scheitern
hinausreichte. Indem er die wenigen Fakten, soweit sie ihm bekannt
geworden waren, um eine geistesgeschichtliche Komponente erweiterte, hob er das Geschehen auf eine andere Ebene. Ein solches Verfahren hatte er in seiner Biographie Friedrichs II. schon einmal als

Methode angewendet. Sagen und Legenden, so seine These, prägten
das Bild eines Herrschers in der Geschichte mindestens ebenso nachhaltig wie Urkunden oder Rechnungsbücher. Leider vernachlässigten
die meisten Historiker sowohl den Aspekt der Inszenierung als auch
die Wirkung der Propaganda, weil sie glaubten, der »Mythos« eines
Menschen stehe dem, was sie für die historische Wahrheit halten, im
Wege. Unter bestimmten Umständen sei es jedoch fast unerheblich,
ob ein Ereignis stattgefunden habe oder nicht: Entscheidend sei seine
symbolische Bedeutung.

Die symbolische Bedeutung des 20. Juli stand für Kantorowicz von
vornherein fest: Was immer sich da am anderen Ende der Welt im
Einzelnen abgespielt hatte, empfand er als eine Bestätigung seiner
eigenen Biographie – »wie eine Rechtfertigung von uns allen«. Dabei
war vieles von dem, was er zwischen 1933 und 1938 in den Reihen der
Freunde Georges hatte erleben müssen, wenig geeignet, ihn in seinem
Glauben an ein geheimes Deutschland zu bestärken; die Entfremdung
zwischen jüdischen und nichtjüdischen Kreisangehörigen hätte größer nicht sein können. Es wäre nicht verwunderlich gewesen, hätte
Kantorowicz am 20. Juli 1944 den Stab über seine ehemaligen Freunde
gebrochen, die trotz aller von Deutschen begangenen Verbrechen
offenbar noch immer an die Zukunft der Nation glaubten. Aber für
Kantorowicz war der 20. Juli vor allem ein großartiger Beweis für die
Macht des Mythos. Er identifizierte sich mit dem Attentäter nicht
nur, weil ihm dies einen unverhofften Schulterschluss mit den früheren Freunden und eine Rückkehr zu den Träumen seiner Jugend
erlaubte. Auch als Historiker faszinierte ihn dieser Tag, weil er davon
überzeugt war, dass der Attentäter sein Leben für eine Sache geopfert
hatte, die nicht erst durch ihr Scheitern Größe erlangte, sondern den
Mythos in sich trug, noch bevor sie ins Werk gesetzte wurde.

Der prominente Zuruf über die Zeiten hinweg untermauerte meine
These, dass Claus von Stauffenberg – ein rational denkender Mensch,
ein brillanter Stratege, ein liebevoller Familienvater – über zwanzig
Jahre einem phantastischen Irrationalismus anhing, für den er am

Ende sein Leben ließ. Meine Deutung war durch das eindrucksvolle autobiographische Bekenntnis vom Juli 1944 gewissermaßen sanktioniert. Und doch wollte ich mich nicht auf diese Lesart einschränken lassen; sie war mir während der Arbeit am Manuskript als Basso ostinato präsent, aber als Interpretationsschlüssel erschien sie mir untauglich. Politische und militärische Zusammenhänge erschließen sich nun einmal nicht über Gedichte. Nicht die George'sche Weltanschauung, die uns heute so befremdet, war der Maßstab für das Handeln Stauffenbergs, sondern die Erkenntnis, einem Verführer zum Opfer gefallen zu sein, der Deutschland in den Abgrund riss.

Im Übrigen war Stauffenberg als George-Jünger nicht weniger ein Kind seiner Zeit denn als Angehöriger des süddeutschen Adels oder als Offizier der Reichswehr. Der George-Kreis war ja keineswegs so exklusiv, wie seine Adepten glaubten. Es gab in den zwanziger Jahren eine Reihe vergleichbarer Zusammenschlüsse mit jeweils eigenen Wertordnungen und Verhaltensregeln. »Gemeinschaft, Elitismus, deutsche Sendung« – daran erinnerte der Historiker Ulrich Herbert in seiner Rezension im *Spiegel* – »waren Kernelemente der nationalen Jugend der Zwanziger- und Dreißigerjahre.« Der gleiche idealistische Überschuss, der die George-Jünger auszeichnete, war auch in den etwa gleichaltrigen Führungskadern des späteren Reichssicherheitshauptamts zu finden. Stauffenberg war ein typischer Vertreter dieser »Generation des Unbedingten« (Michael Wildt), die nichts so sehr verachtete wie die laue Unentschiedenheit der bürgerlichen Klasse, der man 1933 endlich den Garaus gemacht hatte.

Die Philosophie des Alles oder nichts, die diese Generation auszeichnete, dachte in polarisierenden Extremen, es gab nur Freund oder Feind, Sieger und Besiegte. Mit ethischen Kategorien, Begriffen wie Verantwortung, Empathie oder Gewissen, ließ sich bei diesen Entscheidungsdenkern in der Regel wenig ausrichten. Für die Verlierer hatten sie im besten Fall ritterliche Herablassung übrig. Erst als sich 1942 das Blatt zu wenden begann, setzte bei Männern wie Stauffenberg das Nachdenken ein über die Bedingungen, unter denen man aus dem Debakel wieder herauskam. Bei nüchterner Abwägung der

Zahlen, die täglich über seinen Tisch gingen, kam der für personellen
und materiellen Nachschub zuständige Major im Generalstab im
Spätsommer 1942 zu dem Ergebnis, dass der Krieg nicht mehr zu
gewinnen war. Weil Hitler einer politischen Lösung im Wege stand
und strukturell unfähig war zum Frieden, wurde eine Lösung nur
noch *gegen* den »Führer« möglich, dessen Beseitigung zur *conditio sine
qua non.*

Der Militärhistoriker Klaus Naumann sieht in Stauffenbergs
1942/43 langsam gereiftem Entschluss zur Ausschaltung Hitlers einen
»allmählichen Abschied vom Haltungsideal des Unbedingten«. Indem
er mit dem »Regimekonformismus des Offizierskorps« brach, so Naumann in einer Besprechung meiner Biographie in den *Blättern für
deutsche und internationale Politik,* habe er »von den Leitbildern seiner
Generation« Abstand genommen. Die individuelle Verantwortung
höher zu stellen als den Befehlsgehorsam und so den Bruch mit der
eigenen Kaste zu vollziehen, ist in der Tat das eigentlich Revolutionäre
am 20. Juli.

2009 hatte der amerikanische George-Biograph Robert Norton
mit Blick auf den Dichter ähnliche Überlegungen angestellt. Um das
Attentat überhaupt denken zu können, habe sich Stauffenberg von
zentralen Wertvorstellungen seines Meisters lossagen müssen. Ich
konnte mich für diese These nicht erwärmen. Hält man sich an den
Anfang Juli 1944 von den Brüdern formulierten »Eid«, gelangt man
im Gegenteil zu dem Schluss, dass im Moment, wo feststand, dass
Stauffenberg selbst den Sprensatz würde zünden müssen, die Rück-
bindung an George um so dringlicher wurde. Das George'sche »Ethos
der Tat«, auf das ich mich in diesem Zusammenhang stütze, ist eine
sich aus dem Selbstverständnis der George-Jünger ableitende Metapher. Um den letzten Schritt zu tun, bedurfte es einer Sicherheit, die
nur jenseits von politisch-militärischer Vernunft liegen konnte. Viele
der Verschwörer fanden die Gewissheit, moralisch richtig zu handeln,
in ihrem christlichen Glauben. Diesen Aspekt bei Stauffenberg hätte
ich vernachlässigt, war in einigen Kritiken zu lesen. Mir schien das
Ethos der Tat die plausiblere Erklärung. Wie sonst soll man verstehen,

dass der Katholik Claus von Stauffenberg es war, der das christliche
Tötungsverbot überwand und den Mord kühl kalkulierte?

Eines jedenfalls war der 20. Juli mit Sicherheit nicht: ein Fanal sittlicher Empörung. Damit ist nicht gesagt, dass Stauffenberg unempfindlich gewesen wäre für das menschliche Leid, das Hitler millionen-
fach über ganz Europa gebracht hatte. Aber nicht das Leid, schon gar
nicht das Leid der Juden, gab den Ausschlag. Den Ausschlag gab der
drohende Untergang des Deutschen Reiches, den er abwenden wollte.
Natürlich wären mit der Beseitigung des Diktators automatisch alle
Zwangsmaßnahmen des Regimes, Verhaftungen, Deportationen, Erschießungen, eingestellt worden – das brauchte nicht eigens hervorgehoben zu werden. Es verstand sich für die Verschwörer von selbst, dass
die Wiederherstellung von Freiheit und Recht, von Anstand und
Würde nach dem gelungenen Umsturz oberste Priorität haben musste.
Für denjenigen, der die wesentliche logistische Vorarbeit für den
Putsch leistete und dann selber die Bombe deponierte, standen jedoch
andere Fragen als die nach der politischen Zukunft der Deutschen im
Mittelpunkt.

Weil ich mich allzu sehr auf die politisch-militärische Motivation
Stauffenbergs konzentriert hätte, sei ich der Komplexität des 20. Juli,
insbesondere seiner ethisch-moralischen Dimension, nicht gerecht
geworden. Zu dieser wiederholt geäußerten Kritik an meinem Buch
sei grundsätzlich angemerkt, dass ein Biograph vorrangig versuchen
sollte, den Werdegang und die innere Entwicklung seines Protagonis-
ten nachzuzeichnen. Eine Stauffenberg-Biographie ist etwas anderes
als eine Geschichte des deutschen Widerstands. Diejenigen unter den
Mitverschwörern, mit denen sich Stauffenberg besonders gut verstand –
Schulenburg, Leber, Trott –, werden in meine Darstellung genauso
einbezogen wie diejenigen, die ihm mit ihren dauernden Bedenken
schwer auf dem Magen lagen wie Goerdeler oder Moltke. Als Biograph haben mich diese Beziehungen nicht zuletzt unter dem menschlichen Aspekt interessiert, zumal die Debatten der Verschwörer – zu
deren eigenem Leidwesen – stark von Sympathien und Antipathien
bestimmt wurden.

Die Sehnsucht nach Lichtgestalten ist ungebrochen. Wer an Heldengeschichten kratzt, macht sich auch in einer »postheroischen Gesellschaft« keine Freunde. Er zieht insbesondere den Unmut derer auf sich, die sich als Hüter des Erbes verstehen und daraus eine mitunter aggressive Deutungshoheit ableiten. Dennoch hat mich die Heftigkeit überrascht, mit der mein Buch von der Enkelgeneration abgelehnt wurde. 75 Jahre nach den Ereignissen mutet die persönliche Betroffenheit von Nachkommen nur noch anachronistisch an. Zugleich erfüllte es mich mit Genugtuung, dass mein Buch am rechten Rand, bei Neokonservativen und Identitären, die sich bemühen, die deutsche Geschichte umzuschreiben, nicht weniger scharfen Widerspruch hervorrief. Wir dürfen Stauffenberg nicht den Rechten überlassen, er gehört mit all seinen Widersprüchen in die Mitte der Gesellschaft. Wie die Kontroverse um meine Stauffenberg-Biographie gezeigt hat, lohnt es sich, die Debatte über das Vermächtnis der Frauen und Männer, die im Kampf gegen Hitler ihr Leben ließen, immer wieder neu zu führen.

Anhang

Danksagung

Mit dem Widerstand gegen Hitler begann ich mich eingehend zu befassen, als ich 1984 Lektor des Berliner Siedler Verlags wurde. Ich hatte die Reihe »Deutscher Widerstand 1933 bis 1945. Zeugnisse und Analysen« zu betreuen, in der, herausgegeben von Karl Otmar von Aretin, Ger van Roon und Hans Mommsen, wichtige Bände zur Erschließung des Themas erschienen, darunter die kritische Neuausgabe der Hassell-Tagebücher und die Edition der Stieff-Briefe. Mitte der achtziger Jahre gab es für den deutschen Widerstand – von den alljährlichen Gedenkfeiern im Bendlerblock abgesehen – wenig öffentliches Interesse, und ohne das Engagement des Bochumer Historikers Hans Mommsen († 2015) wäre vieles nicht durchzusetzen gewesen. In vielen Gesprächen mit Dr. med. Clarita von Trott zu Solz († 2013), die über die Jahre fortgesetzt wurden, lernte ich die seelischen Schwierigkeiten begreifen, mit denen die Hinterbliebenen in einem Staat zu kämpfen hatten, der ihren ermordeten Liebsten lange die Anerkennung verweigerte.

Die Anregung zu diesem Buch gab der Cheflektor des C. H. Beck Verlags, Detlef Felken, im Sommer 2008. Eine nicht zu umfangreiche, gut lesbare Stauffenberg-Biographie sei ein Desiderat. Mein erster Dank gilt daher Detlef Felken, der mir nicht nur die Idee zu diesem Buch schenkte, sondern Jahre später zum ersten Teil des Manuskripts auch zahlreiche Anregungen machte. Ein weiterer Lektoratskollege und Freund, Christian Seeger, lange verantwortlich für das Programm des Propyläen Verlags, hat den gesamten Text akribisch durchgearbeitet. Ihm sage ich herzlichen Dank.

Hilfe vielfacher Art gewährte mir Oberst a. D. Winfried Heinemann, bis zu seiner Pensionierung im Sommer 2018 wissenschaftlicher Mitarbeiter am Militärgeschichtlichen Forschungsamt, dem heutigen

Zentrum für Militärgeschichte und Sozialwissenschaften der Bundeswehr in Potsdam (ZMSBw). Oberst Heinemann stellte mir das Manuskript seines Opus magnum *Unternehmen »Walküre«* zur Verfügung, in dem er die Summe seiner jahrzehntelangen Beschäftigung mit dem militärischen Widerstand zieht und das im Frühjahr 2019 erscheinen soll. Dafür bedanke ich mich bei ihm ebenso wie für die kritische Durchsicht des Manuskripts, für zahlreiche Literaturhinweise und nicht zuletzt für die Langmut, mit der er dem Zivilisten – nicht gedient! – militärisches Denken erläuterte und ihn vor manchem »Bock« bewahrte.

Für viele Gespräche, Kritik und Anregung danke ich den Historikern Magnus Brechtken, Eckart Conze und Norbert Frei. Ich danke dem Kommandeur des ZMSBw, Kapitän zur See Jörg Hillmann, für die Einladung, auf der Jahrestagung der Deutschen Kommission für Militärgeschichte im April 2018 meine Thesen vorstellen zu dürfen. Peter Lieb am ZMSBw danke ich für die Durchsicht des Tunesien-Kapitels. Mein Dank geht an Elisabeth und Boris Ruge, deren Kritik – die Kritik der Enkelgeneration – ich respektiere, auch wenn ich ihr nicht immer folgen wollte. Ein Dank schließlich an Manfred Bissinger.

Ich danke Maik Bozza und Birgit Wägenbaur im Stefan George Archiv in der Württembergischen Landesbibliothek Stuttgart, die meine Recherchen tatkräftig unterstützten und mir unbürokratisch jede Hilfe zukommen ließen. Mein Dank gilt der Stefan George Stiftung für die Genehmigung zum Abdruck unveröffentlichter Schriftstücke in ihrem Besitz. Matthias Uhl am Deutschen Historischen Institut Moskau danke ich für die Auszüge aus dem Terminkalender Heinrich Himmlers sowie zahlreiche weitere Akten aus den deutschen Beutebeständen im Zentralarchiv des russischen Verteidigungsministeriums.

Den Kolleginnen und Kollegen im Karl Blessing Verlag danke ich für die professionelle Betreuung.

Anmerkungen

Prolog

1 Alexander von Stauffenberg, Der Tod des Meisters [entstanden 1944], ohne Seitenzahl.

2 Ebda. Für Zitate aus Schriftstücken des George-Kreises gilt ebenso wie für die Briefe Claus von Stauffenbergs, dass die Schreibweise des Originals, insbesondere die Kleinschreibung, einschließlich aller Inkonsequenzen beibehalten wurde.

3 Angaben nach Frank Mehnert, Tabellarische Notizen zur letzten Krankheit Stefan Georges, 30.10.–3.12.1933, 9 Seiten, und Bericht über die letzte Krankheit Stefan Georges, 14.–21. Dezember 1933, 10 Seiten, STGA, George IV, 262 u. 263.

4 Alexander von Stauffenberg, Der Tod des Meisters.

5 Hoffmann, Stauffenberg, 128.

6 Landmann, Gespräche, 209.

7 Groppe, Bildung, 654.

8 Vgl. Karlauf, George, 568.

9 Max Kommerell, Verse für C., Handschrift, 18 Seiten, Deutsches Literaturarchiv Marbach, Nachlass Hölscher-Lohmeyer, Mappe 10; ders., Schwaben, fünf Gedichte auf Claus von Stauffenberg, Handschrift, 8 Seiten, ebda.

10 Max Kommerell starb am 25. Juli 1944 im Alter von 42 Jahren in Marburg an Krebs.

11 Der vollständige Brief Georges an Morwitz vom 10. Mai 1933 in Karlauf, George, 622.

12 Zit. nach Mattenklott/Philipp/Schoeps (Hg.), Verkannte Brüder, 43f.

13 George, Das neue Reich, GA IX, 43.

14 George, Der Stern des Bundes, GA VIII, 114.

1 Die Welt von gestern

1 Sämtliche Angaben hier und im Folgenden nach dem unveröffentlichten Terminkalender Heinrich Himmlers vom 20. und 21. Juli 1944, in: Zentralarchiv

des russischen Verteidigungsministeriums, Moskau, CAMO 500, 12493-5, 414–417.

2 Ebda.

3 Speer, Erinnerungen, 398. Die drei Minister, die in dieser Nacht ihr weiteres Vorgehen abstimmten, Himmler, Goebbels und Speer, sind als »eigentlicher Machtkern« der letzten Kriegsphase zu sehen; im Zuge der Niederschlagung des Aufstands konnten sie den von ihnen propagierten »totalen Krieg« nochmals deutlich verschärfen; Brechtken, Speer, 266–274, Zitat 270. Kershaw sieht neben Himmler und Goebbels den Leiter der Parteikanzlei Martin Bormann als dritten »Gewinner« des 20. Juli; Kershaw, Ende, 62.

4 Zur Einordnung der Kaltenbrunner-Berichte jetzt grundlegend Keyserlingk, Clique. Schätzungen gehen von rund 600 Verhaftungen und etwa 200 Todesurteilen im direkten Zusammenhang mit dem 20. Juli aus; ebda., 111f. Zur Problematik der Zahlenangaben vgl. DRZW 9/1, 882f. (Beitrag Heinemann).

5 Vgl. hierzu unten S. 93 u. 185f.

6 Peter Hoffmann wies darauf hin, dass die Initiative zu solchen Dialogen meist von den Zeugen selbst ausging; Hoffmann, Stauffenberg, 570 (Anm. 142).

7 Rafaela Hiemann hat am Beispiel Rudolf-Christoph von Gersdorffs eindrucksvoll gezeigt, wie ein Zeitzeuge mit jeder neuen Erinnerungsvariante »immer souveräner auftritt«, bis sich seine eigene Vita schließlich als eine von Anfang bis Ende konsequente Widerstandsgeschichte liest; vgl. Hiemann, Widerstand, passim, und diess., Gersdorff, 80f.

8 Vgl. hierzu Malinowski, Adel, 589–593.

9 Fritz Bauer 1962, zit. nach Ueberschär (Hg.), NS-Verbrechen, 4 (Beitrag Loewy).

10 Zit. nach Manfred Messerschmidt, Vorwärtsverteidigung. Die »Denkschrift der Generäle« für den Nürnberger Gerichtshof, in: Heer/Naumann (Hg.), Vernichtungskrieg, 531–550, hier 531.

11 Hürter, Heerführer, 133 (Maximilian von Weichs). Zur Verteidigungsstrategie der Wehrmachtelite nach dem Krieg vgl. Wrochem, Manstein.

12 Die militärische Dimension des Widerstands wurde erstmals 1982 von Klaus-Jürgen Müller in seiner Erwiderung auf die Kritik Peter Hoffmanns an seinen Beck-Studien methodisch erörtert; Müller, Militärpolitik, nicht Militäropposition. Vgl. auch Hans Mommsen, Die Stellung der Militäropposition im Rahmen der deutschen Widerstandsbewegung gegen Hitler, in: ders., Alternative, 366–383. Demgegenüber vertritt Peter Steinbach bis heute die These, es sei den Leuten um Stauffenberg und Tresckow nicht um »die Verfolgung spezifisch militärischer Ziele« gegangen, sie hätten vielmehr »stellvertretend für alle Gegner des Nationalsozialismus« gehandelt; Steinbach, Der 20. Juli

1944, 17. Zum Problem der Trennung von politischem und militärischem Widerstand vgl. zuletzt Winfried Heinemann, Militärische Motive für den Umsturzversuch vom 20. Juli 1944, Festvortrag in der Vertretung des Landes Baden-Württemberg beim Bund, Berlin 2015.

13 Kroener, Fromm, 602. – In der Widerstandsforschung der DDR wurde Stauffenberg als einem »ehrlichen Patrioten« relativ früh eine Sonderstellung zuerkannt. Anfang der sechziger Jahre brach diese Tradition jedoch ab; die Beschäftigung mit dem nichtkommunistischen Widerstand diente fortan in erster Linie dazu, der westlichen Vereinnahmung des Themas zu begegnen. Eine rühmliche Ausnahme bildeten die Arbeiten Kurt Finkers, dessen Stauffenberg-Biographie von 1967 bis zur Wende sieben Auflagen erlebte.

14 Richard Evans, Sein wahres Gesicht, *Süddeutsche Zeitung Magazin*, 23. Januar 2009. Vgl. auch Karl Heinz Bohrers beißende Replik eine Woche später: Die Entlarvung des 20. Juli, *Süddeutsche Zeitung*, 30. Januar 2009. – Auf dem Feld der »Ehre« trafen sich die Kritiker von links mit konservativen Publizisten wie Marion Dönhoff, Joachim Fest oder Golo Mann, der meinte, das Attentat sei »nur noch ein Akt um der Ehre, kaum mehr der Politik willen« gewesen; Golo Mann, Einleitung, in: Thun-Hohenstein, Oster, 12; vgl. unten S. 225f.

15 Zum Eid zuletzt grundsätzlich Heinemann, Walküre, 174ff., sowie die noch unveröffentlichte Gießener Habilitationsschrift von Vanessa Conze, »Ich schwöre Treue …« Der politische Eid in Deutschland im 19. und 20. Jahrhundert. Ich danke Vanessa Conze für die Überlassung eines Exemplars.

16 Kramarz, Stauffenberg, 201 (Cordula von Pezold 1963).

17 Hürter, Heerführer, 55.

18 Carsten, Reichswehr und Politik, 346.

19 Ich habe auf Nachkriegsdokumente so weit wie möglich verzichtet. Wo es sich nicht vermeiden ließ, spätere Zeugnisse heranzuziehen, wird dies in der Anmerkung prinzipiell kenntlich gemacht.

20 Kroener, Fromm, 16.

21 Hürter, Heerführer.

22 Müller, Beck, 481. Vgl. auch Stauffenbergs Bekenntnis zu Beck bald nach ihrer Bekanntschaft im November 1943: »Seine Grundauffassungen decken sich vollständig mit den unseren« (Aussage Major Kuhn, September 1944); Hoffmann, Kuhn, 195.

23 Hoffmann, Stauffenberg, 485 (Anhang I).

24 Claus von Stauffenberg an Rudolf von Lerchenfeld, 6. März 1934, zit. nach Hoffmann, Stauffenberg, 94.

25 Sutterer, Ordnungsvorstellungen, 93f. Sutterer betont, dass Seeckt offenbar mit einem Aufstand der Kommunisten als Reaktion rechnete und sein Verhalten mitnichten eine Billigung des Kapp-Putsches bedeutete, dessen Chancen von ihm als äußerst gering eingeschätzt worden seien; ebda., 90.

26 Carsten, Reichswehr und Politik, 195.

27 Ebda., 174. Vgl. Sutterer, Ordnungsvorstellungen, 96: »Seine Möglichkeit, mit allen relevanten politischen Entscheidungsträgern zu kommunizieren bei nahezu vollständiger Immunität gegenüber möglichen Versuchen ihn abzusetzen, verweist auf die informelle Gestaltungsmacht von Seeckts.«

28 Seeckt, Zukunft, 140f.

29 Seeckt, Gedanken eines Soldaten, 11, zit. nach Sutterer, Ordnungsvorstellungen, 117.

30 Grundlegend Bergien, Die bellizistische Republik. Während die ältere Forschung dem Grundsatz folgte, die Reichswehr sei ein »Staat im Staate« gewesen, und die Trennung zwischen der staatlichen und militärischen Sphäre betonte, kam es mit den Arbeiten von Michael Geyer in den achtziger Jahren zu einem Paradigmenwechsel, der das allmähliche Vordringen des Militärs in Politik und Gesellschaft thematisierte.

31 Heeres-Verordnungsblatt Nr. 79 vom 30. Dezember 1920, zit. nach Carsten, Reichswehr und Politik, 127.

32 Zit. nach Bracher, Auflösung, 232 (Anm. 109).

33 Seeckt, Zukunft, 138.

34 Zahlen nach Bracher, Auflösung, 231 (Anm. 102); vgl. Carsten, Reichswehr und Politik, 235 u. 343.

35 Zit. nach Hoffmann, Stauffenberg, 94 u. 103.

36 Claus von Stauffenberg an Max Kommerell, 19. Juli 1928, zit. nach Zeller, Stauffenberg, 20f. Dort auch das Zitat S. 42 unten.

37 Später wird Oberst Momm als Kommandeur der Panzertruppenschule in Krampnitz bei Berlin eine gewisse Rolle in den Staatsstreichplanungen spielen.

38 Richard Scheringer, Das große Los unter Soldaten, Bauern und Rebellen, Hamburg 1959, 151ff., zit. nach Carsten, Reichswehr und Politik, 348.

39 Ebda.

40 Hellmuth Stieff an seine Frau, 7. bzw. 11. Oktober 1930, Stieff, Briefe, 61–63.

41 Müller, Beck, 89.

42 Zit. nach Kershaw, Hitler, 1, 427.

43 Pyta, Hindenburg, 567.

44 Zit. nach Carsten, Reichswehr und Politik, 350.

45 Müller, Armee, 140 (Erinnerungen Weichs).

46 Zit. nach Müller, Armee, 161.

47 Evans, Das Dritte Reich, 1, 381.

48 Claus von Stauffenberg an Stefan George, 11. Juli 1931, zit. nach Hoffmann, Stauffenberg, 109.

49 So Peter Sauerbruch, der Hauptzeuge für diesen Tag, in seiner Rechtfertigung vom Februar 1963, abgedruckt bei Kramarz, Stauffenberg, 42, der eine

Teilnahme Stauffenbergs grundsätzlich in Frage stellt; ähnlich Zeller, Geist, 518f., Müller, Stauffenberg, 93ff.; eine Zusammenstellung sämtlicher Quellen bei Hoffmann, Stauffenberg, 540ff.

50 Kramarz, Stauffenberg, 38f.; Müller, Stauffenberg, 72f.

51 Schulthess, Nina, 45, 50f.

52 George, Der Stern des Bundes, GA VIII, 86.

53 Schulthess, Nina, 53.

54 Einer war Nikolaus Graf von Üxküll-Gyllenband, Onkel Nux, der nach dem 20. Juli hingerichtet wurde. Vgl. Hoffmann, Stauffenberg, 132f.; zum Vergleich die Samples bei Malinowski, Adel, 569–578.

55 Hoffmann, Stauffenberg, 135.

56 Vgl. ebda., 133 u. 143.

57 Malinowski, Adel, 533. Noch Richard von Weizsäcker hat sich diese Anekdote, wenn auch spät, zu eigen gemacht; Weizsäcker, Vier Zeiten, 87f. Zuvor u. a. bei Gersdorff, Soldat, 62f., und Dönhoff, Ehre, 75.

58 Malinowski, Adel, 546f.

59 Conze, Adel, 275.

60 Zit. nach Conze, Adel, 279.

61 So der Titel eines Filmes von Hans Bentzien über die Mutter Caroline von Stauffenberg, Südwestfunk (SWF), Landesschau-unterwegs, 23. Juli 1994.

62 Spiegelbild, 447f.

2 Waffenträger der Nation

1 Zur SA grundlegend Longerich, Bataillone.

2 Höhne, Mordsache, 173.

3 *Deutsche Allgemeine Zeitung,* 8. Dezember 1933.

4 Wirsching, Man kann nur Boden germanisieren, 546ff. Vgl. auch die Aufzeichnungen Liebmanns, der Hitlers Worte so festhielt: »Eroberung neuen Lebensraums im Osten u. dessen rücksichtslose Germanisierung«, Müller, Armee, 263, sowie Dirks/Janßen, 232–236.

5 Wirsching, Man kann nur Boden germanisieren, 543f. u. 549.

6 Ebda., 547.

7 Ebda., 543.

8 Pyta, Hindenburg, 808.

9 Ebda., 800.

10 Vgl. Groß, Mythos und Wirklichkeit, 191–194.

11 Schäfer, Blomberg, 86 u. 90.

12 Hoffmann, Stauffenberg, 110.

13 Müller, Armee, 150.

14 Ebda., 273.

15 Ebda., 274–278.

16 Hoffmann, Stauffenberg, 131.

17 Berthold von Stauffenberg, Die Entziehung der Staatsangehörigkeit und das Völkerrecht. Eine Entgegnung, in: *Zeitschrift für ausländisches öffentliches Recht und Völkerrecht*, Jg. 4 (1934), 261–276, Zitate 261 u. 265. – Hoffmann qualifizierte den Artikel so: »Das Beispiel aus Stauffenbergs Arbeit gehört zum zeitgenössischen Rahmen des Lebens der Brüder. Es bezeichnet zugleich die Grenzen der Erkenntnis, die aus damaligen Veröffentlichungen zu gewinnen ist«; Hoffmann, Stauffenberg, 163.

18 Denkschrift Manstein samt Anschreiben an Beck vollständig abgedruckt bei Müller, Armee, 183–189, Zitate 184.

19 Müller, Armee, 195 (Nachlass Weichs).

20 Höhne, Illusionen, 204.

21 Müller, Armee, 211 (Oktober 1934).

22 Kershaw, Hitler, 1, 642.

23 Müller, Beck, 141.

24 Müller, Armee, 206f.

25 Ebda., 207 (Erlass vom 2. April 1935); Müller, Beck, 142.

26 Sx [Karl Silex]: Der Nicht-Pg. nach dem 30. Juni, in: *Deutsche Allgemeine Zeitung*, 16. Juli 1934.

27 Nina von Stauffenberg (Oktober 1962), zuerst bei Kramarz, Stauffenberg, 48.

28 Müller, Armee, 163.

29 Ebda., 168f.

30 Müller, Beck, 100.

31 Ebda., 107.

3 Von der Reichswehr zur Wehrmacht

1 Vgl. hierzu und zum Folgenden zuletzt Conze, Illusion.

2 Erfurth, Generalstab, 42.

3 Strachan, Der Erste Weltkrieg, 440.

4 Groß, Mythos und Wirklichkeit, 145.

5 Pyta, Hindenburg, 408; zur Entstehung des Begriffs »Dolchstoßlegende« vgl. ebda., 404.

6 Höhne, Illusionen, 152.

7 Ebda., 171f.

8 Der vierzehnte Oktober, 46.

9 Wolters, Die Bedingungen des Versailler Vertrages, Kiel 1929. Die Gedenkstunde der Christian-Albrechts-Universität war auf Intervention der Inter-

alliierten Militär-Kontrollmission verboten worden, der Text der Rede wurde dem Lehrkörper und den Studenten am Jahresende als Manuskript zugänglich gemacht.

10 Müller, Armee, 279.
11 Ebda., 271.
12 Ebda., 272.
13 Müller, Beck, 188.
14 Domarus, 2, 494.
15 Schäfer, Blomberg, 158.
16 Müller, Armee, 290.
17 Ebda., 280.
18 Berthold von Stauffenberg, Die Vorgeschichte des Locarno-Vertrages und das russisch-französische Bündnis, in: *Zeitschrift für ausländisches öffentliches Recht und Völkerrecht,* Jg. 6 (1936), 215–234, Zitat 233.
19 Braubach, Einmarsch, 30.
20 Kershaw, Hitler, 1, 740.
21 Erfurth, Generalstab, 127.
22 Müller, Beck, 265.
23 DRZW, 1, 437.
24 Domarus, 2, 606 u. 604.

4 Das Handwerk des Krieges

1 Franz Halder, der Nachfolger Becks, meinte, dass »der Nimbus des deutschen Generalstabs in besonderem Maße auf dem Geheimnis beruht, das seine Tätigkeit umgibt. Niemand konnte hineinsehen, aber dass die Maschine funktionierte, hat alle Welt gespürt«; zit. nach Friedrich, Gesetz, 671.
2 Wheeler-Bennett, Nemesis, 121, vgl. 104.
3 Model, Der deutsche Generalstabsoffizier, 23.
4 Groß, Mythos und Wirklichkeit, 149.
5 Vergleichszahlen siehe Model, Der deutsche Generalstabsoffizier, 75 u. 99, sowie Erfurth, Generalstab, 171f.
6 Fahrner, Werke, 2, 195f.
7 Scharnhorst, Schriften, 103 u. 106 (Entwicklung der allgemeinen Ursachen des Glücks der Franzosen in dem Revolutionskriege und insbesondere in dem Feldzuge von 1794).
8 Scharnhorst, Schriften, 274 (Denkschrift vom Juli 1809).
9 Ebda., 240.
10 Delbrück, Gneisenau, 1, 134.
11 Nipperdey, Deutsche Geschichte 1800–1866, 33f.

12 Delbrück, Gneisenau, 1, 271 u. 273.

13 Zit. nach Zeller, Geist, 246. Der Absatz wurde auf Wunsch Stauffenbergs gestrichen.

14 Zit. nach Model, Der deutsche Generalstabsoffizier, 76.

15 Claus von Stauffenberg an Georg von Sodenstern, 13. März 1939, zit. nach Hoffmann, Stauffenberg, 488.

16 Claus von Stauffenberg an Georg von Sodenstern, 6. Februar 1939, zit. nach Hoffmann, Stauffenberg, 487.

17 Claus von Stauffenberg an Georg von Sodenstern, 13. März 1939, zit. nach Hoffmann, Stauffenberg, 489f.

18 Fahrner, Gneisenau, Vorwort. Die Auffassung, dass die preußischen Junker damals Verrat an der nationalen Idee begangen und den Sieg über Napoleon verspielt hätten, gehörte später zum Geschichtskanon der DDR.

19 Fahrner, Gneisenau, 92.

20 Fahrner, Gneisenau, Vorwort.

21 Claus von Stauffenberg an Frank Mehnert, 27. Juni 1938, STGA, Erben III, 3910.

22 Müller, Stauffenberg, 169 u. 523. In Stauffenbergs Nachlass finden sich zwei Seiten handschriftliche »Bemerkungen zu Gneisenau«, die wohl anlässlich des Vortrags entstanden, den Fahrner im Januar 1939 in Wuppertal vor Offizieren von Stauffenbergs Division hielt; der Durchschlag des 36-seitigen Vortragsmanuskripts hat sich im Nachlass ebenfalls erhalten, ebda., 144f. u. 520.

23 Claus von Stauffenberg an Cajo Partsch, 23. Juli 1942, STGA, Partsch III, 8852.

24 Im Gespräch mit Dietz von Thüngen (Aufzeichnungen Januar 1945), Hoffmann, Stauffenberg, 275.

25 Nachkriegsüberlieferung eines Vetters, angeblich 1941/42 zu Berthold von Stauffenberg; Müller, Stauffenberg, 208.

26 Spiegelbild, 196; vgl. ebda., 88.

27 Zur Ausbildung an der Kriegsakademie grundlegend Model, Der deutsche Generalstabsoffizier, 75–96.

28 Claus von Stauffenberg an Frank Mehnert, 25. Juni 1937, zit. nach Hoffmann, Stauffenberg, 152.

29 Hoffmann, Stauffenberg, 156.

30 Zit. nach Kramarz, Stauffenberg, 224; zu Stauffenbergs Vortrag vor der Lilienthalgesellschaft und den Kautelen um die Druckfreigabe vgl. Müller, Stauffenberg, 115–118.

31 Müller, Stauffenberg, 118; so fast wörtlich schon bei Kramarz, Stauffenberg, 52. Müller, Stauffenberg, 118–122, bietet eine wohlwollende Analyse der Kavallerie-Studie; dort auch die beiden folgenden Zitate aus der letzten Fassung des Textes im Nachlass Stauffenberg.

32　Der Satz wird zitiert nach der zweiten Fassung des Textes bei Kramarz, Stauffenberg, 53.

33　Zit. nach Groß, Mythos und Wirklichkeit, 172.

34　Ebda., 209; zu den Zahlen vgl. Frieser, Blitzkrieg-Legende, 33–41.

35　Pöhlmann, Panzer, 338. Pöhlmann bestätigte im Wesentlichen die grundlegende Studie von Frieser, Blitzkrieg-Legende: »Die Qualifizierung der Wehrmacht als zwei Heere – hier 10 Prozent motorisierte Schocktruppe, dort 90 Prozent uniformierte Fußgänger nahe der Lebensmitte – ist natürlich überspitzt, aber in der Tendenz zutreffend«; ebda., 300.

36　Zit. nach Müller, Stauffenberg, 119.

37　Vgl. die Zahlen bei Pöhlmann, Panzer, 210.

38　Zit. nach Müller, Stauffenberg, 120.

5 Das Erbe

1　An PHES von Claus im November 1923; Abschrift von acht Gedichten Claus von Stauffenbergs für seinen Bruder Berthold, STGA, George IV, 0554.

2　Zit. nach Kramarz, Stauffenberg, 138.

3　George, Der Stern des Bundes, GA VIII, 83.

4　Ebda., 85.

5　Erika Wolters an Stefan George, 17. April 1924 (aus Agrigent), STGA, George III, 14721. Vgl. zu diesem Komplex Karlauf, George, 551–564.

6　Kantorowicz, Friedrich II., 197 u. 76f.

7　Ebda., 632.

8　Glöckner, Begegnung, 188.

9　An PHES, wie Anm. 1.

10　Berthold von Stauffenberg, »glutströme wallten, heisse sehnsucht schwoll«; STGA, Stauffenberg I, 314.

11　Hoffmann, Stauffenberg, 145; vgl. Müller, Stauffenberg, 112.

12　Vgl. Hoffmann, Stauffenberg, 158f.; Müller, Stauffenberg, 123.

13　Zit. nach Hoffmann, Stauffenberg, 48 (Hervorhebung T. K.).

14　Zit. nach Hoffmann, Stauffenberg, 81.

15　Zit. nach Kramarz, Stauffenberg, 16.

16　Stettler, Frank, 28.

17　Hoffmann, Stauffenberg, 59.

18　George, Der Siebente Ring, GA VI/VII, 209.

19　Claus von Stauffenberg, An PHES, wie Anm. 1.

20　Hoffmann, Stauffenberg, 68; zum Adressaten vgl. ebda., 97–100.

21　Kommerell, Essays, 234.

22　George, Der Stern des Bundes, GA VIII, 26.

23 Blätter für die Kunst, Elfte und Zwölfte Folge, 1919, 6.

24 Landmann, Gespräche, 34, 44 u. 66.

25 George, Das Neue Reich, GA IX, 39.

26 George, Der Siebente Ring, GA VI/VII, 93.

27 Ebda., 57.

28 Zeller, Stauffenberg, 180f.

29 Die andere Seite, Heft 3, herausgegeben vom Political Warfare Executive, enthielt u. a. einen Aufruf Churchills, einen Essay von Thomas Mann über »Die apokalyptischen Lausbuben« und abstoßende Porträtaufnahmen Hitlers; vgl. Petrow, Dichter, 87.

30 Kramarz, Stauffenberg, 25; dort auch der Satz: »Die Wirkung, die George auf ihn ausgeübt hatte, übertrug Stauffenberg auch auf die Männer, die mit ihm im Widerstand zusammenarbeiteten.« Vgl. ebda., 169, sowie Hoffmann, Stauffenberg, 231 u. 404, unter Berufung auf denselben Zeugen, Peter Sauerbruch. – Besonders abenteuerlich Stauffenbergs angebliche Deklamation eines George-Gedichts vor Margarethe von Oven, ebda., 356.

31 Landmann, Gespräche, 145.

32 Zur Biographie Melitta von Stauffenbergs vgl. Medicus, Melitta.

33 Berthold von Stauffenberg an Stefan George, 27. Oktober 1933, STGA, George III, 12197; vgl. Hoffmann, Stauffenberg, 82 u. 132.

34 Stefan George letters to Ernst Morwitz, 1905–1956, MssCol 18586, New York Public Library, Letter Book 1955–1956, 175. Morwitz folgte zweifellos dem Sprachgebrauch Georges, wenn er Maria Classen nur als »Frl. Müller« bezeichnete. Ich danke Frank Ligtvoet, der mich auf die Stelle aufmerksam machte.

35 Alexander von Stauffenberg, Der Tod des Meisters.

36 Robert Boehringer an Berthold von Stauffenberg und Frank Mehnert, 12. April 1934, STGA, Erben III, 1423.

37 Frank Mehnert an Robert Boehringer, 20. April 1938 [Entwurf], STGA, Erben II, 1358.

38 Frank Mehnert, Abschrift [für Berthold von Stauffenberg?] mit dem Vermerk »bitte zurück nach Einsicht«, 24. April 1938, STGA, Erben II, 1359.

39 Robert Boehringer an Frank Mehnert, 22. April 1938, STGA, Erben III, 1571.

40 Berthold von Stauffenberg an Robert Boehringer, 25. April 1938, STGA, Erben II, 5013.

41 Robert Boehringer an Berthold von Stauffenberg und Frank Mehnert, 19. Juni 1938, STGA, Erben III, 1583.

42 Claus von Stauffenberg an Frank Mehnert, Berlin-Wannsee 26. Juni 1938, STGA, Erben III, 3909.

43 Ebda.

44 Claus von Stauffenberg an Berthold von Stauffenberg, 14. März 1934, mit bei-
    liegendem Durchschlag des Briefes an das Propagandaministerium, STGA,
    Stauffenberg II, 4501; vgl. Hoffmann, Stauffenberg, 142. Claus bat seinen
    Bruder um Zustimmung, und es ist unklar, ob der Brief tatsächlich abge-
    schickt wurde. Erstaunlich bleibt, dass Stauffenberg den am 10. März erschie-
    nenen *Stürmer*-Artikel so schnell zu Gesicht bekam, zumal der *Stürmer* nicht
    zu den von der Truppe zu abonnierenden Zeitungen gehörte; Müller, Stauf-
    fenberg, 128.
45 Claus von Stauffenberg an Frank Mehnert, Bingen 23. Juni 1938, STGA,
    Erben III, 3908.
46 Claus von Stauffenberg an Frank Mehnert, Berlin 27. Juni 1938, STGA,
    Erben III, 3910. Die Umbenennung des Binger Gymnasiums erfolgt erst
    nach Kriegsende 1945.
47 Karl Josef Partsch an Frank Mehnert, 27. Januar 1940, STGA, Erben III,
    5920.
48 Claus von Stauffenberg an Frank Mehnert, 29. Januar 1940, STGA, Mehnert-
    Nachträge III, 7505.
49 Claus von Stauffenberg an Frank Mehnert, 19. November 1939, STGA, Meh-
    nert-Nachträge III, 7501.
50 Claus von Stauffenberg an Frank Mehnert, 26. November 1939, Oelmann,
    147.
51 Frank Mehnert an Berthold von Stauffenberg, 29. Mai 1942, STGA,
    Erben III, 5629.

6 Die Krise der Wehrmacht

1 Craig, Die preußisch-deutsche Armee, 525.
2 Müller, Armee, 179. Der von Alfred Jodl, dem Chef des Wehrmachtfüh-
   rungsstabes, verfasste Entwurf vom 19. Oktober 1938 blieb unveröffent-
   licht.
3 Müller, Armee, 323f.
4 Ebda., 316.
5 Domarus, 2, 745.
6 Zeller, Geist, 232.
7 Hoffmann, Stauffenberg, 184. Nina von Stauffenberg deutete den Ausspruch
   1972 gegenüber Hoffmann als Hinweis auf einen geplanten Umsturz; vgl.
   ebda., 554 (Anm. 50). Sie glaubte irrtümlich, ihr Mann habe seit der Fritsch-
   Krise in indirekter Verbindung zu Beck gestanden; Müller, Stauffenberg,
   138.
8 Claus von Stauffenberg an Georg von Sodenstern, 13. März 1939, zit. nach
   Hoffmann, Stauffenberg, 489f.

9   Zuerst bei Zeller, Geist, 242. Kramarz, Stauffenberg, 72, datiert auf Frühjahr 1939.

10 Hoffmann, Stauffenberg, 184.

11 Graml, Hitler und England, 107. Schon bei der Vorbereitung des Einmarschs in Österreich hatte Hitler Anfang März zu Beck gesagt: »Ich möchte meiner jungen Wehrmacht diese Kraftprobe gönnen«; Müller, Beck, 302.

12 Mündlicher Bericht Nina von Stauffenberg, Müller, Stauffenberg, 137f.

13 Domarus, 2, 782.

14 Zit. nach Kershaw, Hitler, 2, 116.

15 Müller, Beck, 304.

16 Ebda., 323.

17 Denkschrift Becks vom 15./16. Juli 1938, ebda., 340.

18 Vortragsunterlage Becks vom 16. Juli 1938, ebda., 343.

19 Erich von Manstein an Ludwig Beck, 21. Juli 1938, ebda., 349 u. 353.

20 Hoffmann, Stauffenberg, 280; vgl. unten S. 210–213.

21 Zahlen nach Hürter, Heerführer, 145. Noch deutlicher ablesbar war die Entwicklung in den Generalsrängen: Hatte es 1932 lediglich 44 Offiziere im Generalsrang gegeben, so verzeichnete die Rangliste vom 1. Oktober 1938 bereits 275 Offiziere vom Generalmajor an aufwärts; im Mai 1943 zählte man dann weit über 1 000 Generale; Hoffmann, Widerstand, 61.

22 Beck, Müller, 482. Die Reichswehroffiziere bekleideten allerdings die höheren Ränge; so hatten sämtliche Oberbefehlshaber des Ostheeres am Tag des Überfalls auf die Sowjetunion bereits im Ersten Weltkrieg gedient; 12 von 16 stammten aus dem Adel; Hürter, Heerführer, 16, 22 u. 70.

23 Müller, Beck, 345.

24 Spiegelbild, 430.

25 Zit. nach Müller, Beck, 293; zur Frage der Autorschaft vgl. Janßen/Tobias, Sturz, 190f.

26 Vortragsunterlagen Becks vom 16. und 19. Juli 1938, zit. nach Müller, Beck, 344 u. 346.

27 Ritter, Goerdeler, 189.

28 Der englische Originaltitel des 1994 bei Siedler erschienenen Werkes von Klemens von Klemperer war deutlich zurückhaltender formuliert: German Resistance Against Hitler. The Search for Allies Abroad, 1938–1945. Zum 40. Jahrestag des Kriegsendes verlangte Marion Dönhoff, dass »England wenigstens sein Bedauern ausdrücken [sollte] Bedauern wegen Verunglimpfung des deutschen Widerstandes und unterlassener Hilfestellung«; zit. nach Schwarzer, Dönhoff, 136f. Zu Dönhoffs massiver Kritik an Klemperer vgl. Conze, Aufstand, 504.

29 Heusinger, Befehl, 43.

30 Müller, Beck, 338.

31 Frank Mehnert an Berthold von Stauffenberg, 19. oder 20. September 1938,

STGA, Stauffenberg III, 2254. Der Brief ist nicht an Robert Boehringer, wie bei Hoffmann angegeben; der Besuch fand Samstag statt, nicht Sonntag; Hoffmann, Stauffenberg, 181 u. 553 (Anm. 22).

32 Zit. nach Scholder, Kirchen, 227.

33 *Völkischer Beobachter*, 25. Mai 1937.

34 Vgl. unten S. 160f. u. 315f.

7 Siegreiche Jahre

1 Claus von Stauffenberg an Nina von Stauffenberg, 10. September 1939, STGA, Mehnert V, 2101. Dieser und alle folgenden Briefe Stauffenbergs werden zitiert nach den Abschriften Ninas für Berthold und andere Familienmitglieder, die sich in STGA, Nachlass Mehnert V, 2101ff., erhalten haben.

2 Claus von Stauffenberg an Nina von Stauffenberg, 13. September 1939, ebda.

3 Claus von Stauffenberg an Nina von Stauffenberg, 10., 14., 17. September 1939, ebda.

4 Claus von Stauffenberg an Nina von Stauffenberg, 16., 17., 30. September 1939, ebda.

5 Zit. nach Kershaw, Hitler, 2, 339. Vgl. die Zusammenstellung aus Feldpostbriefen und Kriegstagebüchern während des Polenfeldzugs bei Böhler, 195–198.

6 Stieff, Briefe, 107f.

7 Wegner, Waffen-SS, 126. Nebenan, im Bereich der 8. Armee, war als dritter der in Polen aktiven Totenkopfverbände die Standarte »Brandenburg« eingesetzt.

8 Müller, Armee, 390.

9 Hürter, Heerführer, 179.

10 Ebda.

11 Kramarz, Stauffenberg, 67 (Oberleutnant Reerink 1963); vgl. Hoffmann, Stauffenberg, 199 u. 556.

12 Pohl, Herrschaft, 51.

13 Claus von Stauffenberg an Nina von Stauffenberg, 27. September 1939, STGA, Mehnert V.

14 Erwin Colsman an Nina von Stauffenberg, 3. Oktober 1939, STGA, Mehnert V, 2104.

15 Claus von Stauffenberg an Nina von Stauffenberg, 17., 23. September 1939, STGA, Mehnert V.

16 Nina von Stauffenberg an Berthold von Stauffenberg, 2. Oktober 1939, STGA, Mehnert V, 2103.

17 Hoffmann, Stauffenberg, 203. Da es für einen Besuch der Schulenburgs in Wuppertal Ende 1939 keinen Anhaltspunkt gibt, ist nicht auszuschließen, dass Peter Hoffmann Charlotte von der Schulenburg 1984 (laut Quellenverzeichnis 1989!) falsch verstanden hat. Ich danke für den Hinweis Elisabeth Ruge.

18 Heinemann, Rebell, 188f., 192.

19 Ebda., 68.

20 Ebda.

21 Ebda., 74.

22 Vgl. unten S. 201f.

23 Pöhlmann, Panzer, 320f.

24 Claus von Stauffenberg an Nina von Stauffenberg, 14., 27., 30. September 1939, STGA, Mehnert V.

25 Heinz Guderian an seine Frau, 23. September 1939, zit. nach Hürter, Heerführer, 163. Dort, 165, auch Äußerungen der Oberbefehlshaber vom Oktober 1939 über den von Hitler geplanten »Wahnsinnsangriff« (Leeb), »geradezu verbrecherisch« (Reichenau); ähnlich kritisch Bock und Kluge.

26 Claus von Stauffenberg an Frank Mehnert, 19. November 1939, STGA, Mehnert-Nachträge III, 7501.

27 Claus von Stauffenberg an Frank Mehnert, 22. Oktober 1939, STGA, Mehnert-Nachträge III, 7500.

28 Claus von Stauffenberg an Frank Mehnert, 19. November 1939, STGA, Mehnert-Nachträge III, 7501.

29 Vgl. oben S. 48 u. 99f.

30 Claus von Stauffenberg an Frank Mehnert, 26. November 1939, Oelmann, Briefe, 146f.

31 George, Das neue Reich, GA IX, 29f., und Der Stern des Bundes, GA VIII, 31.

32 Claus von Stauffenberg an Frank Mehnert, am Stefanstag [=26. Dezember] 1939, Oelmann, 149; dort auch das folgende Zitat.

33 Claus von Stauffenberg an Frank Mehnert, 17. Dezember 1939, STGA, Mehnert-Nachträge III, 7503.

34 Stefan George an Friedrich Gundolf, 26. August 1914, George/Gundolf, 258; Vallentin, Gespräche, 46 (Mai 1917).

35 Stefan George an Friedrich Wolters, 4. November 1918, George/Wolters, 147.

36 Claus von Stauffenberg an Frank Mehnert, am Stefanstag [=26. Dezember] 1939, Oelmann, Briefe, 148–150.

37 Vgl. Hoffmann, Stauffenberg, 205f.

38 Groß, Mythos und Wirklichkeit, 213. Zum »Sichelschnitt« vgl. Frieser, Blitzkrieg-Legende, 78ff.

39 Claus von Stauffenberg an Berthold von Stauffenberg, 10. März 1940, STGA, Mehnert-Nachträge III, 7402a-1.

40 Domarus, 3, 1477.

41 Claus von Stauffenberg an Berthold von Stauffenberg, 14. April 1940, Oelmann, Briefe, 151.

42 Berthold von Stauffenberg an Frank Mehnert, 23. April [1940], STGA, Mehnert-Nachträge III, 7404.

43 Claus von Stauffenberg an Berthold von Stauffenberg, 14. April 1940, Oelmann, Briefe, 150f.

44 Hoffmann, Stauffenberg, 210.

45 Frieser, Blitzkrieg-Legende, 277. Der Übergang über die Maas bei Monthermé und der anschließende eigenmächtige Vorstoß der 6. Panzerdivision bis Montcornet gelten als »eine der spektakulärsten Aktionen des Westfeldzuges«; ebda., 276.

46 Claus von Stauffenberg an Nina von Stauffenberg, 18. Mai 1940, zit. nach Müller, Stauffenberg, 172f.

47 Grundlegend Frieser, Blitzkrieg-Legende, 363–393.

48 Claus von Stauffenberg an Nina von Stauffenberg, 27. Mai 1940, zit. nach Müller, Stauffenberg, 175.

49 Erwin Topf, Klaus Graf Stauffenberg, Die Zeit, 18. Juli 1946.

50 Vgl. Hoffmann, Stauffenberg, 226.

51 Claus von Stauffenberg an Nina von Stauffenberg, 19. Juni 1940, Kramarz, Stauffenberg, 87.

52 Domarus, 3, 1558 (19. Juli 1940).

53 Zit. nach Kershaw, Hitler, 2, 416.

54 Haffner, Anmerkungen, 145. »Über ein Primat der militärstrategischen oder aber der programmatisch-ideologischen Motive zu streiten, ist müßig«, stellte demgegenüber Johannes Hürter fest, »Kalkül und Dogma« hätten sich die Waage gehalten; Hürter, Heerführer, 8. Zur Diskussion der Motive Hitlers vgl. Hillgruber, Strategie, 362ff., DRZW, 4, 3–37 (Beitrag Förster), und Kershaw, Hitler, 2, 408–419 u. 438–452.

55 Berthold von Stauffenberg an Frank Mehnert, [ca. 10.] Oktober 1940, zit. nach Hoffmann, Stauffenberg, 232.

56 Zeller, Geist, 244.

57 «Die Überbetonung des Operativen hatte seit Schlieffen zu einer Vernachlässigung der strategischen Ebene geführt. Dieses Versäumnis führte zu einem eindimensionalen militärischen Denken im Generalstab und eröffnete Hitler die Möglichkeit, diesen … weitgehend zu entmachten«; Groß, Mythos und Wirklichkeit, 273.

58 Es handelte sich um eines von 16 Instituten, die das Auswärtige Amt während des Krieges in fast allen europäischen Hauptstädten zur Verbreitung deutscher Kultur und Wissenschaft gründete.

59 Bei Stauffenberg sei das »ein eigener und echter Gruß« gewesen, fügte Fahrner erklärend hinzu; Zeller, Geist, 235. Diese Form des Grußes bestätigte auch
   Hans von Herwarth: »Er grüßte nur mit ›Heil!‹, was an der Wandervogel
   erinnerte, weil ihm das Wort ›Hitler‹ zuwider war«; Herwarth, Zwischen
   Hitler und Stalin, 247.

60 Claus von Stauffenberg an Nina von Stauffenberg, 17. Juni 1940, zit. nach
   Kramarz, Stauffenberg, 77f.

61 Ebda.

62 Müller, Stauffenberg, 193 (Aufzeichnung vom Januar 1946).

63 Kramarz, Stauffenberg, 84 (Ulrich de Maizière 1963; der spätere Generalinspekteur der Bundeswehr wurde Anfang 1942 zur Organisationsabteilung
   versetzt).

64 Ebda.

65 Ebda., 88f.

66 Vgl. die kritische Zusammenstellung der Aussagen Halders in seinem
   Münchner Spruchkammerverfahren 1948 bei Hoffmann, Stauffenberg,
   563ff., der Halders Äußerungen insgesamt als »unglaubwürdig« bezeichnet. Zu Stauffenbergs Besuch bei Halder nach dessen Entlassung ebda.,
   274f.

67 Hoffmann, Stauffenberg, 251.

68 Groß, Mythos und Wirklichkeit, 254.

69 Hoffmann, Stauffenberg, 228f. (Nina von Stauffenberg bzw. Kurt Nettes-
   heim 1968).

70 Halder, KTB, III, 332 (7. Dezember 1941).

71 Claus von Stauffenberg an Anna von Lerchenfeld, 11. Januar 1942, zit. nach
   Hoffmann, Stauffenberg, Anhang IV, 490–492.

8 Auf dem Weg in die Katastrophe

1 Zit. nach Müller, Stauffenberg, 199.

2 Pöhlmann, Panzer, 213.

3 Georg von Unold an Claus von Stauffenberg, 25. Juli 1941, zit. nach Hoffmann, Stauffenberg, 236.

4 Ulrich Bürker an Claus von Stauffenberg, 4. Dezember 1941 (Abschrift), zit.
  nach Pöhlmann, Panzer, 358.

5 Helmut Staedke an Claus von Stauffenberg, 5. Januar 1942, zit. nach Hoffmann, Stauffenberg, 245.

6 Claus von Stauffenberg an Anna von Lerchenfeld, 11. Januar 1942, zit. nach
  Hoffmann, Stauffenberg, Anhang IV, 491.

7 Halder, KTB, III, 311 (27. November 1941).

8 Angaben nach KTB OKW, II, 46 u. 1410. Die Zahlen stammten aus der

Organisationsabteilung (II) des Generalstabes; vgl. Müller, Stauffenberg, 211; Hartmann, Halder, 314.

9 Kramarz, Stauffenberg, 100.

10 Richard von Weizsäcker, nach Hoffmann, Stauffenberg, 252. Merkwürdigerweise erwähnte Weizsäcker seine Begegnungen (!) mit Stauffenberg in seinen Lebenserinnerungen *Vier Zeiten* 1997 nicht. 2005 erzählte er Ulrich Raulff, dass sie auch über George gesprochen hätten. »Die Szene«, so Raulffs Kommentar, »scheint nicht der historischen Wirklichkeit, sondern eher einem Film zu entstammen«; Raulff, Kreis, 459.

11 Berthold von Stauffenberg an Frank Mehnert, 21. August [laut Bleistiftnotiz Empfänger] [1942], STGA, Mehnert-Nachträge III, 7419.

12 Hürter, Heerführer, 347.

13 Hubatsch, Weisungen, 199.

14 Hürter, Heerführer, 325.

15 KTB OKW, 1, 1084 (18. Dezember 1941).

16 Hürter, Heerführer, 329.

17 Ebda., 342. Wenig später rühmte sich Hitler, als Einziger wieder einmal nicht die Nerven verloren zu haben.

18 Hassell, Tagebücher, 300 (Eintrag vom 3. März 1942). »Solches Kaliber verdient die Behandlung, die es erfährt«, kommentierte Hassell. Hitlers Geringschätzung des Generalstabschefs reichte bis zur Verachtung: »Was wollen Sie, Herr Halder, der Sie nur, auch im Ersten Weltkrieg, auf demselben Drehschemel saßen, mir über [die] Truppe erzählen, Sie, der Sie nicht einmal das schwarze Verw[undeten]abzeichen tragen?«; Hartmann, Halder, 331.

19 Hoffmann, Stauffenberg, 569 (Anm. 128) u. 571 (Anm. 147).

20 Müller, Stauffenberg, 227. »Das ist eine politische Sache, die geht mich gar nichts an«, antwortete Halder, als er etwa um die gleiche Zeit auf Verbrechen der SS im Hinterland angesprochen wurde; zit. nach Hartmann, Halder, 431.

21 Ueberschär/Wette (Hg.), Barbarossa, 331 (Aktenvermerk Bormann 16. Juli 1941).

22 Pohl, Herrschaft, 175 u. 181.

23 Claus von Stauffenberg an Frank Mehnert, 11. u. 16. September 1941, Oelmann, Briefe, 153f.

24 Ueberschär/Wette (Hg.), Barbarossa, 341f. (Dokument 21).

25 KTB OKW, 1, 341 (3. März 1941), Halder, KTB, II, 320 (17. März 1941).

26 Hürter, Heerführer, 9; dort, 7, auch die Hitler-Zitate nach Hoth und Halder.

27 Hillgruber, Strategie, 527.

28 Alle drei Dokumente abgedruckt in Ueberschär/Wette (Hg.), Barbarossa, 305–315; Zitate 306 u. 314.

29 Ebda., 313.

30 Hassell, Tagebücher, 257 (15. Juni 1941).

31 Ueberschär (Hg.), NS-Verbrechen, 82f. (Beitrag Heinemann).

32 Friedrich, Gesetz, 411.

33 So der Historiker Walter Bußmann, der als Mitarbeiter des Generalquartiermeisters die »Ereignismeldungen UdSSR« zusammenfasste und im OKH darüber Vortrag hielt; Stauffenberg habe ihn damals gebeten, »alles zu sammeln, was die SS belaste«; Hoffmann, Stauffenberg, 241.

34 Herwarth, Zwischen Hitler und Stalin, 250.

35 Vgl. oben S. 161f.

36 Stieff, Briefe, 122 u. 124; vgl. oben S. 201.

37 Stieff, Briefe, 127 u. 137f. (5. September, 19. und 24. November 1941).

38 Stieff, Briefe, 150 (10. Januar 1942).

39 Stieff, Briefe, 155 u. 160 (28. August und 19. Dezember 1942).

40 Hoffmann, Stauffenberg, 264; Kramarz, Stauffenberg, 113.

41 So Walter Bußmann 1964, zit. nach Kramarz, Stauffenberg, 113; vgl. Hoffmann, Stauffenberg, 575 (Anm.78).

42 Als Faksimile vollständig abgedruckt bei Hoffmann, Kuhn, 186–210.

43 Ebda., 190f.

44 Ebda., 191.

45 Zit. nach DRZW, 6, 1035.

46 Kramarz, Stauffenberg, 115f. (Manstein 1962).

47 Hoffmann, Stauffenberg, 278f. (Tagebuch Manstein 26. und 27. Januar 1942)

48 Friedrich von Broich an Joachim Kramarz, Juni 1962, erstmals zit. von Hoffmann, Stauffenberg, 280.

49 Erich von Manstein an Joachim Kramarz, 15. November 1962, ebenfalls erstmals zit. von Hoffmann, Stauffenberg, 280f. Hoffmann unternimmt keinen Versuch, die inneren Widersprüche der Überlieferung zu klären, und verschleiert obendrein seine eigentliche Quelle, nämlich Kramarz. – Mansteins Ordonnanzoffizier Alexander Stahlberg, der 1987 behauptete, nicht nur bei der Einfädelung des Gesprächs Pate gestanden, sondern auch durch die offen stehende Verbindungstür jedes Wort mitbekommen zu haben (woran er sich 45 Jahre später angeblich genau erinnern konnte!), fällt als glaubhafter Zeuge aus; vgl. auch Hoffmann, Stauffenberg, 579f. (Anm. 131). – Nach Auskunft seiner Frau soll Claus von Stauffenberg das Gespräch mit Manstein so kommentiert haben: »Das ist nicht die Antwort, die man von einem Feldmarschall erwartet.« Da Nina von Stauffenberg diese Aussage im Oktober 1962 machte, nachdem ihr Kramarz den Bericht Broichs vorgelegt hatte, dürfte es sich wohl eher um einen Kommentar Ninas handeln; vgl. Kramarz, Stauffenberg, 116.

50 Kramarz, Stauffenberg, 116; vgl. Wrochem, Manstein, 98–101.

51 Hürter, Heerführer, 593.

52 Gersdorff, Soldat, 135.

53 Zit. nach DRZW, 6, 860.

54 Kramarz, Stauffenberg, Anhang, 226.

55 Kaiser, Tagebücher, 433. Die Tatsache, dass Stauffenbergs Name von Kaiser
    nicht verschlüsselt wurde, ist ein Indiz, dass man ihn damals nicht zur Oppo-
    sition zählte; Hoffmann, Stauffenberg, 581 (Anm. 3). Vgl. die zum Teil abwei-
    chenden Datierungen für Anfang Februar bei Hoffmann, ebda., 273 u. 282–
    284.

56 Aussage Hößlin nach Spiegelbild, 373 (die Datierung März 1943 hat schon
    Hoffmann als irrtümlich bezeichnet); Sauerbruch nach Hoffmann, Stauffen-
    berg, 284; Hoffmann, Kuhn, 191.

57 Bericht Erwin Colsman, zuerst bei Zeller, Geist, 247f.

9 Flucht an die Front

1 Über den am 22. Juli 1994 unter dem Titel »Männer des Widerstands und der
   Massenmord« im *Freitag* erschienenen Aufsatz Gerlachs (überarbeitet in:
   Heer/Naumann [Hg.], Vernichtungskrieg, 427–446) kam es zu einer langen
   und erbitterten Kontroverse; vgl. dazu Christian Gerlach, Hitlergegner bei
   der Heeresgruppe Mitte und die »verbrecherischen Befehle«, in: Ueberschär
   (Hg.), NS-Verbrechen, 62–76; zusammenfassend aufgrund weiterer Dokumente: Hürter, Militäropposition; zur Problematik der Gersdorff-Erinnerun-
   gen Hiemann, Gersdorff.

2 Hassell, Tagebücher, 278 (4. Oktober 1941).

3 Heinemann, Rebell, 107.

4 Hassell, Tagebücher, 278 (4. Oktober 1941).

5 Gersdorff, Soldat, 136.

6 Ebda., 143.

7 Stieff wurde allerdings erst ein halbes Jahr später, am 8. September, von Tresckow über das geplante Attentat und seine Rolle als Empfänger des Pakets informiert. Zu der Frage, ob es sich um Cognac- oder Cointreau-Flaschen handelte, vgl. Hoffmann, Widerstand, 760 (Anm. 93).

8 Peter Hoffmann gab eine geradezu abenteuerliche Erklärung: Gersdorff habe
   mit Rücksicht auf Überlebende wie Carl-Hans von Hardenberg, der zu den
   Opfern der Explosion gezählt hätte, die »Wahrheit« verschwiegen; erst nach
   Hardenbergs Tod 1958 habe er sich frei gefühlt, allerdings »aus Bescheidenheit
   nicht gern über den Vorgang« gesprochen. Für andere, d. h. offenbar insbesondere für Historiker, »wäre es taktlos gewesen, nach Einzelheiten zu for-
   schen«. Solche Generosität würde man heute wohl keinem Historiker durchgehen lassen; Hoffmann, Widerstand, 762f.

9 Peter Hoffmann bemühte sogar das Übersinnliche, um das Misslingen des

Anschlags zu erklären: »Menschen, die so gefühlsmäßig und so gefährlich leben, wie Hitler, haben zwar deshalb noch keine übernatürlichen Fähigkeiten,
wohl aber sehr empfindliche und geschärfte Sinne. Die Möglichkeit, dass
Hitler die Nervosität Gersdorffs fühlte und davon gewarnt wurde, ist gar
nicht so weit hergeholt«; Hoffmann, Widerstand, 359.

10 Vermutlich bei Neumond! Hoffmann, Widerstand, 405. Detaillierter und
mit Abweichungen auch in Hoffmann, Stauffenberg, 393–398, mit kritischen
Anmerkungen zu Bussches Datierungen; vgl. dazu auch Heinemann, Rebell,
102.

11 So im Gespräch mit Detlef von Schwerin, März 1988; Schwerin, Köpfe, 504
(Anm. 9).

12 Hoffmann, Stauffenberg, 433f. Zum Reiterverband Boeselager zuletzt affir-
mativ, jedoch ohne überzeugende Belege, Reuther, Soldaten für den Staatsstreich.

13 Schlabrendorff, Offiziere, 109. Den Satz hat Schlabrendorff später variiert:
»Das Attentat muss erfolgen, coûte que coûte. Sollte es nicht gelingen, so
muss trotzdem in Berlin gehandelt werden.« In der ersten Auflage war die
Wendung »coûte que coûte« noch Stauffenberg in den Mund gelegt worden;
ebda., 113.

14 Peter Steinbach, Widerstand und Wehrmacht, in: Müller/Volkmann (Hg.),
Die Wehrmacht, 1150–1170, Zitate 1155f.

15 Conze, Aufstand, 496. Die Dönhoff-Zitate aus verschiedenen Texten der
siebziger Jahre ebda., 494f.

16 Schwarzer, Dönhoff, 133. Die »hochmütige Bescheidenheit« der Gräfin Dönhoff habe nach dem Krieg verhindert, dass ihre Rolle im Widerstand gebüh-
rend gewürdigt worden sei, heißt es bei Schwarzer. »Vielleicht hat ja auch ihr
Frausein noch das seine dazugetan, dass sie beim Posten-Verteilen leer ausging«, ebda., 131 u. 138.

17 Joachim Fest, Das tragische Vermächtnis. Rede zum 20. Juli 1994 in der Universität Heidelberg, zit. nach Tresckow, Ich bin der ich war, 143. So vierzig
Jahre zuvor schon Gerhard Ritter: »Im Juli 1944 wäre ohne die Entschlossenheit Stauffenbergs die Oppositionsbewegung in mehr oder weniger ratloser
Passivität versackt«; Ritter, Goerdeler, 367.

18 Fest, zit. nach Tresckow, Ich bin der ich war, 142 u. 149f. Auch Peter Hoffmann schloss sich 2010 dieser Lesart an: »Das Attentat war ein bewusster
Opfergang«; Rättig, Gespräch mit Peter Hoffmann, 137.

19 Rothfels, Opposition, 139f.

20 Schlabrendorff, Offiziere, 129.

21 Leber, Gewissen, 126 (Berthold von Stauffenberg am 14. Juli 1944 zu seiner
Frau).

22 Frankfurter Zeitung, 24. März 1943.

23 DRZW, 8, 1106. Vgl. auch Lieb, Krieg in Nordafrika.

24 Kramarz, Stauffenberg, 122–124 (Broich 1962, Reimann 1962, Schmid 1963).

25 Hoffmann, Stauffenberg, 301 (Reile 1991).

26 Kramarz, Stauffenberg, 124–126 (Bericht Friedrich Zipfel 1964).

27 Berthold von Stauffenberg an Robert Boehringer, [zwischen 7. und 16.] April 1943, STGA, Brüder Stauffenberg II, 3101. Berthold nimmt Bezug auf die »schlimme nachricht« von der Verwundung seines Bruders; da die »nacherbenanwartschaft« wegen des Todes von Mehnert neu geregelt werden müsse, habe er »an Claus gedacht«. Ohne Boehringers skeptische Antwort vom 2. Mai abzuwarten, setzte er am 16. April eine »Leztwillige Verfügung« zugunsten seines Bruders auf, die er Boehringer vermutlich bei seiner Reise nach Genf Mitte Mai übergab; STGA, George IV, 0151. Ich danke Maik Bozza.

28 Frank Mehnert an Berthold von Stauffenberg, 20. Januar 1943, STGA, Erben III, 5640.

29 Claus von Stauffenberg an Ruth von Blomberg, 25. Dezember 1942, zit. nach Müller, Stauffenberg, 247.

30 Karl Josef Partsch an Helmut Küpper, 29. März 1943, zit. nach Stettler, Frank, 55f.

31 Berthold von Stauffenberg an Claus von Stauffenberg, 6. August 1943 [Durchschlag], STGA, Fahrner V, 1866. Zu Mehnerts Magdeburger Pionierdenkmal vgl. oben S. 133f.

32 Vgl. Ritter, Goerdeler, 539, und Thun-Hohenstein, Oster, 223: »Für das Schicksal seines Sohnes machte Oster Hitler persönlich verantwortlich«; Harald Oster hatte sich am 27. Januar 1943 in Stalingrad erschossen; vgl. ebda., 268.

33 Claus von Stauffenberg an Frank Mehnert, am Stefanstag [=26. Dezember] 1939, Oelmann, Briefe, 148f.

34 Zit. nach Hoffmann, Stauffenberg, 209.

35 Stettler, Frank, 43.

36 Claus von Stauffenberg an Rudolf Fahrner, 4. Juli 1943, STGA, Fahrner III, 13133. Dort auch das 35-seitige Typoskript mit zahllosen Bleistiftkorrekturen Stauffenbergs.

37 Albrecht von Blumenthal an Berthold von Stauffenberg, 16. Dezember 1940, STGA, Erben III, 5202. George soll sich über Fahrner ziemlich abfällig geäußert haben: Einen wie ihn sollte man erst einmal nach Berlin schicken, damit er U-Bahn-Fahren lerne.

38 Hoffmann, Stauffenberg, 173, vgl. 425.

39 Ein typisches Beispiel für Fahrners Erinnerungskonstruktion ist der Satz, mit dem Stauffenberg ihn am 29. Juni 1944 in Wannsee angeblich begrüßte: »Effendi, Sie werden lachen, ich treibe mit allen mir zur Verfügung stehenden Mitteln den Hochverrat.« Erstaunlicherweise fiel diese zweifellos sehr

einprägsame Begrüßung Fahrner erst mehr als vierzig Jahre später im Gespräch mit Peter Hoffmann ein. Da dieselbe Formulierung aber schon 1949 in den Erinnerungen von Urban Thiersch stand, einem Freund Fahrners, liegt der Verdacht nahe, dass sich Fahrner ein Jahr nach Thierschs Tod (er starb 1984) die schöne Sentenz einfach »auslieh«; Hoffmann, Stauffenberg, 419 u. 626; Zeller, Geist, 361.

40 Claus von Stauffenberg an Rudolf Fahrner, 8. Juni 1943, STGA, Fahrner III, 13131. Ein Jahr später gelang es Fahrner doch noch, Alexander von Stauffenberg nach Athen zu holen; vgl. Medicus, Melitta, 263–266.

41 Berthold von Stauffenberg an Frank Mehnert, 13. November [1941], STGA, Mehnert-Nachträge III, 7411.

42 Berthold von Stauffenberg an Rudolf Fahrner, 24. Mai 1943, STGA, Fahrner III, 13106.

10 Die Würfel rollen

1 Zur Bekanntschaft Tresckows mit Stauffenberg vgl. Schlabrendorff, Offiziere, 79. Hoffmann, Stauffenberg, 238, vermutet, es müsse zwischen Sommer 1941 und Sommer 1943 weitere Kontakte gegeben haben, hat aber keinen Beleg. Sein Versuch, Stauffenbergs Besuch bei Manstein mit Tresckow in Verbindung zu bringen, stützt sich ausschließlich auf Mitteilungen Alexander Stahlbergs, den er jedoch im gleichen Zusammenhang als weitgehend unglaubwürdig bezeichnet; vgl. Hoffmann, Stauffenberg, 276f. Vor einer Überinterpretation der zeitlichen Koinzidenz warnt auch Müller, ohne sich jedoch konsequent daran zu halten; Müller, Stauffenberg, 265f.

2 Möglicherweise auf Empfehlung Reinhardts, wie dieser nach dem Krieg aussagte; Hoffmann, Stauffenberg, 314. Müller vermutet Tresckow hinter der Versetzung, der seine Beziehungen zu Rudolf Schmundt, dem Chefadjutanten der Wehrmacht bei Hitler, genutzt habe, jongliert aber mit zu vielen Unbekannten; Müller, Stauffenberg, 283f. Gegenüber Generalfeldmarschall Witzleben wies Olbricht offenbar noch im Oktober/November darauf hin, »dass er erst Umschau nach einem geeigneten Generalstabsoffizier halten müsse«; Spiegelbild, 43 (Aussage Witzleben).

3 Claus von Stauffenberg an Rudolf Fahrner, 20. Juli 1943, STGA, Fahrner III, 13134.

4 Kaiser, Tagebücher, 527 (12. Mai 1943). Professor Sauerbruch habe sich bei seiner Beurteilung der Aussichten Becks auf Wiederherstellung wohl »sehr geirrt«, meinte Goerdeler Ende Juni enttäuscht; ebda., 583. Ähnlich Popitz: Beck sei »doch alt und initiativlos« geworden; Hassell, Tagebücher, 382 (15. August 1943).

5 Scheurig, Tresckow, 180 (Brief vom 21. Juli 1943).

6 Hassell, Tagebücher, 381–383 (15. August 1943).

7 Kaiser, Tagebücher, 421 (21. Januar 1943).

8 Spiegelbild, 412.

9 Ebda. Goerdeler war davon überzeugt, dass sich Hitler mit Argumenten der Vernunft zum Rücktritt bewegen lasse. »Finden wir keinen anderen Weg, so bin ich bereit«, schrieb er im Mai 1943 an Olbricht, »alles zu tun, um zu einer Aussprache mit Hitler zu gelangen«; Ritter, Goerdeler, 358.

10 Ritter, Goerdeler, 365.

11 Laut Vernehmung Wirmer erwähnte Goerdeler den Namen Stauffenberg erstmals im August 1943: »Ein besonders befähigter Generalstabsoffizier« habe jetzt von Tresckow die Leitung der Planungen übernommen – eine Aussage, die für den August noch nicht zutrifft; Spiegelbild, 178.

12 Vgl. oben Seite 99f.

13 Ritter, Goerdeler, 540f. (Aufzeichnungen vom November 1944).

14 Mommsen, Schulenburg, 218.

15 Ebda., 226.

16 Malinowski, Adel, 105.

17 Die Aussage Lebers in den Gestapo-Verhören, Schulenburg habe den Kontakt hergestellt, wurde von Annedore Leber nach dem Krieg bestätigt; Spiegelbild, 189; Kramarz, Stauffenberg, 136. Demgegenüber behauptete Hoffmann, die Verbindung sei über Peter Yorck zustande gekommen, seine Belege sind jedoch inkonsistent; Hoffmann, Stauffenberg, 598 (Anm. 44).

18 Hans Mommsen, Julius Leber und die Widerstandsbewegung des 20. Juli 1944, in: Beck, Leber, 9–17, Zitat 11.

19 Partsch, Stauffenberg, 3199.

20 »Der einzige Revolutionär unter den Putschisten, der Graf Stauffenberg, war bei allen menschlichen und geistigen Qualitäten ein politischer Wirrkopf. Wäre dieser eindrucksvolle Initiator und Organisator des Putsches voll zum Zuge gekommen, ständen die Russen heute nicht an der Elbe, sondern mindestens am Rhein«; Der Spiegel 12/1950 (23. März 1950).

21 Kaiser, Tagebücher, 445 (20. Februar 1943).

22 Hassell, Tagebücher, 348 (14. Februar 1943).

23 Kaiser, Tagebücher, 467 (12. März 1943). Der Eintrag im Tagebuch Kaiser ist ein eindrückliches Beispiel sowohl für die enge Vernetzung zwischen Tresckow und der Bendlerstraße als auch für die zentrale Rolle Schulenburgs.

24 Kroener, Fromm, 601.

25 Spiegelbild, 24.

26 Mit diesem Ausdruck habe sich Stauffenberg spöttisch von denjenigen abgegrenzt, so Marion Gräfin Yorck 1983, die ständig nach irgendwelchen

Aktionen riefen; Hoffmann, Stauffenberg, 339. Bernd von Pezold erzählte Joachim Kramarz 1963, dass er im Sommer 1942 Stauffenberg gefragt habe, ob man Fritz-Dietlof von der Schulenburg ins Hauptquartier holen solle, obwohl »der ständig auf ein Attentat sinne«. Stauffenberg habe geantwortet: »Lass doch die Bombenschmeißerles. Hunde, die viel bellen, beißen nicht« (Gedenkstätte Deutscher Widerstand, Sammlung Kramarz, Box 4/1).

27   Nina von Stauffenberg erinnerte sich, dass ihr Mann und Berthold schon im August zusammen in Lautlingen gewesen seien. Da Claus sich im Gästebuch unter dem Datum des 2. September eintrug, wurde dies von Hoffmann bezweifelt. Seine eigenen Zeitangaben für den August 1943 sind jedoch vage und in sich widersprüchlich; vgl. Hoffmann, Stauffenberg, 327f., 332 u. 594 (Anm. 124).

28   Zeller, Geist, 253f.

29   Ebda.

30   Ebda., 297. Die Sorge, durch den Umsturz könnten die alten Verhältnisse wiederhergestellt werden, äußerte Stauffenberg auch gegenüber dem Gewerkschaftsvertreter Jakob Kaiser: »Es darf aber nicht zu einer Restauration kommen«; Elfriede Nebgen, Jakob Kaiser. Der Widerstandskämpfer, Stuttgart/Berlin/Köln/Mainz 1970, 173f., zit. nach Hoffmann, Stauffenberg, 360.

31   Hoffmann, Tresckow, 343f.

32   Müller, Beck, 481 (nach Kunrat von Hammerstein-Equord, Spähtrupp, Stuttgart 1963, 213).

33   Hassell, Tagebücher, 418 (7. Februar 1944). Zur besseren Lesbarkeit wurden statt der von Hassell verwendeten Pseudonyme hier nur die Klarnamen verwendet. – Popitz hatte Ende August 1943 auf eigene Faust versucht, Himmler für ein Vorgehen gegen Hitler zu gewinnen, und sich damit im Kreis der Opposition vollends isoliert. Nicht zuletzt auf Druck Stauffenbergs musste Goerdeler Ende des Jahres auf Abstand zu ihm gehen.

34   Am 18. September schrieb Moltke an seine Frau: »Da Peter Gäste hatte, die er mir vorführen wollte, und die um 9 fortmussten, blieb mit garnichts anderes übrig, als schnell [am Tirpitzufer, T.K.] abzugehen …« Moltke, Briefe, 541. Bei Yorcks Gästen handelte es sich zweifelsfrei um Stauffenberg und Tresckow. Die anschließende, durch drei Punkte gekennzeichnete Auslassung der Herausgeberin hat dazu keinen Bezug. Für Überlassung einer Kopie des Originalbriefes danke ich Helmuth Caspar von Moltke und dem Deutschen Literaturarchiv Marbach.

35   Hoffmann, Stauffenberg, 339, mit unsicherer Datierung, vgl. 599 (Anm. 57).

36   Moltke, Briefe, 580.

37   Mommsen, Kreisau, 361 u. 367f.

38 Ebda., 366.

39 Der Satz wurde erstaunlicherweise von Marion Dönhoff überliefert; zit. nach Heer/Naumann (Hg.), Vernichtungskrieg (Beitrag Gerlach), 439.

40 Spiegelbild, 435.

41 Hentig, Nichts war umsonst, 35; vgl. Hoffmann, Stauffenberg, 334f.

42 Spiegelbild, 435 (Aussage Major Leonrod).

43 Moltke, Briefe, 623.

11 Im Zentrum der Verschwörung

1 Stieff, Briefe, 170.

2 Vgl. oben S. 205ff.

3 In einem Gespräch mit Axel von dem Bussche im November 1943, das quellenkritischer Überprüfung in entscheidenden Punkten jedoch nicht standhält; Hoffmann, Stauffenberg, 395.

4 Spiegelbild, 89.

5 Mühleisen, Stieff, 351.

6 Vgl. oben S. 223. Zu den Ungereimtheiten rund um das geplante Bussche-Attentat und dessen unkritische Wiedergabe bei Hoffmann vgl. Müller, Stauffenberg, 571f. (Anm. 122 u. 128).

7 Erwähnt sei in diesem Zusammenhang, dass Henning von Tresckow in Begleitung von Feldmarschall Kluge am 1. Juli 1943 in der Wolfschanze an einer Besprechung mit Hitler teilnahm. Sein Biograph schreibt ausweichend, die Opposition sei »gelähmt und unvorbereitet« gewesen: »Ein Anschlag – zu dieser Stunde gewiss ein ertragloser Verzweiflungsakt – musste unterbleiben«; Scheurig, Tresckow, 183. Hoffmann, der Tresckows Aktivitäten in diesem Sommer minutiös rekonstruiert hat, geht auf den Termin in der Wolfschanze nicht ein; Hoffmann, Tresckow.

8 Hoffmann, Stauffenberg, 394.

9 Unter Fortlassung sämtlicher Unstimmigkeiten erhob Marion Dönhoff das Gespräch Bussches mit Stauffenberg nach dem Krieg ins Mythische: »Beide sind offenbar mit dem gleichen Öl gesalbt«; Dönhoff, Ehre, 76. Zur unterschiedlichen konfessionellen Sicht auf das Attentat vgl. oben S. 269.

10 Spiegelbild, 96.Vgl. zum Netzwerk der Verschwörung neuerdings Keyserlingk, Clique.

11 Ebda., 305f.

12 Ebda., 521 (Aussage Schulenburg).

13 Kramarz, Stauffenberg 132 (1963); vgl. ebda., 166.

14 Sauerbruch, Bericht, in: Aufstand des Gewissens, 273f.

15 Ich danke Winfried Heinemann, der Peter Sauerbruch Ende der achtziger Jahre über die Verbindung Stauffenbergs zu Hößlin befragte; die beiden

hätten zuvor nicht viel miteinander zu tun gehabt; vgl. dagegen Zeller, Stauffenberg, 285f.

16 Spiegelbild, 373.

17 Neben Stauffenberg und Hößlin ließen drei weitere Offiziere des Regiments im Zusammenhang mit dem 20. Juli ihr Leben: Generalleutnant Karl von Thüngen, Oberst Rudolf von Marogna-Redwitz und Major Ludwig von Leonrod; vgl. Metzger, Reiterregiment 17.

18 Goebbels, Tagebücher, 5, 2089f.

19 Spiegelbild, 417; der Bericht wurde am 23. September 1944 von Kaltenbrunner an Bormann geschickt, also drei Wochen nach Goebbels' Tagebucheintrag.

20 Die Denkschrift vom 26. März 1943 bei Ritter, Goerdeler, 593–611. Der Elf-Punkte-Plan vom 25. Mai 1944, den Hermann Kaiser im Auftrag Goerdelers für Stauffenberg anfertigte, in: Spiegelbild, 126f.; zur Urheberschaft vgl. Heinemann, Walküre, 270.

21 Denkschrift vom 26. März 1943, Ritter, Goerdeler, 604f.

22 Hassell, Tagebücher, 382 (15. August 1943).

23 Krusenstjern, Trott, 163 (Hervorhebung T. K.).

24 Allen Welsh Dulles, Verschwörung in Deutschland, Zürich 1948, 185ff., zit. nach Krusenstjern, Trott, 491.

25 DRZW, 8, Tabelle 534, 593.

26 Hoffmann, Stauffenberg, 388 (Tagebuch Friedrich Ruge, 3. Juli 1944).

27 Stauffenberg am 23. Juni 1944 zu seinem Freund Eberhard Finckh, zit. nach Kroener, Fromm, 947 (Anm. 362). Dem Chef des Generalstabs, Zeitzler, habe Stauffenberg »Ähnliches gesagt, dieser habe ihm nur erwidert, gerade weil er so offen seine Meinung sage, habe er diesen wichtigen Posten bekommen«; ebda.

28 Kroener, Fromm, 662f.

29 Albrecht Mertz an Hilde Baier, 13./15. Mai und 2. März 1944, zit. nach Hoffmann, Stauffenberg, 409.

30 Albrecht Mertz an Hilde Mertz, 17. Juni 1944, zit. nach Hoffmann, Stauffenberg, 410 (Albrecht Mertz und Hilde Baier hatten am 31. Mai geheiratet).

31 Kroener, Fromm, 663.

32 Spiegelbild, 91.

33 Ebda., 19. Vgl. ebda., 110 (Aussage Yorck: »spätestens im Juni«) u. 195 (Aussage Hans-Bernd von Haeften, er habe »seit Ende Juni« Kenntnis davon gehabt); des Weiteren einen (nicht überlieferten) Brief Werner von Haeftens an Peter Sauerbruch von Anfang Juli: »Claus denkt daran, die Sache selber zu machen«; Kramarz, Stauffenberg, 189.

34 Spiegelbild, 130.

35 Vgl. oben S. 223 und 272f.

36 Spiegelbild, 130.

37 Ebda.

38 Ebda.

39 Tagebuch Hilde Mertz, 15. Juli 1944 [aufgezeichnet 1945], zit. nach Hoff-
    mann, Widerstand, 475; Hilde Mertz hat ihre täglichen Notizen zeitver-
    setzt um ein Jahr 1945 ausgearbeitet; zum Quellenwert vgl. ebda., 799 (Anm.
    315a).

40 So will es Gisevius am 17. Juli aus dem Munde Becks gehört haben; Gisevius,
    Ende, 597. »Stieff lost his nerve«, kabelte Allen Dulles aufgrund der Mittei-
    lungen von Gisevius bereits am 28. Januar 1945 nach Washington; Hoffmann,
    Stauffenberg, 632 (Anm. 193). Gisevius hat die Aussage Stauffenbergs, Stieff
    habe ihm die Tasche entwendet, in seiner späteren Darstellung als Ausrede
    qualifiziert, was ihre Glaubwürdigkeit noch erhärtet.

41 Tagebuch Hilde Mertz, 15. Juli 1944 [1945], zit. nach Hoffmann, Widerstand,
    474.

42 Hoffmann, Stauffenberg, 473 (Alix von Winterfeldt, 1966); vgl. Kroener,
    Fromm, 959 (Anm. 103).

43 Müller, Beck, 508. »Die letztlich nur tiefenpsychologisch auslotbaren Motiva-
    tionen eines Attentäters«, heißt es in der dazugehörigen Anmerkung, »lassen
    sich mit den dem Historiker zur Verfügung stehenden Methoden nicht erfas-
    sen«; ebda., 752 (Anm. 70).

44 Hassell, Tagebücher, 405 (13. November 1943).

45 So der bei dem Gespräch anwesende Peter Sauerbruch 1984 in: Aufstand des
    Gewissens, 272.

46 Schlabrendorff, Offiziere, 109; vgl. oben S. 224f.

47 Spiegelbild, 211.

48 Müller, Stauffenberg, 388, spricht von einem »Umschlag im Verhältnis zwi-
    schen militärisch-politischer und ethisch-moralischer Motivation des Um-
    sturzes«.

49 Ebda., 391.

50 Wildt, Ethos der Tat.

51 Wildt, Ethos der Tat, 134.

52 George, Der Täter, GA V, 49.

53 Klages, Handschrift und Charakter, 156.

54 Friedrich Gundolf, Das Bild Georges, in: Jahrbuch 1 (1910), 19–48, Zitat
    42.

55 Karl Wolfskehl, Die Blätter für die Kunst und die neuste Literatur, in: Jahr-
    buch 1 (1910), 1–18, Zitat 18.

56 George, Der Stern des Bundes, GA VIII, 92.

57 Claus von Stauffenberg an Stefan George, Oktober 1924, STGA, George III,
    12221.

58 George, Der Stern des Bundes, GA VIII, 102.

59 Alexander von Stauffenberg, Der Tod des Meisters.

60 Ernst Kantorowicz an Alexander von Stauffenberg, 11. Oktober 1947, STGA, Stauffenberg III, 1601. Ein stark antisemitisch konnotierter Passus im *Tod des Meisters* führte nach dem Krieg zu heftigen Auseinandersetzungen innerhalb des Freundeskreises; vgl. Riedel, Geheimes Deutschland, 12ff. u. 222ff.; zuletzt Trawny, Seltsames Wandern.

61 Die Dokumente sind abgedruckt in Spiegelbild, 139–142 (»Aufruf an das deutsche Volk«), 147–156 u. 249–255 (»Regierungserklärung«), 199–202 (»Aufruf an die Wehrmacht«). Sie wurden von der Gestapo Goerdeler zugeschrieben, der jedoch die Autorschaft bestritt und behauptete, es handele sich um Entwürfe Stauffenbergs, die für ihn unbrauchbar gewesen seien.

62 Spiegelbild, 200f.

63 Nach dem Faksimile bei Hoffmann, Stauffenberg, 422f.

64 Spiegelbild, 147.

65 Ebda., 205 (Aussage Hermann Maaß). Stauffenberg sei »ein höherer Offizier mit Interesse für sozialpolitische Fragen« gewesen, so der engste Mitarbeiter Wilhelm Leuschners in einer weiteren Vernehmung; dennoch habe er unverkennbar »die Interessen des Adels« durchzusetzen versucht; ebda., 465.

66 Nach dem Faksimile bei Hoffmann, Stauffenberg, 422f.

67 Ebda.

68 Grundlegend zum Folgenden Heinemann, Walküre, 208ff.; Hoffmann, Widerstand, 471ff.; Hoffmann, Stauffenberg, 440ff.; Müller, Stauffenberg, 431ff.; Kroener, Fromm, 669ff.; Müller, Beck, 508ff.

69 Kroener, Fromm, 670f.

70 Spiegelbild, 45.

71 Diesen Vortrag nannte Stauffenberg gegenüber seinem Bruder als Grund für das Ausbleiben des Attentats an diesem Tag; Spiegelbild, 21 (Verhör vom 21. Juli 1944).

72 Kroener, Fromm, 672.

73 Ebda., 680.

74 Hilde Mertz, Tagebuch 16. Juli 1944 [1945], zit. nach Hoffmann, Stauffenberg, 448.

75 Teilnehmer laut Aussage Schulenburg vom 22. Juli; Spiegelbild, 91. Hansen hat in seiner Vernehmung wenige Tage später Mertz, Yorck und Schwerin nicht erwähnt; ebda., 101. Die Aussage Hansens, die Besprechung habe gegen 19.00 Uhr begonnen, ist angesichts der beiden vorherigen Abendtermine Stauffenbergs wohl zu korrigieren.

76 Zu den Diskussionen am Abend des 16. Juli vgl. Spiegelbild, 175f. sowie 56f., 91f., 101 u. 111.

77 Spiegelbild, 111.

78 Tobias Kniebe führt überzeugende Argumente an, dass es sich um diese Kirche gehandelt haben muss; Kniebe, Operation Walküre, 161–163.

79 George, Der Täter, GA V, 49.

80 Wetterangaben nach Kroener, Fromm, 951 (Anm. 4).

12 Der 20. Juli 1944

1 Zu den Opferzahlen im letzten Kriegsjahr vgl. Brechtken, Speer, 679f.

2 Zuckmayer, Opposition, 118.

3 Hoffmann, Stauffenberg, 454. – 1969 hatte Hoffmann noch etwas sensibler formuliert, Stauffenberg habe angesichts der enormen Anspannung, unter der er stand, »zweifellos sein Mögliches getan«; Hoffmann, Widerstand, 498.

4 Spiegelbild, 374 (Aussage Major Hößlin).

5 Heinemann, Rebell, 172.

6 Mommsen, Alternative, 45.

7 Hoffmann, Widerstand, 519.

8 Schlabrendorff, Offiziere, 123; Gisevius, Ende, 616. Vgl. Hoffmann, Widerstand, 833 (Anm. 122–124).

9 Zu den Ausstrahlungszeiten der ersten Rundfunkmeldungen vgl. Hoffmann, Widerstand, 540.

10 Gisevius, Ende, 611; dort, S. 634, auch das folgende Zitat.

11 Heinemann, Walküre, 278.

12 Den Angriff auf die Sowjetunion hatte Stauffenberg bereits im August 1942 im Gespräch mit Major Kuhn als den entscheidenden Fehler bezeichnet; vgl. oben S. 208f.

13 Spiegelbild, 450. Ähnlich äußerte sich Alexander von Stauffenberg: »Er sei der Meinung, dass die Judenfrage in weniger krasser Form hätte durchgeführt werden sollen, weil dadurch weniger Unruhe in die Bevölkerung hineingetragen worden wäre«; ebda. Auf beide Aussagen geht Hoffmann nicht ein; vgl. Hoffmann, Stauffenberg, 131 u. 537 (Anm. 92). Mit ihrer Einstellung zur Judenpolitik lagen die Stauffenbergs auf einer Linie mit den meisten Verschwörern, die, wie es in einer Zusammenfassung der Gestapo hieß, »bei grundsätzlicher Bejahung des Antisemitismus die Methoden seiner Durchsetzung ablehnten«; Spiegelbild, 168.

14 Hoffmann, Stauffenberg, 426. Im März 1944 bekam Stauffenberg ein Rundschreiben zur Verwendung von Offizieren auf den Tisch, in dem es hieß, es sei wieder stärker auf das Leistungsprinzip zu achten, wer mehr arbeite, solle auch mehr verdienen. Stauffenberg schrieb an den Rand: »Ich dachte, wir hätten jüdisches Denken abgelegt!!« Mit dieser »sarkastische[n] Anmerkung« habe Stauffenberg den Verfasser verhöhnen wollen, meint Hoffmann, der das

Dokument gleich zweimal ausführlich diskutiert, ohne zu fragen, wie dergleichen »gängige Sprachformeln« im Frühjahr 1944 wohl in Stauffenbergs Kopf kamen; ebda., 346f. u. 426.

15 Schmädeke/Steinbach (Hg.), Widerstand, 984 u. 987 (bezeichnenderweise unter Berufung auf Axel von dem Bussche). Von einer solchen Verschiebung der Motive war es nicht mehr weit zur Deutung des 20. Juli als einer symbolischen Tat: »Es ging nicht primär um das Gelingen des Umsturzes, sondern bald nurmehr um die Auflehnung gegen ein verbrecherisches Regime«; ebda., 993.

16 Damit soll nicht behauptet werden, dass das Entsetzen über den – in seinen wahren Ausmaßen bis Kriegsende nicht vorstellbaren – Holocaust in den Reihen der Verschwörer keine Rolle spielte. So hieß es in der von der Opposition vorbereiteten Regierungserklärung, dass »die Judenverfolgung, die sich in den unmenschlichsten und unbarmherzigsten, tief beschämenden und gar nicht wiedergutzumachenden Formen vollzogen hat«, sofort einzustellen sei; Spiegelbild, 149. Peter Yorck sagte im Gestapo-Verhör, die »Ausrottungsmaßnahmen gegen das Judentum« hätten ihn »dem nationalsozialistischen Reich völlig entfremdet«; ebda., 110. Ulrich von Hassell bekundete vor dem Volksgerichtshof seine »Scham über die Lösung der Judenfrage«; Conze u. a., Das Amt, 309. Die Reihe ließe sich fortsetzen.

17 Spiegelbild, 34; vgl. Müller, Stauffenberg, 337–339. Die Formulierung »Wirksamwerden der Invasion« lässt vermuten, dass der Text *nach* der Invasion am 6. Juni mit Blick auf den zu erwartenden Durchbruch der Alliierten durch die deutschen Verteidigungsstellungen geschrieben wurde.

18 Spiegelbild, 447f. u. 453. Vgl. oben S. 53. Auch wenn die Systemkritik mit Zustimmung zu Protokoll genommen worden sein sollte und die Kriminalbeamten, die das Verhör führten, sich damit womöglich ein Stück weit identifizierten, so steht doch die Authentizität der Aussagen außer Zweifel.

19 Aus Stimmungsberichten des Propagandaministeriums, zit. nach Von zur Mühlen (Hg.), Die Angeklagten, 31 (Beitrag Ueberschär).

20 Zit. nach Kershaw, Ende, 60. Schon auf der Internationalen Konferenz 1984 in Berlin hatte Kershaw nüchtern bilanziert, dass »der Widerstand gegen Hitler tatsächlich ein ›Widerstand ohne Volk‹« gewesen sei; Schmädeke/ Steinbach (Hg.), Widerstand, 795.

21 Zit. nach Höhne, Scharnhorst, 222f.

22 Äußerung gegenüber dem Onkel Nikolaus von Üxküll, datiert auf die Lazarettzeit im Sommer 1943 (Bürklin 1962); Kramarz, Stauffenberg, 131.

23 Vermutlich nach dem Gespräch mit Manstein im Januar 1943 (Thüngen 1946); Hoffmann, Stauffenberg, 281.

24 Ritter, Goerdeler, 180.

25 Die drei Offiziere des Allgemeinen Heeresamts, die bis 1. Juli 1944 Stauffen-

berg direkt unterstanden, waren von ihm erst kurz zuvor positiv beurteilt
worden; für ihre vorbildliche Rolle bei der Niederschlagung des Putsches
wurden die drei anschließend bevorzugt befördert; vgl. Heinemann, Walküre, 220f.

26 So viel zur Kunst der Selbststilisierung auf der politischen Rechten.

27 Von der Variante »Es lebe das *geheiligte* Deutschland!« zu der Variante »Es
lebe das *geheime* Deutschland!« sei es nur ein kleiner Schritt, argumentierte
ich 2007, gemeint sei das Gleiche; Karlauf, George, 768 (Anm. 4). Da das
»geheime Deutschland« an keiner Stelle der erhaltenen Stauffenberg-Korres-
pondenz vorkommt, bin ich heute vorsichtiger. Vgl. die Auflistung der verschiedenen Varianten bei Hoffmann, Stauffenberg, 638 (Anm. 318). – Ich
danke Roland Reuß für den Hinweis auf die Büchnerpreisrede von Paul
Celan, für den Luciles »Es lebe der König!« die Souveränität und Kraft des
dichterischen Wortes begründete, indem es allen rhetorischen Verheerungen im politischen Raum standhielt.

Verzeichnis der zitierten Literatur

Aufstand des Gewissens. Militärischer Widerstand gegen Hitler und das NS-Regime 1933 bis 1945. Begleitband zur Wanderausstellung des Militärgeschichtlichen Forschungsamtes. Im Auftrag des Militärgeschichtlichen Forschungsamtes hg. von Thomas Vogel. 6. Auflage, Hamburg/Berlin/Bonn 2001

Beck, Dorothea: Julius Leber. Sozialdemokrat zwischen Reform und Widerstand. Einleitung von Willy Brandt. Vorwort von Hans Mommsen, Berlin 1983

Bergien, Rüdiger: Die bellizistische Republik. Wehrkonsens und »Wehrhaftmachung« in Deutschland 1918–1933, München 2012

Blätter für die Kunst, Elfte und Zwölfte Folge, [Berlin] 1919

Böhler, Jochen: Der Überfall. Deutschlands Krieg gegen Polen, Frankfurt am Main 2009

Bracher, Karl Dietrich: Die Auflösung der Weimarer Republik. Eine Studie zum Problem des Machtverfalls in der Demokratie, Düsseldorf 1984

Braubach, Max: Der Einmarsch deutscher Truppen in die entmilitarisierte Zone am Rhein im März 1936. Ein Beitrag zur Vorgeschichte des zweiten Weltkrieges, Arbeitsgemeinschaft für Forschung des Landes Nordrhein-Westfalen, Geisteswissenschaften Heft 54, Köln/Opladen 1956

Brechtken, Magnus: Albert Speer. Eine deutsche Karriere, München 2017

Carsten, Francis L.: Reichswehr und Politik. 1918–1933, Köln/Berlin 1964

Christ, Karl: Der andere Stauffenberg. Der Historiker und Dichter Alexander von Stauffenberg, München 2008

Conze, Eckart: Adel und Adeligkeit im Widerstand des 20. Juli 1944, in: Heinz Reif (Hg.): Adel und Bürgertum in Deutschland, Band 2, Berlin 2001, S. 269–295

Conze, Eckart: Aufstand des preußischen Adels. Marion Gräfin Dönhoff und das Bild des Widerstands gegen den Nationalsozialismus in der Bundesrepublik Deutschland, in: Vierteljahreshefte für Zeitgeschichte, Jg. 51 (2003), Heft 4, S. 483–508

Conze, Eckart: Die große Illusion. Versailles 1919 und die Neuordnung der Welt, München 2018.

Conze, Eckart, Norbert Frei, Peter Hayes, Moshe Zimmermann: Das Amt und die Vergangenheit. Deutsche Diplomaten im Dritten Reich und in der Bundesrepublik, München 2010

Craig, Gordon A.: Die preußisch-deutsche Armee. 1640–1945. Staat im Staate, Düsseldorf 1960

Das Deutsche Reich und der Zweite Weltkrieg. Hg. vom Militärgeschichtlichen Forschungsamt, Band 1–10, Stuttgart/München 1979–2008 [zit. als DRZW]

Delbrück, Hans: Das Leben des Feldmarschalls Grafen Neidhardt von Gneisenau. In zwei Bänden, Berlin 1894

Der vierzehnte Oktober. Bearbeitet, zusammengestellt und aufgezeichnet von Hans Heinz Mantau-Sadila, Berlin 1933

Dirks, Carl, Karl-Heinz Janßen: Der Krieg der Generäle. Hitler als Werkzeug der Wehrmacht, Berlin 1999

Dönhoff, Marion Gräfin:»Um der Ehre willen«. Erinnerungen an die Freunde vom 20. Juli, Berlin 1994

Domarus, Max (Hg.): Hitler. Reden und Proklamationen. 1932–1945. Zwei Bände in vier Teilbänden, Leonberg 1988

Erfurth, Waldemar: Die Geschichte des deutschen Generalstabes von 1918 bis 1945, Berlin/Frankfurt am Main 1957

Evans, Richard J.: Das Dritte Reich. Band 1 – 3, München 2004–2009

Fahrner, Rudolf: Gneisenau, München 1942

Fahrner, Rudolf: Gesammelte Werke. Zwei Bände, hg. von Stefano Bianca und Bruno Pieger, Köln/Weimar/Wien 2008

Fest, Joachim C.: Staatsstreich. Der lange Weg zum 20. Juli, Berlin 1994

Finker, Kurt: Stauffenberg und der 20. Juli 1944, Berlin 1967

Friedrich, Jörg: Das Gesetz des Krieges. Das deutsche Heer in Russland 1941–1945. Der Prozess gegen das Oberkommando der Wehrmacht, München/Zürich 1993

Frieser, Karl-Heinz: Blitzkrieg-Legende. Der Westfeldzug 1940, 3. Auflage, München 2005

George, Stefan: Gesamt-Ausgabe der Werke. Endgültige Fassung. 18 in 15 Bänden, Berlin 1927–1934 [zit. als GA]

George, Stefan / Friedrich Gundolf: Briefwechsel. Hg. von Robert Boehringer mit Georg Peter Landmann, München/Düsseldorf 1962

George, Stefan / Friedrich Wolters: Briefwechsel. 1904–1930. Hg. von Michael Philipp, Amsterdam 1998

Gersdorff, Rudolph-Christoph Freiherr von: Soldat im Untergang, Frankfurt am Main/Berlin/Wien 1977

Gisevius, Hans Bernd: Bis zum bittern Ende, Zürich 1954 [Neuausgabe in einem Band; zuerst 1946]

Glöckner, Ernst: Begegnung mit Stefan George. Auszüge aus Briefen und Tagebüchern. 1913–1934. Hg. von Friedrich Adam, Heidelberg 1972

Goebbels, Joseph: Tagebücher 1924–1945. Band 1–5. Hg. von Ralf Georg Reuth, München/Zürich 2003

Görlitz, Walter: Der deutsche Generalstab. Geschichte und Gestalt. 1657–1945, Frankfurt am Main 1950

Graml, Hermann: Hitler und England. Ein Essay zur nationalsozialistischen Außenpolitik 1920 bis 1940, München 2010

Groppe, Carola: Die Macht der Bildung. Das deutsche Bürgertum und der George-Kreis. 1890–1933, Köln/Weimar/Wien 1997

Groß, Gerhard P.: Mythos und Wirklichkeit. Geschichte des operativen Denkens im deutschen Heer von Moltke d. Ä. bis Heusinger, Paderborn/München/Wien/Zürich 2012

Haffner, Sebastian: Anmerkungen zu Hitler, München 1978

Hartmann, Christian: Halder. Generalstabschef Hitlers. 1938–1942. 2 Auflage, Paderborn/München/Wien/Zürich 2010

Hassell, Ulrich von: Die Hassell-Tagebücher. 1938–1944. Aufzeichnungen vom Andern Deutschland. Nach der Handschrift revidierte und erweiterte Ausgabe, unter Mitarbeit von Klaus Peter Reiß hg. von Friedrich Freiherr Hiller von Gaertringen, Berlin 1988

Heer, Hannes, Klaus Nauman (Hg.): Vernichtungskrieg. Verbrechen der Wehrmacht 1941–1944, Hamburg 1995

Heinemann, Ulrich: Ein konservativer Rebell. Fritz-Dietlof Graf von der Schulenburg und der 20. Juli, Berlin 1990

Heinemann, Winfried: Militärische Motive für den Umsturzversuch vom 20. Juli 1944, Festvortrag in der Vertretung des Landes Baden-Württemberg beim Bund, Berlin 2015

Heinemann, Winfried: Unternehmen »Walküre«. Eine Militärgeschichte des 20. Juli, Berlin/Boston 2019.

Hentig, Hartmut von: Nichts war umsonst. Stauffenbergs Not, Göttingen 2008

Herwarth, Hans von: Zwischen Hitler und Stalin. Erlebte Zeitgeschichte. 1931–1945, Frankfurt am Main/Berlin/Wien 1985

Hiemann, Rafaela: Widerstand und kumulative Erinnerungskonstruktion. Rudolf-Christoph Freiherr von Gersdorff, in: Magnus Brechtken (Hg.): Life Writing and Political Memoir – Lebenszeugnisse und Politische Memoiren, Göttingen 2012, S. 145–201

Hiemann, Rafaela: Rudolf-Christoph Freiherr von Gersdorff als Zeuge des Widerstands, in: Rafaela Hiemann und Christoph Studt (Hg.): Weder überflüssig noch unterlegen. Neue Forschungen zum Widerstand im »Dritten Reich«, Augsburg 2016, S. 71–88

Hillgruber, Andreas: Hitlers Strategie. Politik und Kriegführung 1940–1941, München 1982 [zuerst 1965]

Höhn, Reinhard: Scharnhorsts Vermächtnis, Frankfurt am Main/Bad Harzburg 1972

Höhne, Heinz: Mordsache Röhm. Hitlers Durchbruch zur Alleinherrschaft 1933–1934, Reinbek bei Hamburg 1984

Höhne, Heinz: Die Zeit der Illusionen. Hitler und die Anfänge des 3. Reiches. 1933–1936, Düsseldorf/Wien/New York 1991

Hoffmann, Peter: Widerstand – Staatsstreich – Attentat. Der Kampf der Opposition gegen Hitler. Dritte, neu überarbeitete und erweiterte Ausgabe, München 1979 [zuerst 1969]

Hoffmann, Peter: Claus Schenk Graf von Stauffenberg. Die Biographie, München 2007 [zuerst unter dem Titel Claus Schenk Graf von Stauffenberg und seine Brüder, Stuttgart 1992]

Hoffmann, Peter: Stauffenbergs Freund. Die tragische Geschichte des Widerstandskämpfers Joachim Kuhn, München 2007

Hoffmann, Peter: Oberst i. G. Henning von Tresckow und die Staatsstreichpläne im Jahr 1943, in: Vierteljahrshefte für Zeitgeschichte, Jg. 55 (2007), Heft 2, S. 331–364

Hubatsch, Walther (Hg.): Hitlers Weisungen für die Kriegführung 1939–1945. Dokumente des Oberkommandos der Wehrmacht, München 1965

Hürter, Johannes: Auf dem Weg zur Militäropposition. Tresckow, Gersdorff, der Vernichtungskrieg und der Judenmord. Neue Dokumente über das Verhältnis der Heeresgruppe Mitte zur Einsatzgruppe B im Jahr 1941, in: Vierteljahrshefte für Zeitgeschichte, Jg. 52 (2004), Heft 3, S. 527–562

Hürter, Johannes: Hitlers Heerführer. Die deutschen Oberbefehlshaber im Krieg gegen die Sowjetunion 1941/42, München 2007

Jahrbuch für die geistige Bewegung. Hg. von Friedrich Gundolf und Friedrich Wolters, Bd. 1–3, Berlin 1910–1912

Kaiser, Hermann: Mut zum Bekenntnis. Die geheimen Tagebücher des Hauptmanns Hermann Kaiser 1941/1943. Hg. von Peter M. Kaiser, Berlin 2010

Kantorowicz, Ernst: Kaiser Friedrich der Zweite, Berlin 1927

Karlauf, Thomas: Stefan George. Die Entdeckung des Charisma, München 2007

Kershaw, Ian: Hitler. Band 1: 1889–1936, Band 2: 1936–1945, Stuttgart 1998/2000

Kershaw, Ian: Das Ende. Kampf bis in den Untergang. NS-Deutschland 1944/45, München 2011

Keyserlingk-Rehbein, Linda von: Nur eine ›ganz kleine Clique‹? Die NS-Ermittlungen über das Netzwerk vom 20. Juli 1944, Berlin 2018

Klages, Ludwig: Handschrift und Charakter, Leipzig 1921

Kniebe, Tobias: Operation Walküre. Das Drama des 20. Juli, Berlin 2009

Kommerell, Max: Essays, Notizen, Poetische Fragmente. Aus dem Nachlass hg. von Inge Jens, Olten/Freiburg 1969

Kramarz, Joachim: Stauffenberg. 15. November 1907 – 20. Juli 1944. Das Leben eines Offiziers, Frankfurt am Main 1965

Kriegstagebuch des Oberkommandos der Wehrmacht (Wehmachtführungsstab). 1940–1945. Hg. von Percy Ernst Schramm. Band 1–4, München 1982 [zit. als KTB OKW]

Kroener, Bernhard R.: »Der starke Mann im Heimatkriegsgebiet«. Generaloberst Friedrich Fromm. Eine Biographie, Paderborn/München/Wien/Zü-
rich 2005

Krusenstjern, Benigna von: »daß es Sinn hat zu sterben – gelebt zu haben«. Adam
von Trott zu Solz. 1909–1944. Biographie, Göttingen 2009

Landmann, Edith: Gespräche mit Stefan George, Düsseldorf/München 1936

Leber, Annedore (Hg.): Das Gewissen steht auf. 64 Lebensbilder aus dem deutschen Widerstand 1933–1945, gesammelt von Annedore Leber. Hg. in Zusammenarbeit mit Willy Brandt und Karl Dietrich Bracher, Berlin/Frankfurt am
Main 1954

Lieb, Peter: Krieg in Nordafrika. 1940–1943, Stuttgart 2018

Longerich, Peter: Die braunen Bataillone. Geschichte der SA, München 1989

Malinowski, Stephan: Vom König zum Führer. Deutscher Adel und Nationalsozialismus, Frankfurt am Main 2004

Mattenklott, Gert, Michael Philipp, Julius H. Schoeps (Hg.): »Verkannte brüder«? Stefan George und das deutsch-jüdische Bürgertum zwischen Jahrhundertwende und Emigration, Hildesheim/Zürich/New York 2001

Medicus, Thomas: Melitta von Stauffenberg. Ein deutsches Leben, Berlin 2012

Metzger, Martina: Offiziersehre und Widerstand. Das Reiterregiment 17 und die
Wurzeln des Staatsstreichs vom 20. Juli 1944, Bayreuth 2016

Model, Hansgeorg: Der deutsche Generalstabsoffizier. Seine Auswahl und Ausbildung in Reichswehr, Wehrmacht und Bundeswehr, Frankfurt am Main
1968

Moltke, Helmuth James von: Briefe an Freya. 1939–1945. Hg. von Beate Ruhm
von Oppen. Zweite, durchgesehene und erweiterte Auflage, München 1991

Mommsen, Hans: Fritz-Dietlof Graf von der Schulenburg und die preußische
Tradition, in: Vierteljahrshefte für Zeitgeschichte, Jg. 32 (1984), Heft 2, S. 213–
239 [auch in ders.: Alternative]

Mommsen, Hans: Der Kreisauer Kreis und die künftige Neuordnung Deutschlands und Europas, in: Vierteljahrshefte für Zeitgeschichte, Jg. 42 (1994), Heft
3, S. 361–377 [auch in ders.: Alternative]

Mommsen, Hans: Alternative zu Hitler. Studien zur Geschichte des deutschen
Widerstandes, München 2000

Mühleisen, Horst: Hellmuth Stieff und der deutsche Widerstand, in: Vierteljahrshefte für Zeitgeschichte, Jg. 39 (1991), Heft 3, S. 339–377

Mühlen, Bengt von zur (Hg.): Die Angeklagten des 20. Juli vor dem Volksgerichtshof, Berlin-Kleinmachnow 2001

Müller, Christian: Stauffenberg. Eine Biographie, Düsseldorf 2003 [zuerst
1970]

Müller, Klaus-Jürgen: Militärpolitik, nicht Militäropposition! Eine Erwiderung,
in: Historische Zeitschrift, Bd. 235 (1982), S. 355–371

Müller, Klaus-Jürgen: Armee und Drittes Reich. 1933–1939, Paderborn 1987

Müller, Klaus-Jürgen: Generaloberst Ludwig Beck. Eine Biographie, Paderborn/ München/Wien/Zürich 2008

Müller, Rolf-Dieter, und Hans-Erich Volkmann (Hg.): Die Wehrmacht. Mythos und Realität. Im Auftrag des Militärgeschichtlichen Forschungsamtes, München 1999

Nipperdey, Thomas: Deutsche Geschichte 1800–1866. Bürgerwelt und starker Staat, München 1983

Oelmann, Ute (Hg.): Edition: Briefe der Brüder Stauffenberg, in: George-Jahrbuch, Bd. 8 (2010/2011), S. 143–156

Partsch, Karl Josef: Stauffenberg. Das Bild des Täters, in: Europa-Archiv, 20. Juli 1950, S. 3196–3200.

Petrow, Michael: Der Dichter als Führer? Zur Wirkung Stefan Georges im »Dritten Reich«, Marburg 1995

Picker, Henry: Hitlers Tischgespräche im Führerhauptquartier, Frankfurt am Main/Berlin 1989

Pöhlmann, Markus: Der Panzer und die Mechanisierung des Krieges. Eine deutsche Geschichte. 1890 bis 1945, Paderborn 2016

Pohl, Dieter: Die Herrschaft der Wehrmacht. Deutsche Militärbesatzung und einheimische Bevölkerung in der Sowjetunion 1941–1944, Frankfurt am Main 2011

Pyta, Wolfram: Hindenburg. Herrschaft zwischen Hohenzollern und Hitler, München 2007

Rättig, Ralf: Stefan George und Claus von Stauffenberg. Ein Gespräch mit dem Historiker Peter Hoffmann, in: George-Jahrbuch, Bd. 8 (2010/2011), S. 129–141

Raulff, Ulrich: Kreis ohne Meister. Stefan Georges Nachleben, München 2009

Reuther, Thomas: Soldaten für den Staatsstreich. Die Heeresgruppe Mitte und der 20. Juli 1944, in: Militärgeschichte. Zeitschrift für historische Bildung, 2/2004, S. 4–7

Riedel, Manfred: Geheimes Deutschland. Stefan George und die Brüder Stauffenberg, Köln/Weimar/Wien 2006

Ritter, Gerhard: Carl Goerdeler und die deutsche Widerstandsbewegung, Stuttgart 1984 [zuerst 1954]

Rothfels, Hans: Die deutsche Opposition gegen Hitler. Eine Würdigung. Mit einer Einführung von Friedrich Freiherr Hiller von Gaertringen, Zürich 1994 [zuerst 1949]

Schäfer, Kirstin A.: Werner von Blomberg – Hitlers erster Feldmarschall. Eine Biographie, Paderborn/München/Wien/Zürich 2006

Scharnhorst, Gerhard von: Ausgewählte militärische Schriften. Hg. von Hansjürgen Usczeck und Christa Gudzent, Berlin 1986

Scheurig, Bodo: Henning von Tresckow. Ein Preuße gegen Hitler. Biographie, Frankfurt am Main/Berlin 1987

Schlabrendoff, Fabian von: Offiziere gegen Hitler. Neue, durchgesehene und erweiterte Ausgabe von Walter Bußmann. Nach der Edition von Gero v. Gaevernitz, Berlin 1984

Schmädeke, Jürgen, und Peter Steinbach (Hg.): Der Widerstand gegen den Nationalsozialismus. Die deutsche Gesellschaft und der Widerstand gegen Hitler, München/Zürich 1985

Scholder, Klaus: Kirchen zwischen Republik und Gewaltherrschaft. Gesammelte Aufsätze. Hg. von Karl Otmar von Aretin und Gerhard Besier, Berlin 1988

Schulthess, Konstanze von: Nina Schenk Gräfin von Stauffenberg. Ein Porträt, München und Zürich 2008

Schwarzer, Alice: Marion Dönhoff. Ein widerständiges Leben, Köln 1996

Schwerin, Detlef Graf von: »Dann sind's die besten Köpfe, die man henkt«. Die junge Generation im deutschen Widerstand, München/Zürich 1994

Seeckt, Generaloberst [Hans von]: Die Zukunft des Reiches. Urteile und Forderungen, Berlin 1929

Speer, Albert: Erinnerungen, Berlin 1969

Spiegelbild einer Verschwörung. Die Opposition gegen Hitler und der Staatsstreich vom 20. Juli 1944 in der SD-Berichterstattung. Geheime Dokumente aus dem ehemaligen Reichssicherheitshauptamt. Hg. von Hans-Adolf Jacobsen, Stuttgart 1984

Stahlberg, Alexander: Die verdammte Pflicht. Erinnerungen 1932 bis 1945, Berlin/Frankfurt am Main 1987

Stauffenberg, Alexander: Der Tod des Meisters. Zum zehnten Jahrestag, München 1948 [zuerst anonym 1945]

Stauffenberg, Berthold von: Die Entziehung der Staatsangehörigkeit und das Völkerrecht. Eine Entgegnung, in: Zeitschrift für ausländisches öffentliches Recht und Völkerrecht, Jg. 4 (1934), S. 261–276

Stauffenberg, Berthold von: Die Vorgeschichte des Locarno-Vertrages und das russisch-französische Bündnis, in: Zeitschrift für ausländisches öffentliches Recht und Völkerrecht, Jg. 6 (1936), S. 215–234

Steinbach, Peter: Der 20. Juli 1944. Gesichter des Widerstands, München 2004

Stettler, Michael (Hg.): Erinnerung an Frank. Ein Lebenszeugnis, Düsseldorf/München 1970

STGA = Stefan George Archiv, Württembergische Landesbibliothek Stuttgart

Stieff, Hellmuth: Briefe. Hg. und eingeleitet von Horst Mühleisen, Berlin 1991

Strachan, Hew: Der Erste Weltkrieg. Eine neue illustrierte Geschichte, München 2004

Sutterer, Grischa: Ordnungsvorstellungen im deutschen Offizierskorps 1915–1923. Friedrich von Boetticher, Oskar von Niedermayer, Hans von Seeckt, Frankfurt am Main u. a. 2017

Trawny, Peter: »Seltsames Wandern zum Rhein vom Nil« – Bemerkungen zum deutsch-jüdischen Gespräch des George-Kreises im Spiegel von Alexander Stauffenbergs ›Der Tod des Meisters‹, in: Bruno Pieger und Bertram Schefold (Hg.): Stefan George. Dichtung – Ethos – Staat. Denkbilder für ein geheimes europäisches Deutschland, Berlin 2010, S. 189–203

Tresckow, Henning von: Ich bin der ich war. Texte und Dokumente. Hg. von Sigrid Grabner und Hendrik Röder, Berlin 2001

Ueberschär, Gerd R. (Hg.): NS-Verbrechen und der militärische Widerstand gegen Hitler, Darmstadt 2000

Ueberschär, Gerd R., und Wolfram Wette (Hg.): »Unternehmen Barbarossa«. Der deutsche Überfall auf die Sowjetunion 1941. Berichte, Analysen, Dokumente, Paderborn 1984

Vallentin, Berthold: Gespräche mit Stefan George. 1902–1932, Amsterdam 1967

Wegner, Bernd: Hitlers Politische Soldaten: Die Waffen-SS 1933–1945. Leitbild, Struktur und Funktion einer nationalsozialistischen Elite, 3. Auflage, Paderborn 1988

Weizsäcker, Richard von: Vier Zeiten. Erinnerungen, Berlin 2002 [zuerst 1997]

Wheeler-Bennett, John W.: Die Nemesis der Macht. Die deutsche Armee in der Politik 1918–1945. Zwei Bände, Königstein/Düsseldorf 1981

Wildt, Michael: Ethos der Tat. Claus Schenk Graf von Stauffenberg, in: Ursula Breymayer, Bernd Ulrich, Karin Wieland (Hg.): Willensmenschen. Über deutsche Offiziere, Frankfurt am Main 1999, S. 134–152

Wirsching, Andreas: »Man kann nur Boden germanisieren«. Eine neue Quelle zu Hitlers Rede vor den Spitzen der Reichswehr am 3. Februar 1933, in: Vierteljahrshefte für Zeitgeschichte, Jg. 49 (2001), S. 517–550

Wolters, Friedrich: Die Bedingungen des Versailler Vertrages und ihre Begründung. Rede für die von der Universität am Tage der zehnjährigen Wiederkehr der Unterzeichnung des Versailler Vertrages geplante Gedenkstunde, Kiel 1929.

Wrochem, Oliver von: Erich von Manstein: Vernichtungskrieg und Geschichtspolitik, 2., durchgesehene Auflage, Paderborn/München/Zürich/Wien 2009

Zeller, Eberhard: Geist der Freiheit. Der zwanzigste Juli, München 1963 [Vierte Auflage, zuerst 1952]

Zeller, Eberhard: Oberst Claus Graf Stauffenberg. Ein Lebensbild. Mit einer Einführung von Peter Steinbach, Paderborn/München/Wien/Zürich 1994

Zuckmayer, Carl: Die Opposition in Deutschland [Rede am 20. Juli 1969], in: Gedenkstätte Deutscher Widerstand (Hg.): Der 20. Juli 1944. Reden zu einem Tag der deutschen Geschichte, Band 1, Berlin 1984, S. 107–119

Zeittafel

15. März 1905	Geburt der Zwillinge Berthold und Alexander
15. November 1907	Geburt der Zwillinge Claus und Konrad Konrad stirbt einen Tag später
Herbst 1916	Eintritt in das Eberhard-Ludwigs-Gymnasium in Stuttgart
Juni 1923	Die Brüder S. werden Stefan George vorgestellt
März 1926	Reifeprüfung
April 1926	Eintritt in das 17. (bayerische) Reiterregiment in Bamberg
1927/28	Infanterieschule Dresden
August 1928	Ernennung zum Fähnrich
November 1928	Lesung aus Georges letztem Gedichtband *Das neue Reich*
1928/29	Kavallerieschule Hannover
August 1929	Offiziersprüfung
Januar 1930	Leutnant
Oktober 1930	*Urteil gegen die »Ulmer Leutnants« im Reichswehrprozess*
30. Januar 1933	*Hitler wird Reichskanzler* Fackelzug in Bamberg
Mai 1933	Oberleutnant
September 1933	Eheschließung mit Nina Freiin von Lerchenfeld
	Der Ehe entstammen fünf Kinder: Berthold (1934), Heimeran (1936), Franz Ludwig (1938), Valerie (1940) und Konstanze (1945)
4. Dezember 1933	George stirbt in Minusio bei Locarno

30. Juni 1934	*Hitler lässt SA-Chef Röhm und zahlreiche höhere SA-Führer sowie politische Gegner ermorden*
2. August 1934	*Nach dem Tod Hindenburgs wird Hitler als »Führer und Reichskanzler« Oberbefehlshaber der Streitkräfte*
Oktober 1934	Bereiteroffizier an der Kavallerieschule Hannover
16. März 1935	*Einführung der allgemeinen Wehrpflicht*
	Die Reichswehr wird in Wehrmacht umbenannt
7. März 1936	*Deutsche Truppen besetzen die entmilitarisierte Rheinzone*
Juni 1936	Abschlussreise des Bereiterlehrgangs an den Bodensee, Ansprache auf dem Hohentwiel
August/ September 1936	Englandreise
Oktober 1936	Eintritt in die Kriegsakademie
Januar 1937	Beförderung zum Rittmeister
Juni 1938	Abschlussreise der Kriegsakademie an den Rhein, Besuch in Bingen
1. August 1938	Kommandierung als Ib zur 1. leichten Division in Wuppertal
18. August 1938	*Der Chef des Generalstabes des Heeres, Beck, tritt aus Protest gegen die Politik Hitlers zurück*
Oktober 1938	*Besetzung des Sudetenlandes* Die 1. leichte Division ist beteiligt
1. September 1939	*Überfall auf Polen* Die 1. leichte Division stößt auf Warschau vor
Oktober 1939	Rückkehr der Division nach Wuppertal
	Umwandlung der Division zur 6. Panzerdivision
1. November 1939	Ernennung zum Hauptmann i. G.
8. November 1939	*Attentat des Schreiners Georg Elser im Münchner Bürgerbräukeller scheitert*
24. Januar 1940	Übergabe des George-Hauses an die Stadt Bingen
10. Mai 1940	*Frankreichfeldzug* Die 6. Panzerdivision überquert am 13. Mai die Maas und stößt zur Kanalküste vor

1. Juni 1940	Versetzung in die Operationsabteilung des General-stabs des Heeres, Hauptquartier in Mauerwald (Ostpreußen)
Januar 1941	Beförderung zum Major i. G.
Februar 1941	*Aufstellung des Deutschen Afrikakorps*
22. Juni 1941	*Überfall auf die Sowjetunion (»Barbarossa«)* C. v. S. auf Inspektionsreise in Griechenland und Kreta
Dezember 1941	*Das Unternehmen »Barbarossa« scheitert vor Moskau*
Juli 1942	Verlegung des Hauptquartiers nach Winniza/Ukraine
August 1942	Gespräch mit Major i. G. Kuhn
November 1942	*Sieg der Briten bei El Alamein*
Januar 1943	Beförderung zum Oberstleutnant i. G. 26. Januar: Besuch bei Generalfeldmarschall Manstein
2. Februar 1943	*Kapitulation der 6. Armee in Stalingrad* Kommandierung als Ia zur 10. Panzerdivision in Tunesien
12. Februar 1943	Ankunft in Tunis
26. Februar 1943	Tod Frank Mehnerts
13. März 1943	*Von Tresckow geplantes Attentat bei der Heeresgruppe Mitte scheitert*
7. April 1943	Schwere Verwundung bei Tieffliegerangriff
16. April 1943	C. v. S. wird von seinem Bruder als Nacherbe in das Testament Georges eingesetzt
21. April 1943	Aufnahme im Reservelazarett München 3. Juli: Entlassung
13. Mai 1943	*Kapitulation der Heeresgruppe Afrika*
Juli/August 1943	Genesungsurlaub in Lautlingen
Mitte August 1943	Erster Besuch bei General Olbricht C. v. S. wird von ihm und Henning von Tresckow in die Umsturzpläne eingeweiht
Anfang September 1943	Gespräche über Neuordnungspläne mit Berthold v. S. und Rudolf Fahrner in Lautlingen

15. September 1943	Ernennung zum Chef des Stabes im Allgemeinen Heeres-amt (General Olbricht), Dienstantritt 1. Oktober
Mitte September bis Dezember 1943	C. v. S. lernt die wichtigsten Personen der Verschwörung kennen
7. Juni 1944	Erste Besprechung bei Hitler auf dem Berghof bei Berchtesgaden
Mitte Juni 1944	C. v. S. wird Chef des Stabes beim Befehlshaber des Ersatz-heeres, Generaloberst Fromm
	Mertz von Quirnheim wird S's Nachfolger bei Olbricht
29. Juni 1944	Rudolf Fahrner kommt für sechs Tage aus Athen nach Berlin, die Brüder S. formulieren einen »Eid«
1. Juli 1944	Beförderung zum Oberst i. G.
5. Juli 1944	Verhaftung Julius Lebers
6. Juli 1944	Zweite Besprechung bei Hitler auf dem Berghof C. v. S. hat Sprengstoff bei sich
11. Juli 1944	Dritte Besprechung bei Hitler auf dem Berghof C. v. S. hat Sprengstoff bei sich
15. Juli 1944	Erste Besprechung bei Hitler in der Wolfschanze C. v. S. hat Sprengstoff bei sich
	In Berlin laufen Vorbereitungen für »Walküre« an
	Das Unternehmen wird abgebrochen
16. Juli 1944	Vieraugengespräch mit Generaloberst Beck Zusammenkunft des Kerns der Opposition in der Tristanstraße
17. Juli 1944	Carl Goerdeler muss wegen drohender Verhaftung untertauchen
18. Juli 1944	C. v. S. erfährt, dass er für den 20. Juli erneut in die Wolfschanze bestellt ist
19. Juli 1944	Abendessen bei Trott zu Solz
	Berthold v. S. kommt in die Tristanstraße
20. Juli 1944	nach 12.40 Uhr: Detonation in der Wolfschanze ca. 16.30 Uhr: Ankunft in der Bendlerstraße nach 24.00 Uhr: Erschießung im Hof der Bendlerstraße

Personenregister

THOMAS KARLAUF
HELMUT SCHMIDT
DIE SPÄTEN JAHRE
SPIEGEL
Bestseller

Fast alle Biographien Helmut Schmidts enden mehr oder weniger mit dem Jahr 1982, dem Jahr seines Ausscheidens aus dem Kanzleramt. Von seinem Leben in den dreiunddreißig Jahren danach drang nur wenig nach außen. Wie aber wurde dieser Mann, der 1982 noch als durchschnittlicher Kanzler galt, zu einem Idol der Deutschen? Thomas Karlauf, der seit 1987 fast alle Buchveröffentlichungen Schmidts betreute, besaß uneingeschränkten Zugang zu dessen Privatarchiv. Seine Biographie entfaltet ein intimes Stück deutscher Zeitgeschichte, gespiegelt im Leben jenes Mannes, den viele Deutsche zum Vorbild schlechthin erklärten.

»Dieses Buch ist ein wichtiger Beitrag, um Helmut Schmidt besser zu verstehen – nicht nur seine letzten Jahre, sondern seine gesamte Persönlichkeit. Es ist wie ein fehlender Mosaikstein.«
BUNDESKANZLER A.D. GERHARD SCHRÖDER

www.pantheon-verlag.de